O Ensino de Português como Língua Estrangeira:
Reflexões sobre a prática pedagógica

Org.
Luis Gonçalves

AOTP – American Organization
of Teachers of Portuguese

DEDICATÓRIA

Dedicado a todos os professores de português como língua de estrangeira e como língua de herança, que todos os dias trazem o mundo aos falantes de língua portuguesa e vice-versa, num verdadeiro exercício de aproximação.

Dedicado a todos os professores de português como língua materna, que todos os dias passam a uma nova geração as culturas, os valores, os saberes acumulados e as identidades que se tecem na língua portuguesa.

ÍNDICE

Capítulo 3
A leitura a a escrita na aula de português

Capítulo 4
O ensino de português e as novas tecnologias da informação e comunicação

Capítulo 5
Cursos e material pedagógico em contextos específicos

Capítulo 6
O ensino de português para surdos

Capítulo 7
Português para falantes de espanhol

Capítulo 8
O ensino de português e a avaliação

INTRODUÇÃO

O Ensino de Português como Língua Estrangeira: Reflexões sobre a prática pedagógica resulta do IV EMEP – Encontro Mundial sobre o Ensino de Português – que a AOTP – American Organization of Teachers of Portuguese – organizou. O evento foi realizado nos dias 7 e 8 de Agosto de 2015, na Georgetown University, em Washington, D.C.

José Saramago, em Mayores (2009), afirmou: *O conhecimento une cada um consigo mesmo e todos com todos.* Neste espírito, o objetivo da presente publicação é disponibilizar o que de mais inovador foi generosamente apresentado por vários colegas durante o encontro e contribuir para o nosso campo e para o desenvolvimento profissional e atualização de todos os colegas que trabalham no ensino de português em suas mais variadas facetas e nas mais diversas áreas do globo.

Vale ressaltar que o ensino de português como língua estrangeira tem aumentado em todo o mundo. Isso ocorre tanto devido à intensa atividade económica dos países de língua portuguesa, como pelo interesse nas suas culturas e produções artísticas e académicas. Por outro lado, devido sobretudo às diásporas portuguesa, brasileira e cabo-verdiana, que atingem hoje números significativos em vários países, também assistimos a uma maior organização e envolvimento destas comunidades, que se mobilizam para manter as suas heranças.

Essa perspectiva linguística tem levado, também, à consolidação do ensino de português como língua de herança. No IV EMEP, os ensinos de português como língua estrangeira e como língua de herança tiveram a oportunidade de dialogar com o que de melhor se faz no ensino de português como língua materna e, ainda, na tradução, na busca das melhores práticas e excelência no ensino e aprendizagem de português ao redor do mundo. *O*

11

Ensino de Português como Língua Estrangeira: Reflexões sobre a prática pedagógica procura capturar este proveitoso diálogo entre as diferentes áreas de conhecimento relacionas ao ensino de língua.

Como nos anos anteriores, o IV EMEP reuniu professores, pesquisadores, tradutores e pesquisadores de Tradução em um diálogo: (1) interdisciplinar, entre todas as especialidades de ensino da língua portuguesa; (2) intercontinental, entre professores das mais diversas partes do mundo.

O encontro contou com sessões especializadas, mesas redondas, oficinas de trabalho e palestras ministradas por convidados que apresentaram novas e inovadoras estratégias de ensino de português.

Em 2015, duas profissionais consideradas referências internacionais na área apresentaram suas reflexões:
- A professora **Maria Luisa Ortíz Alvarez**, da **Universidade de Brasília**, que já ocupou, na mesma instituição, os cargos de vice-chefe do Departamento de Línguas Estrangeiras e Tradução e de coordenadora do Programa de Pós-graduação em Linguística Aplicada.
- A professora emérita **Margo Milleret**, da **Universidade do Novo México,** que foi conselheira de graduação e coordenadora do Programa de Língua Portuguesa dessa universidade por muitos anos. A professora também dirigiu programas de verão em Fortaleza, Brasil, e, recentemente, organizou e dirigiu um programa de verão com aprendizagem baseada em atividades, em Belo Horizonte, Brasil.

O IV EMEP reuniu professores do nível pré-escolar ao pós-universitário, tanto do ensino público como do privado e do comunitário. O intercâmbio de ideias foi intenso e esperamos que os colegas encontrem em *O Ensino de Português como Língua Estrangeira: Reflexões sobre a prática pedagógica* novas propostas, inspiração e respostas para os desafios do dia-a-dia da vida de qualquer professor.

Luis Gonçalves
Princeton University

CAPÍTULO 1
PORTUGUÊS: LÍNGUA, INTERCULTURALIDADE E DIDÁTICA

IMPLICAÇÕES DO CONCEITO DE LÍNGUA PLURICÊNTRICA PARA A PROMOÇÃO DO PORTUGUÊS E PARA O PROCESSO DE ENSINO-APRENDIZAGEM DE PLE-PL2

Luana Moreira Reis
Universidade Estadual de Feira de Santana, Brasil

Não é no silêncio que os homens se fazem, mas na palavra, no trabalho, na ação-reflexão.
Paulo Freire

INTRODUÇÃO

No panorama mundial atual, a língua portuguesa constitui-se uma língua de comunicação internacional. É, também, uma oportunidade de discutir questões importantes e mobilizar ações para a construção de uma sociedade plurilíngue e de convivência. À medida que diferentes vozes vão sendo ouvidas e reconhecidas, torna-se possível a redução de preconceitos e estereótipos e o desenvolvimento de um proesso de elaboração de um trabalho cada vez mais cooperativo e colaborativo.

A criação de instrumentos construídos de maneira conjunta tais como o Vocabulário Ortográfico Comum da Língua Portuguesa (VOC) e o Portal do Professor de Português Língua Estrangeira/ Língua Não materna (PPPLE) contribuem para o fortalecimento do ensino de PLE-PL2 e também para a promoção da língua portuguesa no mundo. O objetivo do VOC é reunir os Vocabulários Ortográficos Nacionais de cada país da CPLP e, dessa forma, proporcionar aos usuários o acesso livre a um banco de dados comum de regras ortográficas. O objetivo do Portal é disponibilizar gratuitamente materiais didáticos para o ensino-aprendizagem de português e proporcionar uma rede virtual de compartilhamento de experiências pedagógicas para professores de PLE-PL2.

Programas como o PEC-G (Programa de Estudante-Convênio de Graduação) e o PEC-PG (Programa de Estudantes-Convênio de Pós-Graduação), por exemplo, desenvolvidos no Brasil com o intuito de estreitar relações transnacionais, contribuem para a promoção da produção científica, tecnológica e cultural em língua portuguesa. Podemos mencionar também a criação de duas universidades públicas direcionadas para os novos espaços de integração internacional – Universidade Federal de Integração Latino-Americana (UNILA) e Universidade da Integração Internacional da Lusofonia Afro-Brasileira (UNILAB). Conforme menciona Silva (2012, p.129),

O impacto desses programas nas relações Brasil-África é considerável. Só para termos uma ideia, de acordo com o próprio MRE (Brasil 2011), desde 2003, o PEC-G selecionou 4.326 alunos de 20 países africanos. Destes, destacam-se os dois países de língua oficial portuguesa com mais alunos selecionados: Cabo Verde, com 2.065 alunos, e Guiné-Bissau, com 940 alunos. Já o PEC-PG selecionou, desde 2003, 237 alunos de 14 países, sendo os dois primeiros também de língua oficial portuguesa: Cabo Verde, com 81 alunos, e Moçambique, com 73 alunos.

Silva (2012), porém, chama atenção para o fato de que muitas vezes a cooperação técnico-educacional com os países africanos revela ter um caráter muito mais de transferência do que de cooperação mútua, de troca de experiências. No caso específico do Brasil, é possível identificar essa noção de transferência nas palavras dos diplomatas brasileiros, a exemplo de Gala (2011), citado por Silva (2012):

[...] no campo da cooperação, registre-se que, associados às perspectivas para uma presença mutuamente vantajosa do Brasil nesses países, estão os interesses brasileiros em prestar cooperação aos países em desenvolvimento e, no caso em particular, aos países de língua oficial portuguesa, mediante a **transferência de tecnologias** adaptadas às condições geográficas, climáticas, mas sobretudo socioeconômicas. (p. 139. Grifo nosso)

Como forma de protesto diante desse modelo de cooperação internacional baseado em transferência, o então vice primeiro-ministro do Timor-Leste, José Luís Guterres, reivindicou as seguintes reformas:

Em primeiro lugar, os parceiros internacionais devem ajudar-nos a construir as nossas instituições trabalhando com elas – isto inclui uma revisão completa da forma como é prestada assistência técnica aos nossos países [...]. Em segundo lugar, não é possível construir-se uma nação com base nos princípios de outra. Não existe um modelo abrangente que possa resolver os desafios únicos que se deparam às nossas nações. Os agentes internacionais devem dar valor à importância do contexto histórico, cultura, diversidades regionais, complexidades linguísticas, diferenças sociais, dissonância política continuada e mentalidade nacional. Todos estes são elementos vitais para a construção estatal em nações pós-conflito. Em terceiro lugar, temos de estar absolutamente certos em relação à finalidade que estas instituições devem servir, e a partir daí ser incansáveis para concretizarmos essa finalidade [...]. Em quarto lugar, é fundamental que haja um diálogo político sustentável entre Estados, entre os homens e mulheres que compõem as nossas comunidades e o Governo, de modo a fortalecer a democracia e a encorajar a autonomização, transformando a construção estatal num esforço a nível nacional envolvendo todas as pessoas.[1]

O português é uma língua estratégica, visto ser representada em vários continentes. Sendo assim, muitos líderes governamentais têm promovido o

[1]Debate no Conselho de Segurança da ONU sobre a construção da paz em regiões de pós-conflito, no dia 21 de janeiro de 2011. Citado por Silva (2012) em seu artigo "As contradições da cooperação técnica em educação Brasil – CPLP: o caso Timor Leste. 2012. Carta Internacional. Publicação da Associação Brasileira de Relações Internacionais.

ensino do português como uma possibilidade de impulsionar a economia de seus países. Podemos citar como exemplo, o ministro das Relações Exteriores do Timor-Leste, José Luís Guterres, que "quer, com o domínio do português e de outros idiomas, impulsionar setores econômicos sustentáveis, como o turismo, e deixar para trás a dependência das exportações de petróleo, que representam 95% das receitas estatais." [2]Ainda podemos mencionar o crescimento das relações comerciais entre a China e os países de língua portuguesa. "Entre janeiro e julho, a China vendeu à lusofonia produtos no valor de 24,62 mil milhões de dólares (18,73 mil milhões de euros), uma subida de 1,68%, e comprou produtos no valor de 52,79 mil milhões de dólares (40,16 mil milhões de euros), verba que traduz um crescimento de 6,81%." [3]Vários países e territórios tem demonstrado, cada vez mais, interesse em fazer parte da CPLP como observadores associados. A oferta de ensino de PLE-PL2 tem aumentado ano a ano, tendo uma ampliação significativa em currículos de escolas e universidades no exterior.

É, portanto, pertinente que se estabeleça um diálogo entre os países de língua portuguesa. Dessa maneira, através da ampliação do contato torna-se possível o desenvolvimento de uma maior compreensão, familiaridade e um trânsito mais efetivo entre as variedades do português. Uma ótica receptiva às diferentes experiências culturais, que reconhece certa unidade linguística sem, contudo, excluir ou anular a diversidade. Os professores de PLE-PL2 terão a oportunidade de promover a ampliação da vivência sociocultural dos estudantes em língua portuguesa, ir além dos limites locais e impulsionar o diálogo intercultural. Por conseguinte, salientamos o caráter integrador que o uso de uma mesma língua pode gerar e a necessidade da chamada comunidade lusófona de conhecer a si mesma, conhecer as realidades sociolinguísticas que constituem esta comunidade. A diversidade linguística é uma riqueza e não um problema para as nações. Através da aproximação, do desenvolvimento de solidariedades (culturais, científicas, econômicas ou políticas), todos podem se beneficiar.

O PORTUGUÊS COMO LÍNGUA PLURICÊNTRICA

Segundo Clyne (2004), o termo língua pluricêntrica foi empregado pelo sociolinguista alemão Kloss em 1978 para indicar línguas com vários centros de interação, cada qual estabelecendo uma variedade nacional com pelo menos algumas de suas normas codificadas. Porém, de acordo com Soares da Silva (2011), o termo foi primeiramente usado por Kloss e Stewart em

---

[2]Disponível em:<http://exame.abril.com.br/mundo/noticias/timor-leste-quer-alfabetizar-em-portugues-para-populariza-lo> Acesso em Setembro de 2014.
[3]Disponível em<http://www.dn.pt/inicio/economia/interior.aspx?content_id>AcessoemOutubro de 2014.

1968. Ainda conforme menciona Ammon (2005), o termo também foi desenvolvido pelos sociolinguistas russos Georg V. Stepanov (1957) e Alexandr D. Shvejtser (1963). Contudo, o termo foi promovido de maneira mais ampla pelo linguista australiano Michael Clyne com a publicação do livro: *Pluricentric languages: differing norms in diferente nations* em 1992.

De acordo com Ulrich Ammon (2005), o termo língua pluricêntrica relaciona-se a uma noção antiga que acredita que as línguas evoluem ao redor de centros políticos ou culturais, sendo estas variedades de maior prestígio. Sendo assim, línguas pluricêntricas compreendem duas ou mais variedades padrão. No entanto, o termo "centro" se expandiu de modo a abarcar comunidades linguísticas, ou também regiões dentro de uma nação, ou ainda as populações dessas regiões, mesmo aquelas sem região delimitada, como por exemplo os judeus antes da formação do Estado de Israel, desde que a linguagem seja padronizada. Na maioria dos casos, porém, a palavra "centro" é usada para designar nações ou Estados. Portanto, para deixar clara essa diferença de perspectivas em relação ao significado de pluricentrismo, as línguas consideradas pluricêntricas apenas por levar em consideração a existência de pelo menos duas variedades nacionais padronizadas pelos seus respectivos Estados passaram a ser chamadas, de forma mais específica, de *línguas plurinacionais*.

A língua portuguesa é uma língua pluricêntrica na medida em que apresenta duas normas estabelecidas e reconhecidas internacionalmente, português europeu e português brasileiro, e outras ainda em processo de construção. Porém, consideramos o pluricentrismo do português principalmente em uma perspectiva de oposição a uma visão monocêntrica de língua. O português é uma língua pluricêntrica por ser uma língua plural com variedades igualmente válidas, com suas respectivas histórias e funções em cada nação. Assim, considerar o português uma língua pluricêntrica é uma tentativa de dispersar a noção amplamente difundida de que as variedades são consideradas dialetos, e, portanto, inferiores.

Segundo Clyne (1992), línguas pluricêntricas podem ao mesmo tempo unir ou separar pessoas através de normas nacionais e variedades linguísticas com as quais as pessoas se identificam. Cada variedade tem uma identidade própria em virtude do percurso diferenciado seguido por cada nação. Em tempos recentes, tem-se observado um aumento da conscientização da noção de pluricentricidade entre as nações de língua oficial portuguesa e um desejo de ações cooperativas em questões de linguagem, levando em consideração fatores político-econômicos e também culturais. Clyne (1992, p.455) afirma que:

[...] A questão de 'pluricentricidade' diz respeito, por um lado, à relação entre língua e identidade, e por outro, a relação entre língua e poder [...] A relação de poder entre as variedades nacionais podem modificar-se através de

mudanças no poder político-econômico e concentração demográfica.[4]
As diferentes variedades nacionais de línguas pluricêntricas raramente possuem o mesmo status; enquanto uma variedade é considerada de prestígio, valorizada e bem recebida, as outras são estigmatizadas. Segundo Muhr (2003), as variedades dominantes costumam ser as variedades dos países em que a língua se originou. Na maioria dos casos são também as que têm um país poderoso e de grande população como suporte. No caso do português houve uma reversão nas relações de poder, a variedade não portuguesa tem uma população maior do que "a variedade mãe", especialmente o português brasileiro.

O PLURICENTRISMO DO PORTUGUÊS E O PROCESSO DE ENSINO-APRENDIZAGEM DE PLE-PL2

A língua portuguesa é cada vez mais plural e dinâmica. De acordo com Faraco (2008, p.6), "Dizemos, então, que falamos a mesma língua quando nossas variedades compartilham um núcleo comum. É ele que nos permite negociar significações e construir a mútua compreensão, mesmo quando, num primeiro momento, não conseguimos eventualmente nos compreender."
Ainda podemos acrescentar que,

a constituição de uma *língua comum*, cada vez mais útil a seus falantes e amplificada em seus usos e âmbitos, não passa pela gestação nem pela imposição de uma *forma central ou única do idioma*, mas – ato político que é – passa pela criação de instâncias comuns de gestão, que deliberarão, por consenso, sobre o espaço de variação necessário para que cada um dos países falantes se sinta representado e possa investir na promoção deste idioma comum, para seu próprio benefício e dos seus cidadãos, através dos seus recursos intelectuais, culturais e econômicos. (OLIVEIRA, 2013, p. 73. Grifo do autor)

Os professores de PLE-PL2 têm um papel importante na formação das concepções dos estudantes sobre os países em que a língua portuguesa tem status de oficialidade. O professor precisa, portanto, abrir-se para aprender em um espaço onde, tradicionalmente, ensinava, e, depois, abrir e/ou promover espaços para outros países e culturas. A vida e o mundo estão além das paredes da sala de aula com uma multiplicidade de ensinamentos. Em vista disso, precisamos promover o enriquecimento do potencial linguístico-comunicativo do falante e não limitar suas opções às normas culturalmente privilegiadas. É preciso desenvolver uma atitude positiva para com a diversidade de variedades possíveis da língua e refletir constantemente de maneira aprofundada para estabelecer objetivos claros e uma estratégia

---

[4]The question of "pluricentricity" concerns the relationship between language and identity on the one hand, and language and power on the other […] The power relationship between national varieties can change with shifts in economic and political power and demographic concentration. (Tradução nossa)

adequada para atingi-los tendo em vista a promoção da língua portuguesa. É imperativo romper com a ideia da língua única, padronizadora.

Neste sentido, Muhr (2003) aponta 6 pontos que resumem o cerne das concepções monocêntricas de língua, uma percepção que precisa ser superada:

1. Há apenas uma língua com um determinado nome (Francês, Alemão, etc.) e há apenas uma norma linguística para ela.

2. Uma nação específica é representada por aquela língua e a nação representa aquela língua como seu mais valioso símbolo e recurso.

3. Qualquer pessoa pertencente àquela nação deve falar somente uma variedade daquela língua – a padrão – que é a única correta. Isto deve ser feito em todas as situações comunicativas, pessoais ou oficiais.

4. O "bom e correto uso" da língua é alcançado apenas por uma minoria. A maioria dos falantes não domina esta língua. Este tipo de linguagem constitui a norma para o dialeto social da elite e qualquer um que queira pertencer a ela deve adotar esta norma e se adaptar a ela.

5. A norma da língua é decidida no centro da nação – dentro e ao redor da capital e, portanto, nega qualquer participação da periferia.

6. Os objetivos centrais das políticas linguísticas monocêntricas são: lutar contra movimentos que potencialmente colocam em perigo a unidade da língua e espalhar a língua para outros países e regiões do mundo nos casos em que a língua é apoiada por uma nação com poder econômico e demográfico.[5]

Ainda para Muhr, o termo chave para a ideologia monoglóssica e centralista desenvolvida no século XVII foi *bon usage,* ou seja, o uso correto da língua. Essa norma "correta" não está disponível para todos, garantindo assim a superioridade da elite que a domina e servindo para ridicularizar os falantes

---

[5]1. There is only one language with a certain name (French, German etc.) and there is only one language norm for it.

2. A specific nation is represented by that language and the nation represents that language as its most valuable asset and symbol.

3. Any person belonging to that nation is supposed to speak only one variety of that language - the norm - which is the only correct one. This is to be done in all communicative situations private or official ones.

4. The "good and correct usage" of the language is only achieved by a small minority. The majority of the speakers is not in command of this kind of language which makes the norm to a social dialect of the elite's and anyone wanting to belong to them has to adopt this norm and to adapt to it.

5. The norm of the language is decided at the centre of the nation - in and around the capital city and thus denying any participation to the periphery of the language.

6. The central objectives of monocentric language policies are to fight moves which potentially endanger the unity of the language and to spread the language to other countries and regions of the world in those cases where the language is backed by a demographically and economically powerful nation. (Tradução nossa)

das variedades diferentes. Muitos não se sentem confiantes de participar das relações sociais devido a preconceitos e discriminação à sua variedade. As pessoas acabam se convencendo que não sabem falar. É comum ouvir pessoas dizerem que não sabem falar sua própria língua materna. Atuando no cenário de ensino de língua inglesa como língua estrangeira no Brasil, por exemplo, é comum ouvir colegas de trabalho (professores) afirmarem, em relação aos seus alunos: "Eles não sabem nem português que dirá aprender inglês." O preconceito à diferença linguística é um modo de silenciar e excluir, estigmatizar todo e qualquer falante que não domina a norma "correta". É de fundamental importância desenvolver o respeito por todas as variedades no processo de ensino-aprendizagem de PLE-PL2.

Muhr ainda aponta o fato de que os chamados "falantes educados" costumam evitar traços linguísticos e expressões das variedades não-dominantes. Desse modo, muitas expressões e traços altamente difundidos geralmente não chegam aos dicionários e quando aparecem são acompanhados pelos termos "coloquiais", "dialetais", "gíria", ou "regionais" de modo a diminuir seu status, negando a tais expressões o status nacional. Para ele, o efeito de um sistema educacional baseado na concepção de que há apenas uma língua nacional e uma única maneira apropriada de usá-la é uma *esquizofrenia linguística*, que pode ser definida da seguinte maneira: "a norma nacional autêntica é fortemente praticada, mas oficialmente desvalorizada; a norma oficial é raramente praticada, mas oficialmente muito apreciada." [6]

PORTUGUÊS COMO LÍNGUA PLURICÊNTRICA: AÇÕES NECESSÁRIAS

Ao reconhecer o português como língua pluricêntrica, algumas ações se fazem necessárias visando um deslocamento para uma sociedade plurilíngue. É primordial abandonar a concepção de um modelo abstrato na prática de ensino-aprendizagem de línguas, uma abordagem que guarda traços de uma visão tradicional. O português não é uma língua uniforme e estática, estável e homogênea e o ideário monolíngue tão desejado pelo Estado não se constitui uma realidade. É necessário superar uma visão clássica de língua que valoriza apenas um padrão inventado e idealizado ou que é baseada no suposto uso dos grandes escritores do passado.

O pluricentrismo da língua portuguesa pode apontar iniciativas que promovam uma flexibilização de fronteiras. A diversidade dos povos e, por consequência, de culturas que falam português requer uma construção conjunta de aprendizado mútuo e que leve em consideração a realidade, a cultura e a história local. Através de um conceito de língua revisitado e um

---

[6]The proper national norm is heavily practiced but officially depreciated - the official norm is rarely practiced but officially highly appreciated. (Tradução nossa)

redirecionamento do olhar crítico podemos trabalhar na atualização dos materiais de ensino-aprendizagem de PLE-PL2 e, paralelamente, trabalhar na divulgação da língua portuguesa. No contexto timorense, segundo Carneiro (2011), muitos dos materiais didáticos utilizados pelos professores de português ainda são improvisados a partir dos materiais que restaram do período colonial português ou da igreja católica.

É apenas em 2003 que será produzido o primeiro livro específico para o ensino de português no contexto timorense a ser distribuído em larga escala, o livro Português em Timor 1 (COIMBRA & COIMBRA, 2003), que tem como objetivo o ensino de língua portuguesa como segunda língua para adultos. Este livro, uma adaptação de um material produzido nos anos 90 para o ensino de português como língua estrangeira, passou a ser utilizado pelos professores portugueses e locais para o ensino de português no ensino secundário e nos cursos gerais de língua portuguesa. Após a publicação deste livro, vários outros materiais foram publicados pela Editora Lidel de Portugal, com o objetivo de ensinar português tendo em vista o contexto específico de Timor. A referida editora, que detém a exclusividade editorial para produção de materiais para o Ministério de Educação de Timor- Leste, produziu uma série de livros que cobre praticamente todos os níveis de ensino.

O autor faz uma análise dos materiais utilizados no processo de ensino-aprendizagem de português em Timor (*Português em Timor 1* e *O mistério de um Sol e oito janelas*). A pesquisa é baseada em sua experiência no *Programa de Qualificação de Docente e Ensino de Língua Portuguesa em Timor-Leste*, da Coordenação de Aperfeiçoamento de Pessoal de Nível Superior (CAPES), entre 2008 e 2009. Ele ressalta que a metodologia de ensino dos materiais é centrada em conteúdos e conta com um modelo de comunicação unilateral entre professores e alunos. A maioria das atividades propõe o preenchimento de lacunas e leitura em voz alta, não faz uso de textos autênticos e não prevê a interação entre os alunos. Os enunciados também apresentam tradução de nomenclaturas gramaticais para o *tétum*, sendo que não há equivalência para essas denominações. Nas atividades de leitura e escrita, o foco é a localização de informações. Este cenário, porém, não é restrito ao contexto timorense; materiais didáticos e práticas de sala de aula descontextualizados e desconectados da vida e do mundo, fundamentados em uma abordagem de base estruturalista, são frequentes no processo de ensino-aprendizagem de PLE-PL2.

O reconhecimento da língua portuguesa como língua pluricêntrica deve, portanto, apoiar a autonomia dos Países Africanos de Língua Oficial Portuguesa (PALOP) e de Timor Leste na elaboração de materiais didáticos próprios. Uma das grandes contribuições do PPPLE (Portal do Professor de Português Língua Estrangeira / Língua Não Materna) é estimular a passagem dos PALOP e Timor Leste de utilizadores dos produtos oferecidos por

Portugal e Brasil para criadores e elaboradores de seus próprios materiais didáticos. A partir desse processo de construção e produção de conhecimentos baseados nas necessidades específicas de ensino-aprendizagem de cada contexto, poderemos vislumbrar o caminho para valorização e respeito às variedades. Tais materiais podem servir como uma proveitosa fonte de pesquisa para que professores e estudantes possam analisar criticamente os diversos contextos de uso do português e promover o diálogo intercultural e a afirmação da heterogeneidade.

Torna-se essencial um conjunto de ações integradas, complementares, embora de diferentes naturezas, compatíveis com as tendências recentes de ensino-aprendizagem de línguas para avançarmos no reconhecimento do pluricentrismo do português. Os profissionais de ensino de PLE-PL2 precisam ser atores principais e não apenas coadjuvantes das decisões de políticas referentes às estratégias de ensino e difusão da língua portuguesa no exterior. Para isso, há necessidade de uma formação contínua dos professores para que eles possam acompanhar as mudanças resultantes da complexidade inerente ao conceito de língua e sentir-se confortáveis no papel de protagonistas da gestão da língua portuguesa a fim de conceber e formular projetos para o ensino.

Cabe às universidades dos países da CPLP, a tarefa de formar profissionais de ensino de português para os contextos de língua estrangeira, segunda língua ou língua não materna. É de fundamental importância uma reflexão sobre o perfil do professor de PLE-PL2 do século 21. Além de formar professores sensíveis culturalmente, capazes de criar espaços de negociação, é necessário que esses professores sejam especialistas na sua área, com concepções claras e bem definidas sobre a língua portuguesa, processos de ensino-aprendizagem de LE-L2 e abordagens de ensino. Dessa forma, o professor pode avançar no sentido de tomar decisões de forma mais crítica referentes à língua que ensina, selecionar, elaborar e avaliar materiais didáticos coerentes com seus objetivos e abordagem de ensino e saber lidar com os diversos estilos de aprendizagem no contexto de sala de aula.

Que os professores de PLE-PL2 possam formar uma voz coletiva para abordar uma renovação de concepções, uma reconfiguração de currículos e de expectativas de ensino-aprendizagem e para o planejamento de ações efetivas para o desenvolvimento das competências dos estudantes.

Com todo o respeito, gramáticos, professores de literatura e diplomatas de carreira não são especialistas da área de Ensino-Aprendizagem de Línguas, assim como nós não somos especialistas em gramática, literatura ou diplomacia de Estado. A cooperação entre todos é essencial uma vez que o nosso campo de atuação é interdisciplinar, porém a demarcação de especialidades científicas e profissionais é a única forma de garantir a construção de uma institucionalidade efetiva em termos de Políticas Públicas

para o ensino/aprendizagem do PLE. (DE CASTRO NETO, 2013, p.90)
Concordamos também com as afirmações de De Castro Neto (2013) ao mencionar que entre os instrumentos das políticas públicas para o ensino de línguas está a profissionalização dos professores de PLE-PL2 e o seu reconhecimento como diplomatas da língua e da paz, o que envolve aspectos que vão além da sua formação, inclui cuidar de seu salário, ter um plano de carreira condizente, passaporte diplomático e um código de ética para professores e gestores. Segundo Almeida Filho, citado por De Castro Neto (2013, p.99)

Os professores de PLE, por exemplo, ganham uma fração do que ganham os diplomatas de carreira e fazem um trabalho que é muitas vezes tão valorizador da amizade e da compreensão quanto o dos diplomatas de carreira. Muitos trazem em quantidade e em profundidade, uma aproximação do Brasil com estrangeiros que a diplomacia pode não ter atingido com suas iniciativas convencionais.

No processo de elaboração de projetos e estratégias de ensino e promoção da língua portuguesa é de grande relevância considerar a motivação do público para aprender português. É importante identificar e refletir sobre as razões que levam as pessoas a despertar o interesse e mobilizar esforços voltados ao processo de ensino-aprendizagem da língua. Dessa forma, é possível desenvolver projetos e ações que atendam de maneira mais adequada cada caso específico, o que envolve considerar tanto o contexto e as necessidades locais quanto as motivações e aspirações individuais. O professor do Instituto Superior Técnico Pedro Lourtie (2013), em intervenção no 1º Congresso Internacional da Língua Portuguesa, apresenta 5 motivos pelos quais se aprende a língua portuguesa, são eles:[7]
Porque é a língua materna
Porque é a língua dos ambientes em que vivemos
Porque é a língua de ambientes com que nos queremos relacionar
Por curiosidade
Por obrigação
Podemos ainda acrescentar a essa lista o fato de que a língua portuguesa pode servir como língua de intercompreensão numa sociedade multicultural, como por exemplo no contexto etnolinguístico angolano; o papel estratégico do português para atrair mais investimento e mais tecnologia, como é o caso de Timor-Leste; e a busca para estabelecer relações econômicas e fazer negócios, exemplo dado pela China. Um esforço no sentido de conhecer, perceber e fomentar as motivações para a aprendizagem de PLE-PL2 pode formar uma base para o desenvolvimento de estratégias tanto para atender a demanda já

---

[7]Disponível em <http://observatorio-lp.sapo.pt/pt/temas-de-actualidade/seminarios-e-conferencias-do-olp/1-congresso-internacional-da-lingua-portuguesa/pedro-lourtie-professor-do-instituto-superior-tecnico>. Acesso em Setembro de 2014.

existente como para promover o interesse e aumentar a procura.

Outro passo importante é identificar as necessidades e expectativas dos professores de PLE-PL2. Por intermédio do intercâmbio de ideias, experiências e desafios enfrentados poderemos avançar no processo de redinamizar o ensino da língua portuguesa. Outra demanda que precisa ser levada em consideração em relação à promoção e difusão da língua portuguesa é a formação de tradutores e intérpretes de modo a possibilitar o compartilhamento dos bens culturais em língua portuguesa para outros idiomas. A falta de intérpretes é também uma das dificuldades encontradas para que a língua portuguesa tenha maior presença nas organizações mundiais.

Diante do que foi exposto, percebemos a relevância de pensar em projetos e produção de materiais de ensino que visem à construção de uma sociedade inclusiva em termos de direitos linguísticos num ambiente nacional plurilíngue, que promova, na prática, o plurilinguismo e não a supremacia da língua portuguesa. Mesmo em países em que o português é língua falada pela maioria da população, como é o caso de Portugal e Brasil, não podemos nos esquecer de comunidades para às quais o português não é língua materna, comunidades de imigrantes, indígenas, surdas, dentre outras.

Embora pareça ainda difícil aos Estados superar o ideário monolíngue, o multilinguismo se faz presente e quer se encaminhar para o plurilinguismo. Nesse sentido, dois projetos do Instituto Internacional da Língua Portuguesa (IILP), no âmbito das novas tecnologias linguísticas, são exemplos de iniciativas que buscam promover a percepção do português como língua pluricêntrica, o Vocabulário Ortográfico Comum da Língua Portuguesa (VOC) e o Portal do Professor de Português Língua Estrangeira / Língua Não Materna (PPPLE). É importante que os países de língua portuguesa conheçam as realidades linguístico-culturais uns dos outros e estimulem o desenvolvimento de ações integradas. A valorização das culturas dos países de língua portuguesa é também uma forma de fomentar o interesse e a motivação para o aprendizado do português. Um projeto pluricêntrico cooperativo e colaborativo se faz necessário quando pensamos na situação em que os falantes da língua portuguesa não estão familiarizados com as diversas variedades. O IILP, enquanto organismo promotor da língua portuguesa, pode contribuir para a criação de perspectivas de gestão mais plurais dando continuidade a projetos e ações já propostos pelos Planos de Ação de Brasília e de Lisboa bem como através do desenvolvimento de estratégias inovadoras de integração dos diferentes Países que integram a CPLP.

CONSIDERAÇOES FINAIS

O pluricentrismo da língua portuguesa vai além da constatação das diferentes normas presentes nos diversos territórios em que o português é falado.

Envolve a aceitação da pluricentricidade e das variedades que a compõem. Envolve reconhecer a língua como parte das identidades nacionais e sociais das comunidades linguístico-culturais com suas normas próprias e singulares. É uma percepção fundamental no processo de dissipação de uma ideia equivocada de vincular uma língua a um estado-nação. Dessa forma, é possível contribuir para chamar a atenção para o desenvolvimento de programas e ações voltados para as práticas linguísticas que incluam a diversidade linguístico-cultural e sócio histórica dos seus falantes. Envolve repensar o que chamamos de português, um deslocamento orientado para uma língua de abertura para o mundo e não de opressão e dominação.

Uma percepção da língua portuguesa como língua pluricêntrica, portanto, significa situá-la em um ambiente de heterogeneidade etnocultural, sociolinguística, sócio histórica e socioeconômica. Que a língua portuguesa possa se tornar uma corrente (no sentido de unir e não aprisionar), uma série de elos que promova uma construção conjunta de aportes inovadores e transformadores na educação, algo que ações individuais dispersadas não têm conseguido desenvolver. Um processo de construção de conhecimentos que entende que

O conhecimento se constitui e se reconstitui como processo vivo criado, alimentado ou ressignificado, ou mesmo descontinuado, pela relação entre diferentes sujeitos pessoais e coletivos. O conhecimento se configura como relação viva entre sujeitos em diálogo, conflito e negociação contínua. (FLEURI, 2010, p.31)

Uma abordagem intercultural e pluricêntrica favorece a ideia da não homogeneização dos alunos e das realidades dos contextos de sala de aula de línguas ao enfatizar os processos de construção de sentidos a partir da interação. Ainda, fomenta a compreensão de que a sala de aula não é apenas um local de troca de conhecimentos linguísticos, é um espaço de relações sócio-político-culturais.

REFERÊNCIAS

Ammon, Ulrich. Pluricentric and divided languages. In: AMMON, U.; DITTMAR, N. & MATTHEIER, K. J. *Sociolinguistics*: An International Handbook of the Science of Language and Society, Vol. 2. Berlin/New York: Walter de Gruyter, 2005.

Carneiro, Alan Silvio Ribeiro. Política Linguística em Timor-Leste: uma reflexão acerca dos materiais didáticos. XI CONGRESSO LUSO AFRO BRASILEIRO DE CIÊNCIAS SOCIAIS: DIVERSIDADES E (DES)IGUALDADES. Salvador, 07 a 10 de agosto de 2011. *Anais eletrônicos*.

Clyne, Michael. *Pluricentric languages:* differing norms in different nations. Berlin; New York: Mouton de Gruyter. 1992.

_____. Pluricentric Languages. In: AMMON, U.; DITTMAR, N. & MATTHEIER, K. J. *Sociolinguistics:* An International Handbook of the Science of Language and Society, Vol. 1. Berlin/New York: Walter de Gruyter, 2004.

De Castro Neto, Francisco Tomé. *História do Futuro:* Diagnóstico e perspectivas de Políticas Públicas para o ensino/aprendizagem de PLE-PL2 no Brasil do século XXI. Brasília: Departamento de Línguas Estrangeiras e Tradução, Universidade de Brasília, 2013. Dissertação de mestrado.

Faraco, Carlos Alberto. *Português:* um nome, muitas línguas. Ano XVIII boletim 08 - Maio de 2008.

Fleuri, Reinaldo Matias. Pluralidade Cultural e inclusão social. In: RODRIGUES, José Maria (org.) *Educación, Lenguas y Culturas Em El Mercosur:* Pluralidad cultural e inclusión social em Brasil y em Paraguay. Centro de Estudios Antropológicos de la Universidad Católica (CEADUC). Asunción, Paraguay, 2010.

Muhr, Rudolf. Language Attitudes and language conceptions in non-dominating varieties of pluricentric languages. In: TRANS. *Internet-Zeitschrift für Kulturwissenschaften.* No.15/2003. Disponível em <http://www.inst.at/trans/15Nr/06_1/muhr15.htm>

Oliveira, Gilvan Müller de. Um Atlântico Ampliado: o português nas políticas linguísticas do século XXI in: Moita Lopes (org.) *O Português do Século XXI. Cenários Geopolíticos e Sociolinguísticos.* São Paulo: Parábola, 2013.

Silva, Diego Barbosa da. As contradições da cooperação técnica em educação Brasil – CPLP: o caso Timor Leste. 2012. *Carta Internacional.* Publicação da Associação Brasileira de Relações Internacionais.

Soares da silva, Augusto; Torres, Amadeu; Gonçalves, Miguel (eds.). *Línguas pluricêntricas. Variação lingüística e dimensões sócio cognitivas/* Pluricentric languages. Linguistic variation and sociocognitive dimensions. Braga: Aletheia, Publicações da Faculdade de Filosofia da Universidade Católica Portuguesa, 2011.

ENSINO DA LÍNGUA E CONSEQUÊNCIAS INTERDISCIPLINARES E INTERCULTURAIS[8]

Darcilia Simões
Universidade do Estado do Rio de Janeiro, Brasil

Conhecer essa riqueza das palavras faz parte do que significa conhecer uma língua. (Leffa, 2000)

INTRODUÇÃO

Iniciamos com excerto do artigo "Aspectos externos e internos da aquisição Lexical" (Leffa, 2000), no qual o autor faz uma reflexão sobre ensino de línguas. Identifiquei em seu texto três perspectivas relevantes no processo de ensino e aprendizagem do léxico quanto à preparação do aluno: (1) oferecer-lhe estratégias de apropriação do vocabulário de uma língua; (2) indicar a distribuição das palavras no texto, de sua frequência relativa e (3) das preferências e restrições sintagmáticas (colocacionais) que determinam seu emprego. Cumpre, portanto, enfatizar que aprender uma língua é muito mais que aprender vocabulário; implica assimilar os traços culturais subjacentes às formas da língua, para que seja possível apreender a cosmovisão que essa língua abriga e representa. Assim sendo, ensinar e aprender uma língua exige vivência da/na língua; e essa vivência pode ser obtida não necessariamente pela mudança geográfica dos estudiosos, mas também pelo deslocamento psicológico destes. Este pode ser realizado a partir da leitura de textos, que possam conduzir o leitor para contextos sócio-históricos outros, e então experimentar usos e costumes alheios à sua prática cotidiana. Nesta perspectiva, entende-se o léxico como recurso objetivo para aquisição de conhecimentos que subsidiarão o trânsito dos falantes por entre as diversas áreas do saber humano e, ao mesmo tempo, para promover o diálogo entre distintas culturas.

ORGANIZANDO A PERSPECTIVA TEÓRICA

Ensinar línguas implica operar com a gramática, independentemente dos avanços em perspectiva social ou discursiva. Por isso, do professor (ou ensinante como querem alguns) exige-se o domínio da gramática e mais, o conhecimento do público-alvo e dos contextos, assim como "um conhecimento declarativo e procedimental sobre a língua e a cultura-alvo como objetos de ensino-aprendizagem" (Grosso, 2006: 109). Quando se trata de ensino a estrangeiros, esses conhecimentos se tornam mais complexos, uma vez que a não vivência da língua em funcionamento se torna significativo obstáculo à prática pedagógica. Quantas vezes nas aulas de inglês ou

---

[8] Área temática: Gerenciamento de aulas

espanhol, durante a graduação, recebemos advertências como: — "Pense em inglês!", "Pense em espanhol", Você está usando palavras estrangeiras e formando frase em português! — Tudo isso é consequência da falta de experiência real com a língua-alvo.

Os manuais didáticos eram (alguns ainda são) elaborados a partir de frases descontextualizadas, que desestimulam o estudante por não lhe proporcionarem a proficiência desejada. Mendes (2008: 57-77) propõe uma *abordagem intercultural* no ensino e aprendizagem de línguas e explicita que o objetivo dessa proposta é "promover a construção conjunta de significados para um diálogo entre culturas" (2008: 61). Dessa abordagem decorre a observância de respeito ao outro, às diferenças, à diversidade, que emolduram o ensino escolar.

Cumpre esclarecer que a abordagem intercultural (doravante AI) não é aplicável apenas ao ensino de língua estrangeira; ao contrário disso, a AI deve caracterizar todo ensino de línguas, uma vez que, no âmbito da língua materna, também se manifestam diferenças individuais, sociais, geográficas e históricas. Logo, a AI é uma urgência didático-pedagógica.

Seguindo o raciocínio de Mendes (2008: 63), tem-se que o processo pedagógico implica o reconhecimento do outro, do qual emerge uma visão de mundo diferente da que sustentou o planejamento curricular, as exposições didáticas e os exercícios. Tradicionalmente, essas atividades são geralmente pautadas numa realidade fictícia, que supõe reunir e neutralizar todos os contrastes oriundos das diferenças individuais dos estudantes a que se propõe atender. A perspectiva da AI se mostra como um ponto de partida necessário, embora não deva ser considerado como cenário definitivo para o desenvolvimento do processo de ensino e aprendizagem. Este se realiza na/pela interação de sujeitos sociais que trazem consigo as experiências de contextos diversos e que, por isso, terão compreensão diferenciada dos objetos de estudo que lhes sejam apresentados.

O primeiro embargo se manifesta no plano do léxico. Contextos diferentes operam com formas diferentes; e as palavras também trazem carga semântica que nem sempre coincide com a prevista pelo professor, mesmo com o apoio de textos, para a sua aula. Ullmann (1964: 107) traz esclarecimento relevante de Malinowski sobre *contexto*. Este "deve ultrapassar os limites da mera linguística e transportar-se para a análise das condições gerais em que uma língua é falada (...) por um povo que vive em condições diferentes e possui uma cultura diferente". O segundo embargo dirá respeito às informações empíricas que não coincidem com a experiência cotidiana do estudante. Por conseguinte, além de dominar teorias que analisam o léxico, o professor deve elaborar estratégias que propiciem a assimilação de formas então desconhecidas do que resultaria a expansão do repertório (ou vocabulário) dos estudantes. Dessa ampliação vocabular resulta ainda a possibilidade de maior transito interdisciplinar e intercultural do falante. .

SOBRE LÉXICO E VOCABULÁRIO

Segundo uma perspectiva cognitivo-representativa, o léxico, na visão de Mário Vilela (1979: 10), corresponde à codificação da realidade extralinguística interiorizada no saber de uma dada comunidade linguística. Para esse autor, na perspectiva comunicativa, o léxico é o conjunto das palavras por meio das quais os membros de uma comunidade linguística se comunicam entre si. Observe-se que em uma e outra perspectiva, o léxico constitui a codificação de um saber partilhado.

Em *Léxico e Gramática* (1995: 13), Vilela define léxico como o conjunto das palavras fundamentais de uma língua, e vocabulário como o conjunto dos vocábulos realmente existentes (portanto em uso) num determinado lugar e num determinado tempo, considerada uma comunidade linguística. Assim sendo, o léxico compreende o geral, o social e o essencial, ao passo que o vocabulário constitui o particular, o individual e o acessório. Ousamos associar a noção de léxico à perspectiva do idioleto e estendê-la à noção de estilo individual.

Nessa perspectiva, as consequências interdisciplinares e interculturais se manifestam significativamente, pois cada aluno representa um mundo particular que precisa ser considerado (sem exagero) no planejamento de atividades didáticas, em especial no que tange ao desenvolvimento do vocabulário. No ensino a nativos do Português, a opção tem sido pelo texto literário como objeto de estudo e veículo de aquisição vocabular. Cremos ser possível estender essa proposta ao ensino de português língua estrangeira em níveis mais avançados do processo, uma vez que a linguagem conotativa exige domínio mais amplo do sistema linguístico pelos sujeitos.

LÉXICO LITERÁRIO E COSMOVISÃO

O primeiro foco é baseado na *função estética*, a partir da qual percebemos no texto literário um manancial para a aquisição verbal. Cumpre esclarecer ao estudante a diferença da função literária em relação às demais funções da linguagem.

A metalinguística e a informativa caminham lado a lado e são de fácil entendimento pelo aluno. Avisar que não *haverá aula porque é feriado* é uma informação. A função informativa (ou referencial) opera com enunciados que contêm dados do mundo empírico; as mensagens encontram-se centradas no referente ou contexto [*Aurélio, s.u.*]. Todavia, se o interlocutor não sabe o que significa a forma *feriado*, recorre-se à metalinguagem para explicar que se trata de um *nome substantivo que significa dia em que não se trabalha, dia livre*. Observe-se que é o código explicando o próprio código. Em outras palavras: a função metalinguística se manifesta nos enunciados em que o código, ou parte dele, se constitui objeto de descrição [*Aurélio, s.u.*]. O apelo e a ordem também integram a experiência linguística cotidiana. Frases como "Por favor, abra a porta" ou "Desligue a televisão" exemplificam objetivamente o que é pedir ou comandar. Esta função também inclui os chamamentos, muito frequentes no cotidiano das salas de aula: "Fulano, trouxe o livro?", "Beltrano, entendeu a explicação?". A função apelativa (ou conativa) opera em enunciados que visam a atuar sobre o destinatário [*Aurélio, s.u.*]. Quando se quer ter certeza de que o canal de comunicação favoreceu o contato, usam-se expressões como: *Alô! Oi! Não é?* Esse recurso é denominado função fática, pois está relacionado ao fato da comunicação em si. Enunciados em que predomina a função fática "têm por objetivo principal prolongar a comunicação ou interrompê-la, atrair a atenção do destinatário ou verificar sua atenção" [*Aurélio, s.u.*]. Enunciados que expressam, principalmente, a atitude de quem fala com relação àquilo de que fala manifestam a função emotiva (ou expressiva). Frases como: "Minha vida é um palco iluminado" (Verso da canção "Chão de Estrelas", de Orestes Barbosa) e "O meu prazer agora é risco de vida" (Verso de "Ideologia", de Cazuza), representam o uso emotivo da linguagem.

Jakobson (1975: 19-23) articulou as funções ao circuito da comunicação e apontou a função estética — quando o corpo físico da mensagem é o objeto em foco. É a função que define um texto como artístico; é característica do texto literário. Observe-se que o objeto artístico não se compromete com funções utilitárias (como a referencial e a metalinguística, por exemplo), uma vez que se destina exclusivamente a produzir prazer estético. Assim sendo, o objeto de arte provoca sensações no observador. Estas podem ser boas ou más, dependendo das cognições que deflagra. Contudo, o importante é considerar que o objeto de arte incomoda o espectador, tira-o da zona de conforto e o faz pensar. Há na obra de arte um componente lúdico, que estabelece um jogo entre as propostas do objeto artístico e o conhecimento de mundo do contemplador. Esse jogo pode estender-se ao processo de ensino e aprendizagem. A presença sensível de uma forma bela ou extravagante sem finalidade útil (cf. Leal, 1995, 13-15) pode desinteressar a princípio, porém sua percepção — em particular quando orientada — associará entendimento e imaginação, assim como se vê em Kant (1974: 312): "A presença da racionalidade do belo, que se revela para Kant, na concepção de um juízo sobre o belo entendido como manifestação do jogo livre entre as faculdades da mente, do entendimento e da imaginação".

No cenário didático-pedagógico é possível convolar a atitude desinteressada em momento de aprendizagem, articulando a fruição do objeto artístico ao enriquecimento sociocultural: o texto literário eleito conterá dados de um mundo alheio à experiência do leitor. A novidade será deflagrada no nível lexical.

Propomos retomada do texto literário nas aulas de língua, para preparar o estudante para a captação da função estética e das consequências lúdicas dessa experiência. Não serão aulas dirigidas ao prazer exclusivo, mas que propiciem situações de prazer, para que o estudante sinta-se confortável na situação de aprendente. Esse conforto seria originário das conquistas obtidas. As descobertas realizadas durante o trabalho com o texto literário — conforme já experimentado — estimulam a atenção e a participação do estudante, levando-o a envolver-se/comprometer-se no/com o processo de aprendizagem, pois cada leitura promove seu crescimento pessoal e intelectual. Operar com as funções estética e lúdica imprimem dinamismo às classes de língua portuguesa. Esse dinamismo será ampliado a partir do indispensável diálogo com as demais disciplinas curriculares e com os contextos socioculturais dos estudantes. Resumindo o primeiro foco, afirmamos que a exploração do texto literário favorecerá o trabalho com gêneros diversos, possibilitando assim o contato com variedades linguísticas marcadas, história, geográfica ou socialmente, dando início a um enfoque intercultural.

O segundo foco é *a relação entre domínio lexical e experiência interdisciplinar e intercultural.* Jakobson (1975: 30) indica que a sintaxe se ocupa das relações dos signos entre si, e a semântica das relações entre os signos e as coisas. Portanto, o ensino da língua deve prestigiar a aquisição vocabular e orientar o uso apropriado das formas, para que o texto se torne efetivamente comunicativo. Para tanto, o ensino do vocabulário tem de ser feito por meio da leitura, para que os itens léxicos sejam apreciados em pleno funcionamento no interior dos textos. Nessa perspectiva, aplicam-se os fundamentos da teoria da iconicidade verbal (Simões, 2009) e do funcionalismo sistêmico (Halliday, 2004 [1985]), pois ambos consideram o potencial icônico dos signos. O princípio da iconicidade é considerado, no funcionalismo sistêmico, como a existência de alguma relação entre expressão e conteúdo, partindo da premissa de que a língua reflete, de alguma forma, a estrutura da experiência. Para a teoria da iconicidade verbal, os signos representam modos de pensar o mundo, e as relações sintáticas são responsáveis pela construção da ilusão da objetividade constituída pela clareza ou transparência (Ullmann, 1964) com que exprimem as ideias. Para Peirce (*C.P.*), os sinais ouvidos/lidos devem excitar na mente do receptor a formação de imagens familiares, reminiscências de imagens, sons, sentimentos, gostos, cheiros, ou outras sensações, que são ícones de ideias para o intérprete. Nessa perspectiva, pressupostos semióticos se associam a componentes semânticos e pragmáticos para subsidiar a apropriação, o entendimento e o emprego do léxico de forma proficiente; e os signos icônicos são a fonte de criatividade na linguagem (CP 3.433).

Para melhor esclarecer o que se entende por iconicidade, Winfried Nöth (1999: 618) ensina que uma comunicação bem sucedida envolve três níveis de produção de ícones, a saber: as "imagens familiares" evocadas na mente dos falantes constituem o primeiro e segundo níveis; o terceiro surge da articulação em paralelo dos níveis anteriores, o que as transforma em ícone das imagens do falante. Note-se, porém, que essa iconicidade no paralelismo entre a interpretação sígnica do falante e do ouvinte não é de modo algum perfeita. Ao contrário, o falante só pode supor ou (talvez) ter esperança de que o ouvinte evoque as mesmas imagens, mas, na realidade, há sempre diferenças que permanecem e dão origem à dialogal "sequência de interpretações sucessivas" *ad infinitum* no processo dialógico (porque decorre da interação entre os contextos socioculturais) de semiose ilimitada. Observe-se que o estudioso inicia mostrando a realização da iconicidade em nível mental, portanto abstrato. Falante e ouvinte (ou leitor) captam o enunciado, e imagens familiares são chamadas à consciência, para propiciar a construção de sentido. Entretanto, não é possível pressupor uma iconicidade perfeita entre as imagens evocadas pelos interactantes. Seu conhecimento de mundo e a respectiva representação verbal são distintos, logo, os produtos das respectivas interações serão, no máximo, assemelhados, jamais idênticos. Porém, veja-se que o pesquisador fala de "comunicação bem sucedida", o que implica a compreensão da mensagem recebida — construção de sentido válido. Assim sendo, é preciso, de fato, haver um equilíbrio entre os repertórios de falante e ouvinte (ou leitor) para que se torne possível a compreensão do conteúdo semioticamente representado em um dado texto (seja ele verbal ou não). A iconicidade é uma categoria fundada na plasticidade, que consiste na faculdade de um signo poder re(a)presentar o objeto tomado como referente. A princípio, a iconicidade teria origem na similaridade, todavia essa não é condição indispensável, pois qualidades como: cor, posição, localização, forma, proporção etc. são traços que podem gerar a iconicidade de um signo, sem exigir semelhança prévia.

Em *Iconicidade e Verossimilhança* (Simões, 2007), relatamos nossa pesquisa semiótica sobre léxico e concluímos que o convívio com os textos impregna o leitor com as formas da língua (lexicais sintáticas e semânticas). Lendo, refletindo e catalogando itens que se mostrem relevantes (na forma ou no conteúdo), o estudante-leitor vai ampliando sua bagagem linguística, paulatina e produtivamente. A discussão dos itens destacados é de extrema importância para que estes sejam incorporados no domínio verbal do leitor. Resume-se esse segundo foco afirmando que é indispensável apreciar o léxico como componente fundamental na produção e na compreensão do texto. A malha semiótica é construída na trama textual, logo, o dicionário é apenas ponto de partida, pois a significação dos itens léxicos é construída no texto. Por isso, o potencial icônico dos signos tem relevância, em especial para quem ensina línguas. Por meio da plasticidade sígnica pode-se encontrar o fio que conduzirá o leitor aos sentidos possíveis para o texto.

A PRÁTICA PEDAGÓGICA

Para auxiliar o ensino produtivo da língua, é preciso recolocar o texto literário na ordem do dia das aulas (ao lado dos demais em uso), pois a prevalência dos textos curtos e, em especial do texto jornalístico, pelo imediatismo dos assuntos, faz com que o aluno não desenvolva habilidades específicas exigidas pela leitura do texto literário, tais como: pesquisa de significados (uso do dicionário), confronto de usos do mesmo item léxico em textos e contextos distintos, mudança de significado etc.

A consequência pedagógica dessa ótica na abordagem linguística é a necessidade de demonstração da flexibilidade dos signos — em especial os verbais — do que pode resultar certo encorajamento do aprendiz no que tange à sua competência linguístico-discursiva. E mais, a abordagem funcional é dita sistêmica por não perder de vista que a língua é um sistema em que seus elementos se inter-relacionam em ausência e em presença.

Articulando as instruções do funcionalismo sistêmico ao processo de organização textual, busca-se demonstrar que a estruturação dos enunciados não é aleatória nem pré-fixada. Logo, a opção pelo funcionalismo é uma ruptura com uma instituição rígida e indiscutível de entidades da língua que a descaracteriza como sistema e fragiliza seu caráter instrumental, sua função expressivo-comunicativa. Segundo Neves (2012: 159), a sustentação teórico-metodológica está no geral das propostas funcionalistas, mais diretamente na gramática sistêmico-funcional, teoria que observa os signos em funcionamento, em processo de interação. Por isso, considera o projeto comunicativo do enunciador e as possibilidades de interpretação pelo leitor potencial, e avalia as probabilidades de compreensão, segundo a correlação (ou não) com o(s) tema(s) subjacente(s) ao texto (Simões, 2010: 107).

Em outras palavras, a abordagem funcional minimiza as análises e classificações categóricas das formas da língua, uma vez que não considera valores apriorísticos, senão os que surgem da atualização dos signos nos discursos-textos, ou seja: o signo se realiza no discurso que, por sua vez, materializa-se nos textos. Dessa materialização (seja oral ou escrita), exige-se um mínimo de iconicidade, como fator garantidor da comunicabilidade ou da inteligibilidade dos enunciados.

DEMONSTRANDO PARA CONCLUIR

Para os leitores poderem entender nosso trabalho, segue um exemplo de atividade.

Atividade 1 - Após a leitura do conto de "O Tesouro" (Queiroz, 1902: 129-130), marcar em *vermelho* as palavras e expressões desconhecidas e, em *azul*, formas com problema de grafia. Transcreve-se aqui apenas um fragmento do início do conto, para demonstrar como o trabalho se desenvolve.

Observação importante: a eleição desse conto se deve à proeza literária de Eça de Queirós[910], que consegue, em um texto curto, revelar o caráter de

---

[9] As publicações atuais registram a grafia Queirós, com [s] final e acento gráfico.
[10] As publicações atuais registram a grafia Queirós, com [s] final e acento gráfico.

egoísmo, ganância, inveja e cobiça: características marcantes do relacionamento humano na perspectiva do estilo realista.

Os três irmãos de Medranhos, Rui, Guannes e Rostabal, eram então, em todo o Reino das Astúrias, os fidalgos mais famintos e os mais remendados.

Nos paços de Medranhos, a que o vento da serra levara vidraça e telha, passavam eles as tardes desse inverno, **engelhados** nos seus **pelotes de camelão**, batendo as solas rotas sobre as lajes da cozinha, diante da vasta lareira negra, onde desde muito não estalava lume, nem fervia a panela de ferro. Ao escurecer devoravam uma **côdea** de pão negro, esfregada com alho. Depois, sem candeia, através do pátio, fendendo a neve, iam dormir à estrebaria, para aproveitar o calor das três éguas **lazarentas** que, **esfaimadas** como eles, roíam as traves da manjedoura. E a miséria tornara esses senhores mais bravios que lobos.

Ora, na Primavera, por uma silenciosa manhã de domingo, andando todos os três na mata de Roquelanes a espiar pegadas de caça e a apanhar **tortulhos** entre os **robles**, enquanto as três éguas pastavam a relva nova de abril, – os irmãos de Medranhos encontraram, por trás de uma **mouta** de espinheiros, numa cova de rocha, um velho cofre de ferro. Como se o resguardasse uma torre segura, conservava as suas três chaves nas suas três fechaduras. Sobre a tampa, mal decifrável através da ferrugem, corria um dístico em letras árabes. E dentro, até às bordas, estava cheio de **dobrões** de ouro! [229 palavras] [grifos dos leitores]

Neste fragmento com 229 palavras, os leitores (Nível Superior) encontraram dez (10) formas desconhecidas — engelhados, pelotes de camelão, côdea, lazarentas, esfaimadas, maquias, botelhas — e uma (01) com divergência de grafia — moutas.

Pesquisadas em dicionário, os estudantes concluíram que as formas identificavam um cenário cultural novo para eles. Na pesquisa lexicográfica, foram orientados a: buscar as formas variáveis no masculino singular e, em formas com mais de uma entrada, eleger a acepção que se ajustava ao texto em estudo. Eis o resultado da pesquisa, representada aqui com relação apenas ao fragmento transcrito.

Engelhado [Part. de *engelhar*.] Adjetivo. 1. Que tem **gelhas**; enrugado. 2. Fig. Encolhido; enleado. Cf. **Gelha** - (ê) [De or. incerta.]. Substantivo feminino. 1. Grão de cereal com o tegumento enrugado. 2. Engelhamento na película de grãos ou de frutos. 3. P. ext. Ruga na pele, especialmente na do rosto; gorovinhas (...) 4. Prega ou dobra acidental em um tecido.

Pelotes/ *pelote[1]*. [De *pele* + *-ote[1]*.] Substantivo masculino. 1. Vest. Antigo casaco sem mangas que se trazia por baixo da capa ou do tabardo:

Camelão [De *camelo* + *-ão[2]*.] Substantivo masculino. 1. Tec. Têx. Tecido grosseiro de pelo de cabra.

Côdea [Do lat. *cutina* < lat. *cute*, 'pele'.] Substantivo feminino. 1. Parte exterior dura; casca, crosta (...) 2. Sujeira solidificada na roupa. 3. Crosta de pão, rosca, etc.:

Lazarentas/ *Lazarento*. [Do antr. *Lázaro*, o homem coberto de úlceras da parábola do evangelho de S. Lucas, + *-ento*.] Adjetivo. Substantivo masculino. 1. Que, ou aquele que tem pústulas, chagas; lázaro. 2. V. *leproso* (1 e 5).

Esfaimadas/ *Esfaimado*. [Part. de **esfaimar**.] Adjetivo. 1. V. *faminto* (1). Esfaimar. [Do ant. *esfamear* (< *es-* + port. arc. *fame*, 'fome', + *-ear²*), com metátese.] Verbo transitivo direto. 1. Obrigar a ter fome. 2. Matar à fome. 3. Privar de alimento, causando fome a; esfomear.

Tortulhos / Tortulho. [Do lat. *tertublo*, do lat. *terrae tuberum*.] Substantivo masculino. 1. Designação comum aos cogumelos, principalmente antes de abertos (...)

Robles / Robre. [Do lat. *robore*, com síncope e dissimilação.] Substantivo masculino. 1. Bot. Carvalho.

Moutas / Mouta Substantivo feminino. 1. Moita: [De or. obscura.] Substantivo feminino. 1. Grupo espesso de plantas; touça (...)

A forma **mouta** apresenta nova grafia **moita,** decorrente de evolução histórica do vocabular. O registro lexicográfico informa a coexistência de forma paralela: *mouta / moita.*

Dobrões / Dobrão. [De *dobra²* + *-ão¹*.] Substantivo masculino. 1. Antiga moeda portuguesa de ouro. 2. Certa moeda espanhola. 3. Bras. N. N.E. Moeda antiga de cobre, do valor de 40 réis.

De posse dos dados pesquisados, os estudantes realizaram nova leitura do conto, substituindo as palavras problemáticas pelas acepções encontradas. A partir disso, foi possível compreender o texto.

A referência ao número de palavras do fragmento (229) e o de formas desconhecidas (10) sugere que a leitura de um texto de outra época não oferece difícil acesso. Essa proporção é sempre controlada em nossas atividades de pesquisa com auxílio da ferramenta lista de palavras (*wordlist*) do processador Word Smith Tools, 6.0. Informa-se sempre essa proporção aos estudantes, e isso tem funcionado como uma forma de encorajá-los a enfrentar novos textos.

Atividade 2 – Ler a crônica "**Amleto Ferreira**"[11], **de João Ubaldo Ribeiro, e marcar palavras e expressões que evocam uma realidade cultural não cosmopolita. Em seguida, fazer o fichamento de seus significados com ajuda de dicionário, para melhor compreender o que diz o texto.**

Decidiu sair para ver o que prometia o tempo, embora não acreditasse que fosse melhorar. Enrolou-se num roupão, agasalhou o pescoço com uma

---

[11] Crônica de João Ubaldo Ribeiro (☆1941-✝2014), datada de Salvador da Bahia, 17 de março de 1839. Disponível em http://www.academia.org.br/abl/cgi/cgilua.exe/sys/start.htm?infoid=704&sid=319 Acesso em 24 de março de 2015.

manta de crochê, pôs um **barrete** na cabeça para não resfriar-se, abriu a porta dos fundos do gabinete, desceu os dois **batentes** procurando não escorregar, pisou com gosto na **alfombra** de grama e plantinhas rasteiras, sentiu o pé afundar-se na terra **empapada**. Não chovia mais, apenas os pingos das árvores continuavam a **despencar**, às vezes como **rajadas** de chuva, quando uma **lufada** agitava as copas. Amleto teve um arrepio de frio, temeu **constipar-se**, mas assim mesmo resolveu ir até o portão de ferro **que dava para** o Rosário, para olhar melhor o horizonte e avaliar o clima. Gostava de seu jardim, tinha uma satisfação inexplicável em passar horas sentado em frente às plantas, de olhos fixos nelas como se esperasse acompanhá-las crescendo e florando. E gostava também que fosse **sombreado**, pois o sol na pele lhe era uma agressão pessoal, caso pensado contra ele, para escurecer-lhe a cor sem piedade como já acontecera, virando-o mais uma vez num mulato.

Embora seja um texto de língua portuguesa, é distinto de "O Tesouro" não só pelo cenário cultural (datado de 1902, vivenciado em terras interiores de Portugal), mas também pelo idioma, pois Eça de Queirós é português; enquanto **"Amleto Ferreira" é da lavra de João Ubaldo, cronista baiano que nos deixou em 2014 e que primou por mesclar em suas crônicas expressões típicas do homem do interior, em especial o nordestino.**

Deste fragmento, só marcamos as palavras, mas não vamos apresentar o resultado do levantamento, uma vez que o objetivo aqui é mostrar o procedimento; o que já foi feito na Atividade 1.

Atividade 3 – Voltar à crônica e fazer um levantamento das palavras estudadas e aquelas a que se relacionam. Disponha os achados em duas colunas, assim: Coluna 1 – itens da pesquisa lexicográfica; Coluna 2: palavras que àquelas se relacionam no texto lido.

Com esta atividade, avança-se da lexicossemântica para a morfossintaxe, cujo objetivo é expandir o domínio lexicogramatical dos sujeitos, a partir da observação/assimilação de estruturas presentes nos texto trabalhados.

Após uma série de atividades como essas, os estudantes vêm concluindo que, de fato, o texto literário é fonte de aquisição de vocabulário e oferece novidades, uma vez que, dependendo do texto literário eleito, pode trazer ao leitor informações interculturais e interdisciplinares relevantes para o seu cotidiano, além, é claro, de oferecer padrões frasais que poderão ser reutilizados na intercomunicação cotidiana.

No âmbito intercultural, cumpre que o estudante perceba que não se trata apenas de um vocabulário diferente, mas uma forma distinta de ver o mundo e assim representá-lo. No eixo interdisciplinar, é indispensável alertar o estudante sobre a relevância de expansão de seu repertório para que esteja apto a lidar com a variedade dos saberes que atravessam sua prática sociocultural. Das linguagens às representações históricas, geográficas, físicas, químicas, biológicas etc. todo esse conhecimento implica domínio de vocabulários específicos, portanto, expandir sua cultura literária é uma das formas de preparar-se para ler o mundo, qualquer mundo.

REFERÊNCIAS

Ferreira, Aurélio B. de H. *Novo Dicionário Eletrônico Aurélio. versão 7.0. Edição eletrônica. [Aurélio, s.u.].* Curitiba/PR: Positivo Informática Ltda, 2010.

Figueiredo, O. M. "A língua como acto e como atitude. Da competência comunicativa às convenções culturais". *Limite . nº 4*, 2010: 167-180.

Grosso, Maria José. "A gramática pedagógica no ensino-aprendizagem das língaus." In: *Português língua segunda e língua estrangeira*, por Paulo Osório e Rosa Marina (Coord.) Meyer, 109-114. Lisboa: Lidel, 2008.

Halliday, M. A. *An Introduction to Functional Grammar. Revised by Matthiessen M. I. M. [1st ed. 1985].* 3. London: Edward Arnold, 2004.

Jakobson, Roman. *Linguistica e comunicação.* São Paulo: Cultrix, 1975.

Leffa, V. J. "Aspectos externos e internos da aquisição lexical." In: *As palavras e sua companhia; o léxico na aprendizagem*, por Vilson J. (Org.). Leffa, 15-44. Pelotas, 2000.

Mendes, Edleise. "Língua, cultura e formação de professores: por uma abordagem de ensino intercultural." In: *Saberes em Português: ensino e formação docente*, por Edleise Mendes e M. L, Souza Castro, 57-77. Campinas/SP: Pontes, 2008.

Nöth, Winfried. *Handbook of Semiotics.* Bloomington & Indianapolis: Indiana University Press, 1995.

Peirce, Charles Sanders. *1931-58. Collected Papers. Vols. 1-6, eds. Charles Hartshorne and Paul Weiss, vols. 7-8, ed. Arthur W. Burks. (C.P.).* Cambridge , Mass: Harvard Univ. Press., s/d.

Queiroz, Eça de. *Contos.* Porto: Livraria Chardron, De Lello & Irmãos, Editores, 1902.

Simões, Darcilia. "Contribuições para desenvolvimento do domínio lexical." *Acta Semiotica et Linguistica - VOL. 15 – ANO 34 – Nº 2*, 2010: 101-116.

—. *Iconicidade e Verossimilhança. Semiótica aplicada ao texto.* Rio de Janeiro: Dialogarts, 2007.

—. *Iconicidade Verbal: Teoria e Prática.* Rio de Janeiro: Dialogarts, 2009.

Ullmann, S. *Semântica: uma introdução à ciência do significado. 4 ed.* Lisboa: Calouste Gulbenkian, 1964.

Vilela, M. *Estruturas léxicas do Português.* Coimbra: Livraria Almedina, 1979.

—. *Estudos de Lexicologia do Português.* Coimbra: Livraria Almedina, 1994.

—. *Léxico e Gramática.* Coimbra: Livraria Almedina, 1995.

CURSO DE DIDÁTICA DE PORTUGUÊS LÍNGUA ESTRANGEIRA UMA EXPERIÊNCIA DE FORMAÇÃO DOCENTE NA ESCOLA NORMAL SUPERIOR DE LETÍCIA – AMAZONAS, COLÔMBIA

Luciana Andrade Stanzani
Universidad de los Andes, Colômbia

One does not inhabit a country; one inhabits a language.
E. M. Cioran

INTRODUÇÃO

A língua desempenha um papel primordial dentro da sociedade já que por meio desta uma comunidade manifesta sua cultura e sua identidade. A partir da língua, um grupo humano expressa, de uma geração a outra, sua história e ciência, igualmente suas crenças. Atualmente, fenômenos como a abertura dos mercados econômicos e a expansão das comunicações, mediante novas tecnologias da informação na globalização, impõe como requisito ter competência em uma ou mais línguas adicionais à língua materna.

O inglês como língua estrangeira possui um papel protagonista e de grande demanda no mundo por razões comerciais, educativas e culturais, não obstante, desde o surgimento do MERCOSUL em 1991 a importância do português tem crescido no continente latino-americano. Alguns países como o Uruguai e a Venezuela já instituíram o ensino de português em suas escolas e no Brasil, o Governo Federal estabeleceu desde 2005 o ensino de espanhol em escolas da rede pública de ensino. É notável o interesse mútuo do Brasil no idioma espanhol e dos países da América Latina no idioma português.

No caso colombiano, existe uma ampla oferta de cursos de português, seja em universidades, institutos ou professores particulares. A maioria dos estudantes de português na Colômbia são candidatos do programa de bolsas do governo brasileiro, o qual exige o idioma português como requisito. Segundo dados da Embaixada do Brasil na Colômbia em 2001 foram entregues 276 vistos estudantis a colombianos, em 2010 foram 1.212 vistos e nos primeiros três meses de 2011 já foram entregues 683 vistos, mais da metade dos concedidos no ano anterior.

Para receber a bolsa ofertada pelo governo brasileiro, o estudante deve ser cidadão de países em desenvolvimento, pertencente à África, Ásia, Caribe, Oceania ou América Latina. Também é necessário ter o certificado de proficiência em língua portuguesa para estrangeiros (Celpe-Bras). Por conta desta procura dos estudantes colombianos por programas de pós-graduação no Brasil e pela candidatura no processo seletivo de bolsa da CAPES o Instituto de Cultura Brasil-Colômbia (IBRACO) aplicador do exame Celpe-Bras no país tem o maior número de candidatos que apresentam o exame fora do Brasil.

Presenciamos assim uma área de ensino de português língua estrangeira em contínuo crescimento na Colômbia. Este fato nos leva a questionar se existe uma didática específica de português língua estrangeira a hispano falantes. Sabemos que o português e o espanhol são duas línguas irmãs, o que concede ao estudante colombiano algumas vantagens no seu processo de aprendizagem, porém as semelhanças ao mesmo tempo em que facilitam a compreensão dificulta a comunicação devido às constantes interferências da língua materna.

Segundo Ferreira (1997) um hispano falante que estuda português não pode ser considerado um aluno principiante senão um "falso principiante" já que ele traz consigo conhecimentos e habilidades que são comuns às duas línguas. Não obstante, para que esse mesmo estudante alcance um nível avançado em português, deve superar a interlíngua e a fossilização durante seu processo de aprendizagem.

É possível afirmar que a aprendizagem de português por um estudante colombiano ou qualquer hispano falante avança mais rápido que, por exemplo, por um estudante de origem japonesa, mas para alcançar uma aprendizagem com um nível de excelência, é fundamental ter clareza entre as semelhanças e diferenças entre as duas línguas, apenas assim, é possível superar o portunhol. Vale a pena ressaltar que na curta trajetória da área de português como língua estrangeira no Brasil já é debatida a formação do professor. Antes este profissional migrava de outras línguas estrangeiras como o inglês ou tinha como requisito ser nativo, hoje em dia no Brasil já existem programas de graduação e pós-graduação na área de português como língua estrangeira o que vem solidificando e aumentando importantes estudos sobre este tema. Esta realidade ainda não acontece na Colômbia.

Embora exista, como mencionado anteriormente, uma grande demanda de cursos de português como língua estrangeira para hispano falantes na América Latina, há no mercado, poucos materiais didáticos específicos para este público e, sobretudo para o público colombiano.

Neste panorama, nos encontramos com um contexto colombiano onde há uma grande demanda de estudantes de português língua estrangeira, mas uma carência de materiais didáticos para atuar nesta área. O ensino de português para crianças na Colômbia também é uma área pouco explorada que apenas começa a desenvolver-se e que também apresenta poucas alternativas de materiais didáticos.

Por tudo mencionado anteriormente, é importante e urgente pensar no ensino e aprendizagem de português como língua estrangeira no contexto colombiano e obviamente na condição necessária para seu fomento: a formação de professores de português. Para isto, é fundamental preparar estes docentes para, entre outras coisas, elaborar seus próprios materiais didáticos, considerando seu contexto. Segundo Almeida Filho (2009), os professores com formação didática em elaboração de materiais são profissionais mais autônomos, os quais podem preparar um curso ou uma aula de língua estrangeira sem a necessidade exclusiva de adotar um livro didático.

O ENSINO E APRENDIZAGEM DE PORTUGUÊS NO CONTEXTO FRONTEIRIÇO COLOMBIANO

Também é importante lembrar que a Colômbia limita geograficamente com o Brasil, na tríplice fronteira amazônica. Santa Rosa (Peru), Tabatinga (Brasil) e Letícia (Colômbia) são cidades de pequeno porte referências desta fronteira. Toda a Região Amazônica distinguida como Alto Solimões faz fronteira com a Colômbia. Entre as cidades de Tabatinga e Letícia, a única demarcação territorial é uma rua (a Avenida da Amizade) que constitui um limite jurídico e geopolítico entre os dois países.

Apesar de que o limite entre o Brasil e Colômbia esteja marcado por uma rua, as diferenças culturais entre colombianos e brasileiros é bem explícita nesta fronteira. Para ser um território onde os limites políticos e geográficos são imperceptíveis desde o ponto de vista legal, desde o ponto de vista cultural se notam duas realidades que convivem quase que no mesmo espaço. Para o linguista espanhol Francisco Moreno, as cidades de Leticia (Colômbia) e Tabatinga (Brasil) são um claro exemplo de cidades de fronteira, onde tudo parece ter uma realidade dual: circulam indistintamente *pesos* e reais, *vallenato* e forró, *Canal Caracol* e Rede Globo, a *mojarra* e o *cará*, o *espanhol* e o português. O brasileiro fala português em qualquer lugar de Tabatinga ou de Letícia e o colombiano por sua vez fala espanhol em qualquer lugar de Letícia ou de Tabatinga.

Também é importante mencionar que o entorno das duas cidades é multicultural e multilíngue dada a presença de inúmeros grupos indígenas com diversas línguas nesta zona. Neste contexto tão diverso, o espanhol e o português se configuram para esta população de fronteira como uma condição de acesso a serviços e bens tanto simbólicos quanto materiais.

Neste contexto, em 2005 os respectivos ministros de relações exteriores do Brasil e da Colômbia, Celso Amorim e Carolina Barco, assinaram um Memorando de Entendimento sobre o ensino de português e espanhol na região fronteiriça. Em dito documento, o governo de ambos os países se compromete a programar cursos de língua portuguesa e espanhol nas escolas públicas das cidades de Leticia e Tabatinga, assim como promover cursos de capacitação docente para futuros professores de português e espanhol com o objetivo de aumentar o número de professores formados nesta área na fronteira.

No contexto colombiano na cidade de Leticia, a Escola Normal Superior "Marceliano Eduardo Canyes Santacana" foi escolhida para dar início ao projeto piloto de ensino de português com o apoio do Instituto de Cultura

Brasil-Colômbia (IBRACO) localizado na cidade de Bogotá. Fruto deste projeto, atualmente a Escola Normal Superior de Leticia oferece cursos de português desde a formação pré-escolar até o último ano do ensino médio e também é um posto aplicador do exame Celpe-Bras. Além disso, por sua natureza pedagógica[12], a escola também se dedica à formação de futuros professores de pré-escolar e básica primária da região fronteiriça desde 1997. Parte da formação pedagógica desta escola normalista é oferecida pelo Programa de Formação Complementar, um curso que está programado para ter a duração de três semestres e serem cursados depois do término do ensino fundamental. O plano de estudos do programa conta com cinco campos de formação: 1. Fundamentação psicopedagógica, 2. Fundamentação didática, 3. Prática pedagógica investigativa, 4. Fundamentação humanística e 5. Conhecimento do entorno.

Este trabalho se dedicou a estudar o campo de fundamentação didática que está segmentado em diversas disciplinas didáticas, como por exemplo: didática da matemática, didática da linguagem, didática do inglês, didática da ciência, entre outras. Este campo tem como objetivo orientar este professor em formação, na realização da leitura do contexto sobre as situações pedagógicas como o fim de planejar e desenvolver de maneira organizada e metodológica os processos de ensino relacionados com a educação.

Apesar do reconhecimento da importância da fundamentação didática, neste campo não se encontra uma disciplina relacionada com a didática do português como língua estrangeira. Desde 2011 foi introduzida uma matéria chamada "Português" no campo de fundamentação humanística, a qual se dedica ao ensino da língua portuguesa como tal, mas não de sua didática. Como já estão pactuados acordos no território fronteiriço que fomentam o ensino e aprendizagem de português desde 2005 o fato de que o plano de estudos do Programa de Formação Complementar do futuro professor da região fronteiriça não considere uma disciplina de didática do português como língua estrangeira é uma carência que deve ser atendida.

Esta situação permitiu reconhecer a pergunta que motivou a presente pesquisa: quais são as características do desenho da disciplina de didática do português língua estrangeira para a formação complementar de professores na Escola Normal Superior de Leticia? Para dar solução a esta questão proposta foi realizada uma investigação de tipo qualitativa mediada por uma pesquisa aplicada e prática. Para Seliger & Shohamy (1989) há três tipos de pesquisa no campo de ensino de uma segunda língua. A pesquisa básica ou teórica, a aplicada e a prática. A primeira (básica ou teórica) propõe construir modelos teóricos abstratos que expliquem os processos de ensino e aprendizagem de línguas, a segunda (aplicada) aproveita os diferentes

---

[12] O modelo de Escola Normal Superior na Colômbia se assemelha ao modelo de Magistério no Brasil.

modelos teóricos que proporciona a pesquisa teórica a diferentes campos da educação e a última (prática) faz um uso pragmático da pesquisa teórica e da aplicada. Seliger & Shohamy (1989, pág.17) afirmam que cada tipo de pesquisa contribui de certa forma com a outra e que sua relação é unidimensional. Sendo assim, o presente trabalho esteve inserido em dois tipos de pesquisa: a aplicada e a prática. Como aplicada buscou dar solução ao problema referente à falta de uma disciplina didática de português língua estrangeira. E prática porque aqui não somente foram aplicados conceitos de ensino e aprendizagem de línguas estrangeiras para o desenho da disciplina senão que também foi realizada uma pilotagem da mesma para testar sua pertinência e considerar sua aplicação para o Programa de Formação Complementar da Escola Normal de Leticia de forma permanente.

O DESENHO DE UMA DISCIPLINA DE PORTUGUÊS LÍNGUA ESTRANGEIRA PARA A FRONTEIRA

Os especialistas em desenho curricular têm apresentado diferentes modelos para o desenvolvimento de um curso que são constituídos por uma série de componentes. Ter claro os processos de desenvolvimento de um curso é muito útil visto que facilita a visão ampla dos passos implicados e permite assim racionalizar um plano de ação pedagógica. Segundo García Santa-Cecilia (2000) o processo de desenvolvimento de um curso geralmente está composto por "el análisis de necesidades, la definición de objetivos, la selección y gradación de contenidos, así como la selección y gradación de actividades y materiales, y por último, por la determinación de los procedimientos de evaluación que serán implementados en el aula" (pag.20). Alguns aspectos a serem considerados antes do desenho de um curso são os fatores sociais, educativos e culturais do entorno no qual se pretende realizar o curso. No contexto fronteiriço é fundamental identificar fatores como o papel da língua no entorno, as atitudes sociais e individuais como respeito à língua e os fatores de caráter político e social nos quais os indivíduos estão imersos. Tyler (1982) propõe que o estudo dos próprios educandos é fonte mesma dos objetivos educacionais. Para o autor o termo "necessidades" é um conceito que poderia ser equivalente a uma zona intermediária entre o que é e o que deve ser. Neste sentido, é importante antes de desenhar um curso, obter informação sobre os estudantes, mas também dos estudantes, com o objetivo de intercambiar opiniões sobre como se ensina e como se aprende. As entrevistas, os questionários, o diálogo e as negociações com os estudantes são alguns instrumentos utilizados para copilar esta informação.

Com o objetivo de conhecer as necessidades e o perfil dos estudantes do Programa de Formação Complementar para o posterior desenho do programa da disciplina didática de português língua estrangeira da Escola Normal, foram aplicados questionários a todos os estudantes pertencentes ao primeiro, segundo, terceiro e quarto semestre do programa (57 estudantes no total). As perguntas estavam divididas em quatro categorias: 1. dados pessoais, 2. formação acadêmica, 3. conhecimento de português e 4. Crenças sobre o ensino e aprendizagem de português na Escola Normal Superior de Leticia.

Depois da leitura dos dados recolhidos por meio dos questionários, foi possível evidenciar que a população que compõe o curso é de colombianos de ambos os sexos em um número equilibrado 30 (52,6%) homens e 27 (47,4%) mulheres. Têm entre 16 e 20 anos, em sua maioria pertencem à etnia indígena Ticuna e possui formação normalista, entidade onde aprenderam a língua portuguesa. A maioria dos entrevistados possui relações familiares com o país vizinho, o Brasil, e qualifica suas habilidades de expressão e compreensão oral e escrita em português como intermediárias. Os estudantes também acham importante aprender português na fronteira para poder se relacionar como o Brasil e aí mencionam a necessidade de estar familiarizados com uma metodologia de ensino de línguas estrangeiras que enfatize atividades de compreensão e produção escrita onde eles acreditam que devem fortalecer no idioma. Os estudantes também afirmaram que é importante ter uma disciplina de didática de português língua estrangeira no plano curricular do Programa sobre tudo pela necessidade que eles têm de ensinar português na educação pré-escolar e básica primária da zona. A maioria dos estudantes se sente motivado a ensinar português na fronteira e sugerem que os cursos de português da Escola Normal tenham uma maior carga horária.

A partir da análise de necessidades foi realizada a proposta de uma disciplina de português língua estrangeira com um total de 48 horas distribuídas em 16 semanas que abordava 4 temas centrais: 1. Contextualização – o entorno fronteiriço, 2. Didática de Português Língua Estrangeira, 3. Infância e ensino/aprendizagem de língua estrangeira e 4. Desenho de unidades didáticas.

A proposta foi recebida pela instituição que autorizou uma pilotagem para o primeiro semestre de 2012. Antes da pilotagem, o objetivo da disciplina era discutir o ensino de português língua estrangeira na educação primária no contexto fronteiriço. Talvez por falta de realizar um exame de proficiência de língua portuguesa especificamente, não foi possível diagnosticar com antecipação o nível de domínio da língua portuguesa por parte dos estudantes. O que pôde ser notado nos primeiros dias de pilotagem da disciplina foi um nível inferior ao intermediário como afirmaram os estudantes nos questionários de análise de necessidades.

Uma das maiores dificuldades da pilotagem da disciplina foi justamente o não conhecimento da língua portuguesa, obviamente em uma disciplina de didática, o ideal seria promover uma discussão sobre o ensino e aprendizagem da mesma e não sua estrutura, porém, se revelou necessário incorporar ao programa da disciplina alguns temas básicos para a prática docente na primária, como elementos de fonética e gramática, por exemplo.

Pelo fato de se tratar de uma população multicultural com diversidade de culturas indígenas também se notou uma falta de domínio também no idioma espanhol que no caso de muito estudantes é uma segunda ou inclusive terceira língua. Além disso, no módulo de desenho de unidades didáticas os problemas estruturais da instituição como falta de equipamentos, internet e materiais didáticos atrasaram as atividades programadas. Apesar das dificuldades técnicas, a elaboração das unidades didáticas a partir de temas relacionados com o contexto dos estudantes foi enriquecedora já que criou um número significativo de materiais de ensino de português para crianças especificamente para a fronteira Colombo brasileira.

A pilotagem da disciplina demonstrou certa insegurança com a proficiência da língua portuguesa dos estudantes, fato que não se notou em relação ao saber prático e pedagógico dos futuros professores em formação na educação de crianças de pré-escolar e básica primária. Neste caso o conhecimento do idioma não limitou o saber prático destes futuros professores. Foram realizadas discussões sobre um plano de aula, as etapas de aprendizagem de uma língua estrangeira no processo educativo de uma criança entre outras coisas.

Talvez a falta de um domínio avançado na língua portuguesa e a aparente despreocupação por parte dos estudantes por melhor seu nível se dê pelo fato de que na fronteira "todo mundo se entende". É possível notar que neste espaço fronteiriço os brasileiros muitas vezes se comunicam em português e os colombianos em espanhol sem a necessidade de mudar de língua ou traduções. E se já é possível entender-se assim, um nível avançado de português talvez não seja necessário neste contexto.

Também é possível perceber que o fato de que no contexto fronteiriço as pessoas transitam facilmente entre o português e o espanhol sem problemas de compreensão não é a única explicação para que os estudantes não se sintam motivados a melhorar o nível de proficiência na língua. Estes estudantes também acreditam que o português que é ensinado na escola não é o que se julga ser a melhor variante da língua portuguesa. No contexto de fronteira os alunos acreditam que tem mais prestígio social falar com uma variante paulista ou carioca, assim que não existe muito valor social em aprender um português variante fronteiriço. Em muitas ocasiões os estudantes afirmavam que "na fronteira não se fala direito e que tomo mundo fala errado, isso não é português".

Depois da pilotagem, junto com a retroalimentação dos estudantes foi reelaborada uma proposta para a disciplina de português língua estrangeira do Programa de Formação Complementar da Escola Normal Superior de Letícia. A nova proposta foi configurada a partir de quatro perguntas geradoras de discussão: 1. Quais aspectos da língua portuguesa o futuro docente de português língua estrangeira para a primária deve conhecer?, 2. Quais são as implicações de ser professor de português língua estrangeira neste contexto fronteiriço?, 3. Qual é o contexto atual da didática do português língua estrangeira? Onde estamos? Quais são os modelos de ensino e aprendizagem mais significativos de português língua estrangeira para crianças? 4. Quais elementos fazem parte de uma unidade didática de português? Como avaliar uma unidade didática de português? Como elaborar uma unidade didática de português língua estrangeira para crianças na primária?

CONCLUSÕES

A baixa proficiência na língua portuguesa e principalmente o pouco domínio da escrita dificultou a elaboração das unidades didáticas que em alguns casos foram entregues em espanhol.

É urgente pensar em outras estratégias didáticas para o ensino e aprendizagem de português língua estrangeira em comunidades indígenas.

A falta de prestígio do português falado em Tabatinga reforçado pelos colombianos dificulta o processo de ensino e aprendizagem de português dos estudantes na fronteira. Isso explica também que apesar de que os brasileiros e colombianos tenham boas relações na fronteira, cada um guarda sua identidade cultural através da língua na qual se expressa e aprender a falar como o outro é deixar de ser um pouco de si. Os estudantes têm medo da perda da identidade colombiana ao aprender português na fronteira.

Acredito que este estudo tenha trazido algumas contribuições para a área de português língua estrangeira. Em primeiro lugar foi promovida uma reflexão sobre o ensino e aprendizagem de português língua estrangeira em um contexto específico como a fronteira e para um público hispano falante que reside fora do território brasileiro. Segundo, a Escola Normal Superior de Leticia conta agora com o desenho de uma disciplina de didática de português língua estrangeira que faz parte do plano de estudos do Programa de formação complementar. Em terceiro lugar está o fato de que os futuros professores de pré-escolar e básica primária podem se preparar para seu futuro profissional no ensino de português língua estrangeira neste contexto específico.

Finalmente, sobre possíveis futuros temas para o ensino de português língua estrangeira que possam derivar deste trabalho, se encontram: uma nova pilotagem da disciplina didática de português língua estrangeira, a elaboração de unidades didáticas de português língua estrangeira para a educação básica primária, a pesquisa sobre metodologia de ensino de português como língua estrangeira para hispano falantes em contexto de não imersão e a formação docente do professor de português língua estrangeira fora do Brasil.

REFERÊNCIAS

Almeida Filho, J.C.P de (1993). Dimensões comunicativas no ensino de línguas. Campinas: Pontes.

Almeida Filho, J.C.P de (2001). Uma metodologia específica para o ensino de línguas próximas? In J. Almeida Filho, *Português para estrangeiros interface com o espanhol*. (pp. 13-21). Campinas: Pontes.

Castilho, A. (1999). *Uma política linguística para o português*. Retrieved 15 de julio de 2012 from www.museulinguaportuguesa.org.br: http://www.museulinguaportuguesa.org.br/files/mlp/texto_17.pdf

Delgado de Valencia, Sonia (1998). *Un acercamiento a la didáctica de las lenguas extranjeras para niños. "Para que cante la voz"*. Universidad Nacional de Colombia, Bogotá.

Dolz, J. & Gagnon, R. & Mosquera, S. (2009). *La didáctica de las lenguas: una disciplina en proceso de construcción*. In: Revista Didáctica, Lengua y Literatura vol. 21 páginas 117-141.

Escuela Normal Superior de Leticia. (2012). *Programa Educativo Institucional - PEI*. Leticia.

Faulstich, E. (1997). O portunhol é uma interlíngua? In Seminario presentado en IULA, Barcelona.

Ferreira, I. (1997). Interface português/espanhol. In J. Almeida Filho, *Parâmetros atuais para o ensino de portugués língua extranjeira*. (pp. 141-151). Campinas: Pontes.

Ferreira, I. (2001). A interlíngua do falante de espanhol e o papel do professor: aceitação tácita ou ajuda para superá-la? In J. Almeida Filho, *Português para estrangeiros interface com o espanhol*. (pp. 39-57). Campinas: Pontes.

García Santa-Cecilia, Á. (2000). *Cómo se diseña un curso de lengua extranjera*. Madrid: Arco Libros.

Gomes de Matos, F. (1997). Quando a prática precede a teoria: a criação do PBE. In: J. Almeida Filho, & L. Lombello, *O ensino de português para estrangeiros*. (pp. 11-17). Campinas: Pontes.

Grannier, D. (2000). Uma proposta heterodoxa para o ensino de português para falantes de espanhol. In: Congreso da Siple, Brasilia, DF.

Hearn, Isabella & Garcés R, Antonio (2003). *Didáctica del inglés para Primaria*. Madrid: Pearson Educación.

Hymes, D. (1995). Acerca de la competencia comunicativa. In M. Llobera, *Competencia comunicativa: documentos básicos en la enseñanza de lenguas extranjeras*. (pp. 27-46). Madrid: Edelsa.

Jiménez, M., & Clavijo, L. (2008). "¡Atando cabos"! *I Encuentro internacional de español como lengua extrajera*, (pp. 1-20). Colombia.

Johnson, K. (2008). *Aprender y enseñar lengua extranjeras: una introducción*. México: Fondo de Cultura Económica.

Júdice, N. (2001). Ensino de português para hispanofalantes: transparencias y opacidades. In: Congreso da Siple, Brasilia, DF.

Júdice, Norimar. Ensino de português para hispanofalantes: transparências e opacidades. In: _____ (Org.). *Português para estrangeiros: perspectivas de quem ensina*. Niterói: Intertexto, 2002, p. 37-56.

Kostina,I., & Arboleda, A. (2005). La didáctica de Lenguas Extranjeras: Un campo interdisciplinar, multidisciplinar y multidimensional. In F. Vásquez Rodríguez, La didáctica de la lengua extranjera – estado de discusión en Colombia. (pp. 9-25). Cali: Universidad del Valle.

Ministério da Educação. (2006). *Postos aplicadores do Celpe-Bras*. Recuperado el 15 de Julio de 2012, de www.portal.mec.gov.br: http://www.portal.mec.gov.br/sesu/arquivos/pdf/CelpeBras/inst_credcelp.pdf

Ministério da Educação. (2010). *Certificado de proficiência em língua portuguesa para estrangeiros. Manual do candidato*. Recuperado el 15 de Julio de 2012, de www.celpebras.inep.gov.br: http://www.celpebras.inep.gov.br/inscricao/manual/manualCandidato2010.pdf

Moreno Fernández, F. (2006). Actitudes lingüísticas de los brasileños en la frontera amazónica. *Haciendo lingüística. Homenaje a Paola Bentivoglio*, 811-832.

Nunan, D. (1989). *Designing tasks for the communicative classrooms*. Cambridge: Cambridge University Press.

Nunan, D. (1991). *Syllabus Design*. Oxford: Oxford University Press.

Pacheco, D. (2006). Português para estrangeiros e os materiais didáticos: um olhar discursivo. Tesis de Doctorado Universidade Federal de Rio de Janeiro, Brasil.

Rojas, L. (2007). *Cómo aprenden los niños uma lengua extranjera*. Bogotá: Cooperativa Editorial Magisterio.

Scaramucci, M. V. (2001). O projeto Celpe-Bras no âmbito do Mercosul: Contribuições para uma definição de proficiência comunicativa. In J. Almeida Filho, *Português para estrangeiros interface com o espanhol*. (pp. 77-90). Campinas: Pontes.

Seliger, L. & Shohamy, E. (1989). *Second Language Research Methods*. Oxford:

Tyler, R. (1982). *Principios básicos del currículo*. Buenos Aires: Troquel S.A. University Press.

CAPÍTULO 2
A EXPRESSÃO ORAL EM PORTUGUÊS E A MÚSICA

ENSINAR PORTUGUÊS DO BRASIL COMO LÍNGUA DE HERANÇA UMA PROPOSTA DE ATIVIDADES LINGUÍSTICAS E MUSICAIS

Idalena Oliveira Chaves
Silvio Geraldo de Almeida
Universidade Federal de Viçosa, Brasil

INTRODUÇÃO

Este artigo apresenta uma proposta para o ensino do português brasileiro como língua de herança. É um trabalho voltado para crianças brasileiras-nascidas no Brasil residentes no exterior ou filhos de brasileiros nascidos e residentes no exterior, e que estejam em processo de alfabetização. Pretende-se contribuir para o ensino de português fora do Brasil, atendendo a faixa etária de 5 a 10 anos.

O aumento de brasileiros residentes no exterior e com filhos em fase de aprendizagem, aponta para um problema em relação ao ensino da língua portuguesa para estas crianças. Emigrar para outro país com filhos em idade escolar inquieta os pais que lutam para manter a língua materna viva, mesmo que seja com esforço próprio. Alguns países oferecem ótimos programas de ensino de língua portuguesa para crianças (como os EUA), mas ainda há carência de material didático. A minha experiência com ensino de português na Coreia do Sul, acrescidas às discussões com mães preocupadas em ensinar português para os filhos e com professores que ensinam português para filhos de brasileiros no exterior, despertou o interesse por esse trabalho: desenvolver um projeto de ensino de português para crianças de 5 a 10 anos, que vivem fora do Brasil. A partir dos textos de canções elaboradas especialmente para um trabalho multidisciplinar no processo de aquisição da escrita e leitura em português, desenvolvemos várias atividades organizadas em torno dos eixos que constituem o ensino e a aprendizagem da língua portuguesa: a valorização da cultura e da língua, os aspectos linguísticos, a produção escrita, a leitura e a oralidade. Busca-se com este trabalho contribuir para a diversificação de materiais didáticos voltados para os brasileirinhos residentes no exterior e colaborar com as pessoas que ensinam o Português como Língua de Herança (PLH) em vários lugares do mundo.

Segundo dados oficiais de relatórios consulares, enviados anualmente pelas embaixadas brasileiras para o Ministério das Relações Exteriores (MRE), cerca de 2.801.249 brasileiros estão residindo no exterior. Sem contar aqueles que evitam ser identificados por estarem em situação irregular. Desse total, 4,4% é representado pelos filhos de brasileiros na idade de 0 a 14 anos.[13] Diante

---

[13] Dados extraídos do site do Itamaraty (www.**brasileirosnomundo**.itamaraty.gov.br)

desse número, vem crescendo o interesse pelo ensino de português como língua de herança (doravante PLH), isto é, o ensino da língua portuguesa para filhos de brasileiros nascidos e/ou residentes no exterior. Como e onde estudam estas crianças? Elas estudam português?

Moroni e Gomes (2015) mostram que há um desenvolvimento intenso de PLH em vários países, como na Espanha, na região da Catalunha, Estados Unidos, Reino Unido, Alemanha, entre outros. As autoras destacam o ensino no Japão como um caso especial, pois é um país onde funcionam escolas em português reconhecidas pelo Ministério da Educação do Brasil (MEC). Mendes (2014)[14] afirma que "um dos ambientes mais fortes e expressivos no desenvolvimento do ensino de português em contexto de herança tem sido os EUA". É lá que encontramos a maior parte das iniciativas para a implantação de programa de ensino de PLH. Como a Associação Brasileira de Cultura e Educação – ABRACE, na Virgínia, dirigida por Ana Lúcia Lico, o Instituto Brasil de Educação e Cultura – IBEC, na Califórnia, dirigido por Valéria Sasser, a Fundação Vamos Falar Português, na Flórida, dirigida por Cristiane Martins e Beatriz Cariello, o Movimento Educacionista dos EUA, em Massachusetts, dirigido por Arlete Falkowski, e, ainda, o trabalho pioneiro no ensino do Português nos Estados Unidos desenvolvido pela Escola Ada Merritt, na Flórida. Além de organizações culturais, como Brasil em Mente (BEM), fundada em 2009 por Felícia Jennings-Winterle. Atualmente há em outros países como Alemanha, Suíça, Belgica, Inglaterra, várias atividades envolvendo o ensino de PLH[15].

PORTUGUÊS BRASILEIRO: LÍNGUA DE HERANÇA (PBLH)

O termo "Língua de herança" (LH) é definido por Van Deusen-Scholl, citada por (Morroni, 2015), como uma língua ancestral com uma conexão, isto é, não é a língua de uso na comunidade de fala a qual pertence o indivíduo, mas está ligada ao falante por um laço familiar, como pai, mãe, avós, etc. Também pode ser o idioma materno de uma pessoa que ficou exposta a uma outra língua desde a primeira infância. Conforme Fishman (2001), a LH é aquela língua que tem uma relevância particular com a família do aprendiz/falante. Aprender uma língua de herança é manter um elo linguístico com os antepassados. Ensinar LH é transmitir a língua e a cultura de um país à nova geração que está fora do seu território. A língua de herança é um legado linguístico e cultural levado pelos emigrantes a outro país, mas também se enquadra na preservação de línguas minoritárias na próprio nação, como o caso da língua indígena e da língua colonial, aquela pertencente a grupos de colonizadores que se estabeleceram no país, em tempos passados e mantém pequenos grupos linguísticos, como as

---

[14] Entrevista publicada no Blog do IILP
https://iilp.wordpress.com/2014/04/12/entrevista-edleise-mendes/)
[15] Outras instituições podem ser consultadas no site
http://www.brasileirosnomundo.itamaraty.gov.br/educacao/portugues-no-exterior

comunidades de língua alemã no Sul do Brasil (Pupp Spinassé, 2006). O PBLH é um tema recente no que diz respeito ao português brasileiro e tem implicações, principalmente no ensino da língua portuguesa fora do nosso país. Esta modalidade do ensino caracteriza-se, conforme Mendes (2012), "pelos contextos em que o português e sua cultura são ensinados a filhos de luso-falantes, imigrados, em diferentes partes do mundo (...)".

Neste trabalho focalizo o ensino do português como língua de herança para crianças brasileiras ou filhos de brasileiros nascidos no exterior e que estão em processo de alfabetização. O objetivo maior dar suporte aos professores que ensinam português fora do Brasil, e que atendem a faixa etária de 5 a 10 anos. Esta proposta consiste na elaboração de material didático para desenvolver as habilidades com a leitura e escrita nessa faixa etária. Trata-se de um caderno de atividades, acompanhado de um CD com músicas elaboradas a partir de textos de canções contemplando o tema "animais". A elaboração das atividades está baseada na proposta das "Capacidades linguísticas para a alfabetização- Ceale/FaE/UFMG-2005"[16] (ler e escrever, falar e ouvir com compreensão em diferentes situações comunicativas), e possibilitará ao aprendiz desenvolver as habilidades necessárias para a aquisição da língua portuguesa. A partir das letras das canções, são construídas atividades linguísticas, com ênfase na leitura, escrita e compreensão auditiva do português do Brasil. As canções apresentadas têm como foco os animais, tema universal para o público infantil. Além do trabalho mais sistematizado com o português do Brasil, desenvolve-se conhecimentos diversos sobre as características, hábitos e ambiente de alguns animais conhecidos pelas crianças, através de uma abordagem multidisciplinar (Fiorin, 2008), pois acredita-se que essa abordagem pode atender melhor o aprendiz fora do Brasil. Na multidisciplinariedade segundo Fiorin "(...) várias disciplinas analisam dado objeto, sem que haja ligação necessária entre essas abordagens disciplinares. O que se faz é por em paralelo diferentes maneiras de se enfocar um tema, que são coordenadas com vistas ao conhecimento global de uma determinada matéria. (p.37)".

JUSTIFICATIVA

Em geral, as inciativas para se ensinar português para crianças no exterior partem das mães, preocupadas em manter um laço entre os filhos e os familiares no Brasil. No meu convívio com mães brasileiras na Coreia do Sul pude observar uma situação de multilinguismo[17]: a) mães brasileiras casadas com coreanos, que ensinam português para os filhos em casa. Estes falam coreano na comunidade e com o pai e, em geral, estudam em escola

---

[16] Para saber mais consulte o site: http://www.ceale.fae.ufmg.br/

[17] Entende-se o multilinguismo como a habilidadede usar mais do que duas línguas. (Zimmer et al.2008)

internacional, onde falam o inglês. b) Mães brasileiras, vindas de outro país, com marido de outra nacionalidade, trabalhando na Coreia do Sul. Tal é o caso da pedagoga Alessandra Pontes, vinda da Alemanha, casada com um alemão, cujos três filhos falam alemão com o pai e na escola (porque estudam em escola alemã), português com a mãe, que se esforça para ensinar o idioma do seu país para os filhos em casa. E as crianças ainda convivem com o coreano, língua do país onde moram.

Por outro lado há outras situações em que as mães optam por não ensinar português para os filhos por questões pessoais, justificadas na maioria das vezes, pelo fato de não considerarem importante para o filho aprender português e sim aproveitar a oportunidade para aprender o inglês ou outras línguas mais prestigiadas do que o português. Alguns relatos sinalizaram, ainda, a ausência de cursos de português para crianças e a dificuldade em encontrar materiais para o ensino da língua.

OBJETIVO

O objetivo deste trabalho é aproximar as metodologias atuais do ensino do português brasileiro para crianças, com o ensino desenvolvido, empiricamente, como língua de herança pelo mundo. Elaborar um material didático multidisciplinar que contemple os conhecimentos linguísticos, a literatura, a música, o meio ambiente, a matemática e as artes plásticas. E que este material possa ficar disponível online e assim, facilitar o acesso em qualquer lugar do mundo.

CONTEXTUALIZAÇÃO DA PROPOSTA

O caderno de atividades de português será construído a partir da poesia. Sabemos que o texto poético não é muito explorado pelos professores nas salas de aulas, criando uma certa restrição para a leitura de poemas, mas estes textos sempre atraem a criançada. É preciso ensinar os pequenos a observarem, na escrita do texto poético, o jogo com as palavras, a sonoridade, o uso de metáforas, a brincadeira que o autor faz com as palavras, e dessa maneira, quebrar a resistência com esse gênero. O trabalho com a canção é um bom começo, pois a experiência linguística com sons e ritmo extrapola o significado das palavras. Conforme Costa (2005) poesia e a canção são gêneros específicos que juntam materialidade e produção. Através deles é possível explorar vários aspectos de um texto, sem perder o conteúdo literário. Para esse trabalho, a escolha do tema animais, foi pensado pelo fato de sempre despertar interesse e curiosidade em qualquer faixa-etária e poder contemplar várias áreas do conhecimento, como ciências, matemática, geografia, história, artes plásticas, e, claro, a língua portuguesa. São 14 textos, que apresentam de maneira lúdica e divertida o seguintes animais: cachorro, cavalo, cobra (jiboia), elefante, gato, girafa, jabuti, jacaré, macaco, papagaio, sapo, siri, tatu e urso[18]. A partir das características deles trabalha-se os conteúdos das outras disciplinas. Como no caso da Geografia, em que os alunos podem identificar vários espaços, relacionando-os com o habitat dos animais, conforme exemplo abaixo:

Geografia
os alunos podem identificar vários espaços, relacionando-os com o habitat dos animais

Música: Jacayeah
Música: Gira Girafa

"...PASSEIO TRANQUILO PELO PANTANAL NADANDO E GIRANDO

MEU NOME É JACARÉ (YEAH YEAH)."

"GIRA GIRAFA AH! GIRA O PESCOÇO AH!
GIRA GIRÁFRICA AH!
GÍRIA FANTÁSTICA AH!

Embora existam projetos interessantes com música infantil no Brasil como o grupo paulista, Palavra Cantada , Adriana Calcanhoto, com o CD Partimpim I e II, entre outros, ainda é forte o apelo da mídia comercial para manipular o gosto musical das crianças com ritmos fáceis e de pobreza vocabular. É função do educador oferecer práticas educativas de qualidade, e como a música está muito presente no universo infantil, o cuidado com o que é apresentado para as crianças ouvirem tem de permear essa prática. A intenção com esse projeto é fazer chegar aos ouvidos dos brasileirinhos canções que não se norteiam pelos padrões da indústria cultural divulgada pelas mídias e apresentar um trabalho envolvendo pesquisa para gerar conhecimento. Foi nesta perspectiva que a pedagoga Silvia Couto Lessa começou a criar textos explorando a origem geográfica de animais, sua alimentação, o habitat e suas características peculiares, surgindo assim, um projeto denominado de "Bichos em canções", como o objetivo de desenvolver as habilidades de leitura e escrita na educação básica. Além do trabalho rítmico e da exploração de uma variedade de estilos musicais, como ciranda, samba, rock, blues, entre outros, proporcionando o contato das crianças com um repertório linguístico-musical amplo e variado, desenvolvia-se algo muito maior envolvendo a linguagem.

O projeto foi desenvolvido pela primeira vez no decorrer do ano de 2007, na Escola Sistema Educacional Primeiros Passos, em Belo Horizonte. O trabalho poético-musical foi proposto aos professores da escola para ser desenvolvido, de maneira interdisciplinar, com crianças do berçário até a idade de seis anos. As poesias e músicas permitem a cada professor trabalhar, de uma forma inovadora e única com cada faixa etária. Cada texto

---

[18] As canções exemplificadas nas atividades deste artigo estão anexadas no final (anexo 1).

possibilitando a interpretação de uma história, um fato, um relato. Também tornou possível distinguir cores, espessuras, formas, tamanhos, através de símbolos não escritos, como dobraduras, desenhos, pinturas e outros.

A implantação do "Projeto Bichos em canções" passou a preencher uma lacuna em relação à carência de elementos lúdicos que pudessem contribuir com o ensino ampliando a capacidade de raciocínio, concentração e ajudando as crianças no domínio da língua falada e escrita, através de música e poesia. A parte musical ficou por conta do músico Saulo Fergo, que deu musicalidade ao projeto.

A música, além de possibilitar o aumento da capacidade de raciocínio das crianças pelo seu caráter lúdico, também leva o aprendiz a desenvolver a consciência metafonológica no processo de aprendizagem da escrita. Através das rimas e aliterações ele poderá perceber as unidades sonoras das palavras e compreender com mais facilidade o nosso sistema escrito. A escrita representa a linguagem falada. O que a criança precisa aprender é como fazer esta representação.

Há muito já se menciona, na literatura da área, que aprender música pode ajudar as crianças no desempenho com a matemática. Pesquisas recentes apontam que os alunos que estudam músicas se saem melhor nas provas desta disciplina, não só pela atenção e concentração que a música proporciona, mas também por algo mais específico entre a música e a matemática. A música envolve proporções, frações e sequências – e tudo isso faz parte do raciocino matemático.

A música, comprovadamente, pode trazer muitos benefícios para o desenvolvimento da linguagem e tem um importante papel no processo de alfabetização. Além de possibilitar o aumento da capacidade de raciocínio das crianças pelo seu caráter lúdico, também desenvolve habilidades de compreensão auditiva levando o aprendiz a refletir sobre os sons das palavras. Através das rimas, aliterações e assonâncias, ele poderá perceber os sons representados pelas letras do nosso alfabeto, e pelas sílabas, compreenderem com mais facilidade como funciona o nosso sistema escrito, como a relação entre sons e letras pode ajudar a escrever ortograficamente as palavras em português.

As atividades[19] propostas no material exploram as palavras dos textos, a descoberta de letras iguais com sons diferentes e letras diferentes com sons iguais, conduzindo a criança ao ingresso no mundo da escrita em português. Busca-se aliar o valor poético ao repertório linguístico, trazendo novas palavras para o vocabulário das crianças. Como no exemplo a seguir em que se trabalha a compreensão auditiva com o texto lacunado e explora-se a flexão verbal (fig. 1). Em seguida propõe-se a identificação da relação entre sons e o encontro

---

[19] As atividades foram elaboradas pelo Grupo de Pesquisa de português para estrangeiros e Língua de herança (Gruppelhe

vocálico (fig. 2).

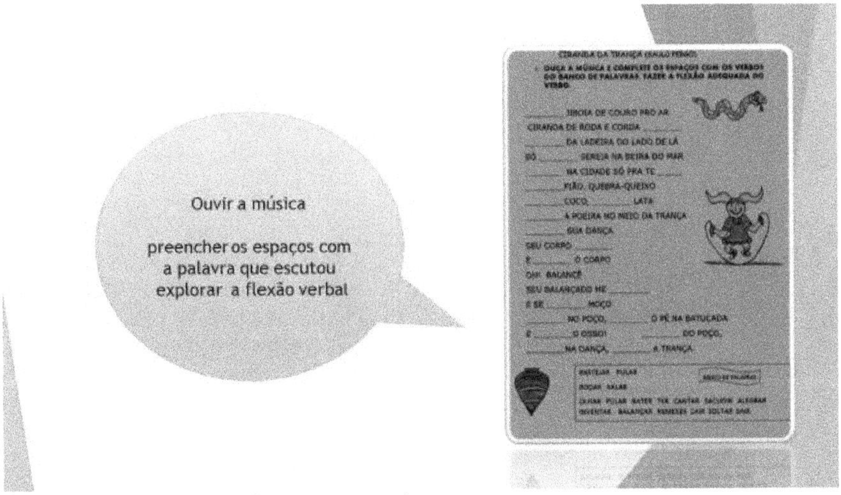

Figura 1-atividade para Compreensão auditiva

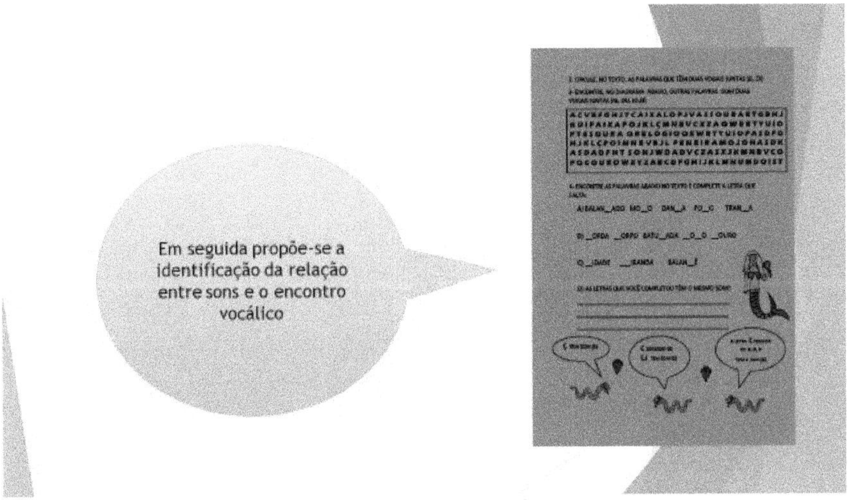

Figura 2- atividade que explora a relação entre sons e letras

As atividades têm como suporte o texto e o áudio. As crianças podem ouvir a música, desenvolvendo a compreensão auditiva através da atividade lacunada ou acompanhar a letra e desenvolver as atividades propostas. Os exercícios podem ser orientados pelo professor ou pelos pais. Para cada texto há um conjunto de atividades multidisciplinares, como a atividade sobre alimentos, em que a introdução do conteúdo é motivada pela tipo de alimentação de cada animal, mostrada a seguir.

Para cada texto há um conjunto de atividades multidisciplinares.

atividade sobre alimentos-introdução do conteúdo motivada pela tipo de alimentação de cada animal

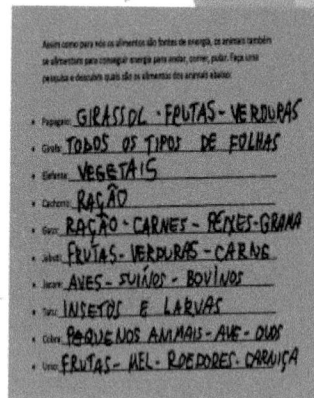

Figura 3- alimentos como fonte de energia

A próxima atividade contempla a área da matemática e o estudo do texto sobre a jiboia é o mote para o desenvolvimento do conteúdo.

Grandezas e medidas

Você sabia que a jiboia é a segunda maior cobra do Brasil? A primeira é a Sucuri.

A jiboia mede de 2 a 4 metros!!!

Vamos ver quem é mais alto na turma? Quantos metros têm a parede da sala?

Vamos medir?

Figura 4- Atividade de matemática- grandezas e medidas

CONSIDERAÇÕES FINAIS

Os conteúdos de língua se impõem neste material tendo como foco as práticas escolares de ensino da língua escrita e leitura nas escolas brasileiras. A proposta aproxima as disciplinas comuns no ensino fundamental, a partir de um tema (animais), dialogando com os conteúdos e promovendo a aprendizagem. Nesta perspectiva multidisciplinar a ideia é favorecer o desenvolvimento da língua e enriquecer o ensino, pensando, também, nas crianças que poderão voltar a residir no Brasil e retomar os estudos na língua materna. Nesse sentido, pensou-se em atividades que possam desenvolver a aquisição da leitura e escrita em português, bem como os conteúdos das outras disciplinas que fazem parte do currículo da educação básica no território brasileiro.

Trata-se de um outro aspecto do ensino da língua de herança. Não só para se comunicar com as famílias residentes no Brasil ou para manter viva a língua de origem, mas, também, como processo de conhecimento escolar.

O ponto de partida é sem dúvida o planejamento adequado a cada contexto de ensino do PBLH, levando em conta o perfil dos alunos e as metas as serem atingidas para ensinar o português.

REFERÊNCIAS

Brasil Em Mente. Site da organização. [online] [consulta em: 06/06/2015] Disponível em: *www.brasilenmente.org*

Costa, Nelson Barros. "As letras e a letra: o gênero canção na mídia literária". In: Gêneros Textuais e Ensino. Dionisio A. et all. Rio de Janeiro. Ed. Lucerna, 2005: 113.

Fiorin, José Luiz. *Linguagem e interdisciplinaridade.*Alea, v.10,n.1,jan./jun.2008,p.29-53.

Fishman, Joshua A. *300- Plus years of heritage language. Education in United states. In. Heritages languages* in America: preserving a national resource. Joy Kreeft Peyton, Scott Mcginnis, Donald A. Ranard, eds, 1999. P. 81

Mendes, E. "O Ensino de Português como Língua de Herança". Entrevista Blogue do IILP: Informação sobre promoção e difusão da Língua Portuguesa. [online] [consulta em: 05/12/2014]. Disponível em: *http://iilp.wordpress.com/2014/04/12/entrevista-edleise-mendes/*.

------------------. "Vidas em Português: perspectivas culturais e identitárias em contexto de português língua de herança (PLH)". Platô, v. 1, p. 2031, 2012.

Moroni, Andreia e GOMES, Juliana Azevedo. "O português de herança hoje e o trabalho da Associação de Pais de Brasileirinhos na Catalunha." Revista de Estudios brasileños (REB), V.2, N.2, 2015.

Pupp Spinassé, Karen. "Os conceitos Língua Materna, Segunda Língua e Língua Estrangeira e os falantes de línguas alóctones minoritárias no sul do Brasil". In: Revista Contingentia 1/2006, 51-58.

Zimmer, M.; Finger, I,; Scherer, L. "Do bilingüismo ao multilingüismo: intersecções entre a psicolinguística e a neurolinguística." ReVEL. Vol. 6, n. 11, agosto de 2008. ISSN 1678-8931 *[www.revel.inf.br]*.

ANEXOS

As letras das canções cifradas citadas nos textos

```
Jacayé ( SAULO FERGO )

G                         C7
BICHO VERDE
G                              C7
DE LÍNGUA ROSA
G                              C7
DE COURO DURO
                              C7
EG CAUDA LONGA
D7
CUIDADO,
C7                                                    G7     D7
SE NÃO VOCÊ VIRA BOLSA.

C7                             D7
PASSEIO TRANQUILO
                         G   Em
PELO PANTANAL
C                                          D
NADANDO E GIRANDO
                                      G
                                      Em
MEU NOME É JACARÉ ( YEAH YEAH )
                         C
BOCA GRANDE

DENTES FORTES
                  D
NARIZ LONGO
                                      G
SOU UM RÉPTIL NORMAL.
```

Gira Girafa! (SAULO FERGO)

```
A                         D
GIRA GIRAFA AH!
A                           D
GIRA O PESCOÇO AH!
A                           D
GIRA GIRÁFRICA AH!
A                             D
GÍRIA FANTÁSTICA AH!
E                                 D
                                  A
DEIXANDO SEU CHARME TODO SE ESPALHAR
Bm                            E
TEM PERNAS COMPRIDAS
F#m                          D
QUE QUASE DÃO NÓ
Bm                            E
"TÁ" SEMPRE ANTENADA
F#m              D
TEMENDO O LEÃO
Bm                        G
GIGANTE TERRESTRE
E
GIRAFA GIRA
```

Ciranda da Trança -(Saulo Fergo)

```
INTRO- (G G5b G4 G)

G
RASTEJA JIBÓIA DE COURO PRO AR

D7
CIRANDA DE RODA E CORDA PULAR
C
G
OLHEI DA LADEIRA DO LADO DE LÁ
D
SÓ TINHA SEREIA NA BEIRA DO MAR
                          C
                          G
CANTEI NA CIDADE SÓ PRA TE ALEGRAR
              D7            C
RODA PIÃO, QUEBRA-QUEIXO

G
RALA CÔCO, BATE LATA
```

```
SACODE A POEIRA NO MEIO DA TRANÇA
                              C
INVENTA SUA DANÇA
                              G
SEU CORPO BALANÇA
                              D7
E REMEXE O CORPO
                      C
OH!  BALANCÊ
G
SEU BALANÇADO ME BALANÇA
                              D7
 E SE SACODE MOÇO
                        C
                        G
CAI NO POÇO, SOLTA O PÉ NA BATUCADA
                        D7
                        Am
E SACODE O OSSO!      SAI DO POÇO,
                        C
                        G D7
CAI NA DANÇA, SOLTA A TRANÇA.
```

63

CANTANDO O BRASIL: CANÇÕES POPULARES COMO MATERIAIS DIDÁTICOS INTERCULTURAIS

Regina Egito
Universidade Federal do Espírito Santo, Brasil

INTRODUÇÃO

Apesar dos avanços ocorridos nos estudos da linguagem e, em especial na pedagogia de línguas estrangeiras, a relação entre língua e cultura suscita ainda hoje dúvidas e equívocos. Em alguns materiais didáticos, não é raro encontrar uma concepção instrumental de língua, na qual um emissor utiliza um código para transmitir informações a um receptor. Outras vezes até existe a intenção de usar a língua para a comunicação, mas, na prática, as atividades enfatizam aspectos gramaticais, quando não focalizam situações comunicativas forjadas, artificiais, apenas com o objetivo de introduzir determinados conteúdos de gramática. No entanto, como observa Rajagopalan (2003:69), "[...] as línguas não são meros instrumentos de comunicação, como costumam alardear os livros introdutórios. As línguas são a própria expressão das identidades de quem delas se apropria. Quem transita entre diversos idiomas, está redefinindo sua própria identidade."

Na declaração do autor, está implícita a ideia de que o estudo de uma língua estrangeira inclui, necessariamente, uma dimensão cultural a ela inerente, inclusive no plano das identidades, do falante da língua alvo e do aprendiz. Em outras palavras, quem aprende uma nova língua, expande seu capital cultural, uma vez que, de acordo com essa visão, é impossível aprender uma língua sem aprender também sua cultura. A cada novo aprendizado, são confrontadas diferenças e semelhanças entre a língua de partida e a língua de chegada, e isto, por si só, propicia mudanças no modo do aprendiz se relacionar com o Outro.

Ideia semelhante é defendida por Christine Revuz (1998:227), para quem "aprender uma língua é sempre, um pouco, tornar-se um outro". A autora entende que, ao se apropriar de uma língua, o aprendiz emprega grande esforço de expressão, pois está sempre se questionando sobre a adequação daquilo que diz àquilo que quer dizer. Apenas com o tempo, quando há uma identificação com o falante nativo, seu pensamento, seus costumes, é que são automatizadas as formas mais corriqueiras da língua, aquelas comuns às interações do cotidiano. Revuz acredita que "quanto melhor se fala uma língua, mais se desenvolve o sentimento de pertencer à cultura, à comunidade de acolhida, e mais se experimenta um sentimento de deslocamento em relação à comunidade de origem" (227).

Nem sempre, porém, no ensino de PLE, os livros didáticos trabalham com um modelo que associa língua a cultura; muitos tratam esses dois eventos separadamente, como se fossem independentes. Se olharmos para o ensino em contexto brasileiro como um todo, observaremos que a insistência nesse modelo fragmentado não se restringe às línguas, é reflexo de uma mesma concepção idealista que norteia todo o sistema educacional. Mesmo tendo passado por sucessivas reformas, esse sistema não conseguiu até hoje superar uma organização curricular estruturada em disciplinas estanques, que aparentemente não mantêm nenhuma relação umas com as outras. Houve uma tentativa de formular uma nova proposta, com base na recomendação da UNESCO de implementar uma abordagem holística para a educação do século XXI, mas a fragmentação se manteve. Essa inadequação ocorre em todos os níveis de ensino, até mesmo no superior, como entendem as pesquisadoras Dourado e Poshar (2007:1), que atribuem o caso particular do PLE à

> compartimentalização acadêmica de língua, literatura e cultura, [que] forjou uma dissociabilidade entre língua e cultura, restringindo o ensino de língua estrangeira ora ao ensino de estruturas linguísticas da língua alvo (perspectiva estruturalista), ora ao ensino das quatro habilidades (perspectiva comunicativa), visando possibilitar o acesso à literatura e às artes, essas entendidas como cultura.

Porém não é apenas a tradição histórica a única responsável por essa compartimentalização, que acabou separando o que, por natureza, é indissociável. O modo como percebemos o fenômeno linguístico também influi enormemente nesse resultado, já que ele determina *o que, como* e *para que* se ensina. Isto significa que, subjacente à prática pedagógica de todo professor encontra-se uma concepção de língua/linguagem, embora nem sempre no nível consciente.

Ao longo dos anos, a língua tem sido analisada sob diferentes posições teóricas, que podem ser sintetizadas em três principais: **a) língua como representação ("espelho") do mundo e do pensamento**. Segundo essa concepção, o homem representa para si o mundo através da linguagem e, portanto, a função da língua é representar (=refletir) seu pensamento e seu conhecimento de mundo. **b) língua como instrumento ("ferramenta") de comunicação**. Nesse sentido, é considerada um código, através do qual um emissor comunica a um receptor determinadas mensagens. O escopo principal da linguagem, nesse caso, é transmitir informações. **c) língua como forma ("lugar") de ação ou interação**. Nessa acepção, a língua é atividade, é forma de ação interindividual, finalisticamente orientada; como lugar de interação, possibilita a prática dos mais diversos tipos de atos, que esperam dos semelhantes reações ou comportamentos, levando ao estabelecimento de vínculos e compromissos antes inexistentes (KOCH 2008:7).

Para efeitos deste trabalho, adotamos a concepção interacionista da linguagem e, por extensão, a de seu principal objeto, a língua, no caso o

66

PLE/PL2. Em vista disso, sempre que falarmos em língua, estaremos falando também em cultura, em consonância com o que defendem autores como Brown (1994), para quem uma língua é parte de uma cultura e uma cultura é parte de uma língua; as duas estão tão entrelaçadas, que não se pode separá-las sem perder a significação de uma ou de outra. Dessa forma, a competência cultural torna-se parte integrante do ensino de línguas, o que equivale dizer que, ao ensinar uma língua, estaremos ensinando ao mesmo tempo a cultura que lhe dá sustentação.

O ENSINO DE CULTURA

É frequente nas aulas de PLE/PL2 ou nos materiais didáticos que subsidiam o ensino-aprendizagem dessas disciplinas, a proposta de "ensinar cultura" de forma isolada da língua, como se a cultura fosse um *"plus"*, um adendo ao conhecimento linguístico. Encontramos ainda hoje em livros didáticos, além da exploração do conteúdo linguístico (em geral, com foco na forma, ou mesmo nas quatro habilidades), uma seção à parte, na qual se informam aspectos culturais da língua alvo. Mencionam-se personalidades que se destacam nas artes, na música ou no esporte. Outras vezes são focalizados dados sobre História e/ou Geografia, além de visões estereotipadas, em especial sobre o carnaval, o futebol e as belezas naturais do país.

Tais abordagens têm em comum o fato de apresentarem informações de forma descontextualizada e não em situações comunicativas reais, como seria desejável. Essa prática não só reforça a crença na dissociação entre língua e cultura, como também interfere negativamente na aquisição do próprio conteúdo cultural, já que a ela subjaz a ideia de uma cultura estática e monolítica, quando, na verdade, se trata de algo dinâmico e variável no tempo e no espaço.

Quando falamos em cultura, temos presente a síntese feita pelo sociólogo brasileiro Roberto Da Matta, segundo a qual "cultura é um estilo, um modo de ser e um jeito de fazer coisas". (1984:15). Ou ainda como a define Sandra Pesavento, para quem se trata de "um conjunto de significados partilhados e construídos pelos homens para explicar o mundo", o que significa dizer "uma forma de expressão e tradução da realidade que se faz de forma simbólica". (2008:15).

Contrapondo-se ao modo tradicional de ensino de cultura, no início dos anos de1990 surge uma proposta de ensinar *língua como cultura,* com base, principalmente, em estudos desenvolvidos por Claire Kramsch (1993), a qual ficou conhecida por abordagem intercultural ou *cross-cultural.* Nessa perspectiva, o interesse principal não é a estrutura linguística, nem fragmentos de informações culturais; aqui o foco é a cultura. Ressalte-se que ensinar/aprender uma língua estrangeira com foco na cultura não constitui um mero ajuste metodológico; envolve, antes, uma mudança radical no modo de conduzir o processo: as interações em sala de aula exigem uma nova dinâmica que favoreça a integração dos participantes e a criação de um ambiente propício ao diálogo cultural entre eles.

Se a cultura até então exercia um papel secundário em relação à forma linguística, "passa a ser a porta de entrada, o elemento fundador a partir do qual a experiência de ensinar e aprender se constrói", pontua Mendes (2002:186), referindo-se ao impacto que esse tipo de abordagem tem sobre a prática pedagógica.

Até aqui, quando mencionávamos o ensino de cultura, estava implícita a referência à cultura da língua-alvo, que deveria ser direcionada ao aprendiz. Nesta nova abordagem, ambas as culturas, ou línguas-cultura, são contempladas: interessa tanto dar a conhecer a língua-cultura alvo, quanto apreender a língua-cultura do aprendiz, num diálogo constante entre os participantes do processo de ensino-aprendizagem. Nesse sentido é que não cabe mais falar em abordagem cultural, mas, sim, em abordagem intercultural. Da mesma forma, não é mais adequado falar em "ensino", uma vez que não há um professor que ensina e um aluno que aprende. Digamos que existe uma "troca" entre os participantes, cada um, a seu tempo, expondo e sendo exposto a um conjunto de informações suscitadas na própria interação, as quais permitem um olhar curioso em relação ao outro e uma reflexão sobre si mesmo. A importância dessa ação cooperativa já havia sido sublinhada no início do século passado por Bakhtin, citado por Stam (1992:78), ao considerar que "É só através dos olhos de uma outra cultura que uma cultura estrangeira se revela de maneira mais completa e profunda". No entanto, esse encontro dialógico não implica a perda de identidade de nenhuma delas, senão que "cada uma conserva sua unidade e sua totalidade aberta, porém ambas se enriquecem mutuamente" (id. ibid.).

Kramsch chama a atenção para o fato de as interações entre as culturas dos aprendizes e a nova cultura introduzida em sala de aula configurarem um "terceiro lugar" ou "terceira cultura", em que a língua a ser aprendida pode servir tanto para reforçar padrões usuais de pensamento e comportamento, quanto para produzir mudanças nas atitudes e na visão de mundo dos aprendizes. Diante da exposição a uma L-C2, que se contrapõe a sua própria L-C, o sujeito aprendiz terá que negociar sentidos e armar-se de espírito crítico para conseguir autonomia nas suas escolhas. De acordo com Kramsch, a única maneira de construir um entendimento menos parcial de ambas as culturas é desenvolver uma terceira perspectiva, um entre-lugar que capacitaria os aprendizes a considerar tanto a visão de si mesmos, quanto a visão do outro. Para ela, é precisamente esse terceiro lugar que a educação *cross-cultural* (intercultural) procura estabelecer. É nessa zona de intersecção entre L-C1 e L-C2 que a esfera da interculturalidade se instaura e produz reflexões que determinam as escolhas por parte dos aprendizes.

Mas em que consiste exatamente essa abordagem *intercultural* e de que maneira ela poderá orientar a prática pedagógica? Trata-se de uma filosofia de ação integradora, um esforço voltado para o respeito ao outro, às diferenças, à diversidade cultural que existe em todo processo de ensino/aprendizagem, independente do conteúdo escolar explorado. É também o esforço para promover a interação, a integração e a cooperação entre os indivíduos envolvidos no processo e compartilhar suas experiências, a fim de construir novos significados. (MENDES 2008).

A abordagem intercultural é, portanto, a força potencial que orienta um modo de ensinar e aprender, bem como de produzir planejamentos de curso e materiais *culturalmente sensíveis* aos sujeitos participantes do processo de aprendizagem, direcionados à construção de um diálogo entre culturas. Mas ela requer, em primeiro lugar, uma mudança de atitude, um compromisso com o respeito às diferentes culturas em contato na sala de aula.

Nesse cenário, o papel do professor é fundamental, pois, além de responsável por conduzir o processo e orientar as experiências de uso da língua em sala de aula, também lhe cabe controlar as relações que se desenvolvem entre os sujeitos em situação de aprendizagem.

MATERIAIS DIDÁTICOS INTERCULTURAIS

Ainda que a proposta de ensinar/aprender PLE/PL2 numa perspectiva intercultural tenha se fortalecido nas três últimas décadas, ainda há um descompasso entre teoria e prática, que se reflete no número reduzido de materiais adequados para esse propósito. Os materiais disponíveis estão organizados de modo direcionado e rígido quanto aos insumos e obedecem a uma estruturação e dosagem de acordo com as etapas ou unidades ordenadamente apresentadas. Alguns costumam trazer indicações de como o professor deve agir ao tratar desses insumos. Tal estratégia de ensino não mais se sustenta nos dias de hoje, como observa Almeida Filho (2013:15), ao salientar que "materiais exaustivos, completos, cuidadosamente sequenciados e resolvidos para os professores não mais correspondem ao ideal profissional contemporâneo de ensino de idiomas". [...] A recomendação atual é a de "materiais-fonte incompletos [...] aguardando uma finalização de professores e suas turmas nos contextos reais em que estiverem imersos".

Esse conceito de material como "fonte" também foi desenvolvido por Mendes, ao discorrer sobre materiais adequados à pedagogia de línguas intercultural. De acordo com essa autora, o assim chamado material-fonte "deve fornecer a possibilidade de ser ajustado, modificado, adaptado às necessidades de professores e alunos, levando em consideração as experiências construídas na própria interação" (2012:357). Assim, enquanto material didático intercultural, deve funcionar como "apoio e ponto de partida para que as experiências de ensinar e aprender português como LE/L2 possibilitem a construção de conhecimentos conjuntos e estimulem, de fato, o diálogo entre as diferentes culturas em interação". (2012:357)

Apesar de todos os avanços e conquistas ocorridos no século passado, as diferenças culturais ainda afetam as relações entre os povos ou entre grupos formados dentro de um mesmo país, os quais são alvo de todo tipo de discriminação e marginalização. Assim, a concepção de sala de aula como um local política e culturalmente neutro, chega a ser ingênua. Na verdade, as práticas sociais presentes na sala de aula podem revelar situações que reproduzem relações de poder próprias de uma sociedade desigual, as quais reforçam e se multiplicam no ambiente exterior.

Diante disso, a educação intercultural começa a fazer sentido, já que julga ser possível, "no emaranhado das diferenças e choques culturais que estão em jogo no mundo contemporâneo, estabelecer pontes, diálogos inter/entre culturas, individuais e coletivas, de modo que possamos conviver mais respeitosamente, mais democraticamente", como tão bem sustenta Mendes (2012:359-60).

Não existe uma receita pronta para elaborar materiais interculturais. Dada a complexidade de uma integração imediata entre sujeitos de diferentes culturas, torna-se quase impossível prever todas as reações que os aprendizes terão ao ser expostos a experiências que contrariem seus valores e crenças. Dessa forma, o material ideal vai se construir na própria interação entre os sujeitos participantes, embora possamos imprimir neles uma orientação intercultural.

Em primeiro lugar, o material intercultural deve funcionar como suporte, apoio, fonte de recursos, referência para que a sala de aula se torne um ambiente propício às experiências de interação na língua-cultura alvo. Isto significa a adoção de materiais necessariamente *flexíveis*, de modo que possam sofrer adaptações, modificações, adequações a diferentes situações, a critério do professor, em função dos desejos e necessidades dos alunos. (MENDES 2012)

É preciso cuidar também para que o conteúdo do material-fonte seja significativo para quem aprende. Algumas teorias cognitivas preconizam que apenas os conteúdos significativos são incorporados à estrutura mental do aprendente e passam a integrar seus conhecimentos, ao contrário do que acontece com a aprendizagem mecânica. Se o conteúdo a ser ensinado não faz sentido para o aluno, deixa de ter importância e é desprezado.

Um outro aspecto a ser observado na seleção e produção de materiais diz respeito ao baixo grau de previsibilidade que deve nortear o que será ensinado, o modo como será ensinado e em qual dosagem. Tais decisões seguem o que alunos e professores decidirem como significativo para a construção do conhecimento em sala de aula. E, como dito acima, as atividades e tarefas serão sempre pontos de partida, um pontapé inicial para que se construam experiências de uso da língua-cultura entre os aprendizes. Nesse particular, o foco na forma linguística é colocada em segundo plano; ela emergirá quando as situações de uso da língua-cultura assim o exigirem, ou em função das necessidades e interesses de alunos e/ou das dificuldades e necessidades detectadas pelo professor durante o desenvolvimento da aula. Se os critérios acima discutidos constituem orientações para o desenvolvimento de materiais, então o que deve pesar na seleção das amostras da língua-cultura a ser ensinada, ou, como diz Mendes (2012:368), na "seleção dos 'gatilhos' que desencadearão as experiências de interação em sala de aula"? A proposta de nosso trabalho é a elaboração de materiais interculturais a partir de canções populares brasileiras. Acreditamos que tais artefatos constituem "gatilhos culturais" privilegiados, de vez que apresentam uma dupla semiose, a linguagem sonora somada à linguagem verbal. Por meio das canções, os aprendizes poderão ter acesso não só a ritmos e melodias diversos, que recuperam movimentos e tendências musicais do século XX, como também a textos que refletem a diversidade regional, os modos de ver e sentir a vida, os valores e costumes dessa época.

A CANÇÃO COMO MATERIAL DIDÁTICO INTERCULTURAL

A seguir apresentamos uma proposta de utilização de uma canção popular para ensinar/aprender PLE/PL2 numa perspectiva intercultural. Consiste em uma série de orientações nas quais os professores poderão se inspirar, tendo autonomia para eliminar, alterar, substituir ou acrescentar novas questões, dependendo da dinâmica da interação entre os participantes, bem como do interesse de cada um em conhecer mais sobre o tema. Assim, trata-se apenas de um roteiro, passível de mudanças.

Em primeiro lugar, será feita uma contextualização da canção em estudo. Trata-se de um *reggae* de autoria do músico paraibano Chico César, intitulado "Mama África", o qual integra o álbum "Aos Vivos", lançado em 1995. Esse título remete a outras canções ou álbuns produzidos por outros compositores, além de identificar Miriam Makeba, cantora que lutou em favor dos direitos civis e da igualdade racial de vários povos africanos e, em particular, contra o *apartheid* da África do Sul, sua terra natal. Por dedicar sua vida em favor da causa dos negros africanos, Makeba (1932 -2008) foi homenageada com o epíteto *Mama África*, em referência à Mãe África, de onde teriam partido ao longo dos tempos ondas migratórias que terminariam por povoar os demais continentes.

Miriam Makeba teve sua nacionalidade sul-africana cancelada e foi proibida de regressar à África do Sul, por isso viveu em outros países, levando sua arte militante por todo o mundo. Só retornou a sua pátria em 1990, com o fim do *apartheid*, a pedido de Nelson Mandela.

Na mesma linha de dar visibilidade à causa dos direitos civis e da igualdade racial para milhares de africanos segregados em todo o mundo, o jamaicano Peter Tosh (1944 -1987), amigo de Bob Marley, com quem divulgou a religião rastafári, lançou em 1983 um álbum intitulado Mama África. Mais tarde, em 2007, o cantor e rapper senegalês Akon também deu o mesmo título a um *single*. A canção de Chico Cesar, de 1995, insere-se nessa mesma linha de militância, com ênfase na realidade brasileira. A composição propõe um jogo de palavras entre a Mãe África (o continente) e uma mãe solteira, africana, identificada como a mãe do eu-lírico.

O estudo dessa canção é recomendado para alunos com conhecimentos de português em nível intermediário, podendo servir como pretexto para a discussão de temas culturais como:

— A herança cultural do negro na formação do homem brasileiro.

— A posição do negro na sociedade brasileira e a questão do trabalho formal, em especial o trabalho de mães chefes de família.

— O preconceito racial e a discriminação social contra o negro.

— A mãe solteira pobre e a dupla jornada de trabalho.

Para tal discussão, podem ser estabelecidas como expectativas de aprendizagem as apresentadas a seguir:

— Entender *Mama África* como uma metáfora do continente africano, que distribuiu seus filhos pelos demais continentes.

— Relacionar o gênero musical ao sentido construído para a canção.

— Comparar o contexto descrito na canção com a realidade dos países de origem dos aprendentes.

— Opinar sobre condições de trabalho dos afrodescendentes nos países de origem dos aprendentes, em particular sobre o trabalho das mães chefes de família.

— Na construção dos sentidos textuais, entender, em particular, as expressões coloquiais e os sentidos culturais implícitos.

A seguir, apresentamos a letra da canção (cf. https://youtu.be/oBdmw_4IjAw)

MAMA ÁFRICA (Chico César)
Mama África, a minha mãe,
    É mãe solteira
    E tem de fazer mamadeira todo dia
Além de trabalhar como empacotadeira
nas casas Bahia (2 vezes)

    Mama África tem
    Tanto o que fazer
    Além de cuidar neném
    Além de fazer denguim
    Filhinho tem que entender
    Mama África vai e vem
    Mas não se afasta de você...

(Refrão)
    Mama África

A minha mãe
É mãe solteira ... (continua)

Quando Mama sai de casa
Seus filhos se *olodunzam*
Rola o maior jazz
Mama tem calo nos pés
Mama precisa de paz...
Mama não quer brincar mais
Filhinho, dá um tempo
É tanto contratempo
No ritmo de vida de mama...

(Refrão)
Mama África
A minha mãe
É mãe solteira ... (continua)

Deve ser legal
Ser negão no Senegal...(3x)

ROTEIRO PARA EXPLORAÇÃO DA CANÇÃO

A apresentação da canção deve ser precedida de perguntas preditivas referentes ao conteúdo e à relação deste com a realidade cultural dos países de origem dos participantes da interação na sala de aula. Por exemplo:

a) A canção que vamos ouvir intitula-se Mama África. Que predições você poderia fazer a respeito do conteúdo que vai ser apresentado? Explique melhor.

b) Em seu país os afrodescendentes também estão representados nas etnias formadoras da nação? Como chegaram aí? Que posição ocupam hoje no mundo do trabalho? Têm a garantia efetiva dos direitos civis?

Após essa atividade preparatória, será proposta **a primeira audição** da canção: Os aprendentes assistirão a um vídeo e tentarão inserir-se no universo discursivo da canção, buscando reconhecer significados e confirmar as previsões feitas em relação ao tema em discussão. Nessa etapa, são oportunas as seguintes perguntas:

1. Você é capaz de reproduzir frases ou palavras ouvidas? Sabe o que significam?

2. O sentido global da letra corresponde àquilo que você havia imaginado?

3. Qual a sua opinião sobre a realização do vídeo?

4.   Você identifica o ritmo da canção? É samba? Que relação tem esse ritmo com a letra?

5.   Em linhas gerais, como é a vida dessa mãe, como é sua jornada de trabalho?

6   Em seu país existem mulheres como a da canção? As mães solteiras pobres são discriminadas?

Segunda audição. Antes de ouvirem outra vez a canção, os aprendentes receberão a letra impressa, podendo conferir as pronúncias, assinalar o que não entenderem e cantarem a canção. É o momento para esclarecerem as dúvidas.

O compositor mostra as dificuldades pelas quais passa a mulher negra e mãe solteira, que é, ao mesmo tempo, a representação dos filhos da mãe África excluídos da sociedade brasileira por mais de 5 séculos.

A referência às Casas Bahia (5) é mais que a menção a uma cadeia de lojas populares localizada em vários estados brasileiros. É também uma referência ao estado da Bahia, um dos mais africanos do Brasil, segundo dados do último Censo.

A mãe fica dividida entre o trabalho e o cuidado com os filhos. Volta cansada para casa. Apesar das dificuldades, os filhos fazem festa e se divertem. O ritmo dançante da canção, em conjunto com o do jazz citado na letra, reflete o sentimento de alegria, principalmente quando a mãe não está em casa.

O neologismo **Olodunzam** (14) foi criado a partir da palavra *olodum*, de origem iorubá, que, no ritual do Candomblé significa "Deus dos deuses" ou "Deus maior". Olodum também é o nome de um grupo cultural existente na Bahia, que visa ao resgate, valorização e preservação da cultura negra, tendo como um dos seus princípios as lutas antirracistas e contra a violência em todos os níveis. *Olodunzar* significa **dançar feliz.**   Conferir em: http://www.facom.ufba.br/com112/olodum_e_timbalada/olodum_o_que_e.htm

Vamos entender melhor o significado dos vocábulos:

As formas **denguim** (9) e **filhinho** (10) foram usadas para:

a)   Marcar o tamanho pequeno dos nomes.

b)   Marcar a afetividade nas relações familiares.

As expressões coloquiais em negrito são usadas com que sentido?

a)   Filhinho, **dá um tempo** (19).

( ) Gaste muito tempo

( ) Tenha paciência

( ) Pense rápido

a) **Rola o maior jazz** (15).

( ) Acontece a maior diversão

( ) A música é ouvida em volume baixo

( ) Muitos instrumentos são tocados

b)   Em "Deve ser **legal**/ ser negão no Senegal" (22) , o sentido da palavra legal equivale a:

( ) Justo

( ) Permitido

( ) Bom

Com "deve ser legal ser negão no Senegal", o compositor sugere, implicitamente, que "ser negão" no Brasil é diferente. Explique essa ideia.

11 Finalmente, analisemos as rimas existentes no texto. Elas contribuem para imprimir um ritmo marcado ao discurso. Ouça de novo a canção, depois associe as colunas de acordo com as rimas.

b) Solteira   ( ) entender

c) Dia   ( ) mamadeira

d) Tem   ( ) pés

e) Fazer   ( ) neném

f) Jazz   ( ) mais

g) Faz   ( ) Bahia ( ) empacotadeira

CONCLUSÃO

Pela riqueza composicional do cancioneiro popular brasileiro, seja nos temas abordados, seja nas melodias, sua utilização na construção de materiais didáticos para o ensino/aprendizagem de português LE ou L2 oferece enormes possibilidades. Interessante observar que os professores podem utilizar as canções como estratégias de ensino variadas: como motivação; como forma de aproximar os membros de um grupo e estabelecer a cooperação entre eles; ou ainda para encerrar de modo descontraído uma atividade cansativa. Por outro lado, o estudo da canção não se esgota em si mesmo, pode ser enriquecido com outras canções com temática semelhante ou outros gêneros textuais, como poesia, charge, texto jornalístico, publicitário, tirinha, fotos, quadros, entre outros. A opção por um ou outro vai depender de objetivos previamente estabelecidos ou de interesse ou necessidade manifestados pelos participantes.

REFERÊNCIAS:

ALMEIDA FILHO, J.C. P. de. Codificar Conteúdos, Processo, e Reflexão Formadora doMaterial Didático para Ensino e Aprendizagem de Línguas. In: Pereira, A. L; Gottheim, Liliana (Org.) *Materiais Didáticos para o Ensino de Língua Estrangeira:* Processos de Criação e Contextos de Uso. Campinas, SP: Mercado de Letras, 2013.

BROWN, H. D. *Principles of Language Learning and Teaching.* Englewood Cliffs, New Jersey: Prentice Hall Regents, 1994.

DAMATTA, Roberto. *O que faz o brasil, Brasil?* Rio de Janeiro, Rocco, 1984.

DOURADO, Maura Regina; POSHAR, Heliane Andrade. A Cultura na Educação Linguística do Português como Língua Estrangeira. *Revista*

Letra Magna. Revista Eletrônica de Divulgação Científica em Língua Portuguesa, Linguística e Literatura - Ano 4, n.6 1º Sem. 2007. http://www.letramagna.com/culturaeduca.pdf Web 13 nov. 2013.

KOCH, Ingedore. *A Inter-ação pela Linguagem*. 10 ed. São Paulo: Contexto, 2008.

KRAMSH, C. Context and Culture in Language Teaching. USA, Oxford, Oxford Univ. Press,1993.

MENDES, Edleise. *Aprender a Língua, Aprendendo a Cultura*: uma Proposta para o Ensino de Português Língua Estrangeira (PLE). In: CUNHA, M.J.C; SANTOS, Percília. (Org.) *Tópicos em Português Língua Estrangeira*. Brasília: UnB, 2002.

_____. Língua, Cultura e Formação de Professores: por uma Abordagem de Ensino Intercultural. In: _____; CASTRO, Maria Lúcia Souza (Org.). *Saberes em Português: Ensino e Formação Docente*. Campinas, SP: Pontes, 2008.

_____. Aprender a Ser e Viver com o Outro: Materiais Didáticos Interculturais para o Ensino de Português LE/L2. In: SCHEYERL, D.; SIQUEIRA, S. (Org.) *Materiais Didáticos para o Ensino de Línguas na Contemporaneidade*: Contestações e Proposições. Salvador: EDUFBA, 2012.

PESAVENTO, Sandra J. História & História Cultural. 2 ed. 2 reimp. Belo Horizonte: Autêntica, 2008.

RAJAGOPALAN, K. *Por uma Linguística Crítica*: Linguagem, Identidade e a Questão Ética. São Paulo: Parábola, 2003.

RÉVUZ, Christine. A Língua Estrangeira entre o Desejo de um Outro Lugar e o Risco do Exílio. Trad. Silvana Serrani-Infanti. In: SIGNORINI, I. *Língua(gem) e Identidade*: Elementos para uma Discussão no Campo Aplicado. Campinas, SP: Mercado de Letras/Fapesp, 1998.

STAM, Robert. *Bakhtin. Da Teoria Literária à Cultura de Massa*. São Paulo: Ática, 1992.

LABORATÓRIO MULTICULTURAL DE COLETA, ANÁLISE E PROCESSAMENTO DE FALA E TREINAMENTO DE PRONÚNCIA EM LÍNGUA PORTUGUESA

Ana Cristina Cunha da Silva
Universidade da Integração Internacional da Lusofonia Afro-Brasileira, Brasil

INTRODUÇÃO

Durante as duas últimas décadas, os recursos tecnológicos têm exercido grande influência no ensino de língua estrangeira tem recebido uma atenção crescente entre os educadores da área.

O *curriculum* de língua estrangeira tem se focado em habilidades produtivas, com especial ênfase na competência comunicativa. A habilidade dos alunos de se engajar em uma interação conversacional na língua alvo é considerada um importante, se não o mais importante, objetivo de educação de língua estrangeira. Toda a pesquisa desenvolvida na área de linguística aplicada à formação de profissionais de ensino de segunda língua[20] (doravante L2) tem se esforçado para conciliar tecnologia e educação - tomemos como exemplo a aprendizagem de línguas assistida por computador (CALL – *computer assisted language learning*).

Sobre a revolução na aprendizagem de línguas mediada por computador, Warschauer (1996) assevera que:

> Assim como aconteceu durante a "revolução" do laboratório de línguas há 40 anos, aqueles que esperavam obter resultados esplêndidos simplesmente ao comprar sistemas caros e elaborados provavelmente ficarão decepcionados. Todavia, aqueles que colocarem a tecnologia do computador a serviço de uma boa pedagogia sem dúvida acharão formas de enriquecer seu programa educacional bem como as oportunidades de aprendizagem de seus alunos (WARSCHAUER, 1996, p.2).

A pronúncia, que por muito tempo ficou na periferia da pesquisa de linguística aplicada e pedagogia, continua a crescer por causa de seu papel central no reconhecimento e percepção da fala e identidade do falante. O tópico de pesquisa foi o modelo de entoação discursiva de David Brazil. Minha introdução a esse modelo foi uma leitura de sua obra *The communicative value of intonation (1997)*, que modificou profundamente minha visão sobre o ensino de pronúncia em L2.

Com o advento da língua portuguesa como uma das línguas mais faladas no planeta, os educadores devem ser capazes de justificar o uso continuado de um modelo de entoação baseado em uma variedade de prestígio. O

---

[20] Aqui usaremos os termos língua estrangeira (LE) e segunda língua (L2) de forma intercambiável.

revigoramento do ensino e da pesquisa em entoação discursiva é essencial para oferecer oportunidades de capacitação e aplicação das teorias em um contexto de sala de aula de forma mais produtiva para professores de línguas, bem como para os pesquisadores.

Uma pesquisa dessa natureza justifica-se, pois poucos são os trabalhos realizados na Linguística Aplicada ao ensino de línguas que dão destaque ao sistema prosódico de forma direta, como também pela conexão entre fonologia e discurso no âmbito de uma perspectiva formal. Mesmo se assumindo que toda sentença tem uma interpretação semântica, o desafio para quem trabalha com essa interface é mostrar até que ponto existe relação entre as construções gramaticais e certos padrões de entoação (CELCE-MURCIA, BRINTON, GOODWIN, 1996).

A pesquisa sobre padrões de fala dentro do contexto de ensino de pronúncia mediado por computador sugere que tanto os professores quanto os pesquisadores façam uso da tecnologia para responder a questões-chave, bem como desenvolver teorias e práticas que se aproximem o máximo possível da realidade acústica.

Sinaliza-se a importância dessa pesquisa pelo fato de os resultados contidos aqui contribuírem futuramente para ampliar o uso de ferramentas tecnológicas envolvendo a fala para a melhoria do aprendizado de pronúncia de língua portuguesa.

A Universidade da Integração Internacional da Lusofonia Afro-Brasileira (UNILAB), instituição situada no Maciço de Baturité no estado do Ceará criada em 2010 e que todos desde então é a universidade que mais recebe alunos estrangeiros cuja língua oficial é o português , tem como missão primordial a promoção do ensino desta porque a confirma como uma ferramenta legítima de comunicação, intercâmbio cultural e acadêmico, e interação entre os países de matriz lusófona (Brasil, Portugal, São Tomé e Príncipe, Angola, Guiné-Bissau, Cabo Verde, Angola, Moçambique, Timor Leste e Macau). Desta forma, o rico contexto multicultural com vários sotaques e variedades da língua portuguesa com o qual os alunos e professores estão convivendo torna-se muito propício para a execução de pesquisas com vocação fonológica.

Devido a essa miríade de variedades da língua portuguesa (e até mesmo pela forma como ela é ensinada nos países de origem[21]), têm-se notado alguns

---

[21] Dos cinco países que constituem os Países Africanos de Língua Oficial Portuguesa (PALOPs), é na Guiné-Bissau que o português tem maior dificuldade de desenvolvimento, devido às circunstâncias atuais que não favorecem o apoio ao ensino dessa língua e à existência de projetos para o ensino formal do crioulo nas escolas, como também à manutenção das línguas nativas que se encontram fortemente arraigadas nas comunidades de maior estabilidade das etnias. Entretanto, contrariando tudo isso, é a língua portuguesa a língua oficial da república guineense, assumindo o estatuto de língua veiculadora da administração, da justiça, da legislação, da comunicação com outros países e da educação (CARIOCA, 2015, p. 7)

problemas no que se refere á comunicação a julgar pela diversidade de variações lexicais e fonológicas da língua. Carioca (2015, no prelo) afirma que "esse contexto plurilinguístico tem deflagrado uma séria dificuldade da maioria dos estudantes estrangeiros por causa do processo de intercompreensão", tendo em vista que os estudantes estrangeiros possuem muita dificuldade para se comunicar quando chegam no Brasil por causa do modelo de ensino do português adotado em cada país de origem, que geralmente só é falado dentro da sala de aula.

A pesquisa, que ainda está em fase inicial de desenvolvimento, tem como objetivos principais: coletar amostras de fala/discurso em língua portuguesa de estudantes oriundos de matriz cultural lusófona (brasileiros e estrangeiros) com vistas a analisar os problemas de pronúncia encontrados, bem como a catalogação e documentação apropriada desses dados para seu processamento em uma rede neural artificial – rede neural auto-organizável (também chamada de Mapas de Kohonen) (KOHONEN, 2001).

Ao fim da etapa de processamento dos dados na rede, pretende-se empreender o desenvolvimento de aplicativos, jogos e *softwares* para a difusão do ensino de língua portuguesa, bem como fomentar a autonomia do aprendizado de língua portuguesa entre aprendizes da nossa língua em todo o mundo.

OS ESTUDOS QUE UTILIZARAM A REDE NEURAL AUTO-ORGANIZÁVEL

Os mapas auto-organizáveis, também chamados de rede de Kohonen, são instrumentos exploratórios poderosos para descobertas de novos conhecimentos em base de dados. Essa rede neural apresenta-se como uma arquitetura conexionista moderna e é vista como um modelo de interpretação mais fidedigna dos processos de transferência de conhecimentos linguísticos, além de ser utilizada também como uma ferramenta de visualização de dados, permitindo que se percebam mais facilmente inter-relações existentes entre os conjuntos complexos de dados.

Como dito logo acima, as pesquisas que exploram o contexto de ensino de pronúncia mediado por computador sugerem que tanto os professores de pronúncia quanto os pesquisadores façam uso da tecnologia para responder a questões-chave, tais como: 1) o que se define como inteligível e aceitável na articulação de palavras, expressões e sentenças durante a interação discursiva em segunda língua (L2); 2) pode o aluno desenvolver a sua autonomia no desenvolvimento da habilidade de fala por meio dela (tecnologia)?; 3) o que levar em conta na criação de novos *softwares* de ensino de pronúncia?

O que se sabe até então é que a discussão das teorias sobre competência e desempenho relacionadas à habilidade da fala deve buscar iluminar as práticas de ensino de língua estrangeira e que o estudo da realidade acústica da fala apresenta-se como um substrato importante para desenvolver técnicas eficientes de ensino de pronúncia.

A despeito de se achar que as teorias conexionistas não podem ter uma implicação no tratamento de pronúncia de língua estrangeira, há uma possibilidade de retomada das teorias de base conexionista para a elaboração de novas metodologias do ensino de pronúncia de LE e para o tratamento do erro relacionado à computação do acento de palavra.

Por ser a marcação da rede feita através do reforço das sinapses, acredita-se que o método de ensino que se propõe a ensinar LE deve ter como base um mesmo modelo. Ora, se este modelo de marcação é o modelo pelo qual os seres humanos aprendem a falar sua primeira língua este deve ser o modelo mais adequado para o aprendizado de línguas, independentemente da idade de seus aprendizes. O ensino de LE, portanto, deve centrar-se na criação de novas conexões, na marcação e no reforço de novas redes neurais. Pelo exposto, o modelo de ensino de LE baseado em uma teoria conexionista deve valorizar a repetição como um processo natural de marcação da rede neural e criação de novos circuitos neurais.

Partimos da hipótese de Silva (2010), de que a parametrização do sinal de fala por meio da abordagem de coeficientes de predição linear (*linear predictive coding*) possa ser utilizada para alimentar uma determinada rede neural auto-organizável e seria eficiente na categorização dos falantes quanto às suas características prosódicas. Outra hipótese apresentada pela mesma autora em outro artigo (SILVA et al, 2013) é a de que o ambiente multicultural lusófono é propício para se coletar dados ricos e variados de fala a fim de analisá-los sob a luz de teorias de síntese e parametrização de fala.

A área de aquisição da linguagem tem evoluído bastante desde o trabalho pioneiro de Rumelhart e McClelland (1986), que estudou a aquisição do passado simples na flexão de verbos de língua inglesa. Ao longo desses anos, esse paradigma do conhecimento tem se mostrado bem sucedido na simulação de comportamento linguístico, desde o reconhecimento de padrões fonológicos, ambiguidade semântica, compreensão leitora e aprendizagem de uma segunda língua.

A necessidade de modelos dinâmicos de aquisição de representações linguísticas faz com que os cientistas de tendência emergentista escolham o conexionismo, já que ele oferece um conjunto de ferramentas computacionais para explorar as condições sob as quais algumas propriedades linguísticas emergem, além de possuir várias vantagens como, por exemplo, inspiração neural, representação e controle distribuído, processamento indutivo com representações prototípicas emergindo mais do que sendo inatamente pré-especificada, aprendizagem sensível à estrutura e ao conteúdo, representações não-estáticas, distribuídas e graduais; generalização e transferência como produtos naturais de aprendizado

(ELLIS, 2003).

As redes neurais auto-organizáveis (*self-organizing neural networks*), modelo de rede neural artificial de um novo conexionismo, têm se mostrado úteis na caracterização do mecanismo subjacente a várias tarefas de aquisição de linguagem e na resolução de problemas de reconhecimento estatístico de padrões. Um modelo específico de rede auto-organizável são os mapas de Kohonen e se apresentam como uma arquitetura conexionista moderna ideal para a visualização e interpretação de processos de transferência de conhecimento linguístico. Essa rede também permite a visualização de formação de grandes e complexos conjuntos dados, bem como as inter-relações existentes entre eles.

Os mapas de Kohonen já foram aplicados em muitas áreas tecnológicas, a saber, reconhecimento automático de locutores (MAFRA, 2002; SOUZA JR, 2009; MÜLLER, 2006; LIMA, 2000), classificação bibliográfica, sistemas de navegação para imagens, diagnóstico médico, interpretação de atividade sísmica, compressão de dados, separação de fontes de som, modelagem ambiental. Na linguística, essa rede tem se mostrado ideal para auxiliar no processamento de linguagem natural, modelagem de aprendizado perceptual de categorias fonéticas (GAUTHIER; SHI; XU, 2007) e, particularmente, é apropriada para modelar a aquisição do léxico (LI; FARKAS; MCWHINNEY, 2004).

Apesar de se afirmar muito frequentemente que a prosódia é uma das maiores fontes de dificuldades do aprendiz em língua estrangeira, não há dados suficientes na literatura que mostrem a extensão dessa dificuldade. O acento lexical, um dos elementos prosódicos mais importantes, é o maior responsável pelos casos de transferência linguística, sotaque predominante de L1 e fossilização em L2 de acordo com os estudos da área de fonologia da interlíngua.

Modelos formais de aprendizado prosódico/acentual sobre a aquisição do acento em português brasileiro (doravante PB) (BISOL, 1994, LEE, 1994) propõem como os aprendizes constroem seus sistemas entoacionais e acentuais, havendo duas hipóteses principais: a transferência do padrão de L1 ou a construção de um novo sistema (Ver mais em ARCHIBALD, 1994, 1998; MAIRS, 1989; SILVA, 2005). Muitos estudos empíricos têm se dedicado a responder essa questão, mas eles, todavia, não têm sucedido. Os modelos conexionistas, por sua vez, se mostram como uma ótima alternativa para a análise das regularidades estruturais do sistema prosódico dos aprendizes em fase, principalmente, inicial de aquisição de língua estrangeira devido à sua grande capacidade de generalização e organização do conhecimento do aprendiz.

Vale ressaltar que ainda há uma escassez de estudos sobre a aplicação de redes neurais artificiais para dar conta dos processos relacionados à aquisição do acento de L2. Com isso, torna-se crucial preencher essa lacuna a partir de simulações dos fenômenos de transferência de conhecimento acentual, já tendo em mente que os resultados futuros auxiliarão nas decisões metodológicas bem como na determinação de níveis de proficiência linguística.

Gauthier et al (2009) usaram modelos conexionistas para explorar se, e como, as crianças poderiam aprender o foco prosódico diretamente de *input* de fala contínua. Em três simulações utilizando redes neurais auto-organizáveis, os autores exploraram como o foco poderia ser aprendido a partir de sinais acústicos contínuos em Mandarim, que foram produzidos com tons lexicais co-ocorrentes e por vários falantes. Os resultados deste estudo mostraram que redes neurais não-supervisionadas podem desenvolver agrupamentos específicos de foco a partir de sinais de fala dinâmicos contínuos produzidos por vários falantes em várias condições de tom lexical, o que pode eventualmente conduzir à aquisição do foco.

Zimmer (2005) investigou a transferência do conhecimento fonético-fonológico do português brasileiro (PB) para o inglês norte-americano durante a recodificação leitora de palavras sob uma perspectiva conexionista. Seu estudo analisou os dados coletados transversalmente junto a 156 adultos, falantes monolíngues do PB e estudantes de inglês como língua estrangeira e investigou a incidência de nove processos de transferência sobre as elocuções dos participantes divididos em quatro grupos de proficiência (básico, intermediário, pré-avançado e avançado) durante sessões de leitura de não-palavras e de palavras regulares. Foi apresentada, também, uma simulação computacional do fenômeno investigado em redes conexionistas do tipo *feedforward, i.e.*, cada unidade intermediária recebendo uma conexão de cada unidade de *input* e enviando, sucessivamente, uma conexão para cada unidade de *output*. Nos resultados das simulações das leituras de não-palavras, a autora indica como um direcionamento futuro a reformulação do *corpus* utilizado em sua tese, de forma que inclua um número maior de palavras que figurem como determinantes no treinamento da rede e que esse corpus reformulado seja trabalhado na perspectiva da aprendizagem *hebbiana* em redes do tipo Kohonen.

Embora muitos cientistas acreditem que ainda seja precipitado formular teorias explícitas que associem a aquisição, desenvolvimento e processamento de línguas à computação neural, a procura por uma Teoria Neural da Linguagem (do inglês *Neural Theory of Language* - NTL) (cf. FELDMAN, 2006) se materializa como uma alternativa para resolver problemas importantes não tratados anteriormente por outra metodologia ou teoria linguística mais tradicional, além de representar uma tentativa ambiciosa de aproximar teorias já consolidadas com vistas a sugerir modelos mais evoluídos de processamento da linguagem. A despeito desse cenário, ainda estamos muito longe de ter uma TNL completa, já que enormes avanços científicos têm ocorrido em todas as áreas relevantes nos últimos anos. No entanto, é necessário rumar em direção a uma ciência cognitiva unificada e que leve em consideração as necessidades atuais da prática pedagógica e do ensino de línguas.

METODOLOGIA

Antes de apresentarmos a metodologia utilizada no estudo em questão, apresentamos as seguintes questões de pesquisa: 1) Uma rede neural artificial seria capaz de dar conta da organização de aprendizes em grupos que compartilham semelhanças fônicas em seus conhecimentos fonológicos da língua portuguesa? 2) Como ferramentas tecnológicas, que há muito vêm sendo usadas para lançar luz sobre estudos fonológicos de língua estrangeira podem ser aplicadas de forma a aumentar a autonomia dos aprendizes de língua portuguesa? 3) O ambiente multicultural no qual as amostras de fala dos alunos estrangeiros foram coletadas contribui de forma positiva para o aprendizado da língua portuguesa?

A metodologia de coleta, análise e processamento de fala seguiu a seguinte organização:

1. Seleção dos participantes da pesquisa por tempo. Critérios utilizados: tempo de exposição ao idioma e nacionalidade;
2. Captação do sinal de fala via gravação das elocuções dos aprendizes (recurso utilizado: gravador ultrassensível);
3. Segmentação das sentenças e palavras. Para tanto, se utilizou o software Sound Forge ™;
4. Processamento do sinal de fala (Extração dos coeficientes de predição linear – ou coeficientes cepstrais). O software utilizado foi Praat™;
5. Rotulação (*labeling process*) dos dados (Software usado Excel™);
5. Configuração da rede neural (Software: Matlab™);
6. Determinação dos parâmetros da rede;
7. Análise da formação de agrupamentos nas matrizes e mapas da rede.

Ao todo, existem 30 alunos participando do processo de captação dos dados do sinal de fala, cujos 6 alunos são de origem timorense, 14 de guiné Bissau, 2 de São Tomé e Príncipe, 7 de Moçambique e 1 da Angola.

Todos os alunos, em um primeiro momento, foram motivados a produzir, em média, 100 sentenças com frases veículo para a análise de acento primário e acento secundário em itens lexicais específicos em língua portuguesa que oferecessem possibilidade de ambiguidade quanto à computação do acento primário e acento secundário.

Posteriormente, os dados de fala dos participantes foram preparados para alimentar a rede neural artificial. Esta foi alimentada com dados de fala, cujos sinais de fala dos informantes foram numericamente codificados e processados para a formação de mapeamentos que pudessem fornecer visualizações possíveis dos grupos formados e suas semelhanças e diferenças entre eles. O esquema abaixo mostra a organização dos dados:

Figura 1: Esquema de organização dos dados de fala na rede neural

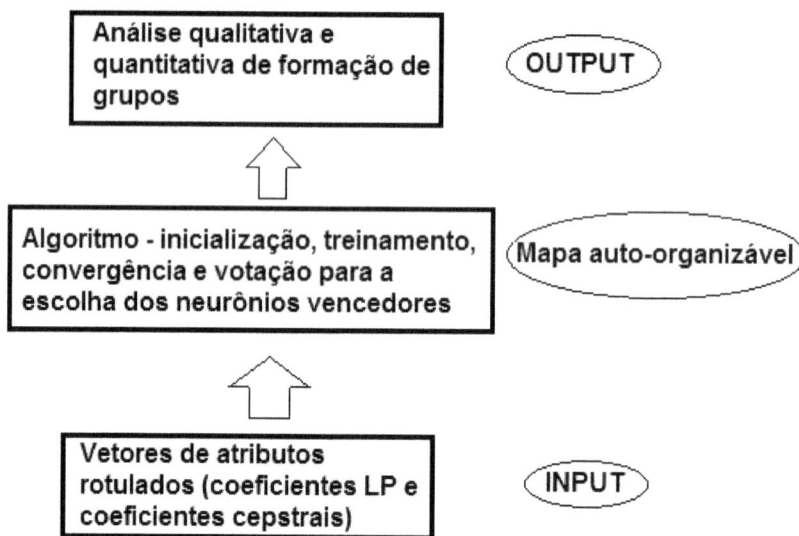

O PROCESSAMENTO DOS DADOS

Uma das principais metas da pesquisa foi proceder à aquisição e catalogação de amostras de fala/discurso em língua portuguesa de estudantes estrangeiros oriundos de países cujo oficial é o Português. No momento, está em desenvolvimento a etapa metodológica para detectar todas as dificuldades de pronúncia deles no PB. Após essa etapa, dar-se-á início ao processamento das amostras de fala e a análise dos agrupamentos formados e mapeados pela rede com base nas características fônicas dos falantes.

Após a análise dos mapas produzidos por essa rede neural, ofertar-se-á um treinamento para sanar as dificuldades de pronúncia na fala desses alunos. Em uma outra etapa metodológica, se fará nova coleta de dados de fala dos mesmos alunos com vistas a se perceber possibilidade de uma melhoria quando da produção de sentenças no que se refere a elementos prosódicos (acento) e elementos segmentais (consoantes e vogais).

A partir da análise desses resultados, pretende-se iniciar um estudo sobre como as dificuldades de pronúncia desses alunos que poderiam ser sanadas e, em consequência, se oferecerá um novo treinamento. As entrevistas e coleta de dados de fala posteriores comprovarão se o desempenho dos alunos quanto à computação do acento primário, acento secundário e foco - tanto em palavras isoladas como em sentenças em contexto - sofrerá alguma alteração positiva.

CONSIDERAÇÕES PARCIAIS

Espera-se que após a etapa metodológica da análise dos agrupamentos formados e mapeados pela rede com base nas características fônicas dos falantes seja possível visualizar a formação clara de agrupamentos que obedeçam ao nível de proficiência dos participantes da pesquisa e demonstre claramente que a rede faz julgamentos plausíveis sobre o conhecimento deles com base nas semelhanças e diferenças em suas falas, organizando-os de acordo com seu conhecimento prosódico. Essa organização permitirá perceber mais facilmente inter-relações existentes nesses conjuntos complexos de dados.

Alguns resultados preliminares já demonstram que a rede soube diferenciar os padrões acentuais dos alunos brasileiros e alunos timorenses no que se refere à computação dos acentos primários e secundários. Ora, se a rede neural artificial utilizada foi capaz de separar os grupos de alunos em falantes brasileiros e falantes não-brasileiros por considerar as características fônicas semelhantes entre os falantes, certamente, futuramente, poderá vir a ser aplicada como ferramenta confiável na determinação de nível de proficiência em língua portuguesa.

Reiteramos que a catalogação e a documentação (via etiquetagem) dos dados de fala poderão ser perfeitamente utilizadas em pesquisas posteriores sobre Interlíngua e Aquisição de Língua Portuguesa.

Um importante aspecto que deve ser levado em consideração na pesquisa, e que não constava como objetivo inicial desta pesquisa, foi a diversidade cultural como um fator facilitador no ensino de língua portuguesa na UNILAB. Os alunos brasileiros propulsionaram a prática docente e motivaram seus colegas estrangeiros e vice-versa. O clima de cooperação e integração num contexto multicultural de matriz lusófona é extremamente propício para futuras pesquisas. Desta forma, os dados apontam para um redimensionamento da perspectiva cultural no ensino de língua portuguesa neste contexto lusófono e que está sendo capaz de privilegiar aspectos multi e interculturais, de promover a compreensão sobre a diversidade entre as culturas e o respeito à diferença e ao perfil identitário dos alunos e professores envolvidos no projeto.

Compreende-se que os aspectos culturais e linguísticos que se tornaram presentes na pesquisa, tais como as diversas representações discursivas acerca da língua portuguesa desses falantes expressa por uma variedade rica de sotaques, atuam diretamente na concepção de ferramentas de letramento digital e contribuem positivamente para ampliar o processo de ensino-aprendizagem da língua portuguesa a fim de difundi-la de forma extensiva.

Acredita-se ainda que todas as fases metodológicas supracitadas vão servir de esteio para auxiliar no desenvolvimento de aplicativos, jogos e *softwares* de pronúncia com fins de assessorar os aprendizes no ensino de língua portuguesa, bem como desenvolver a sua autonomia em todos os níveis de proficiência na língua.

Dentre as possibilidades de continuação deste trabalho destacamos a urgência na concepção de um software para o ensino de português como LE como base a coleta dos dados de fala dos aprendizes aqui listados no capítulo metodologia. As ideais discutidas sobre CALL e Cognição (bases neurais para aquisição de L2) neste artigo podem ser seguidas por estudos sobre análise e avaliação de páginas na Internet destinadas ao ensino de português como LE com vistas a auxiliar o processo de elaboração de tecnologias e recursos de ensino de pronúncia mediado por computador.

REFERÊNCIAS

ARCHIBALD, J. A formal model of learning L2 prosodic phonology. **Second Language Research** 10(3), 215–240, 1994.

_____. Second language phonology. Amsterdam/Philadelphia: John Benjamins, 1998.

BISOL, L. O acento e o pé binário. Letras de Hoje. Porto Alegre, v. 29, n. 4, p. 25-36, dez. 1994.

BRAZIL, D. The communicative value of intonation in English. Cambridge: Cambridge University Press. 1997.

CELCE-MURCIA, M., BRINTON, D. and GOODWIN, J. Teaching Pronunciation: A Reference for Teachers of English to Speakers of Other Languages. Cambridge: CUP, 1996.

ELLIS, N. Constructions, Chunking, and Connectionism: The emergence of second language structure. In: DOUGHTY, C. J.; LONG, M. H. The handbook of second language acquisition. Blackwell Publishing, 2003.

FELDMAN, J. From Molecule to Metaphor. A Neural Theory of Language. MIT Press, 2006.

GAUTHIER, B; SHI, R; XU, YI. Simulating the acquisition of lexical tones from continuous dynamic input. Journal of Acoustical Society of America. n.121, 5, May 2007.

_____. Learning Prosodic Focus from Continuous Speech Input: A Neural Network Exploration. Language Learning and Development. v. 5, p. 94–114, 2009.

KOHONEN, T. Self-organizing Maps. 3. ed. Berlin: Springer, 2001.

LEE, Seung Hwa. A regra do acento do português. Letras de Hoje, Porto Alegre. v. 29, n. 4, p. 37-42, dez. 1994.

LI, P.; FARKAS, I.; MacWHINNEY, B. Early lexical development in a self-organizing neural network. Neural networks. v. 17, p. 1345 – 1362, 2004.

LIMA, A. de A. Análises comparativas em sistemas de reconhecimento de voz. Tese de doutorado. Universidade Federal do Rio de Janeiro. 2000.

MAIRS, J. L. Stress assignment in interlanguage phonology: an analysis of the stress system of Spanish speakers learning English. In: Gass, M & Schatcther, J. (orgs.) Linguistic Perspectives on Second Language Acquisition. Cambridge, USA: Cambridge University Press, 1989.

MAFRA, A. Reconhecimento automático de locutor em modo independente de texto por Self-Organizing Maps. Dissertação de Mestrado – Escola Politécnica da Universidade de São Paulo, 2002.

MASSINI-CAGLIARI, Gladis. Acento e ritmo. São Paulo: Contexto, 1992.

MÜLLER, D. N. COMFALA - Modelo Computacional do Processo de Compreensão da Fala. Tese de doutorado. Porto Alegre: PPGC da UFRGS, 2006.

RUMELHART, D. E., MCCLELLAND, J. L., & the PDP research group. Parallel distributed processing: Explorations in the microstructure of cognition. Volume I. Cambridge, MA: MIT Press, 1986.

SILVA, Ana Cristina Cunha da. A produção e a percepção do acento em pares mínimos de língua inglesa por aprendizes brasileiros. Dissertação (Mestrado em Linguística) – UFC, Fortaleza, 2005.

_____. O uso de redes neurais auto-organizáveis para a análise do conhecimento acentual em aprendizes brasileiros de língua inglesa. Tese de doutorado. UFC, Fortaleza, 2010.

SOUZA JR. A. H. de. Avaliação de rede neurais auto-organizáveis para reconhecimento de voz em sistemas embarcados. Dissertação de mestrado. Fortaleza. Programa de Pós-Graduação em Engenharia de Teleinformática, UFC. 2009.

WARSCHAUER, M. Computer Assisted Language Learning: an Introduction, 1996. Disponível em http://www.ict4lt.org/en/warschauer.htm.

ZIMMER, M. C. A transferência do conhecimento fonético fonológico do português brasileiro (L1) para o inglês (L2) na recodificação leitora: uma abordagem conexionista. Tese de doutorado. PUCRS, Porto Alegre, 2004. In: FINGER, Ingrid; MATZENAUER, Carmen L. (Compiladoras). TEP (Textos em Psicolinguística) [CD-ROM]. 1. ed. Pelotas: Educat, 2006.

ENSINO DE PLE, CONVERSA ORAL INFORMAL E VAGUEZA: ALGUMAS SUGESTÕES[22]

Isabel Margarida Duarte
Ângela Carvalho
Universidade do Porto, Portugal

INTRODUÇÃO

O presente artigo debruça-se sobre a importância do estudo da vagueza linguística, sublinhando a sua relevância no âmbito das conversas orais informais, e as suas possíveis implicações no processo de ensino-aprendizagem de línguas segundas/estrangeiras (LS/LE), no nosso caso específico, do ensino-aprendizagem do Português Europeu Contemporâneo (PEC) enquanto LS/LE, encerrando-se com a apresentação de sugestões didáticas dirigidas ao nível C do *Quadro Europeu Comum de Referência para as Línguas* (Conselho da Europa, 2001), ou seja, ao nível avançado.

Desta feita, este trabalho tem como objetivos (i) sublinhar a importância da vagueza linguística no tipo de discurso em apreço, a saber, na conversa informal; (ii) explorar as possibilidades de confrontar, do ponto de vista da vagueza, interações orais informais produzidas por falantes nativos e não nativos aprendentes de português; (iii) sugerir algumas tarefas a propor a estudantes de PLS/LE, tendo como tópico de trabalho a vagueza linguística usada em conversas orais informais; (iv) e por fim, levantar hipóteses e caminhos futuros para a continuação da investigação.

ENQUADRAMENTO TEÓRICO

O estudo dos fenómenos linguísticos de vagueza ganhou fôlego com a atenção hoje dispensada ao discurso oral informal e aos *corpora* orais de ocorrências reais disponibilizados online. Como Channell (1994) abundantemente provou para o inglês, não só usamos, na conversa informal oral, uma grande quantidade de fenómenos de vagueza linguística, como, sobretudo, convém sublinhar que os que são utilizados, nessas circunstâncias, são frequentemente muito mais adequados aos objetivos da comunicação do que seria o uso de uma linguagem precisa. Permitem focalizar a parte da informação que, estrategicamente, serve os objetivos argumentativos do locutor, guiando a atenção do interlocutor, destacando uns elementos e abreviando ou atenuando outros (Duarte & Carvalho [2015], no prelo). Protegem o locutor da responsabilidade de violar a Máxima da Qualidade (Grice, 1975), quando não tem a certeza da validade dos dados que está a disponibilizar e permitem economizar do ponto de vista comunicativo e de energia (Voghera, 2012: 360). Por isso mesmo, os modos vagos de falar

---

[22] Agradecemos à FLAD o apoio concedido para a comunicação.

contribuem para que o locutor consiga fluência e velocidade de elocução numa interlocução oral espontânea e informal.

Pareceria inadequado, nessas circunstâncias, o locutor ser muito preciso e rigoroso, até porque a precisão não faz parte "geralmente dos interesses comunicativos dos participantes" na interação coloquial, como lembra Vigara Tauste (1996: 24). Nem seria necessária, dado que este género textual se gera em torno de um sentido coconstruído e negociado entre interlocutores que partilham a mesma situação enunciativa e idêntico conhecimento do mundo, cooperando: "collaboration is an essential part of reference" (Jucker et al., 2003: 1749). Ao interlocutor cabe preencher os aparentes vazios da comunicação e não parece que tenha qualquer dificuldade em fazê-lo adequadamente, como mostraremos a seguir através de dois exemplos extraídos do *corpus*.

Ora, do ponto de vista do ensino de uma LS/LE, no nosso caso, do PLS/LE, vale a pena ter em conta a vagueza linguística, quer nos espaços letivos de compreensão de discursos orais informais poligerados, quer quando se trata de colocar os estudantes perante a produção de interações informais. Esses mecanismos linguísticos são os mais adequados nas circunstâncias enunciativas em que são empregues, contrariamente a um preconceito que decorre de, durante muito tempo, a tradição filológica apenas ter considerado, nas descrições linguísticas, a língua escrita, na sua variante padrão (Calsamiglia, 1994). Esses mecanismos não são sinal de imprecisão, pobreza lexical ou descuido formal, como bem mostrou Vigara Tauste (1996: 16), e considerá-los como tais é o resultado de as produções orais informais terem sido avaliadas "casi siempre desde la óptica de la lengua escrita culta."

Ao escolhermos a interação oral informal como objeto de trabalho na aula de LS/LE (Duarte, 2015), estamos a sublinhar a importância fulcral deste género discursivo e a ter em conta que, como Vion afirma, a conversa é

> un pilier de la vie sociale dans la mesure où elle constitue le type "non marqué" par excellence, celui que l'on met en place lorsque rien n'est spécialement prévu. Sa fonction de réactualisation de liens sociaux et la coopérativité qui la caractérise en font un instrument de cohésion et de réaffirmation du tissu social et des identités. (2000: 137)

Essa importância do *small talk* para a vida social é reafirmada num texto recente de Bloomaert & Varis (2015). Optámos também pela interação informal porque, neste género discursivo, é mais nítida a coconstrução do sentido, o facto de a comunicação ser uma tarefa comum dos interlocutores que exige esforço e cooperação, segundo uma "conceção coenunciativa da produção discursiva" (Maury-Rouan, 2001: 164) [tradução nossa]. Aliás, dizemos que alguém fala uma LS/LE quando é capaz de comunicar informalmente nessa língua. Ora, como Channell defende, para se combater o rtificalismo no uso da LS/LE pelos aprendentes que a falam de forma lexical e gramaticalmente muito correta, a compreensão do modo como se emprega a linguagem vaga é essencial, e por isso "the competent L2 user [...] must acquire an awarness of how to understand vague expressions, and how, when, and why to use them" (1994: 21). O artificalismo gerado pelo excesso de precisão dá a sensação de que o locutor é autoritário e demasiado assertivo e decorre, com frequência, de o aprendente de LS/LE não incluir adequadamente expressões de vagueza no seu discurso, como referem também Cheng & Warren (2003: 382). Neste sentido, a hipocorreção, em que podemos incluir a vagueza, como atenuação ou modalização da asserção, seria um sinal da humildade do locutor, segundo Maury-Rouan (2001: 166).

Numa fase anterior desta pesquisa (Duarte & Carvalho, 2014), as hipóteses de investigação, colocadas à partida, eram as seguintes: falantes não nativos de PEC, proficientes em português, usarão mais expressões de vagueza em conversa com falantes nativos de PEC por imitação; falantes nativos usá-los-ão menos quando em conversa com não nativos e mais quando estão a conversar entre si. Com este trabalho exploratório, não se pretende realizar qualquer generalização, mas tão só aferir da validade das hipóteses anteriormente apresentadas, para averiguar a possibilidade de alargar o estudo iniciado sobre a temática e compreender algumas estratégias comunicativas quer dos falantes nativos quer dos aprendentes de PLS/LE, em situações informais, nomeadamente as que dizem respeito a fenómenos de vagueza. Por outro lado, pretendemos ainda propor algumas atividades que podem ser postas em prática e cuja eficácia procuraremos testar.

DESCRIÇÃO E ANÁLISE DOS DADOS DO *CORPUS*

O *corpus ad hoc* em análise é composto por hora e meia de gravações, isto é, por três conversas informais orais, de cerca de 30 minutos cada, gravadas e posteriormente registadas por escrito, tendo essa transcrição obedecido às normas do grupo Va.Les.Co, da Universidade de Valência (Briz, 2002). As conversas foram obtidas com autorização consentida dos intervenientes, depois de terem sido gravadas, e são assim constituídas: uma primeira conversa entre duas falantes nativas de PEC; uma segunda entre uma falante nativa de PEC e um estrangeiro proficiente em PEC, de nacionalidade espanhola, galego; e uma terceira entre dois estrangeiros proficientes em PEC que comunicam entre si em português: o mesmo da conversa anterior e um italiano (cf. Anexo 1).

A classificação e contagem dos fenómenos de vagueza foi realizada tendo em conta as categorias de Jucker et al. (2003), proposta não muito distante da de Channell (1994). Da análise dos resultados, escolhemos destacar as seguintes conclusões, de entre várias:

Na representação vaga de quantidades (*vague quantifying expressions*) ocorrem, com frequência, as seguintes expressões: "bastante(s)" (12 vezes), "bocado" e "bocadinho" (23), "muito/a/os/as" (26), mas também, por exemplo:

"tanto", "tantíssimo", "umas quantas", "alguns", "mais ou menos", "montes de", "não tinha corrido grande coisa", "não era nada de especial", "uma série de", "nem muita". Já na categoria *placeholder word* "coisa(s)" e "coisinha(s)" têm 74 ocorrências, mas os locutores usam como sinónimos de "coisa" "cena" e "porcaria". Na categoria dos *vague category identifier*, há, por exemplo, "assim assim", "tudo assim a monte", "quatro asneiritas", "fazer o exame e assim", etc. Podemos aqui incluir os *list completers*, como "ou lá quê", "e tal", "e assim", "e isso".

A conversa entre as duas portuguesas é aquela em que há uma maior variedade de expressões vagas, ou seja, elas têm ao seu dispor um leque mais variado de modos de expressar essa vagueza, acreditamos que por serem falantes nativas (a idade e respetiva falta de memória para itens lexicais, bem como as habilitações literárias podem ser fatores que valha a pena ter em conta). Preenchem todas as categorias previstas por Jucker et al. (2003), apresentando maior leque de expressões. Note-se que nesta conversa, devido à idade das duas locutoras (Marques, 2014; Mihatsch 2015; Voghera, 2012), nunca aparece, como *downtoner (adaptor / detensifier)*, o elemento "tipo", um aproximador muito frequente em português, mas vincadamente usado por gerações mais novas. Uma locutora utiliza, uma vez "às aa espécie dum coraçom" e outra "assim de caixa fechada" no lugar do "tipo", que seria previsivelmente usado se fosse mais jovem. Também não há qualquer ocorrência de "um gajo" (*representation of people* com valor genérico), por a expressão pertencer a um registo familiar que não é usado por mulheres de uma certa idade. Concluímos, das observações anteriores, que o fator idade e mesmo o sexo deve ser tido em conta para a análise das formas de vagueza usadas. A diferença de usos de vagueza consoante a geração a que os falantes pertencem pode dar uma pista para a questão da variação diacrónica, pelo menos no caso do emprego de "tipo" (Marques, 2014).

Nos documentos analisados, há 40 ocorrências de sujeitos não identificados (entre os quais 21 "eles", 12 "a gente") cujo referente os interlocutores recuperam sem dificuldade, porque partilham a situação enunciativa e o conhecimento do mundo. O valor genérico de "eles", bem como das outras formas vagas de "representação de pessoas", nunca causa aos interlocutores, no *corpus*, qualquer dificuldade de identificação de referentes (Duarte & Marques, 2014).

Nas interações com os estrangeiros, devemos ter em conta que eles estão em imersão em Portugal, estudaram Português formalmente e vivem com portuguesas e, em consequência, existem, nas interações em que participam, expressões de vagueza que contribuem para a fluência da conversa, como é o caso da conversa 2, entre uma portuguesa e um estrangeiro, em que decorrem, talvez, da influência direta da locutora sobre o falante estrangeiro. Por serem proficientes, os falantes estrangeiros usam expressões de vagueza tipicamente portuguesas (veja-se, "forte e feio" como *vague quantifying expression*", sinónimo de "muito").

Por outro lado, o facto de os estrangeiros serem de nacionalidade espanhola e italiana contamina os resultados da análise. Pela proximidade das línguas, é difícil sabermos o que é aprendizagem e reemprego de fenómenos de vagueza e o que é transferência da LM e das LS/LE do locutor. O caso de um dos falantes não nativos, o italiano, que repete com muita frequência "tipo" é o mais paradigmático: está a usar o "tipo" aproximador que utiliza quando fala italiano, porque percebeu que, em português, o uso é idêntico. Também são sobretudo os dois estrangeiros que usam diminutivos como forma de vagueza ("duas três horitas", "vamos dar uma olhadinha a Trieste"). Dado que um é italiano e outro espanhol proficiente em italiano, o aproveitamento da rentabilidade dos diminutivos é compreensível.

Há, nomeadamente quanto aos marcadores de "*atitude proposicional*", os "*plausability shields*", casos idiossincráticos, isto é, alguns locutores usam mais modalização na expressão da sua opinião (caso da portuguesa da conversa 2, que emprega muito "acho", quer na periferia esquerda quer à direita das proposições; cf. Poiso, 2013), enquanto outros são mais assertivos e modalizam menos (o locutor espanhol da mesma interação). Em todo o caso, o verbo epistémico mais usado é "achar" e a modalização da asserção através de "*vague adverbs of likelihood*" (enquanto representação de probabilidade) como "se calhar" e do verbo "dever" é muito frequente, mas também há exemplos de "com certeza" dubitativo, "és capaz de", "provavelmente" e "talvez".

No que respeita aos "aproximadores numéricos", como em outras categorias, não se encontra diferença entre falantes nativos e não nativos. Expressões como – "9 ou 10 ou qualquer coisa", "duas horas mais", "tipo três horas de comboio", "tipo às nove... e tal", "duas três horitas", "trinta e tantos anos", "pelas duas [três, ah]", "cinquenta mil ou assim", etc. -, ocorrem com abundância na conversa entre os dois locutores estrangeiros, e decorrem do tema (viagens, horários, distâncias). A precisão não é adequada nestes casos, como sabemos.

Quanto às hipóteses iniciais de investigação, podemos apenas concluir que: (i) o falante não nativo de PEC, na conversa 2, com a nativa, não usa mais expressões de vagueza do que quando fala com o outro não nativo, embora seja óbvio que (ii) os dois não nativos empregam muitos aproximadores, porventura por estarem em contexto de imersão, mas também porque os usam nas línguas materna e estrangeiras que falam; a falante nativa utiliza menos vagueza na conversa com o não nativo do que as duas nativas que estão a conversar entre si (cf. Quadro 1).

Hipóteses de partida	Confirmação/Infirmação das hipóteses
(i) falantes não nativos, proficientes em português, usarão mais aproximadores em conversa com falantes nativos por imitação	o falante não nativo, na conversa 2, com a nativa, não usa mais aproximadores do que quando fala com o outro não nativo
(ii) falantes nativos usá-los-ão menos quando em conversa com não nativos e mais quando estão a conversar entre si	os 2 não nativos empregam muitos aproximadores, porventura por estarem em contexto de imersão, mas também porque os usam nas LM e LE que falam; a falante nativa utiliza menos vagueza na conversa com o não nativo do que as duas nativas que estão a conversar entre si.

Quadro 1 - Confronto entre as hipóteses de partida e as conclusões retiradas

Foi-nos ainda possível constatar que, independentemente de serem ou não falantes nativos de PEC, a vagueza linguística não causa, geralmente, problemas de comunicação e não é preciso sermos exatos, como bem atesta o excerto (1), em que uma das locutoras nativas da conversa 1 argumenta que não precisa de saber o nome da pessoa de quem se fala.

(1) B: [é]/ estaba estaba/ (es)taba alii/ quando eu entrei// (es)taba ali uma carrinha/// ali/ num se- debe ser ali da bizinha da dona Fátima/// qu(e)ela como disse que mudaba esta- este mês// ou da dona Fátima **ou da outra senhora/ que nem sei com(o)é qu(e)ela se chama**/// portanto

A: eu já oubi o nome dela/ **mas [((agora também num me lembro))]**

B: **[(es)tá bem/ num interessa]**/ mas/ (es)taba/ estaba carregada e (es)taba mais duas carrinhas brancas do lado de lá (Conversa 1)

Por seu lado, na conversa 3 (excerto 2), quando um dos locutores não conhece ou não se lembra de um item lexical para referir um objeto, usa uma perífrase "coisas de madeira onde pôr aa [as mensagens]", mas o interlocutor ajuda-o, num gesto cooperativo típico que atesta a coconstrução do sentido própria do género discursivo em apreço:

(2) A: [mas] puseram na aah- **como se diz? /// coisas de madeira onde pôr aa [as mensagens]**

B: **[paneis]**

A: = **paneis de madeira onde pôr aas mensagens**

B: [(RISOS)] (Conversa 2)

A vagueza decorre, em (1), de falta de memória, em (2) de falta de léxico disponível. Mas não impede a comunicação.

94

Como Brown (1979, apud Channell, 1994: 204) defende, "one aspect of acquiring a second language is 'learning to be imprecise'". Sem essa competência, os aprendentes de LS/LE soam frequentemente "'bookish and pedantic' because they do not know how to use vague expressions" (Channell, 1994: 21). Por outro lado, segundo Channell (1994: 205), a vagueza, porque contribui para a atenuação, é crucial para um manejo competente da cortesia linguística, tópico essencial na aprendizagem de qualquer LS/LE. Acreditamos que o ensino explícito das estruturas em causa e o respetivo treino em interações orais monitorizadas pode melhorar a competência pragmática dos estudantes de PLS/LE e que o ensino estratégico lhes trará inúmeras vantagens, já que "o treino de estratégias com orientação de um utilizador experiente pode mostrar que estratégia pode ser útil e eficaz num determinado momento ou com um determinado objetivo e como transferir essas estratégias para outras situações." (Carvalho, 2014: 74). A vagueza linguística implica que se treine a capacidade de fazer inferências pois, como afirma Voghera, "Massimizzare l'inferenza è infatti una strategia basica dello sviluppo cognitivo e communicativo cui ci alleniamo fin dalle prime fasi dell'acquisizione linguistica e che constribuisce alla crescita della nostra competenza linguistica anche in età adulta [...]." (Voghera, 2012: 360). Ora, essa competência deve ser treinada em Língua Materna, mas mais ainda em LE, onde não se aprende espontaneamente.

SUGESTÕES DIDÁTICAS
Na sequência do exposto, apresentamos uma proposta concreta, a título de exemplo, do que consideramos poder contribuir para a promoção do (re)conhecimento de expressões de vagueza em PEC, assim como a sua utilização em conversas orais informais reais ou simuladas em contexto pedagógico. As sugestões didáticas que se seguem são entendidas como integradas com outros conteúdos e aliadas ao desenvolvimento de outras competências para além da pragmática. Procuraremos, posteriormente, testar a sua aplicação e avaliar a respetiva eficácia.

Nível do público-alvo: Nível C (QECR) / Nível Avançado
Objetivos:
- Contactar com conversas orais informais (conversa real) ou simulações de conversas orais informais (programa de rádio);
- Identificar marcas de variação linguística;
- Identificar expressões de vagueza linguística em conversas orais informais ou simulações de conversas orais informais;
- Compreender o valor de expressões de vagueza linguística e a sua função pragmática;
- Desenvolver a compreensão oral de conversas orais informais ou simulações de conversas orais informais;

95

- Aprofundar a capacidade de especular, dar opinião e argumentar sobre um assunto complexo;
- Preparar futuras interações orais informais.
- Promover a consciência intercultural no confronto com práticas discursivas do Outro

Motivação: Antes de o docente de PLS/LE começar a trabalhar o tópico em questão, seria aconselhável empreender uma atividade de motivação / aproximação. Esta poderia ser feita através da leitura e discussão do texto que se segue (texto fornecido sem sublinhados):

É assim, prontos, então vá

É assim: este é um texto sobre bengalas e tiques linguísticos, <u>tipo</u>, estás a ver, ok, então vá. A situação é <u>um bocado</u> esta, as pessoas, quer dizer, enquanto falam <u>e isso</u>, usam por tique <u>algumas</u> palavras e expressões, que não servem para <u>nada de especial</u>, <u>tipo</u>, habitaram-se a falar assim, e, portanto(s), falam. A modos que, longe de mim querer ofender alguém, porque, ai ai ai, ui ui ui, no melhor pano cai a nódoa, percebes, <u>naquela</u>... Pronto(s), é assim, mesmo quando não estou nem aí, como quem não quer <u>a coisa</u>, posso incorrer num desse tiques <u>um bocado</u> foleiros, mas isso sou eu, claro está. Eu cá na minha maneira de pensar acho que as pessoas usam estas frases, à falta de melhor ideia, numa onda de preguiça mental, <u>tipo</u>: é mais fácil falar assim. Ou seja, uma questão de hábito, porque, alegadamente, as palavras são <u>aos magotes</u> e pronto, dá mais jeito usar apenas algumas que ficam no ouvido; giro. <u>A cena</u> é que, quer dizer, esta é a minha opinião pessoal, ele há frases que se dizem sem pensar e que, digamos, podem ser ditas de outra maneira ou não. Mas, pronto, é mais prático dizer pronto, para pôr o pronto final a uma conversa e dar razão a alguém, só para <u>a malta</u> não se chatear. Estás à vontade.
Então, dizer 'é assim' é uma forma de fazer com que o outro sintonize - estás-me a acompanhar? - só para chamar a atenção, mas há quem diga é assim <u>um bocado imenso</u>. É totalmente surrealista dizer <u>'um bocado imenso' e não sei quê, tudo e mais alguma coisa</u> é totalmente surrealista para <u>algumas</u> pessoas. Então está bem, como toda a gente sabe, tiques linguísticos é <u>coisa</u> que a todos assiste, hã? Isto não faz qualquer <u>espécie</u> de sentido, na boa, a sério? Eu cá sou daqueles que também tem os seus, mas isso é cá comigo. Não sei se estão a acompanhar a minha linha de raciocínio, mas o que eu quero dizer com isto é que, <u>tipo</u>, <u>alguma</u> destas expressões quando usadas em excesso incomodam mais do que, sei lá, vou ser polémico, um sobrolho nervoso que não para de tremer. Estão a ver o filme? Ora bem, é surrealismo puro, <u>as cenas</u> que <u>as pessoas</u> dizem só por dizer, é de partir o coco a rir, 'tá-se bem, o caraças, até dói. Que stress, já me estou a passar, o texto está quase a chegar ao fim, e eu ainda tenho <u>ene cenas</u> sobre as quais queria escrever <u>e coisa e tal</u>. Só que... olha, para o que me havia de dar, ufa, se a memória não me falha, no meu tempo, <u>tipo</u>, estás a ver, ok, sei lá, pronto, então vá. Percebeste?

96

(Halpern, Manuel. "É assim, prontos, então vá." *Visão.* 9 março 2012)

• Será que certas palavras não servem para nada? Os marcadores conversacionais não servem para nada?

• Temos de ser sempre muito precisos? Quando conversamos informalmente, somos muito precisos? Neste género discursivo, a precisão faz sempre falta ou, pelo contrário, por vezes, é até inadequada?

• Que termos vagos se usam neste texto? (cf. sublinhado nosso) São termos que realmente aparecem nas nossas conversas informais?

• O exagero de uso de expressões vagas torna o texto artificial ou incompreensível? Está presente algum tipo de expressões que o tornem artificial? Qual?

ATIVIDADES:
Observe a imagem abaixo e interprete-a em discussão com os seus colegas.
[Produção/interação orais]

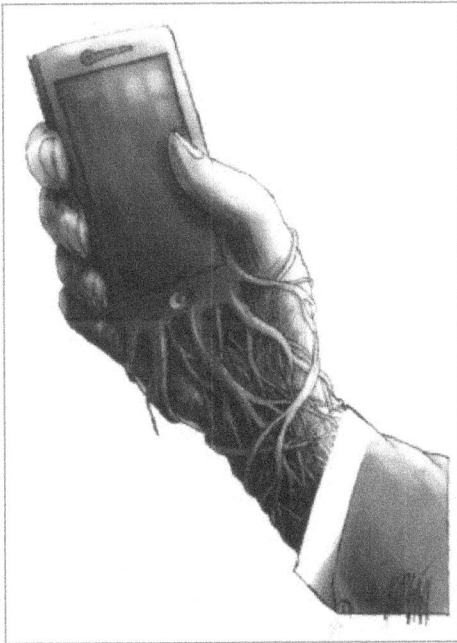

Fonte da imagem:
http://www.museudaimprensa.pt/e
ventuais/pc/xv/xvpc_2opremio_me
xico_angelboligan_atrapados.jpg
[29/05/2015]

• Ouça atentamente o excerto desta conversa informal entre três amigos jovens, num café do Porto, e siga a transcrição. [Compreensão do oral / Compreensão da escrita] [2 audições]
http://web.letras.up.pt/accarvalho/conversacafe.mp3 [02/08/2015]

- Identifique aspetos divergentes entre a falante de PB e os de PEC. [Conhecimento explícito da língua]
- Identifique marcas dialetais típicas da variante nortenha do PEC. [Conhecimento explícito da língua]
- Procure encontrar fenómenos de vagueza linguística que os falantes usam porque a precisão não faz sentido e a vagueza aumenta a fluência. [Conhecimento explícito da língua]
- Resuma, por palavras suas, a posição do interveniente D sobre o Facebook. [Compreensão do oral / Produção escrita]
- Ouça atentamente o excerto do programa de rádio "Momentos da manhã", da Rádio Comercial, e identifique pontos comuns entre este excerto e o áudio ouvido anteriormente, no que diz respeito às marcas do género discursivo em que se inscrevem (oral informal), apesar de estarmos perante um género público do oral. [Compreensão do oral / Conhecimento explícito da língua]
http://radiocomercial.iol.pt/player/momentos_da_manha.aspx?sid=15&id=7097 [02/08/2015]
- Ouça novamente o excerto dos "Momentos da manhã" e selecione a hipótese correta para completar as frases que se seguem. [Compreensão do oral] [Perguntas de escolha múltipla sobre o sentido global do texto]
- Era capaz de apagar a sua conta do Facebook e prescindir do uso do telemóvel? Após ter ouvido duas discussões sobre a dependência do telemóvel e de redes sociais, como é o caso do Facebook, simule, com dois colegas, uma conversa num café com dois amigos sobre estes mesmos temas. Durante 15 minutos, converse, com dois colegas seus, sobre:
  - vantagens / desvantagens do Facebook;
  - o que nunca teria sabido se não tivesse Facebook
  - o que o faria abrir / fechar uma conta do Facebook
  - vantagens / desvantagens do uso do telemóvel
  - como seria o mundo se os telemóveis deixassem de existir de um dia para o outro

Procure usar, na conversa, algum item de vagueza linguística. Esta conversa será gravada em áudio para posterior análise (professor / alunos). [Produção/interação orais] [Sistematização]

Este conjunto de atividades, meramente exemplificativo de um percurso possível, irá ser implementado e, da análise da última produção / interação oral prevista decorrerá a necessária reflexão sobre as aprendizagens feitas, bem como a posterior avaliação com eventual ajustamentos.

CONCLUSÕES

Quer a fluidez temática quer a velocidade de elocução que define a interação informal oral explicam um conjunto de fenómenos linguísticos e discursivos (falsos inícios, mudanças de rumos discursivos, alongamento de vogais, *fillers*, uso de marcadores conversacionais, etc.), dos quais a vagueza (enquanto aproximação) faz também parte.

O tipo de discurso e respetiva situação enunciativa ditam o uso de expressões vagas, as que melhor se adequam, geralmente, no caso da conversa informal, aos objetivos da comunicação. Channell (1994) elenca um conjunto de outros motivos pelos quais os falantes usam aproximadores e linguagem vaga, sejam eles (i) a intenção de sonegar informação, (ii) de persuadir, (iii) a falta de informação, (iv) a autoproteção, (v) a cortesia, (vi) o desejo de manter a informalidade, entre outros. Procurámos recensear esses elementos linguístico-discursivos em três interações orais informais, para melhor os podermos analisar nas respetivas circunstâncias enunciativas. O melhor entendimento que decorre dessa análise leva-nos a concluir pela necessidade de prosseguir a pesquisa, até porque, tais fenómenos deveriam ser objeto de ensino e treino em aulas de LS/LE (cf. Cheng & Warren, 2003: 396).

Iremos, no futuro, analisar de forma mais fina como nativos e aprendentes de PLS/LE usam estruturas aproximativas nas suas interações, escolhendo falantes estrangeiros menos proficientes e de línguas não românicas, e até não indo-europeias, por exemplo. Procuraremos, ainda, construir mais tarefas para, através do ensino explícito, incrementar esse uso, de modo a melhorar as suas interações orais informais, assim contribuindo para aprofundar a competência pragmática dos estudantes.

REFERÊNCIAS

Briz, Antonio et al. "Corpus de conversaciones coloquiales." *Annexe de Oralia*. Madrid: Arco-Libros, 2002. Impresso

Blommaert, Jan & Varias, Piia. "The importance of unimportante language." *Muiltilingual Margins* 2.1 (2015) : 4-9. Web

Calsamiglia, Helena. "El estudio des discurso oral." *Signos. Teoría y práctica de la educación*. 1994: 18-28. Impresso

Carvalho, Ângela. *Estratégias de Aprendizagem na produção escrita em Português Língua Estrangeira: Estudo de caso*. Tese de Doutoramento em Didáctica das Línguas Estrangeiras. Faculdade de Letras da Universidade do Porto, 2014. Impresso

Channell, Joanna. *Vague Language*. Oxford: Oxford University Press, 1994. Impresso

Cheng, Winnie & Warren, Martin. "Indirectness, inexplicitness and vagueness made clearer." *International Pragmatics Association* 13. 3 (2003) : 381-400. Impresso

Conselho da Europa. *Quadro Europeu Comum de Referência para as Línguas – Aprendizagem, ensino, avaliação*. Lisboa: Asa, 2001. Impresso

"Conversa informal entre três amigos jovens." http://web.letras.up.pt/accarvalho/conversacafe.mp3

[02/08/2015]

Duarte, Isabel Margarida. "Textos orais: análise da conversa informal e ensino do Português Língua Estrangeira." *TODAS AS LETRAS Y*, São Paulo 17. 1 (2015) : 56-72. Impresso

Duarte, Isabel Margarida & Carvalho, Ângela. "Discours rapporté dans l'oral informel: l'imprécision." *Actes du XXVIIe Congrès international de linguistique et de philologie romanes (Nancy, 15-20 juillet 2013). Section 10 : Linguistique textuelle et analyse du discours.* Ed. Alain Berrendonner, Maj-Britt Mosegaard Hansen, Rodica Zafiu, [2015]. No prelo

---. "Ensino de PLE, conversa oral informal e aproximadores". Universidade de Bucareste. Colóquio Internacional A expressão da APROXIMAÇÃO nas línguas. IN. 22-23 maio 2014. Conferência

Duarte, Isabel Margarida & Marques, Aldina. "As formas pronominais EU/TU: valor genérico e distanciação". *Revista Galega de Filoloxía*, 15 (2014) : 69-85. Impresso

Grice, Herbert Paul. "Logic and Conversation." *Syntax and Semantics, 3: Speech Acts.* Ed. Cole, & Morgan. New York: Academic Press Inc., 1975. 41-58. Impresso

Jucker, Andreas et al. "Interactive aspects of vagueness in conversation." *Journal of Pragmatics* 35. (2003) : 1737-1769. Web

Halpern, Manuel. "É assim, prontos, então vá." *Visão*. Web. 9 março 2012.

Krieb Stoian, Sílvia. *Mijloace lingvistice de realizare a aproximării în limba română.* Bucareste: Editura Universității din București, 2011. Impresso

Marques, Aldina. "'Tipo'. Référentiation et modalisation dans des interactions verbales orale." *Faits de langue et de discours pour l'expression des modalités dans les langues romanes.* Ed. Maria Helena Araújo Carreira. Paris: Paris 8, Travaux et documents, 2014. 37-50. Impresso

Mihatsch, Wiltrud. "Desde la aproximación a la atenuación: un canal de pragmaticalización en cuatro lenguas románicas, présentation orale." Universität Heidelberg. 4° Simpósio Internacional "Marcadores Discursivos nas Línguas Românicas: Um Enfoque Contrastivo". IN 6-9 maio 2015. Conferência.

---. "L'approximation entre sens et signification: un tour d'horizon." *Entre sens et signification.* Ed. Dominique Verbeken. Paris: L'Harmattan, 2009. 125-144. Impresso

"Mobile Addiction". http://www.museudaimprensa.pt/eventuais/pc/xv/xvpc_2opremi o_mexico_angelboligan_atrapados.jpg. Web

Morais, Armindo. "*E coiso e tal* – algumas considerações sobre o uso de linguagem vaga em enunciados narrativos orais." *Textos Seleccionados. XXIII Encontro Nacional da Associação Portuguesa de Linguística.* Lisboa: APL. 2008: 359-371. Impresso

Maury-Rouan, Claire. "Le flou des marques du discours est-il un inconvénient? Vers la notion de <leurre discursif >." *Marges linguistiques*. 2 (2001) : 163-176. Web

Oxford, Rebecca. *Language learning strategies: what every teacher should know*. Boston: Heinle & Heinle Publishers, 1990. Impresso

Posio, Pekka. "Subject expression in grammaticalizing constructions: The case of creo and acho 'I think' in Spanish and Portuguese." *Journal of Pragmatics*. (2013): 5-18. Web

Vigara Tauste, Ana María. "Español coloquial: expresión del sentido por aproximación." *El español hablado y la cultura oral en España e Hispanoamérica*. Ed. Thomas Kotschi, Wulff Oesterreicher & Klaus Zimmermann. Frankfurt-Madrid: Vervuert-Iberoamericana, 1996. 15-43. Impresso

"Sinais de que está viciado no telemóvel." *Momentos da manhã*. Rádio Comercial. 7 de maio de 2015. Rádio http://radiocomercial.iol.pt/player/momentos_da_manha.aspx?sid =15&id=7097 [02/08/2015]

Vion, Robert. *La Communication verbale*. Paris: Hachette, 2000. Impresso

Voghera, Miriam. "Verso una definizione non vaga di vaghezza intezionale." XI Convegno AISC / VIII Convegno CODISCO. Corpi, strumenti e cognizione / Bodies, tools and cognition. IN. 2-5 dezembro 2014. Conferência

---. "Chitarre, violino, banjo e cose del genere." *Per Tullio De Mauro. Studi offerti dalle allieve in occasione del suo 80° compleanno*. Ed. Anna M. Thornton & Miriam Voghera. Roma: Aracne, 2012. 341-364. Web

ANEXO 1

Descrição dos participantes

Conversa	Participantes	Profissão	Idade
Conversa 1	**A** falante nativa PEC	empregada doméstica	58 anos
	B falante nativa PEC	reformada	78 anos
Conversa 2	**A** falante nativa PEC	tradutora técnica	30 anos
	B falante não nativo PEC falante nativo de galego	professor universitário na área da nanotecnologia e investigador em física	41 anos
Conversa 3	**A** falante não nativo PEC falante nativo de italiano	investigador em engenharia de telecomunicações	31 anos
	B [o mesmo que Participante B Conversa 2] falante não nativo PEC falante nativo de galego	professor universitário na área da nanotecnologia e investigador em física	41 anos

102

CAPÍTULO 3
A LEITURA
E A ESCRITA
NA AULA
DE PORTUGUÊS

ESTRATÉGIAS PARA UMA LEITURA CRÍTICA EM LÍNGUA PORTUGUESA

Valdenildo dos Santos
Universidade Federal de Mato Grosso do Sul, Brasil

INTRODUÇÃO

Este trabalho apresenta resultados preliminares de pesquisa de campo que surgiram a partir de um projeto de extensão intitulado "Da desconstrução à construção de sentido em enunciados de caráter verbal, não verbal e sincrético" ministrado a um grupo de 13 alunos de Letras da graduação e 4 professores da Rede Pública de Ensino em 2014, na cidade de Três Lagoas, Mato Grosso do Sul e Andradina, no Estado de São Paulo. Estes alunos e professores tornaram-se parceiros na verificação de como 55 alunos da rede pública de ensino interpretavam e escreviam seus textos diante de enunciados de caráter verbal, não verbal e sincréticos. O objetivo primeiro foi verificar se uma sequencia didática com a apresentação dos níveis possíveis de leitura do texto, por meio de um modelo de análise baseado na Semiótica de Algirdas Julien Greimas, funcionaria como estratégia para uma leitura crítica, isto é, a ampliação de sua percepção do sentido no interior do texto.

O segundo objetivo era gerar a motivação. O terceiro cumprir uma das metas dos Parâmetros Curriculares Nacionais com o trabalho com os gêneros textuais e o quarto verificar se os alunos produziam leituras e escritas com base em alguma teoria ou faziam de maneira aleatória.

A amostra que ora apresentamos foi delimitada as experiências nas escolas Luiz Lopes de Carvalho, com um grupo de educandos identificados como Turma "A" do 1º Ano do Ensino Médio (Três Lagoas, MS), de onde extraímos 2 redações das 60 escritas, 2 redações de 29 produzidas pelos alunos da Escola Pública Municipal de Ensino Fundamental "Parque São Carlos" (Três Lagoas, MS) 2 redações das 22 escritas pelos alunos da Escola Estadual Doutor Augusto Mariani (Andradina, SP). Nesta escola, o público alvo ao qual se direcionou o projeto foi uma turma do terceiro colegial, do período matutino.

Das 110 redações, expressando suas impressões quanto aos enunciados que lhes foram apresentados, *antes* e *depois* de uma sequencia didática, neste trabalho sugerimos um modelo de análise como estratégia para a leitura crítica e mostramos um total de 08 redações por conta do espaço designado segundo as regras desta publicação.

METODOLOGIA

As atividades se desenvolveram em três etapas, com base nos níveis de leitura sugeridos por Greimas em sua semiótica, a saber: fundamental, intermediário e discursivo (GREIMAS & COURTÉS, 1979) (FIORIN, 1989), (BARROS,

1997).

Na primeira etapa apresentamos a proposta, selecionamos um *corpus*, um texto de caráter verbal, não verbal ou sincrético, solicitamos que construíssem uma redação segundo sua interpretação deste *corpus*, dando curso a sua imaginação e seu conhecimento prévio de mundo e com base nas técnicas de interpretação e redação já aprendidas em sala de aula com seus professores.

Em seguida, recolhemos as redações destes educandos e partimos para a etapa dois da sequência didática, momento em que apresentamos a teoria semiótica e suas possibilidades de aplicação tanto no discurso verbal quanto não verbal e sincrético.

Finalmente, recolhemos as redações e processamos sua análise comparativas do antres e depois da sequencia didática a fim de verificarmos as potencialidades e limites da teoria semiótica enquanto uma das estratégias possíveis para a leitura crítica do texto.

O MODELO GREIMASIANO.

Greimas, já no final da década de setenta, apresentava um esquema para mostrar o percurso que gera o sentido no interior do texto, privilegiando o que o texto diz, do jeito que diz o que diz em termos de componente sintático e semântico.

No primeiro, as estruturas semio-narrativas apresentam-se em dois níveis, o profundo, em que aparecem a sintaxe e a semântica fundamental e o nível de superfície, em que podem ser verificadas a sintaxe narrativa de superfície e a semântica narrativa.

No segundo, as estruturas discursivas em que podem ser verificadas a sintaxe e semântica discursivas. Na sintaxe discursiva o leitor pode procurar os termos englobados do englobante discursivização, como a actorialização, a temporalização e a espacialização.

Como englobados da semântica discursiva os leitores podem procurar a tematização e a figurativização, conforme vemos no modelo que segue (1979, P. 209).

PERCURSO GERATIVO			
		Componente sintático	Componente semântico
Estruturas sêmio-narrativas	Nível profundo	SINTAXE FUNDAMENTAL	SEMÂNTICA FUNDAMENTAL
	Nível de superfície	SINTAXE NARRATIVA DE SUPERFÍCIE	SEMÂNTICA NARRATIVA

Estruturas discursivas	SINTAXE DISCURSIVA	SEMÂNTICA DISCURSIVA
	Discursivização	Tematização
	actorialização	
	temporalização	Figurativização
	espacialização	

Ao percebermos o nível de dificuldades encontrado pelos educandos na aplicabilidade e no domínio de conceitos da teoria, sugerimos um roteiro de leitura, ainda que rudimentar, para facilitar seu desempenho interpretativo e de produção textual.

O MODELO SIMPLIFICADO PROPOSTO COMO ESTRATÉGIA PARA LEITURA.

Nível Fundamental

a)   Observe o texto. Verifique seu tipo, se somente verbal. Se não verbal ou se acopla ambas as linguagens, sendo sincrético. Observe tudo que possa trazer informações sobre o seu sentido, inclusive o título, se tiver um, porque é possível que o tema principal esteja no título. Escreva sobre isso num primeiro parágrafo.

b)   Verifique as oposições que aparecem no texto.

c)   Veja o que se afirma e o que se nega.

d)   Encontre o que é eufórico e disfórico.

e)   Escreva sobre os itens anteriores num segundo parágrafo.

Nível narrativo

a)   Veja quantos personagens (actantes sujeitos) estão em ação no texto e numere-os segundo seu grau de importância de mais a menos importante como S1 (sujeito 1), S2 (sujeito 2) e assim por diante.

b)   Concentre o seu olhar sobre o personagem (actante) mais importante e chame sua ação (*performance*) de PNb, Programa Narrativo de Base.

c)   Descubra quem é o destinador e quem é o destinatário.

d)   Verifique a manipulação ou manipulações que aparecem *in* texto (sedução, a provocação, a tentação ou a intimidação) que o destinador usa para convencer o destinatário a realizar a *performance*.

e) Verifique se esse sujeito é competente, se possui o querer, o dever, o saber e o poder-fazer. Classifique-o segundo as modalidades que possui se virtualizado, atualizado ou realizado.

f) Descubra se realiza a *performance* ou não e, se realiza, quais os objetos modais que utiliza.

g) Descubra qual o objeto de valor que busca e qual o valor que jaz por traz deste objeto.

h) Verifique, finalmente, se é sancionado e, se for, o tipo de sanção que recebe, se positiva ou negativa, pragmática ou cognitiva. Escreva sobre cada item acima, divididos em parágrafos.

Conclusão

Conclusão.

a) Com base nas descobertas até aqui, faça a conclusão de seu texto.

AS REDAÇÕES ANTES E DEPOIS DA APLICAÇÃO DA TEORIA SEMIÓTICA EM SALA DE AULA

Os alunos de graduação que participaram do projeto de extensão e foram para as salas de aula selecionaram o *corpus* que cada grupo ou dupla, apresentou em cada escola. As transcrições foram feitas exatamente como escreveram para preservar sua originalidade, uma vez que a preocupação era a questão do sentido e não da sintaxe.

Corpus I, Escola Luiz Lopes de Carvalho.

Marcia Moura consegue quase R$ 3 milhões para oncologia[23]

Graças ao empenho da prefeita de Três Lagoas, junto ao Ministério da Saúde, Hospital Auxiliadora é habilitado como Unidade de Assistência de Alta Complexidade em Oncologia

Prefeita de Três Lagoas, Marcia Moura, na reunião da CIR

---

[23] http://www.treslagoas.ms.gov.br/noticia/marcia-moura-consegue-quase-r-3-milhoes-para-oncologia/7501/

Para não expor os estudantes que participaram de nossa pesquisa, vamos lhes dar nomes fictícios.

Redação I

"O hospital vem sendo habilitado para ajudar com muito mais assistência as pessoas que tenham que viajar para outras cidades para fazer o tratamento. E como a prefeita foi uma vítima desse mal, ela decidiu mudar um pouco. Então ela resolveu se juntar com que entende e habilitou esse lugar". **(Jade, 21 anos, antes da teoria.)**

O que notamos, como efeito de sentido, é que a Jade entende como uma ação em desenvolvimento (O hospital vem sendo habilitado) e, ao mesmo tempo, concluída quando afirma que a prefeita "decidiu mudar um pouco" e "resolveu se juntar com quem entende e habilitou esse lugar".

Além dessa contradição, ora em desenvolvimento, ora ação concluída, Jade utiliza-se de seu conhecimento prévio em sua primeira redação, porque tinha a informação, guardada em seu repertório cultural, do fato de que a prefeita de sua cidade passara pela perda das mamas vitimada pelo câncer.

Neste caso, exploramos estratégias que vieram a desenvolver a ativação do conhecimento prévio da educanda, ao escolhermos um texto familiar, que fala sobre a aquisição de verbas para a compra de equipamentos voltados para o diagnóstico e tratamento do câncer no Hospital Auxiliadora, na cidade de Três Lagoas, atendendo, ao mesmo tempo, a uma das demandas dos Parâmetros Curriculares Nacionais que indicam que devemos trabalhar com textos e contextos reais.

Consideramos também o grau de escolaridade, o estilo próprio de auto exploração da cognição e as expectativas desse leitor ao debruçar sobre o texto. É inegável que o contexto sócio cultural influencia na construção do sentido e na capacidade de compreensão do texto por parte do educando, mas há de se considerar que todos os elementos são importantes e cada educando vai responder ao texto segundo sua experiência de vida depositada em seu repertório cultural.

Ao fazermos o educando explorar "fatos" de sua vida ou se seu conhecimento prévio, ou ao fazermos perguntas quando do fornecimento de um roteiro de análise que pressupões perguntas sobre o texto, desde seu nível intermediário ao nível profundo, ao tentarmos fazê-los compreender o percurso desenvolvido pelo narrador textual, estamos acionando a definição de leitura de Nuttal (1987), enquanto uma constante interrogação do texto, um fazer e refazer de hipóteses, um jogo de adivinhação, nos lembrando de Goodman (1976), Muñoz (2004) e Coracini (2011).

Sob este ângulo, o professor, segundo Coracini, "prefere se ater à compreensão, alegando a dificuldade que os alunos encontram para realizar as atividades de interpretação ou a falta de tempo, já que `há tantas outras coisas a fazer...'" (2011, p. 13). É que para a autora, compreensão é sinônimo de interpretação, quando o leitor acrescenta "um novo fio", na esteira de Derrida, que dizia ser esta sua "única chance de entrar no jogo"[24].

Esse "acrescentar" a que se refere Derrida é "dar a ler. É preciso empenhar-se para pensar isso: que não se trata de bordar, a não ser que se considere que saber bordar ainda é se achar seguindo o fio dado" (DERRIDA, 2005, P. 7). A referência de Coracini a Derrida reside no fato de que para este último deve-se descoser, destecer, em nossas palavras, desconstruir o sentido do texto e, no caso dessa possibilidade, como temos defendido, toda desconstrução pressupõe uma nova construção, como afirma Derrida, "ler e escrever. E aquele que não tivesse compreendido nada do jogo sentir-se-ia, de repente, autorizado a lhe acrescentar, ou seja, acrescentar não importa o quê" (2005, P. 7-8).

Redação II.

"Um pequeno custo benefício, em relação a saúde:

A prefeita de três lagoas Márcia Moura, acaba de conseguir uma verba para a construção de um centro de tratamento contra o câncer. Cujos equipamentos são muito caros ela investiu mais ou menos 3 milhões de reais para garantir essa melhora.

Esse novo projeto da prefeita vai ajudar as pessoas 100% por causa que as pessoas gastavam muito com viagem até cidades que tinham esse recurso disponível. O hospital de oncologia que ajuda varias pessoas inclusive a própria prefeita está sendo muito bem utilizado".

(Jade, 21 anos, depois da teoria.)

Comparando o texto I e o texto II, percebemos uma ampliação e uma proxêmica diferente em relação ao processo de produção textual, a construção do sentido desconstruído. Seu primeiro texto apresenta apenas quatro linhas e o segundo foi ampliado para nove linhas, não mais concentradas num único parágrafo, mas em quatro parágrafos que não apresentam um encadeamento coesivo.

Do ponto de vista do conteúdo, notamos também uma ampliação da compreensão textual pela aplicação, mesmo sem citar, de um conceito explicado para ser aplicado no nível fundamental, que é a oposição "custo" x "benefício", extraído dos valores conquistados (três milhões) pela prefeita Marcia Moura, (papel temático) e o benefício que, pressupostamente terão os pacientes de câncer de Três Lagoas, com a capacitação do Hospital Auxiliadora com equipamentos necessários para se diagnosticar e combater a doença.

A interpretação que a educando chegou, dá conta de uma ação completa no Programa Narrativo de Base (PNb) do actante sujeito S1, que passa de uma

---

[24] Coracini cita a obra "Farmácia de Platão" de Jacques Derrida, com tradução de Rogério, 3ª edição revista, Iluminuras, 2005, página 7. Original La Pharmacie de Platon, Editions du Seuil, 1972.

situação de disjunção a conjunção com a verba, no valor de três milhões de reais. Esse PNb podemos considerar como realizado, conforme bem escreveu Jade no segundo parágrafo de sua redação. O PNu, Programa Narrativo de uso, assim chamado porque é um programa narrativo menor (englobado) que reside no interior de um programa maior (englobante), é, de acordo com a notícia, também realizado como detecta Jade, ao afirmar em sua leitura textual a "construção de um centro de tratamento contra o câncer", no segundo parágrafo de sua redação.

Jade atribui uma sanção negativa indireta à prefeita ao dizer que os equipamentos são "muito caros", afetada, provavelmente pelas cifras (três milhões) adquiridas. No entanto, esse julgamento anterior passa a eufórico ao afirmar que a prefeita "investiu mais ou menos 3 milhões de reais para garantir essa melhora", atribuindo uma qualificação animada ao objeto inanimado centro de oncologia (parágrafo III), transferindo ao objeto as características dos pacientes que, como falamos na linguagem informal, precisam de uma "melhora" em relação a doença e seus efeitos causados, considerados como disfóricos.

Jade faz um inferência sobre a conquista da verba para a aquisição dos equipamentos necessários do Centro de Oncologia, como se fosse um "novo projeto da prefeita" (parágrafo IV) e fecha seu texto fazendo uma sanção positiva a *performance* de S1, posto que a iniciativa e a realização destas duas tarefas, a aquisição das verbas e a compra dos equipamentos tem um benefício, aquele mesmo por ela detectado no início de sua redação, isto é, "vai ajudar as pessoas 100% por causa que as pessoas gastavam muito com viagem até cidades que tinham esse recurso disponível".

É certo que essas inferências que faz de que chama de "novo projeto" e a ajuda a "100%" das pessoas são consideradas aqui, por nós, como pressuposições lógicas que precisam de reflexões mais profundas, bem como o fato de não questionar a veracidade ou não da informação, posto que esse fazer-saber procede do objeto modal no PNb de S1, assessoria de comunicação, que também exerce o papel de actante sujeito coletivo operador no sentido de divulgar os feitos da prefeita. Não só essa veracidade, mas também a investigação do desenrolar da reportagem que viria em seguida, a partir da notícia, em forma de manchete, sobre a conquista da prefeita e a realização de duas tarefas importantes, ancoradas pelo texto pictórico em que aparece ao lado de outros membros que fazem parte de seu governo.

Isso nos leva a entender que a Assessoria de Imprensa, ao divulgar tal nota no sítio da Prefeitura Municipal com essa manchete, manipula os leitores (visualizadores) por sedução a crerem que as ações já estão concluídas, quando se sabe, por meio de entrevistas, produto de pesquisa de campo realizadas com a prefeita e autoridades da saúde de Três Lagoas, que a verba existe já disponibilizada no Banco, mas não pode ser "tocada" enquanto o processo eleitoral não terminar.

Outro fato que chama a atenção é que a nota da Assessoria de Comunicação da Prefeitura data de 2011 e estamos no final de 2014 e os pacientes de câncer da cidade ainda tem que ser deslocados a outros centros para serem tratados. Esses dois fatos revelam, portanto, com precisão esse jogo discursivo que tem, por finalidade, diferentemente do que propõe a teoria da informação, do informar, que é um /fazer-saber/, forjar um /crer/, porque toda informação pressupõe um crer do sujeito destinatário. É por isso que Greimas estabelece o saber e o crer como único universo fiduciário.

Corpus II, Escola Pública Municipal de Ensino Fundamental "Parque São Carlos": "A Novidade" de Gilberto Gil.

Sequência I A novidade veio dar a praia Na qualidade rara de sereia Metade o busto de uma deusa maia Metade um grande rabo de baleia	Sequência II A novidade era o máximo Um paradoxo estendido na areia Alguns a desejar seus beijos de deusa Outros a desejar seu rabo pra ceia
Sequência III O mundo tão desigual Tudo é tão desigual O, o, o, o... De um lado esse carnival De outro a fome total O, o, o, o...	Sequência IV E a novidade que seria um sonho O milagre risonho da sereia Virava um pesadelo tão medonho Ali naquela praia, ali na areia
Sequência V A novidade era a guerra Entre o feliz poeta e o esfomeado Estraçalhando uma sereia bonita Despedaçando o sonho pra cada lado	Sequência VI Ô Mundo tão desigual... A Novidade era o máximo... Ô Mundo tão desigual[25]...

Redação I.

Surgiu uma grande diferença na praia, com uma qualidade sensacional e um pouco complicada e também difícil.

Mas a novidade parecia ser melhor de todas, que se espalhava pelas areias alguns desejava, pretendia esse beijo dessa mulher sensacional.

Mundo difícil tão difícil, de um lado bagunça, do outro as pessoas passando muita fome algumas pessoas vivia em um mundo triste, outras no mundo da felicidade (Tiana da Série 9º ano B, idade de 15 anos.)

Neste texto de Tiana notamos que não dá entrada em parágrafo, restringindo-se a tentar reescrever o texto de Gilberto Gil com suas próprias palavras. Usa

---

[25] Link: http://www.vagalume.com.br/paralamas-do-sucesso/a-novidade.html#ixzz3dvDgibvL visitado em 23 de junho de 2015.

o termo ao qual impregna uma dimensão avultada (grande) de uma "diferença" na praia, "sensacional", "complicada" e "difícil".

Sua tese inicial não é desenvolvida. Limita-se a qualificar certa grande diferença que, queremos crer, refira-se "à novidade", título da canção, "que veio dar a praia".

Começa seu texto, no entanto, falando da "diferença" e segue o segundo e último parágrafo falando da "novidade", utilizando uma conjunção adversativa, "mas", como alguém que fosse mudar de assunto, ao invés de dar continuidade ao texto, falando da diferença e das suas qualidades, desenvolvendo sua tese inicial, afirmando a novidade como uma dentre outras não se sabe o quê, posto que escreve "a melhor de todas que se espalhava pelas areias".

Em seguida, como num contínuo, sem ponto ou vírgula, fala de alguns que "concordava", escorregando na concordância entre sujeito indefinido (alguns) e verbos (desejava, pretendia) nos fazendo entender, finalmente, que se refere ao sujeito "mulher sensacional" que, queremos acreditar, seja a "sereia", "deusa maia", metade busto e a outra metade "grande rabo de baleia".

Embora confusa em sua redação, Tiana é uma narradora que atribui uma sanção positiva a figura mística e dual da sereia deusa maia, posto que a chama de "mulher sensacional".

Sem abrir um novo parágrafo, segue num eterno contínuo desprovido de coesão e complicando a coerência de seu texto, nos fazendo quase adivinhar o sentido que quis imprimir com suas palavras, associando o carnaval a "bagunça" e identificando a "fome" das pessoas, utilizando mais uma concordância verbal inadequada em relação ao sujeito e o verbo, ao afirmar que "algumas pessoas "vivia" em um mundo triste, outras no mundo da felicidade".

A impressão que se tem, grosso modo, é que Tiana não conhece ou não sabe usar os elementos coesivos do texto e que não conseguiu penetrar no sentido do texto de uma forma mais profunda, sendo confusa ao interpretar o enunciado de Gil.

Por que isso ocorre? Bem, essa é uma boa pergunta para se investigar como andam as aulas de redação de Tiana e isso é possível por uma sequência de observação. Como nosso objetivo é verificar se houve ou não a ampliação de sua percepção do sentido no interior do texto vamos a sua reescrita logo após a teoria.

Redação II.

Podemos ver que o texto é um estilo músical e podemos se afirma que a sereia é uma coisa rara e o que se nega é que o mundo é tão desigual. O destinador desse texto é o autor e o destinatario somos nós os públicos, podemos observa que o texto é uma imaginação porque sereias não existe, e ninguém ira querer comer um rabo de sereia e também ninguém ira beijar uma sereia e podemos identificar que nesse texto há uma sedução obre a sereia.

Mas podemos ver que nesse texto há acontecimentos do mundo rela falando de pessoas passando fome, o mundo em guerra, sonhos acabando, fala que de um lado muita festa, bagunça e do outro lado muitas pessoas esfomeadas.

O texto apresenta as grandes oposições grande=pequeno, máximo=minimo, desigual=igual, bonita=feia, sonho=pesadelo, feliz=triste. O texto apresenta eufórico e disfórico, o eufórico é que alguns ver ela como uma mulher, o disfórico é que ver ela como uma comida as pessoas que vê ela como uma comida são esfomeadas.

Embora continue a não dar entrada no parágrafo primeiro e utilizar uma escrita não padrão e inadequada do ponto de vista da concordância e uso desnecessário, por exemplo, da partícula "se" antes do verbo "afirmar" que deveria estar no infinitivo, Tiana agora consegue afirmar a raridade da sereia e captar a negação, segundo suas palavras, por um mundo "tão desigual".

Ela percebe ainda o gênero discursivo ao qual chama de "estilo musical", o "autor" e os leitores como o público "destinatário". Concordâncias inadequadas aparte, como é o caso da pluralização desnecessária da palavra "público" (nós os públicos) e a pontuação, ao invés da vírgula, antes do verbo "podemos", o que nos faz ver que se referia ao sujeito oculto "nós" que deveria, na verdade, começar uma nova frase: "podemos observa que o texto é uma imaginação". Além do mais, não leva o verbo ao infinitivo mais uma vez, dando a impressão que escreve como fala o que se repete com o verbo "ir", quando afirma "e ninguém ira querer comer um rabo de sereia e também ninguém ira beijar uma sereia".

Da maneira como escreveu o verbo parece mais o substantivo "ira" que propriamente o verbo "ir" projetado no futuro. Tiana, no entanto, procura justificar sua afirmação de que o texto é uma ficção, posto que as sereias não existem. Tiana só não utiliza os termos semióticos, mas aplica seu conceito, aquele que nos fala do gênero texto musical que apresenta a oposição ficção e realidade, o mundo da criação artística, da representação, da metáfora em oposição à realidade das coisas.

Ela capta a manipulação por sedução investida no que emana a sereia que aos olhos humanos chamaria a atenção por não fazer parte do dia a dia dos humanos. A sereia é assim um papel temático investido de sedução por ser um ser inusitado, diferente do que se vê no quotidiano. Ela escreve: "há uma sedução obre a sereia".

Nossa narradora textual segue o curso de seu pensamento, utilizando a adversativa "mas", como alguém que vai mudar de assunto, na mesma linha, sem abrir um novo parágrafo, ao invés do uso da aditiva "e", que soma uma ideia a outra. Talvez queira opor a ideia de que apesar de sereia, ser imaginário, como coloca, há acontecimentos no texto (sequências narrativas) "do mundo rela", ou seja, pensamos que quis dizer "do mundo real", o que nos mostra que embora encontre dificuldade para descrever, identifica a oposição realidade versus ficção comum em textos literários.

Tiana identifica, finalmente, a temática da "fome", aliada à realidade da vida, da Guerra, dos "sonhos acabando", associados à ficção, da amizade e do prazer em oposição a inimizade (Guerra) e a fome: "fala que de um lado muita festa, bagunça e do outro lado muitas pessoas esfomeadas".

Na busca das oposições, Tiana consegue explorar o explícito e o implícito, aquilo que buscamos fora do texto como pressuposição lógica, como é o caso da oposição "grande versus pequeno" que coloca com suas palavras, sendo que, neste caso, o termo "grande" "do rabo da baleia" pressupõe o pequeno, ou mesmo outras oposições como "máximo=mínimo, desigual=igual, bonita=feia, (sonho=pesadelo), feliz=triste", o que mostra, de certa forma, os estados de alma dos sujeitos diante da cena inusitada que chega à praia, da "novidade".

Tiana consegue, finalmente, identificar a relatividade da categoria semântica euforia versus disforia que faz parte das modalidades tímicas ao escrever "o eufórico é que alguns ver ela como uma mulher o disfórico é que ver ela como uma comida". Do ponto de vista da sereia o disfórico é ser comida e do ponto de vista das pessoas o eufórico é comê-la, posto que, neste caso, é um objeto modal da sobrevivência dos moradores da praia, do Brasil que será colonizado.

O que vemos, portanto, com base nestas reflexões, excetuando-se o uso inadequado da linguagem, como neste final que mais uma vez não consegue fazer a concordância de sujeito e verbo, utilizando o verbo "ver" no infinitivo na forma "ver" ao invés de em concordância com o sujeito "alguns" na forma "veem", é que houve, de fato, uma ampliação da percepção em termos quantitativos, posto que escreveu mais, quanto qualitativos, porque captou muito mais do sentido do texto em sua reescrita.

Corpus III, Escola Estadual Doutor Augusto Mariani (Andradina, SP), Canção para minha morte, Manuel Bandeira.

Salienta-se que a esse grupo, por uma questão de tempo, foi feita a sequência didática com a instrução apenas do primeiro nível de leitura, o nível fundamental.

SEQ I	SEQ II
Bem que filho do Norte	Do amor tive na vida
Não sou bravo nem forte.	Quanto amor pode dar:
Mas, como a vida amei,	Amei não sendo amado,
Quero te amar, ó morte	E sendo amado, amei.
— Minha morte, pesar	Morte, em ti quero agora
Que não te escolherei.	Esquecer que na vida
	Não fiz senão amar.
SEQ III	
Sei que é grande maçada	
Morrer mas morrerei	
— Quando fores servida —	
Sem maiores saudades	
Desta madrasta vida,'	
Que todavia amei*i*	

Redação I.

> "O poema fala do desespero de alguém que está na beira da morte. Esse alguém amou muito na vida, mas não foi correspondido e por isso deseja morrer. O poeta ainda afirma que não sentirá muitas saudade da vida."

Percebe-se que a redação elaborada Por Fabiano é fruto de uma leitura demasiadamente superficial, pois o estudante não foi capaz de desenvolver uma observação sobre o poema que explicasse o sentido expresso pelo eu-lírico. Assim se configurando, a análise se baseia em experiências subjetivas ao afirmar, por exemplo, que o eu-lírico está desesperado com a morte evidente: "O poema fala do desespero de alguém que está na beira da morte". No entanto, não há no poema elementos que evidenciem este desespero com a morte prevista, ao contrário, o poeta, o narrador trava um diálogo e faz uma declaração de amor à morte: "...como a vida, quero te amar, o morte".

Veja que na maioria das culturas mundiais a morte pode ser considerada como algo disfórico, mas o poeta atribui uma valoração positiva à morte, sendo, portanto, encarada como eufórica, posto que deseja amá-la tal qual a vida. Todavia, embora deseje amá-la, chama-a de "pesar", palavra disfórica que ganha um estatuto de eufórica num vislumbrar futurístico porque a compara com a vida e a utiliza como objeto modal para expressar o amor, ponto principal da sustentação de sua própria vida: "Morte, em ti quero agora/ Esquecer que na vida/ Não fiz senão amar". A morte é objeto modal, então, do esquecimento de tudo que é contrário ao amor, o desamor no eixo dos contrários, que tem conotação disfórica.

Nota-se, nesta redação, que houve uma dificuldade acentuada na localização do tema do poema, por isso o aluno acabou apenas se limitando a parafrasear trechos deste, não encontrando o seu sentido, não fazendo uma análise, mas limitando-se a um resumo. A morte é vista como uma canção. Sua redação, embora apresente coesão, não apresenta coerência, porque não encontra o tema do poema, mas deturpa sua significação. Assim, o aluno apenas joga ideias que remetem à valoração disfórica da morte como na maioria das culturas, reproduzindo o discurso comum.

Redação II.

Nesse poema, o narrador chama pela morte sem outra saída, porque amou muito na vida sem ter sido correspondido. O tema do poema é a oposição vida e morte, que são colocados na primeira estrofe (durante essa juventude dele) na oposição euforia (vida) e disforia (morte) e na última estrofe (na velhice dele) euforia (morte) e disforia (vida).

Nesta segunda redação, após o aprendizado do nível fundamental do percurso gerativo do sentido, é perceptível uma gradual evolução no nível de interpretação em comparação com a redação inicial, porque o aluno consegue localizar com objetividade a oposição vida versus morte, embora não consiga perceber que ambos os termos que deveriam se portar como contrários no quadrado semiótico, com base nesta primeira estrofe funcionam como sinônimos do ponto de vista do sentido, porque como detectamos anteriormente, é atribuída a morte um valor tal qual o da vida. Há, no entanto, a percepção de uma abstração dos sentidos do poema de forma mais progressiva e sistemática.

Não podemos dizer categoricamente que o tema principal é o da oposição vida versus morte por conta do poeta contrariar a tradição cultural do valor da morte, desestruturando a forma fixa desta temática no poema. Todavia, nota-se que o aluno assumiu um ponto de observação sobre o poema que foi desenvolvido durante sua pequena redação, maior também em termos quantitativos e com uma melhor estruturação posto que apresentou uma ideia inicial sobre o poema e a desenvolveu ao longo da redação e, por fim, concluiu a hipótese inicial.

Corpus selecionado IV na Escola Estadual Doutor Augusto Mariani (Andradina, SP).

Redação I.
O quadro do Magritte representa o pensamento do ser humano, porque a maçã está flutuando na frente dos olhos do homem, roubando a sua atenção e fazendo ele refletir.

Logo em primeiro plano, percebe-se uma escrita escassa por parte do aluno André. Com relação ao tema da obra interpretada, nota-se uma divagação, no que deveria ser a progressão temática, além da não compreensão do assunto tratado no quadro. Nota-se, também, a dificuldade do aluno em abstrair os significados implícitos da obra, assim como relacioná-los a uma contextualização da estética surrealista.

Redação II.

A obra trata da identidade do homem e do segredo pecaminoso dele por causa da maçã que é um simbolo do cristianismo. Por ela estar verde e encobrindo o rosto desse homem entende que é o pecado que está nascendo e atingindo a identidade humana em si mesma.

Tem muitas oposições no quadro que levam a entender essa identidade. A parcialidade e a totalidade visivel no homem leva a entendê-lo como um sujeito incompleto por causa da maçã e a oposição ser e parecer trata da questão da identidade.

Em sua segunda interpretação, André conseguiu identificar, parcialmente, a temática implícita da pintura de Magritte, isto é, as relações identitárias demonstradas na semântica fundamental a partir da categoria modal /ser/ vs. /parecer/ e que se relacionam com a maçã, simbologia do pecado de acordo com a tradição judaico-cristã. Além disso, André também descreve, através de outra categoria (totalidade vs. parcialidade), uma mobilidade presente na pintura e que se explica devido às operações da sintaxe fundamental, apresentada na orientação "procure o que se afirma e o que se nega". Isso o permitiu encontrar, no quadro, a incompletude do homem em detrimento da sua identidade.

CONCLUSÃO

É certo que estes textos de caráter verbal, não verbal e sincréticos utilizados aqui não foram explorados como deveriam ser, porque o propósito deste trabalho. Conforme orientado em sua introdução, foi mostrar os resultados de uma sequência didática em que se aplicou a teoria semiótica francesa como objeto modal para uma leitura crítica a partir de um modelo de análise rudimentar e simplificado junto aos alunos, como forma de provocar uma abertura maior de sua percepção e descrição do sentido no interior dos textos. Cada *corpus* apresentado aqui como gêneros discursivos distintos teve a função de provocar a motivação e atender aos preceitos dos Parâmetros Curriculares Nacionais e merece, portanto, num segundo momento, uma análise mais ampla sob o olhar semiótico.

Todavia, do ponto de vista da meta aqui estabelecida, de se verificar as potencialidades e limites da teoria na desconstrução e (re)construção do sentido o que se pode afirmar é que os discentes que nos acompanharam e apresentaram a experiência puderam aperfeiçoar os conhecimentos adquiridos durante o curso de extensão e os professores puderam, também, conhecer mais uma teoria para trabalhar, daquele momento em diante, com os seus educandos quando da leitura (interpretação), por exemplo, de textos literários, considerando que toda desconstrução de sentido pressupõe a construção de um novo sentido, a produção de um novo texto.

O "como" se chegar ao sentido do texto é, portanto, de suma importância para entendermos melhor como esse processo de ampliação da percepção se dá. Afirmar categoricamente qualquer coisa definitiva somente com essa pesquisa preliminar seguida desta curta sequência didática, ainda em pleno andamento em outras escolas, no entanto, parece-nos prematuro. As pesquisas quanto às estratégias de leitura crítica de enunciados de caráter verbal, não verbal e sincrético devem continuar com sequências didáticas maiores, com parcerias com os professores da rede pública de ensino de maneira que possam ganhar, em forma de extensão, pelo menos um semestre de aulas corrido.

O que se pode abstrair, portanto, enquanto efeito de sentido, é que ao utilizarmos essa variedade de gêneros discursivos atraímos à atenção dos alunos, quebrando a monotonia das aulas desmotivadas ao mesmo tempo que operamos uma das missões prescritas nos Parâmetros Curriculares Nacionais do trabalho com gêneros textuais procurando-se despertar o senso crítico, o que foi possível por meio da introdução, ainda que de forma bem rudimentar, de um modelo simplificado que funcionou como guia para a análise semiótica do texto.

Ao detectarmos, pela análise do *antes* e do *depois* vamos conhecendo melhor o processo de leitura, como os nossos alunos leem, suas dificuldades, suas estratégias. Aliando à teoria a prática, poderemos vislumbrar algumas expectativas. Descobrimos em resposta as nossas indagações iniciais que ao lerem e escreverem textos estes alunos pesquisados, em sua maioria, o fazem de maneira aleatória e, outras vezes, sentem-se perdidos, sem um norte, não sabendo por onde começar a interpretação, principalmente de enunciados de caráter não verbal ou sincréticos. Isto se dá por sermos frutos de uma cultura educacional voltada para o verbal em nossas escolas.

Percebemos que houve, além da abertura da percepção do sentido, nesta proposta de estratégia de leitura crítica, em Língua Portuguesa, que esse não/querer-ler/ pode ser transformado na prática da modalidade volitiva e não simplesmente deôntica. Esse /dever-ler/ (obrigatoriedade) pode ser positivamente transformado pelo emprego de textos musicalizados, de literatura, produções intersemióticas disponíveis na grande rede internacional, da mídia cinematográfica, televisiva e digitalizada em /querer-ler/ (desejo, vontade, "liberdade").

REFERÊNCIAS

ACQUARONI MUÑOZ, Rosana. **La comprensión lectora**. In:

SANCHEZ LOBATO; SANTOS GARGALLO (Org.) *Vademécum para la formación de profesores. Enseñar español como segunda lengua (L2)/ lengua extranjera (LE).* Madrid: SGEL, 2004, p.943-966.

ALDERSON, J. Charles et URGUHART, A. H. **Reading in a Foreign Language.** Longman, London and New York, 1984.

BANDEIRA, **Manuel. Canção para minha morte.** In: "Poesia completa e prosa", São Paulo, Companhia José Aguilar Editora, 1967. P. 415.

BARROS, Diana Luz Pessoa de. **Teoria Semiótica do Texto.** São Paulo: Ática, 1990.

---. **Teoria do Discurso. Fundamentos Semióticos.** São Paulo, Atual, 1988.

CORACINI, M.J.R.F. **Interpretação, Autoria e Legitimação do Livro Didático.** Campinas, Pontes Editores, 2011.

CRESWELL, John W. **Projeto de Pesquisa: métodos qualitativo, quantitativo e misto.** Trad. Magda Lopes. 3. Ed. – Porto Alegre. Artmed, 2010.

D'ÁVILA, Nicia Ribas. *Semiótica Sincrética Aplicada. Novas Tendências* (organização). São Paulo. Arte e Ciência, 2007.

---. **Semiótica Verbal e Sincrética. Verbo-Visual e Verbo-Musical. Teorias e Aplicabilidade.** (Organização). São Paulo, Canaç 6 Editora. 2015.

DERRIDA, J. **Farmácia de Platão.** Trad. tradução de Rogério, 3ª edição revista, Iluminuras, 2005, página 7. Original La Pharmacie de Platon, Editions du Seuil, 1972.

FIORIN, José Luis. **Elementos de Análise do Discurso.** Ática, São Paulo, 1989.

GIL, Gilberto. A Novidade. Faixa 3 do terceiro álbum de estúdio da banda brasileira Paralamas do Sucesso lançado em 1986. "A Novidade" foi gravada por Gil como faixa de "Gilberto Gil Unplugged", ao vivo no final de 1993 e lançado no ano seguinte. https://pt.wikipedia.org/wiki/Selvagem%3F e http://www.wscom.com.br/diversao/noticia/musica/GILBERTO+GIL+COMPLETA+70+ANOS-128405 visitados em 23 de junho de 2015.

GIL, Antonio C. **Como Elaborar Projetos de Pesquisas.** 5. Edição. São Paulo. Atlas, 2010.

GREIMAS, Algirdas Julien e COURTÉS, Joseph. **Dicionário de Semiótica.** Trad. Editora Cultrix. São Paulo, 1973.

---. **Dicionário de Semiótica.** Contexto, 2012.

GREIMAS, Algirdas Julien. **De la imperfección.** Trad. Raúl Dorra. Universidade Autînima de Puebla. Mexico, 1990.

---. **Ensaios de Semiótica poética.** Organizador A.J. Greimas. Trad.

Heloysa de Lima Dantas. Título Original ESWSAIS DE SEMIOTIQUE POÉTIQUE, 1972, Librairie Larousse. São Paulo, Cultrix, 1975.

---. MAUPASSANT, A semiótica do texto: Exercícios Práticos; tradução de Teresinha Oenning Michels e Carmen Lúcia Cruz Lima Geriach, Florianópolis, Editora da UFSC, 1993.

GREIMAS, Algirdas Julien. FONTANILLE, Jacques. **Semiótica das Paixões**. Trad. Marisa José Rodrigues Coracini. Ática. São Paulo, 1993.

NUTTALL, Christine. **Teaching Reading Skills in a Foreign Language**. Heinemann Educational Books, London, 1996.

SANTOS, Valdenildo dos. **"Na Interface das Estratégias de Leitura Instrumental e a Leitura Crítica: Reflexões e Sugestões,** Foi aprovado para publicação na Diálogos Pertinentes, vol.9 n.2 que deverá estar online em Março de 2014.

---. **O Ensino do Inglês por meio da música via Programa Radiofônico. Revista Eletrônica Diálogos Pertinentes, n° 1, vol. 8, 2012,** http://publicacoes.unifran.br/index.php/dialogospertinentes/articl e/view/639/510.

---. **Identidade x Alteridade em "Flor de Aguapé" de Walmir Pacheco, na teoria greimasiana. In: Semiótica Verbal e Sincrética. Verbo-Visual e Verbo-Musical. Teorias e Aplicabilidade.** (Organização de Nícia Ribas D´àvila). São Paulo, Canaç 6 Editora. 2015, páginas de 85-104. ISBN 978-85-7917-308-0.

---. **Semiótica e a formação de professores de português e literartura de Três Lagoas**. Edição atual – Anais do SIELP. Volume 3, Número 1. Uberlândia: EDUFU, 2014. ISSN: 2237-8758

---. **O Ensino de Inglês por meio da música via Programa Radiofônico**. In: Diálogos Pertinentes, 2012, v. 8, p. 1-15.

---. **Percurso Semiótico do Actante Sujeito John, the god-man**. 2001. 227 f. Área de Concentração: Filologia e Linguística Portuguesa (Semiótica).

TEIXEIRA, Elizabeth. **As Três Metodologias: Acadêmica, da Ciência e da Pesquisa**. 8. Ed. – Petrópolis, Rio de Janeiro, Vozes, 2011.

DE INFANTE A POLIFANTE: LEITURA E REDAÇÃO FAZENDO A CRIANÇA "SOLTAR A LÍNGUA"

Afrânio da Silva Garcia
Universidade do Estado do Rio de Janeiro, Brasil

INTRODUÇÃO

A motivação deste trabalho vem da etimologia das palavras *infante*, *infância* e *infantil* (do latim *infantem*, proveniente do particípio presente do verbo *fari*: falar), querendo dizer *incapaz de falar* (cf. Deonísio Silva, 2014, p. 257). Quem lida com crianças sabe que tal denominação não corresponde à realidade, pois as crianças falam, e falam muito, sendo capazes de falar com propriedade, profundidade e graça. O tempo em que *"as crianças são para ser vistas e não para ser ouvidas"* já passou, mas elas ainda não são realmente ouvidas nem expressam plenamente suas opiniões. Uma das tarefas mais importantes do professor é justamente tentar tornar seus alunos de *infantes* (que têm dificuldades para falar) em *polifantes* (capazes não só de falar, mas também de argumentar, redigir e interpretar textos). É preciso aprimorar duas *habilidades retóricas*: a *heurística*, a capacidade de refletir sobre o que vai falar ou escrever (cf. Reboul, 2000, p. XIX-XXI; Plebe & Emanuele, 1992, p.27) e a *hermenêutica*, a capacidade de interpretar, de (cor)responder ao que lhe é dito (cf. Reboul, 2000, p. XVII-XIX). A melhor forma é a *leitura*: a criança deve ser submetida a textos escritos, músicas, filmes e outras mídias que lhes apresentem *desafios* e *múltiplas perspectivas*, essenciais para a *reflexão*, junto de outros textos ricos em *conotações*, *polêmicas* e *contrapontos*, que as ajudarão a aumentar sua *capacidade interpretativa*. Exploraremos várias estratégias: o *texto participativo*, em que as crianças fazem em conjunto uma narrativa ou argumentação; textos com *finais alternativos*, em que a conclusão deve ser modificada; *múltiplas visões ou perspectivas* de um assunto, narrativa ou texto; a tentativa de encontrar uma *prosapódose*, uma abordagem inteiramente nova; etc., O resultado esperado é que as crianças adquiram uma maior habilidade em produzir e entender textos.

DESENVOLVENDO A HABILIDADE HEURÍSTICA

A primeira estratégia para desenvolver a *habilidade heurística* (procedimento pedagógico pelo qual se leva o aluno a descobrir por si mesmo a verdade que lhe querem inculcar, cf. Aurélio) das crianças (e que elas adoram) é o *texto participativo*. O professor começa uma história simplesmente, com uma introdução do tipo: *Era uma vez uma menininha chamada Ingrid que..*, e aponta para o aluno que estiver mais interessado. Provavelmente, devido à natural tendência das crianças em participar, o professor nem vai precisar dizer ao aluno para continuar a história, pois a criança o fará espontaneamente. Ao professor, caberá controlar os turnos de fala e indicar o próximo participante, até que a história encontre um desfecho. Se o texto de algum aluno for *impertinente*, ou *insuficiente* em termos retóricos (não promover progressão textual, fugir ao tema, empregar usos verbais impróprios ao contexto), o professor deve *intervir taticamente*, dizer por que rejeita isto ou aquilo, e perguntar à turma o que fazer para melhorar. Trata-se de exercício dinâmico, envolvente e produtivo, pois os alunos deixam de ser apenas *receptores* de textos alheios e passam também a *produzir* seus textos, além do fato de a intervenção e intermediação do professor e dos colegas permitir-lhes construir uma noção mais nítida do que é e do que não é uma história (narrativa com começo, meio e fim). Com a prática, os alunos passam a querer contar suas histórias, ou seja, se tornam efetivamente *produtores de texto*. Uma variante desta estratégia, para desenvolver a parte dissertativa e argumentativa do discurso, é apresentar uma situação, — expressa por uma gravura, uma frase, um trecho curto de um vídeo, etc. — e pedir que os alunos sugiram *porque* esta situação aconteceu. Inicialmente, deve-se apresentar uma situação emocional, como *uma pessoa chorando ou beijando alguém*, por tocarem os sentimentos da classe; depois, podemos passar para situações de fundo intelectual, — como uma pessoa lendo, uma máquina funcionando, ou um profissional trabalhando (busquem-se profissões de interesse no contexto dos alunos) —, e fazer as perguntas básicas da retórica: *Quem? O quê? Onde? Quando? Como? Por quê?* Diante de respostas variadas (ou mesmo inusitadas), o docente deve selecionar as que demonstrem *capacidade de formulação de novas hipóteses*, uma habilidade essencial para a reflexão e o raciocínio. Se um aluno, ao ver a figura de um marinheiro, disser que ele está indo brincar carnaval ou a um baile à fantasia, sua resposta abre uma nova possibilidade de interpretação, não constituindo necessariamente um erro.

Uma segunda estratégia para despertar a *capacidade heurística* (de reflexão e elaboração de ideias) dos alunos é a história com *final alternativo*. Por exemplo, apresenta-se à turma um clássico infantil, como *O Patinho Feio*. Depois que elas ouvem, leem ou assistem ao vídeo da versão original, pergunta-se a elas: E se, no final da história, *o Patinho Feio não se tornasse um lindo cisne e continuasse um patinho feio? Como ele faria para ser feliz?* Depois que as crianças dessem suas respostas, fazendo propostas de novos finais para a história, o professor poderia, além de comentar as propostas apresentadas, exibir um dos filmes de animação mais queridos por criança e adultos: *Shrek*, cuja temática é muito semelhante: um ogro, detestado por todos por sua aparência, consegue, no final da história, casar com a princesa e ser feliz, sem deixar de ser ogro (numa reviravolta da tradição, a princesa é que vira uma ogra).

Ou, numa aula cujo tema fosse a *Independência do Brasil*, lançar à turma a questão: Gente, o que vocês acham que aconteceria *se o Brasil ainda continuasse colônia de Portugal?* Esse tipo de questionamento poderia estimular uma série de reflexões por parte dos alunos e ampliar muito sua capacidade argumentativa. Além de ser pós-moderno! Um dos mais importantes

124

escritores americanos, Philip Roth, produziu um romance premiadíssimo sobre como seriam os Estados Unidos se os alemães tivessem ganhado a guerra: *Complô contra a América*. Recentemente, o cineasta Quentin Tarantino dirigiu um filme com oito indicações ao Oscar (ganhou melhor ator) em que os judeus se vingavam dos alemães e acabavam com a guerra matando a cúpula do III Reich: *Bastardos Inglórios*.

Uma terceira estratégia para aumentar a capacidade heurística dos alunos consiste em fornecer-lhes uma *situação ou texto impactante ou insólito*, estranho ao cotidiano dos alunos, e pedir que cada um discorra sobre o assunto. Podemos conseguir este efeito de impacto ou estranhamento de três formas: Ambientar uma história com *um personagem absolutamente incomum num cenário absolutamente novo*. Por exemplo: *Havia na região de Xangai um chinês chamado Ling Tao que gostava de uma chinesa chamada Tai Mei* (ou *Havia na Baviera um alemão chamado Hans Schmidt, que trabalhava numa fábrica de salsichas*, etc.). É importante frisar que a história deve se passar inteiramente na China e todos os personagens devem ser chineses (ou na Alemanha, e todos os personagens devem ser alemães), orientando aos alunos que *não* tragam os personagens ou a história para sua terra ou ambiente natal. Também não podem fazer o personagem viajar para o Brasil ou para os Estados Unidos, ou trabalhar numa empresa brasileira ou americana. Uma vantagem adicional desta técnica é forçar os alunos a pesquisarem sobre um lugar, uma cultura e uma realidade bem diferentes da sua, aumentando sua *capacidade de pesquisa* e sua *aceitação da alteridade*.

Fazer uma dissertação ou narrativa *defendendo uma realidade ou posição que não é a sua*. Por exemplo, um *aluno de família abastada* escrever como é *ser pobre*; uma criança que *gosta de cachorro* escrever dizendo *por que gosta de gatos*, ou escrever uma história *contando como seria sua vida se fosse um passarinho* (técnica usada pelo Mago Merlin para educar o futuro rei Arthur, em *A Espada na Pedra*, de T. H. White).

Levar os alunos a produzirem *redações opostas sobre um mesmo tópico*, como o *uso de uniforme, aulas ao sábado, obrigação de fazer trabalho de casa*, etc. Há duas opções de abordagem desta técnica: na primeira, o professor divide a turma em *dois grupos* e cada grupo defende uma perspectiva, *a favor* ou *contra* a ideia proposta, *comparando e comentando* seus resultados em seguida (cf. Alexander, 1989, 1-5); na segunda, mais condizente com alunos que já desenvolveram plenamente seu pensamento conceitual — a partir dos doze anos — cada aluno deve escrever duas redações, uma redação *a favor* e outra redação *contra* o mesmo tópico, em que uma das redações será, necessariamente, um exercício de *elaboração da argumentação*, já que os alunos estarão *dissertando sobre uma posição diferente daquela em que eles acreditam*.

O professor poderá ajudar os alunos a refletirem, argumentarem e elaborarem seu pensamento apresentando-lhes *textos, imagens e vídeos que dialoguem entre si*. Por exemplo, pode-se propor aos alunos lerem a fábula *O*

Patinho Feio e, numa aula posterior, exibir-se o filme *Shrek*, que constitui uma retomada da fábula do *Patinho Feio* (no caso, um *ogro*), que não tem como virar um Príncipe Encantado, tendo que *arranjar um jeito de ser feliz continuando a ser um ogro* (cf. proposta de atividade acima). Ou após exibir o filme ou propor a leitura de *Pinóquio*, sugerir a leitura e discussão do livro *A droga da obediência*, de Pedro Bandeira, cotejando-o com Pinóquio, principalmente em relação à passagem da *Ilha dos Burros* (esta discussão deve ser limitada a alunos maiores de doze anos, mas cabe ao professor usar seu *discernimento* nesta decisão). Ainda com relação a *Pinóquio*, o mestre pode (e deve) apresentar para uma turma (sempre observando a adequação à maturidade da classe) o filme *AI – Inteligência Artificial*, em que o personagem não é um *boneco-criança*, mas um *robô-criança*; que, por ser também criança, deveria ter o mesmo *direito a proteção, afeto e respeito* que toda criança tem. É um filme que propicia *reflexões profundas sobre família, maternidade, alteridade e inclusão* e, quase inescapavelmente, um *aumento da capacidade heurística do espectador*.

Por último, uma estratégia muito importante para o desenvolvimento da reflexão e da elaboração do pensamento é fornecer aos alunos textos e mídias que evidenciem uma *persuasão suave*, ou seja, que visem a modificar o comportamento e a percepção do mundo de uma maneira indireta, sem apresentar explicitamente nenhuma "*ordem*" ou "*comando*". O exemplo máximo deste tipo de texto ou mídia é o livro *Menina bonita do laço de fita*, de Ana Maria Machado. Este texto constitui um encantador libelo contra o *racismo* sem, em momento algum, sequer citá-lo, simplesmente mostrando o irresistível fascínio de um coelho pela beleza de uma menina negra, e suas tentativas infrutíferas e cômicas de ficar pretinho também, que culminam num final feliz irresistível.

Outro belo exemplo de *persuasão suave* ocorre em *Sampa*, de Caetano Veloso, em que a *crítica ao individualismo, ao egoísmo e aos preconceitos* aparece de maneira sutil no *diálogo* com o mito grego de *Narciso* (que o professor deve apresentar conjuntamente ou explicar). Narciso morreu afogado porque se apaixonou por si mesmo e se atirou a um rio, tentando agarrar seu reflexo, lindamente demonstrado pelos grifos da passagem a seguir:

> *Quando eu te encarei frente a frente e não vi o meu rosto*
> Chamei de mau gosto o que vi, de mau gosto, mau gusto
> *É que Narciso acha feio o que não é espelho*
> E à mente apavora o que ainda não é mesmo velho
> Nada do que não era antes quando não somos mutantes
> *E foste um difícil começo*
> *Afasto o que não conheço...*

Outros exemplos de *persuasão suave* aplicáveis ao aprendizado infantil são:
a) *A Pequena Sereia* (pincipalmente nas versões em que ela morre), que enfatiza a responsabilidade pelas nossas escolhas e a necessidade de estarmos preparados para suas consequências, pois a Pequena Sereia busca o auxílio da

Bruxa do Mar para conseguir seu desejo: ser humana e conquistar seu amor, mas é avisada de que se o príncipe não se apaixonar por ela, ela morrerá (ou terá outras consequências funestas, nas versões mais brandas da história, como virar espuma do mar, etc.), Este conto desempenha uma importante tarefa, ao contrapor-se àquilo que os americanos chamam *wishful thinking*, um pensamento falacioso que só leva em consideração as consequências positivas das ações, excluindo todas as outras, um tipo de raciocínio extremamente perigoso.

b) *Up – Altas Aventuras*, que fala sobre compromissos e valores familiares, além do respeito aos mais velhos e ao seu valor para a sociedade, pois o personagem central, o idoso Carl, irá estar sempre à altura da situação, envolvendo-se e ajudando todos (mesmo que a contragosto): o garoto escoteiro Russel, o pássaro Kevin, o cachorro Dug, inclusive colocando-se em risco de vida para defendê-los contra Muntz, o vilão da história, e sua matilha de cães falantes treinados. Outro ensinamento que o filme nos transmite é a força e a beleza do amor entre pessoas maduras: a cena em que Carl descobre as anotações de sua esposa Ellie sobre a vida e os sonhos do casal é das mais belas que o cinema já produziu.

c) *Procurando Nemo*, um texto que lida com o conflito de gerações e o conformismo, sobre um peixe órfão (sua mãe Coral e todos os seus irmãos foram mortos por um cardume de peixes maiores) criado de maneira superprotetora pelo seu pai Marlin, enfatizando o medo dos adultos com relação ao crescimento e aos riscos envolvidos nele, em que a "doidivanas" Dory participa de um dos diálogos mais profundos jamais criados para demonstrar os riscos da superproteção **(cf.]** ttp://humanitatis.net/blogs/conversa-em-familia/procurando-nemo-enfretando-os-medos)**:

> *Marlyn fica desesperançado de encontrar seu filho Nemo, por estar preso dentro de uma baleia. Lamentando-se, ele diz para Dory que prometeu que nunca deixaria nada acontecer com seu filho Nemo, ao que Dory responde:* **– Coisa engraçada de se prometer. Se você deixar nada acontecer com ele, nada vai acontecer com ele.**

d) *Os Croods* também trata do conflito de gerações e do conformismo, mas a ênfase aqui não é tanto a superproteção, mas sim a *incapacidade de aceitar o novo*, sejam experiências, sejam ideias. O filme começa com o conflito entre Grug, o patriarca, atrelado ao modo de ser e viver tradicional, ainda que insatisfatório, e Eep, a filha adolescente rebelde, que busca ultrapassar os limites estreitos impostos pelo pai e faz o possível para *sair da caverna* (talvez uma referência ao mito da Caverna, de Platão) e experimentar coisas novas. Numa de suas escapadas, ela conhece Guy, um rapaz cheio de ideias, que será detestado pelo pai conservador, mas pouco a pouco irá conquistando todo o resto da família com suas ideias brilhantes e inovadoras, principalmente depois que a caverna dos Croods é destruída. Guy mostra a eles que é possível ter prazer, apreciar coisas belas e que o progresso nem sempre é ruim. No final, até Grug, o patriarca conservador e ciumento, adere ao novo estilo de pensar e aceita Guy.

e) *Meu malvado favorito* discute de maneira brilhante a vinculação entre a criminalidade e o desamor, por meio de uma história em que um supervilão, Gru, o desprezível do título em inglês (Despicable me) começa a perder seu prestígio para um vilão mais novo: Vector (ou Victor), que rouba dele o raio encolhedor, com o qual ele roubaria a Lua e se tornaria o maior vilão do mundo. Para conseguir de volta o raio encolhedor, Gru precisa do auxílio de três meninas órfãs que vendem biscoitos, as únicas que Vector permite que entrem na sua mansão-fortaleza. Gru adota as meninas: Margo, a mais velha; Edith, a do meio; e Agnes, a mais nova. Embora Gru mostre-se totalmente desajeitado ao ter que cuidar das meninas, logo o afeto e o carinho delas começam a vencer sua resistência e ele se torna um "paizão", o que o leva a abandonar sua vida de crimes. Essa luta entre o ressentimento e a ternura, entre o Mal e o Bem, parece confirmar a frase de São Tomás de Aquino: *Nenhum homem nasce mau; a sociedade o corrompe.*

Para turmas mais adultas (a critério do professor), encontramos exemplos esplêndidos de *persuasão suave* nos filmes *Preciosa* e *Trocando as bolas* (contra o preconceito social); *Dogville, As invasões bárbaras* e *A vida de David Gayle* (críticas soberbas aos delírios do socialismo e do assistencialismo); *Doze homens e uma sentença* (a melhor versão é a de 1957, com Henry Fonda, uma análise primorosa do preconceito social, excelente também para aulas de pedagogia) e *Um grande garoto* (sobre as diferenças humanas e sociais e as dificuldades do crescimento).

DESENVOLVENDO A HABILIDADE HERMENÊUTICA

Para desenvolver a *habilidade hermenêutica* (de interpretação), um dos melhores instrumentos é a *poesia*. Embora as *poesias infantis* e as *cantigas de roda* sejam muito interessantes, elas não contêm grandes desafios, como podemos ver abaixo:

O SAPO NÃO LAVA O PÉ (cancioneiro popular)
O Sapo não lava o pé
Não lava porque não quer
Ele mora lá na lagoa
Não lava o pé porque não quer,
Mas que chulé!

ALECRIM (cancioneiro popular)
Alecrim, alecrim dourado
Que nasceu no campo
Sem ser semeado (repete)

Foi meu amor
Que me disse assim
Que a flor do campo é o alecrim (repete)

Ambas as cantigas, além de levar as crianças a cantar, promovem a aprendizagem do ritmo e da gesticulação ajustados ao tema da canção. Com isso, ajudam a desenvolver a expressão oral e a interação, além de estimular a autoconfiança, a autoestima e a desinibição. Quanto à capacidade de entendimento e interpretação de textos? A contribuição dessas cantigas é pequena (embora válida), uma vez que as letras são elaboradas com palavras e estruturas extremamente simples, familiares aos alunos. Por isso, em geral não exigem grande trabalho cognitivo.

Existem algumas poesias infantis que dão ensejo a uma interpretação um pouco mais elaborada, tais como:

PONTINHO DE VISTA (Pedro Bandeira)

Eu sou pequeno, me dizem,
e eu fico muito zangado.
Tenho de olhar todo mundo
com o queixo levantado.
Mas, se formiga falasse
e me visse lá do chão,
ia dizer, com certeza:
– Minha nossa, que grandão!

Além do encanto natural dessa poesia, que aborda o fato de, devido ao seu tamanho, a criança ser excluída de várias atividades (sério problema infantil), trata da noção de *proporção*, pois ainda que a criança seja *pequenina* diante dos adultos e dos parentes mais velhos, ela é *enorme* diante de uma formiguinha. Existe um clássico da literatura infanto-juvenil, *As viagens de Gulliver*, que aborda o mesmo tema, a *variabilidade da noção de proporção*, visto que o protagonista ora vai parar numa ilha, *Lilliput*, habitada por pessoas minúsculas, onde ele é visto como um gigante assustador; ora desembarca em outa ilha, *Broddingnog*, habitada por gigantes, onde ele é considerado um brinquedo, um animalzinho. Como os textos *dialogam* entre si, pode-se pedir aos alunos que leiam ambos e apresentem suas ponderações.

Cecília Meireles também produziu boas poesias para o ensino de interpretação, tais como:

OU ISTO OU AQUILO (Cecilia Meireles)

Ou se tem chuva e não se tem sol
ou se tem sol e não se tem chuva!
Ou se calça a luva e não se põe o anel,
ou se põe o anel e não se calça a luva!
Quem sobe nos ares não fica no chão,

quem fica no chão não sobe nos ares.
É uma grande pena que não se possa estar
ao mesmo tempo nos dois lugares!
Ou guardo o dinheiro e não compro o doce,
ou compro o doce e gasto o dinheiro.
Ou isto ou aquilo, ou isto ou aquilo...
e vivo escolhendo o dia inteiro!
Não sei se brinco, não sei se estudo,
se saio correndo ou fico tranquilo.
Mas não consegui entender ainda
qual é melhor: se é isto ou aquilo.

Neste poema, Cecília Meireles discorre sobre a importância e as consequências das oposições e das escolhas, principalmente destas, como que numa versão infantil e doce de *The Road Not Taken*, de Robert Frost, dando asas não só à imaginação, mas também às reflexões e interpretações das crianças.

Ainda nesta seção, vale a pena citar a belíssima canção *Fico assim sem você*, provavelmente uma releitura da poesia *Falta alguma coisa*, de Tatiana Belinky, apresentada em seguida (cf. http://poesiaparacrianca.blogspot.com.br/search/label/Tatiana%20Belinky). Após a audição da canção, os alunos poderiam ler o poema de Tatiana Belinky, buscando encontrar os pontos semelhantes e divergentes nas duas obras.

FICO ASSIM SEM VOCÊ (Cacá Moraes e Aguinaldo Batista de Figueiredo)

Avião sem asa
Fogueira sem brasa
Sou eu assim sem você
Futebol sem bola,
Piu-piu sem Frajola
Sou eu assim sem você
Por que é que tem que ser assim
Se o meu desejo não tem fim
Eu te quero a todo instante
Nem mil alto-falantes
Vão poder falar por mim
Amor sem beijinho,
Buchecha sem Claudinho
Sou eu assim sem você
Circo sem palhaço,
Namoro sem amasso
Sou eu assim sem você

Tô louca pra te ver chegar,
Tô louca pra te ter nas mãos
Deitar no teu abraço,
Retomar o pedaço
Que falta no meu coração
Eu não existo longe de você
E a solidão é o meu pior castigo
Eu conto as horas pra poder te ver,
Mas o relógio tá de mal comigo.
Por quê? Por quê?
Neném sem chupeta,
Romeu sem Julieta
Sou eu assim sem você
Carro sem estrada,
Queijo sem goiabada
Sou eu assim sem você
Por que é que tem que ser assim
Se o meu desejo não tem fim
Eu te quero a todo instante
Nem mil alto-falantes
Vão poder falar por mim
Eu não existo longe de você
E a solidão é o meu pior castigo
Eu conto as horas pra poder te ver,
Mas o relógio tá de mal comigo

Esse poema-canção faz um paralelo entre as necessidades afetivas e coisas que se pertencem ou se completam, remetendo à impossibilidade de elas existirem sozinhas, tanto fisicamente (avião sem asa, fogueira sem brasa, futebol sem bola) quanto emocionalmente (neném sem chupeta, Romeu sem Julieta, circo sem palhaço, namoro sem amasso).

FALTA ALGUMA COISA (Tatiana Belinky)

Namoro sem beijo,
Pizza sem queijo.

Verão sem sol
Frio sem cachecol.

Chuveiro sem ducha,
Vassoura sem bruxa.

Bodas sem amor,
Bolo sem sabor.

Futebol sem bola,
Bagunça sem escola.

Sela sem cavalo,
Sino sem badalo.

Onda sem espuma,
Edredon sem pluma.

Telhado sem casa,
Avião sem asa.

Urubu sem pena,
Rádio sem antena.

Sola sem sapato,
Queijo sem rato.

TVs sem novela,
Cravo sem canela.

Piscinão sem água,
Saia sem anágua.

Com tanto defeito
Gente, nada feito!

Como podemos verificar, a canção-poema *Fico assim sem você* contém duas paráfrases literais e uma paráfrase muito próxima de versos do poema *Falta alguma coisa*: avião sem asa, futebol sem bola e amor sem beijinho. No entanto, a concepção das duas obras é bastante diversa, visto que a canção enfatiza a *saudade*: a solidão é meu pior castigo, ao passo que o poema enfatiza a noção de *incompletude*, de falta de plenitude, provocada pela ausência de elementos complementares: sela sem cavalo, TVs sem novela, piscinão sem água; ou díspares: vassoura sem bruxa, queijo em rato, levando à recusa final: Gente, nada feito!

Para finalizar, vale a pena lembrar a canção *Oito Anos*[26], de Paula Toller (e Dunga), em homenagem ao seu filho Gabriel.

OITO ANOS (Paula Toler & Dunga)

---

[26] Regravado por Adriana Calcanhoto, no álbum infantil Adriana Partimpim, Faixa 2, 2004.

Por que você é flamengo
E meu pai botafogo?
O que significa
"impávido colosso"?
Por que os ossos doem
Enquanto a gente dorme?
Por que os dentes caem?
Por onde os filhos saem?
Por que os dedos murcham
Quando estou no banho?
Por que as ruas enchem
Quando está chovendo?
Quanto é mil trilhões
Vezes infinito?
Quem é Jesus Cristo?
Onde estão meus primos?
Well, well, well, Gabriel...
Well, Well, Well, Well...
Por que o fogo queima?
Por que a lua é branca?
Por que a terra roda?
Por que deitar agora?
Por que as cobras matam?
Por que o vidro embaça?
Por que você se pinta?
Por que o tempo passa?
Por que que a gente espirra?
Por que as unhas crescem?
Por que o sangue corre?
Por que que a gente morre?
Do que é feita a nuvem?
Do que é feita a neve?
Como é que se escreve
Re...vèi...llon
Well, Well, Well, Gabriel...

Nessa canção, a autora investiga o mundo com os olhos e ouvidos de uma criança, resultando num rosário interminável de *por quês*, muito bem marcados pelas *anáforas* (repetições no começo dos versos), enfatizando o *deslumbramento da criança* e, talvez, a *exasperação do adulto*. Ao mesmo tempo, evidencia *a astúcia das crianças* ao fazer perguntas bem pertinentes, como: *O que significa "impávido colosso"?*; *Por onde os filhos saem?*; *Por que a terra roda?*; *Por que que a gente morre?*

CONCLUSÃO

Esperamos ter podido contribuir para a melhoria dos alunos de língua portuguesa em termos de produção e compreensão textual ao submetê-los a textos, mídias e experiências que estimulem sua *habilidade heurística* (de descoberta, reflexão e elaboração de textos) e sua *habilidade hermenêutica* (de intepretação de textos), tendo como linha mestra, como sempre, a leitura.

REFERÊNCIAS

Alexander, L. G. *For and against.* Essex: Longman, 1989.

Belinky,   T.
http://poesiaparacrianca.blogspot.com.br/search/label/Tatiana%2 0Belinky.

Ferreira, A. B. (2010). *Novo Dicionário Eletrônico Aurélio. versão 7.0. Edição eletrônica. [Aurélio, s.u.].* Curitiba/PR: Positivo Informática Ltda.

Plebe, A. & Emanuele, P. *Manual de retórica.* São Paulo: Martins Fontes, 1992.

Reboul, O. *Introdução à Retórica.* São Paulo: Martins Fontes, 2000.

Silva, Deonísio. *De onde vêm as palavras.* Rio de Janeiro: Lexicon, 2014.

LUDIFICAÇÃO EDUCACIONAL: O GAME LÍSIAS E O ENSINO DA COERÊNCIA EM TEXTOS ARGUMENTATIVOS

Nínive Daniela Guimarães Pignatari
Centro Universitário de Votuporanga, Brasil

INTRODUÇÃO

A história dos jogos na educação se perde no tempo, sendo certo que o impulso lúdico acompanha o homem desde os tempos imemoriais. Desde Comenius (1592-1670), a importância dos jogos para a para a educação foi sistematicamente estudada, mas foi apenas a partir do século XX que diferentes pesquisas sobre o desenvolvimento cognitivo da criança reconheceram a importância deles no aprendizado. Kishimoto (2003) esclarece que a criação dos brinquedos educativos, no início do século XX, foi impulsionada por pedagogos como Decroly (1871-1932) e Maria Montessori (1870-1952). A importância dos jogos para a aprendizagem é reconhecida por autores clássicos da psicologia como Jean Piaget e L. Vygotsky (Bomfoco; Azevedo). A partir dos estudos de Gee, percebe-se que os jogos eletrônicos podem, além de ensinar conteúdos, promover diversas outras importantes aprendizagens necessárias à vida contemporânea. A produção de tais materiais e as experiências neles baseadas fortaleceu a tese de há maneiras estimulantes de aprender brincando.

Nesse sentido, esclarece Gee:

> Os bons videogames incorporam bons princípios de aprendizagem, princípios apoiados pelas pesquisas atuais em Ciência Cognitiva (Gee). Por quê? Se ninguém conseguisse aprender esses jogos, ninguém os compraria – e os jogadores não aceitam jogos fáceis, bobos, pequenos. Em um nível mais profundo, porém, o desafio e a aprendizagem são em grande parte aquilo que torna os videogames motivadores e divertidos. (Gee 168).

Ainda nesse rumo, o esgotamento das propostas tradicionais de ensino, baseadas no binômio recepção/reprodução de conteúdos impulsionou os estudos sobre o uso das inovações tecnológicas na educação. A proposta vigente baseia-se na aliança entre teoria e prática, que pode ser promovida por experiências virtuais em simuladores, comunidades e mídias diversas. Valorizou-se, assim, o aprendizado autônomo e ativo, baseado em competências e não mais em conteúdos (disciplinas). Tal modelo educacional é fortalecido pela popularização da internet, já que, agora, o conhecimento está disponível em outras fontes além da escola, podendo ser incorporado ao patrimônio intelectual de qualquer pessoa por meio de pesquisas cada vez mais profundas e refinadas na web.

É nesse cenário que o aprendizado mediado por jogos tecnológicos, os serious games, passa a ser explorado em ambientes escolares e empresariais, especialmente pela disseminação dos métodos ativos de aprendizagem como os PBLs (Problem Based Learning), os quais exigem análise, crítica e decisão e pela incorporação dos simuladores aos diferentes tipos de treinamento. Van Eck (18) analisando o *digital game-based learning* (DGBL) esclarece que:

> games are effective partly because the learning takes place within a meaningful (to the game)context. What you must learn is directly related to the environment in which you learn and demonstrate it; thus, the learning is not only relevant but applied and practiced within that context.

A gamificação, também chamada de ludificação é, assim, uma tendência decorrente da popularização dos games e do reconhecimento do potencial destes para desenvolver habilidades cognitivas, simular experiências, motivar a ação, resolver problemas e mediar aprendizagens.

O que é e o que não é um game educacional

Dentre as virtudes dos jogos, Alves (2009) salienta que desenvolvem o raciocínio lógico, a criatividade, a atenção, a visão estratégica e, principalmente, o desejo de vencer. Alguns jogos permitem ao aprendiz transitar em contextos análogos às experiências reais, razão pela qual têm sido aplicados como ferramenta de treinamento e estímulo à mudança comportamental, enquanto outros avaliam o trabalho em equipe, a estratégia, o equilíbrio e a cooperação.

Em razão disso, o Digital Game-Based Learning (DGBL), área de estudos dedicada à aplicação de games em conteúdos escolares (Azevedo), desenvolve a pesquisa de linguagens e metodologias capazes de incitar habilidades cognitivas privilegiadas, como o raciocínio para a resolução de problemas.

Por tais virtudes, os games educacionais entusiasmam profissionais dedicados à produção de material didático, especialmente por seu potencial para a valorização de cursos a distância e semipresenciais, mas não podem ser vistos como panaceia para cursos desestruturados e sem fundamento teórico consistente. Nesse sentido, os jogos não devem ser subaproveitados e banalizados em atividades soltas no espaço educacional, visando apenas a distração ou o embelezamento de materiais.

Um game educativo também não se confunde com a simples criação de quizzes (testes virtuais utilizados no ensino a distância e semipresencial). Não se trata de usar o computador para responder aos tradicionais exercícios de memorização via testes de múltipla escolha. O fato de um questionário ser veiculado em uma plataforma não faz dele um jogo educacional. O que conta para esta distinção não é a mídia utilizada (testes no papel ainda são testes no computador), mas o grau de envolvimento, integração, raciocínio que só existe em bons games. A contextualização da experiência é um dos elementos essenciais para que a estratégia funcione do ponto de vista educativo. Van

Eck (18) esclarece que

> Learning that occurs in meaningful and relevant contexts is more effective than learning that occurs outside of those contexts, as is the case with most formal instruction. Researchers refer to this principle as situated cognition and have demonstrated its effectiveness in many studies over the last fifteen years.

Os melhores games propõe desafios intelectuais crescentes (Mcgonigal). É fundamental que permitem escolhas, proponham problemas contextualizados, exijam crítica, produzindo experiências excitantes e atraentes. Nesse sentido, Alves esclarece sobre o uso dos jogos que "a possibilidade de vivenciar situações de conflito que exigem tomada de decisões se constitui em uma estratégia metodológica que pode contribuir para a formação profissional dos estudantes dos diferentes níveis de ensino" (142).

Segundo Johnson os eventos gerados no jogo despertam no jogador o prazer de acompanhar a história em razão dos desafios propostos. Os obstáculos cognitivos que surgem desenvolvem duas modalidades de trabalho intelectual: a sondagem e a investigação telescópica. A sondagem ocorre com a exploração do ambiente virtual, na exploração por tentativa e erro. Com isso o jogador descobre a lógica do jogo de forma intuitiva. O jogador realiza uma construção hierárquica dos desafios propostos, ou seja, uma investigação telescópica, que se caracteriza pela hierarquização das tarefas exigidas pelo jogo e requer uma visão sistêmica.

Por essa razão, a criação de um game educacional demanda desenho didático e instrucional rigorosos. Deve apresentar narrativa verossímil, sistema de feedback rápido, recompensas, conflito, possibilidade de cooperação e de ser jogado em equipe, estímulo intelectual, realismo, dificuldade progressiva, objetivos e regras claras e imersão.

Ao elaborar um game, o ponto de partida deve ser a competência que ele visa desenvolver, considerando o contexto de aprendizagem em que ele será jogado e os objetivos educacionais. É fundamental, ainda, considerar o perfil do aprendiz que vai usufruir da experiência. A clareza quanto ao público-alvo define o grau de dificuldade, a linguagem, as perícias exigidas. É importante focar nas experiências prévias que o jogador tem com games e com o conteúdo, o grau de perfeição que o jogador deverá atingir, se haverá simulações, equipes, competição, os fins do curso, o que será feito a partir dos resultados (recondução da aprendizagem, avaliação contínua, avaliação classificatória, premiação?).

Obedecidas tais instruções, os games têm sido bem aceitos como ferramenta didática pelas gerações atuais, que dominam naturalmente as interações propiciadas por esse tipo de entretenimento. Além do potencial didático, a gamificação se justifica a partir de uma perspectiva sociocultural, considerando os indivíduos que carregam aprendizagens provenientes de anos de interações com os games e estão imersos no contexto das mídias e das tecnologias digitais. O uso dos games apresenta, ainda, uma resposta eficaz ao problema crescente dos alunos desinteressados pelos métodos passivos de ensino e aprendizagem utilizados na maioria das escolas.

Todavia, o uso dos games na educação sofre uma crítica contundente com relação à classificação de alunos (ranqueamento), apelo meritocrático, visão triunfalista e a consequente exclusão dos derrotados, malefício que as competições potencialmente promovem. Desse modo, o educador que pretenda criar ou aplicar jogos deve considerar o impacto negativo de experiências didáticas baseadas em competição, o que afronta os ideais de cooperação e solidariedade desejáveis no meio escolar, especialmente na educação de crianças. Em um jogo didático, assim como em qualquer objeto de avaliação, o erro deve ser recebido como uma forma de aprendizado tão legítima quanto o acerto e o competidor deve desafio a si mesmo a ser melhor em cada jogada sem, jamais, ser comparado aos colegas.

ARQUITETANDO LÍSIAS

O jogo Lísias foi desenvolvido no Núcleo de Inovação Tecnológica de uma instituição de ensino. O trabalho de criação envolveu uma equipe multidisciplinar: o desenho didático instrucional do jogo e a elaboração dos conteúdos e revisão foram desenvolvidos por profissionais da área da linguística, a programação ficou a cargo de um engenheiro da computação e a programação visual foi criada por profissionais em multimídia.

O game foi desenvolvido em linguagem de marcação de texto HTML, linguagem de programação PHP, com banco de dados MySQL, empregando, ainda, recursos de programação Javascript e folhas de estilo CSS. Pode ser acessado em http://www.unifevonline.com.br/jogos/lisias/.

Contextualização da atividade

O jogo foi desenvolvido como atividade avaliativa do curso a distância *Leitura e Produção Textual*, oferecido a alunos do ensino médio e superior de uma instituição de ensino superior. O curso é composto de dez aulas e o game está inserido no material didático reservado à aula de leitura analítica. Nessa são apresentados o conceito e a estrutura da dissertação bem como noções de retórica, enfatizando a coerência necessária entre a tese e os argumentos em uma argumentação. O conteúdo da aula apresenta vários exemplos de estruturas dissertativas e descreve relações bem e malsucedidas entre tese e argumentos, estimulando a reflexão sobre a coerência textual e os mecanismos retóricos capazes de gerar a adesão mental (convencimento) e a ação (persuasão). Após a leitura do material didático citado, no encerramento da aula, o aluno é convidado a jogar.

Considerações sobre o desenho didático de um jogo

A intenção de um jogo educativo não pode ser apenas animar o fazer pedagógico, embora a animação seja um componente desejável. A criação de um game educacional envolve três etapas: o planejamento a produção e a avaliação.

Planejamento e execução do jogo Lísias

Ao planejar uma atividade lúdica, é preciso definir em primeiro lugar as competências visadas e, depois, encontrar caminhos, estruturas e mecanismos para desenvolvê-las.

Nesta etapa, o designer realiza um primeiro esboço do jogo, pensando em seus objetivo, fases, operacionalização, pontuação e feedback. Convém que, nessa etapa, reúnam-se o professor responsável pelo conteúdo e o engenheiro programado para que juntos discutam as possibilidades de implementação do programa.

Estabelecidas as diretrizes mais amplas, ou seja, o esqueleto do jogo, num segundo momento, deve-se procurar o suporte teórico que mais atenda às competências definidas na proposta. A partir dele, elabora-se um projeto da narrativa com a definição das etapas, gradação da dificuldade, fases, pontuação, etc. Depois disso, passa-se à execução do projeto. Tal fase pressupõe a construção do jogo com a elaboração dos layouts, criação dos personagens e ambientes, programação visual gráfica, programação computacional, testes de funcionamento, simulações, revisões e alterações necessárias. A equipe (professor responsável pelo projeto, engenheiro, programador visual gráfico) trabalha em conjunto desde o projeto até a avaliação dos resultados.

No caso do jogo Lísias, considerou-se como meta ler criticamente e redigir textos argumentativos com coerência. Vale ressaltar que essa definição foi orientada pelo contexto de aprendizagem acima descrito, ou seja, o game seria inserido como avaliação em uma aula de leitura analítica em que a estrutura da dissertação bem como os conceitos de tese, argumento e lógica textual foram apresentados como conteúdo.

Definida a competência visada, arquitetou-se uma trajetória capaz de estimular o desenvolvimento das habilidades necessárias para atingi-la. Nessa etapa, considerou-se que o conhecimento da coerência textual poderia ser incitado a partir do reconhecimento das relações lógicas entre tese e argumentos constituintes de um enunciado textual. O processo didático foi engendrado com o propósito de consolidar, no jogador, a habilidade de escrever com coerência e identificar as conexões de sentido em enunciados textuais, enfocando a unidade (textualidade), a lógica e também seu avesso, ou seja, as incoerências, falácias e paralogismos que maculam uma composição do ponto de vista racional. Assim sendo, o game explora as relações lógicas envolvidas na consistência textual, apresentando diversas formas de incoerência como contradição (o argumento é contrário à tese) e inconsistência lógica por redundância e falta de progressão (o argumento é alheio a tese, não se relaciona com ela, não a desenvolve).

O desenho didático partiu da apresentação de uma situação ou problema atual, que, potencialmente, interessasse ao público jovem (o "Contexto"). No final deste, aparece uma questão e o jogador deve escolher, dentre duas opções, a tese adequada a sua visão de mundo. A partir da tese escolhida, enveredará por uma ou outra trilha, como se vê na tela abaixo.

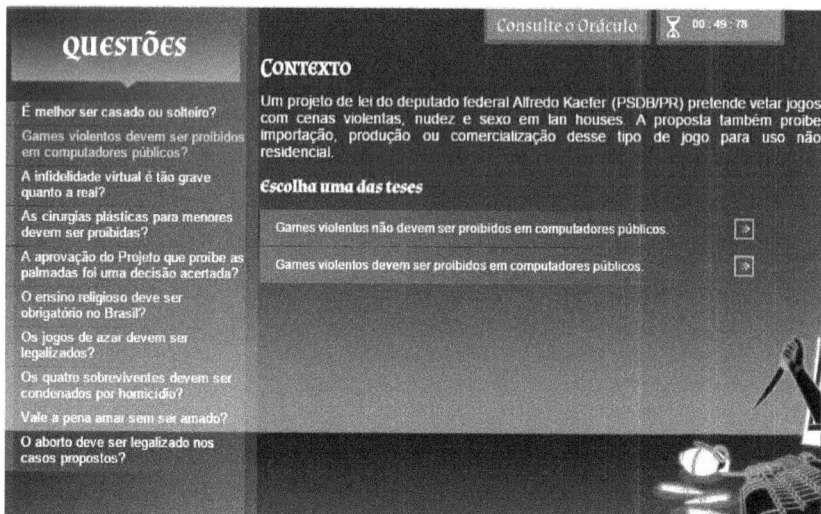

Figura 1 – Tela: Questões, contexto e escolha da tese

Uma vez escolhido o ponto de vista, abre-se uma tela com uma série de argumentos.

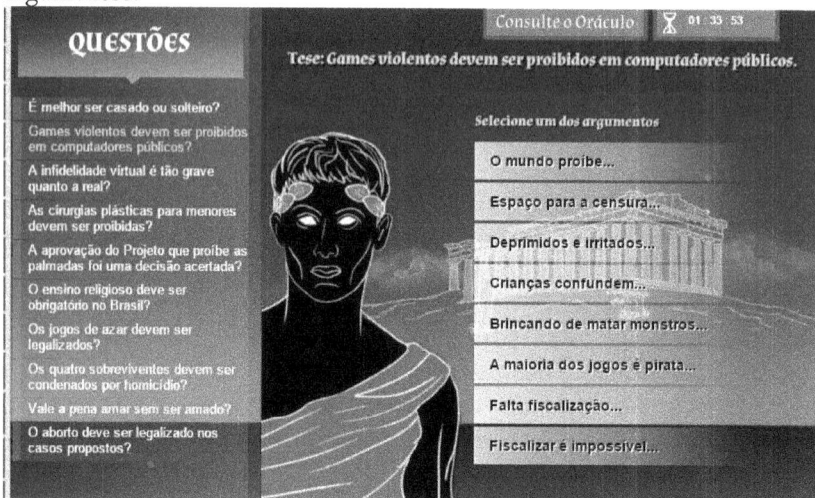

Figura 2 – Tela: Questões e escolha dos argumentos.

Ao clicar em cada um deles, uma nova tela se abre e, então, a relação entre a tese e o argumento, agora desenvolvido, deve ser avaliada pelo jogador.

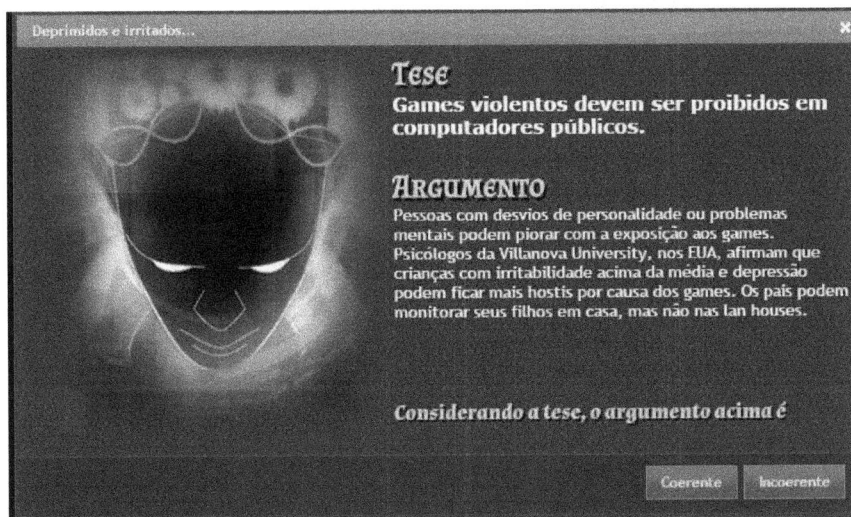

Figura 3 – Tela: Tese e argumentos.

A tarefa é identificar argumentos coerentes e incoerentes, raciocinando e aplicando o conteúdo visto na aula. Essa estrutura se repete ao longo do jogo e os temas vão se tornando progressivamente mais complexos.

A atividade requer atenção para a compreensão do problema enunciado em cada tema, capacidade de julgamento e conhecimento de mundo, pois o aluno pode escolher qualquer uma das teses apresentadas, concentração para identificar o argumento que mantém com a tese estreita relação lógico-explicativa e raciocínio rápido para identificar prontamente as incoerências, pois o tempo é considerado na apuração do resultado.

A cada cinco acertos, o jogador faz jus a uma bonificação e poderá consultar o oráculo. Este lhe apresentará uma dica, recordando os conteúdos vistos na aula os quais poderão auxiliar na resolução do desafio. Após explorar todos os argumentos de um tema, o jogador passará a outro, mais complexo, e, assim, sucessivamente até o final.

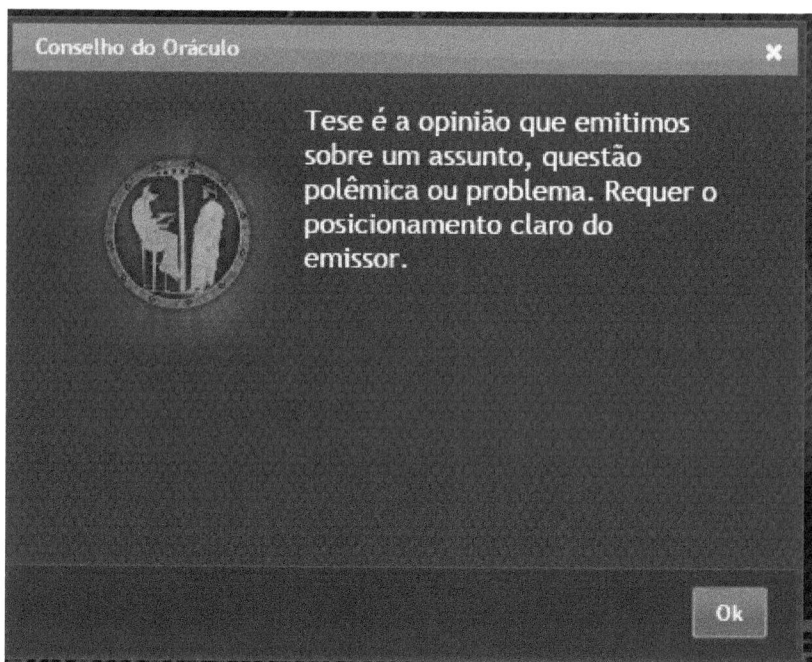

Figura 4 – Tela: Conselho do oráculo.

Gradativamente, os argumentos vão se tornando mais sutis e sofisticados e a relação entre eles e a tese resulta menos explícita, demandando maior capacidade de inferência, raciocínio e atenção. Um exemplo disso pode ser visto abaixo:

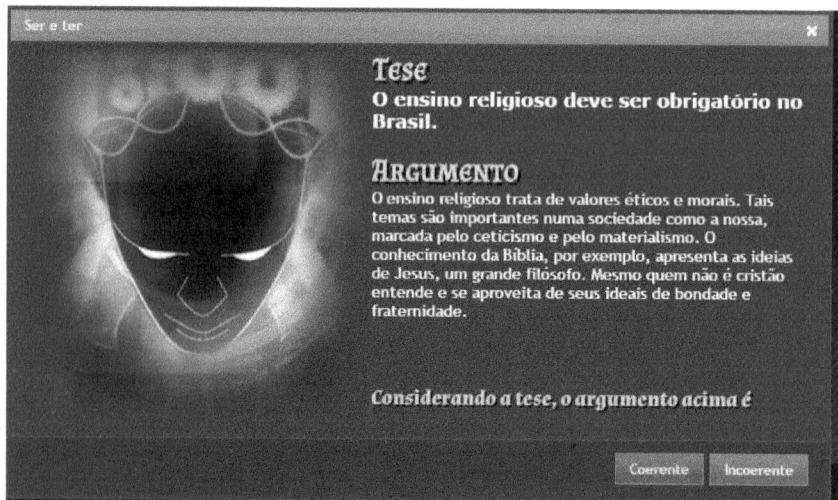

Figura 5 – Tela: Tese e argumentos.

Deve-se ter sempre em mente que o aprendizado não pode ser aleatório, mas seguir critérios de associação entre teoria e prática de modo didático e

142

racional. Vale lembrar que o objetivo da ludificação é tornar o aprendizado mais eficaz e não apenas mais divertido. Para isso, o planejamento didático deve ser minucioso, aplicando conceitos, dando a eles nitidez, aplicabilidade e pertinência. Só assim a simulação experienciada pelo jogador no contexto lúdico promoverá um aumento da reflexão e da retenção dos conteúdos, pelo estímulo da mente e exploração do raciocínio e da memória visual.

PRESSUPOSTOS TEÓRICOS ENVOLVIDOS NA CONSTRUÇÃO DE LÍSIAS

Para a formulação do material e dos enunciados, foram utilizadas diferentes teorias. Sobre linguística textual e aprendizado da leitura destacam-se Kleiman, Koch e Travaglia, Golder e Coirier. Quanto à coerência textual, foram empregadas as metarregras de Charolles, das quais foram extraídos os paradigmas de coerência e incoerência dispostos ao longo das etapas do jogo. A obra de Perelman e Olbrechts-Tyteca apoiou a construção dos vários tipos de argumento.

A coerência no aprendizado da leitura e da produção textual

Argumentar é "uma atividade social especialmente relevante, que permeia a vida dos indivíduos em todas as esferas da sociedade, pois a defesa de um ponto de vista é essencial para que se conquiste um espaço social com autonomia" (Leal, Morais 8). Dominar o processo argumentativo é, pois, essencial para a instalação do indivíduo na sociedade letrada. Isso ocorre pela aquisição de um discurso próprio e eficaz e enseja a participação relevante no debate de ideias. Além disso, conhecer as astúcias da argumentação é essencial para a leitura crítica, na qual a impropriedades e inconsistências de um texto são percebidas e desmascaradas. Assim, a compreensão em sentido lato também depende do conhecimento dos fundamentos da lógica textual.

Para Kleiman (11) "A compreensão de textos envolve processos cognitivos múltiplos, justificando assim o nome de faculdade", que era dado ao conjunto de processos, atividades, recursos e estratégias mentais próprios do ato de compreender. Dentre elas, destaca-se a habilidade de perceber a consistência racional de um texto.

A elaboração de um jogo voltado para o desenvolvimento das habilidades lógicas envolvidas na competência argumentativa justifica-se, desse modo, pela necessidade de fornecer ao aluno os instrumentos necessários para um comportamento discursivo consciente.

Diante da importância da argumentação, diversos trabalhos pesquisam questões relativas aos processos persuasivos. Um processo argumentativo racional é aquele que fornece as razões para os pontos de vista apresentados e incumbe ao leitor competente ter uma percepção clara das incompatibilidades lógicas (as falácias) ao ler um texto. Do mesmo modo, conhecer o processo persuasivo é uma condição essencial para a produção de textos de opinião relevantes que possam contribuir para o debate de ideias. Leal e Morais (9) apontam algumas dificuldades com relação ao texto dissertativo dentre as quais destacam-se a inabilidade nas operações cognitivas necessárias para a produção e a leitura de um texto argumentativo; as dificuldades com a estrutura textual dissertativa, que é mais complexa; falta de familiaridade com esse tipo de texto, já que a maioria dos currículos relega o texto argumentativo para o nono período do ensino fundamental, ou mesmo para o ensino médio.

Para a construção do conteúdo, foram exploradas teorias atreladas à linguística textual, à retórica e à pragmática a partir de estudos de Koch e Travaglia, Charolles, Van Dijk, Marcuschi, entre outros.

Para Beaugrande e Dressler a coerência refere-se ao modo como os componentes do universo textual, ou seja, os conceitos e relações subjacentes ao texto em sua superfície são mutuamente acessíveis e relevantes entre si, configurando os sentidos. Charolles considera a coerência como um princípio da interpretação do discurso e das ações humanas. Resulta de uma série de atos de enunciação que se encadeiam e formam um conjunto compreensível como um todo. Desse modo, a coerência só pode ser tratada numa análise processual, e, em boa parte, é realizada pelo receptor do texto, atuando sobre a proposta do autor e analisando as pistas. Assim, a coerência é uma atividade do intérprete e não uma propriedade imanente ao texto. Está ligada às atividades cognitivas e não apenas ao código.

Koch e Travaglia (15) postulam que a coerência é a possibilidade de estabelecer, no texto, unidade de sentido e relação entre as partes. Depende, pois, de uma conexão conceitual cognitiva entre elementos do texto, envolvendo, além da relação lógica entre as partes, fatores socioculturais que circundam os usuários (emissor e receptor do texto). Nessa visão, a coerência passa a ser compreendida como uma virtude textual condicionada ao nível de relação interpessoal entre os usuários. Assim sendo, as concepções mais atuais da coerência preconizam que, para estabelecê-la, os envolvidos na comunicação devem ter modelos cognitivos comuns, pois o que faz sentido para um leitor pode não fazer para outro, dependendo do repertório, conhecimento enciclopédico, e situação comunicativa individuais. A coerência passa, assim, a ser estudada como um princípio de interpretabilidade condicionada à capacidade de cálculo do receptor (Charolles).

Koch e Travaglia (49) esclarecem que a coerência de um texto se estabelece "na dependência de uma multiplicidade de fatores, o que inclusive levou a uma abordagem multidisciplinar dessa mesma coerência". Nesse sentido, Koch e Travaglia (49) afirmam que a coerência depende: a) do conhecimento dos elementos linguísticos, considerando seu conhecimento e uso, organização da cadeia linguística e do contexto (como e onde cada elemento se encaixa nesta); b) do conhecimento de mundo e grau de partilha desse conhecimento entre produtores e receptores do texto; c) fatores pragmáticos interacionais, envolvendo crenças, intenções comunicativas e situação.

Fonseca enuncia dois princípios básicos da coerência textual: a) a não contradição, que trata dos esquemas de compatibilidade definida pela pertinência nas relações de implicação lógica, sequencia temporal, inclusão, etc. (ordem e causalidade); b) a não tautologia: que providencia a continuidade textual, ou seja, a progressão temática, trazendo conteúdos novos integrados. Todavia, Marcuschi considera essa perspectiva redutora, pois a coerência pode ser vista tanto "na sua relação microestrutural imediata (na sequência dos enunciados) como na relação macroestrutural ou ampla (na significação global) e nas relações interlocutivas (nos processos sociointerativos)". (126).

Charolles (46) propõe quatro *metarregras de coerência*, as quais foram exploradas para o desenvolvimento do jogo: repetição, progressão, não contradição e relação. Assim sendo, foram criados enunciados coerentes e incoerentes, apresentando malformações típicas da fala e da escrita argumentativa, os quais propõem uma reflexão ao jogador sobre mecanismo de coerência como repetição, progressão e não - contradição e relação.

Quanto à *metarregra da repetição* (Charolles 49), os enunciados propostos no game simularam situações de retomada entre a tese e os argumentos a partir de recursos como a pronominalização, referenciações contextuais, retomadas de inferências e outros elementos que permitem ligar uma frase a outra. Tais conexões devem ser percebidas pelo jogador a fim de identificar a coerência entre os enunciados. Esses fios condutores se constituem por referencias, dêiticos, substituições lexicais, entre outros elementos responsáveis por retomadas semânticas, as quais orientam a continuidade temática do enunciado, mantendo um fundo de sentido subjacente a toda a composição. Um exemplo de retomada pode ser observado no enunciado do jogo apresentado abaixo:

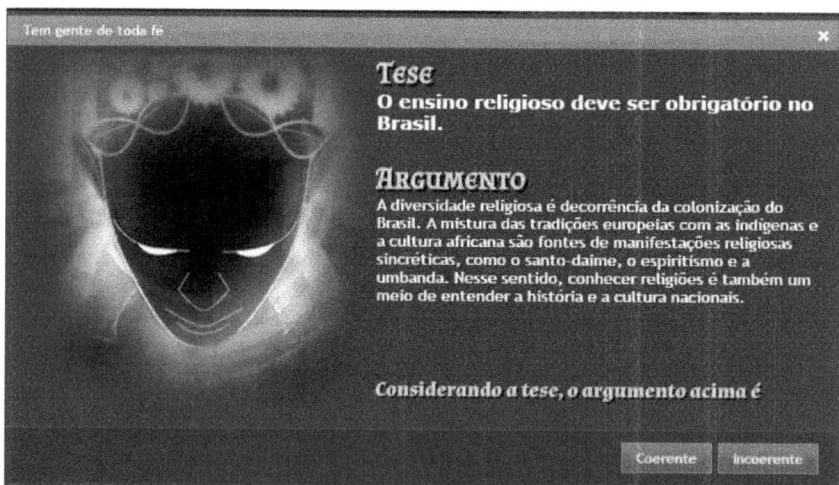

Figura 6 – Tela: Tese e argumentos.

Com relação à *metarregra da progressão,* Charolles (58), esclarece que, "para que um texto seja microestruturalmente ou macroestruturalmente coerente, é preciso que haja em seu desenvolvimento uma contribuição semântica constantemente renovada", ou seja, o texto não pode repetir indefinidamente os termos iniciais. Esse defeito é bastante recorrente em dissertações circulares, em que não existe desdobramento lógico explicativo entre a tese e os argumentos apresentados pelo emissor. A falta de progressão ocorre sobretudo quando a tese é apresenta e repetida ao longo do enunciado de diferentes maneiras, sem, contudo, ser desenvolvida, desdobrada, demonstrada ou explicada de modo a construir, na mente do receptor, razões lógicas para a adesão. Charolles esclarece que a exigência da progressão semântica é elementar, pois o ato de comunicar pressupõe "alguma coisa a dizer". Desse modo, textos com flagrante circularidade, que não desenvolvem a tese devem ser repudiados por violarem a regra da progressão. Um bom texto deve equilibrar, de forma proporcional, a redundância, representada pela taxa de repetição semântica com a taxa de contribuição informativa. Charolles (60), a esse respeito esclarece que "a produção de um texto coerente supõe, então, que seja realizado um delicado equilíbrio (cuja natureza é difícil de avaliar exatamente) entre continuidade temática e progressão semântica". No exemplo abaixo verifica-se um exemplo de incoerência por redundância, pois o argumento apresenta um conceito repetitivo com relação à tese, nada informativo e que não fortalece nem enfraquece a tese.

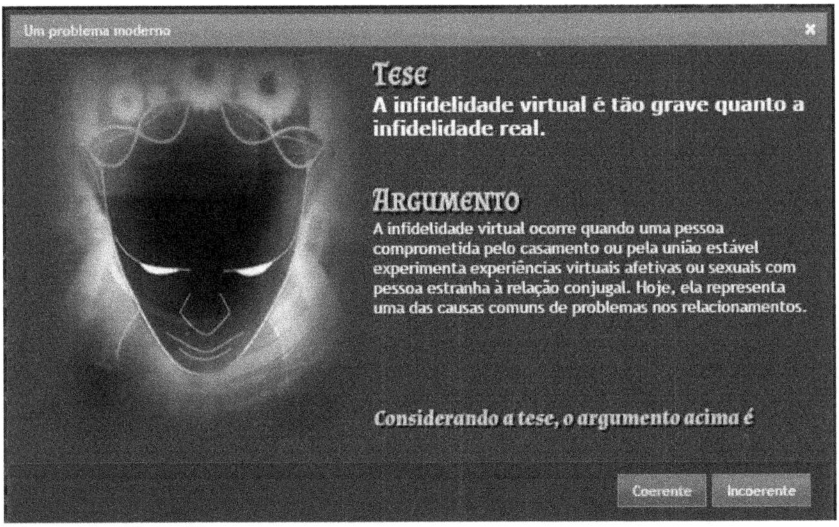

Figura 7 – Tela: Tese e argumentos.

Segundo a *metarregra da não-contradição*, para que um texto seja coerente, é preciso que, em seu desenvolvimento, não seja introduzido nenhum elemento semântico que contradiga um conteúdo posto anteriormente. Essa regra decorre de um princípio da lógica, denominado "não-contradição", segundo o qual é inadmissível que uma mesma proposição seja, ao mesmo tempo, verdadeira e não verdadeira, ou falsa e não falsa. A contradição torna uma sequência textual aberrante e pode ocorrer no âmbito enunciativo, inferencial e de mundo. Na elaboração do conteúdo do jogo, foi priorizada a contradição do tipo inferencial, que ocorre quando, "a partir de uma proposição, pode-se deduzir outra que contradiz um conteúdo semântico posto ou pressuposto numa proposição circundante" (Charolles 64).

Nos exemplos abaixo, exploram-se um caso de incoerência inferencial, pois, a partir de uma proposição (tese), pode-se deduzir que a outra (o argumento apresentado para análise) contradiz o conteúdo semântico posto anteriormente.

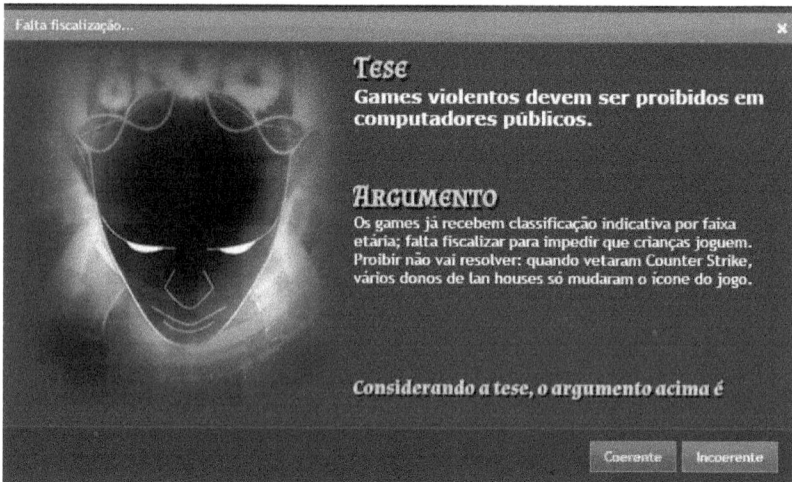

Tese
Games violentos devem ser proibidos em computadores públicos.

Argumento
Os games já recebem classificação indicativa por faixa etária; falta fiscalizar para impedir que crianças joguem. Proibir não vai resolver: quando vetaram Counter Strike, vários donos de lan houses só mudaram o ícone do jogo.

Considerando a tese, o argumento acima é

Coerente   Incoerente

Figura 8 – Tela: Tese e argumentos.

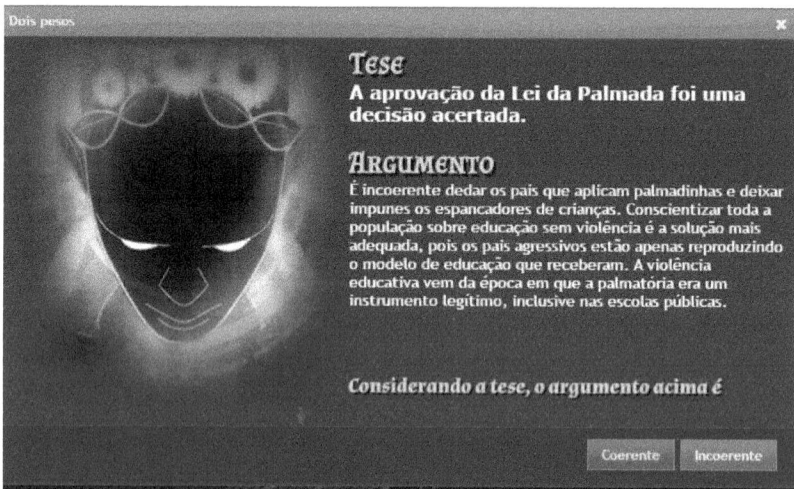

Tese
A aprovação da Lei da Palmada foi uma decisão acertada.

Argumento
É incoerente dedar os pais que aplicam palmadinhas e deixar impunes os espancadores de crianças. Conscientizar toda a população sobre educação sem violência é a solução mais adequada, pois os pais agressivos estão apenas reproduzindo o modelo de educação que receberam. A violência educativa vem da época em que a palmatória era um instrumento legítimo, inclusive nas escolas públicas.

Considerando a tese, o argumento acima é

Coerente   Incoerente

Figura 9 – Tela: Tese e argumentos.

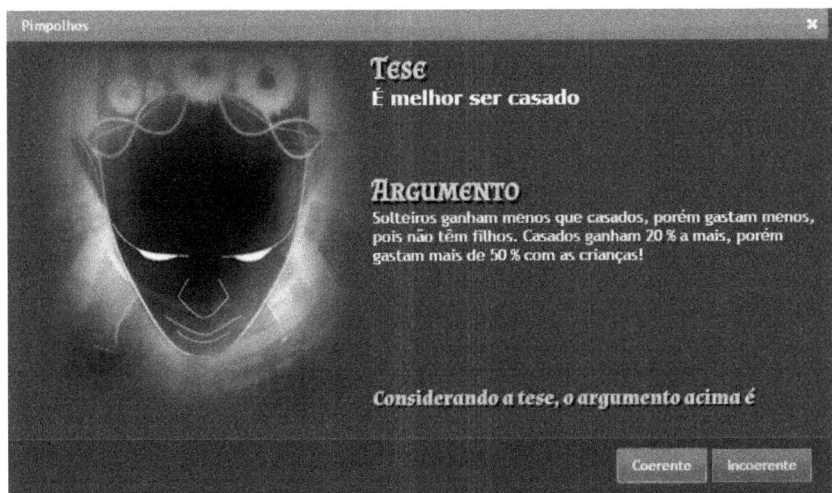

Tese
É melhor ser casado

Argumento
Solteiros ganham menos que casados, porém gastam menos, pois não têm filhos. Casados ganham 20 % a mais, porém gastam mais de 50 % com as crianças!

Considerando a tese, o argumento acima é

Coerente   Incoerente

Figura 10 – Tela: Tese e argumentos.

Quanto à metarregra da contradição, o jogo explora, ainda as chamadas *contradições de representação do mundo e dos mundos*, de natureza pragmática enunciadas por Charolles (71). Tais representações se ligam à imagem que os participantes do ato de comunicação fazem do mundo. Nesse caso, o receptor considerará coerente aquilo que interpretar como idêntico ao mundo ordinário e incoerente o que for contrário a este. De fato, como esclarece Charolles "qualquer sociedade impõe a seus membros quadros cognitivos a partir dos quais se constitui no seio de uma comunidade um fundo de crenças totalmente estável e fixado investido constantemente nos discursos que nela circulam" (Charolles 72). De fato, existem esquemas representativos a partir dos quais os sujeitos reconhecem algo ou fixam suas convicções a partir de esquemas recebidos do meio. A tela abaixo apresenta um modelo de coerência estabelecido a partir das convicções decorrentes dos discursos que circulam no mundo ordinário:

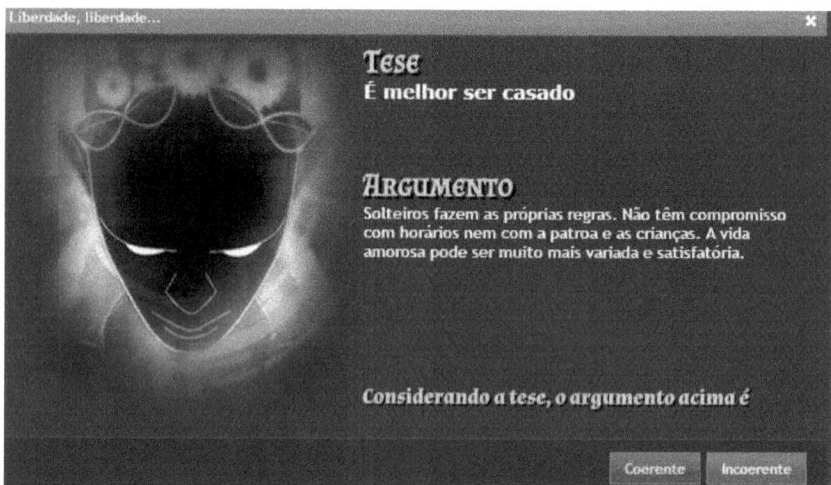

Tese
É melhor ser casado

Argumento
Solteiros fazem as próprias regras. Não têm compromisso com horários nem com a patroa e as crianças. A vida amorosa pode ser muito mais variada e satisfatória.

Considerando a tese, o argumento acima é

Coerente   Incoerente

Figura 11 – Tela: Tese e argumentos.

Finalizando, a *metarregra da relação* estabelece que "para que uma sequência ou texto sejam coerentes, é preciso que os fatos que se denotam no mundo representado sejam relacionados" (Charolles 74). Essa regra também tem natureza pragmática e enuncia, de modo simples, que para que haja coerência entre enunciados deve haver congruência entre eles perceptível por quem avalia. Um enunciado será congruente com outro se houver relevância e pertinência entre eles. Assim um deles deve ser a causa, a consequência ou a condição do outro. Charolles (74) explica que um bom teste para verificar se existe congruência entre dois enunciados é verificar se entre eles cabe um conectivo.

Aplicando esse conceito, o jogo reforça tal regra de coerência já que entre a tese e o argumento deve caber o conectivo "pois", já que a relação que se estabelece entre tese e argumento é explicativa como pode ser visto na tela abaixo:

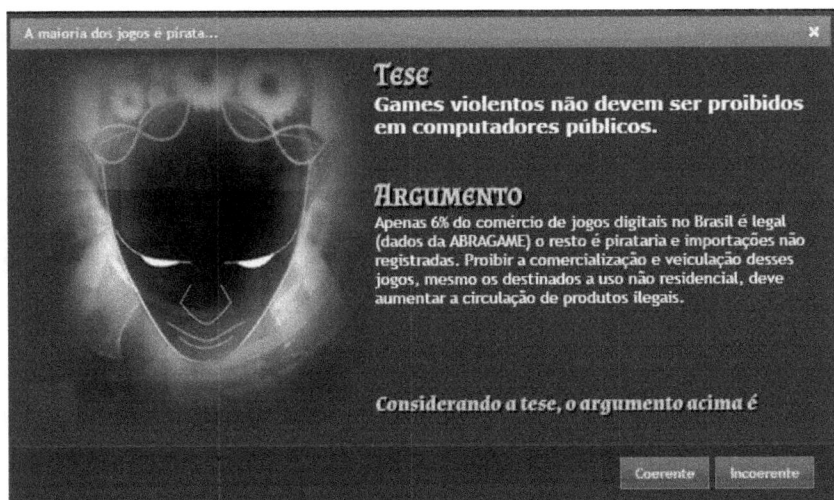

Figura 12 – Tela: Tese e argumentos.

A coerência textual em textos argumentativos

Golder e Coirier definem texto argumentativo como aquele em que o autor busca defender pontos de vista. Nessa perspectiva, Leal e Morais consideram que para a ocorrência da argumentação é preciso que exista "um tema passível de debate, ou seja, passível de questionamento; uma ideia a ser defendida (proposição; declaração; tese), proposições que justifiquem ou refutem a declaração (através de evidências, justificativas, contra-argumentações)." (17). A partir desse conceito de argumentação, o game exige que o jogador identifique os argumentos que potencialmente ampliem ou reduzam as possibilidades de aceitação do ponto de vista escolhido (tese). Os argumentos dados são de dois tipos: enunciados que sustentam a posição do proponente (sendo esses os coerentes) ou que introduzem dúvidas, premissas, evidências e objeções que enfraquecem a veracidade da tese proposta pelo jogador, questionando a aceitabilidade da tese (sendo esses os incoerentes). Desse modo, os argumentos coerentes e incoerentes aparecem no jogo aleatoriamente como enunciados capazes de apresentar reforço ou refutar a posição (tese) assumida.

Quanto à construção dos argumentos, o jogo apresenta diferentes graus de explicitude. Isso dá a ele diferentes graus de dificuldade quanto à percepção da coerência.

No início, o argumento aparece mais explicitamente ligado à tese, sendo visivelmente coerente ela. Em tais passagens, as justificativas são do tipo apodítico, com elevado grau de eficácia persuasiva, baseado em números, estatísticas e revestido de aparente cientificidade. Nessas construções, o objetivo é apresentar argumentos lógico-demonstrativos com força persuasiva capaz de impedir entendimentos contrários.

151

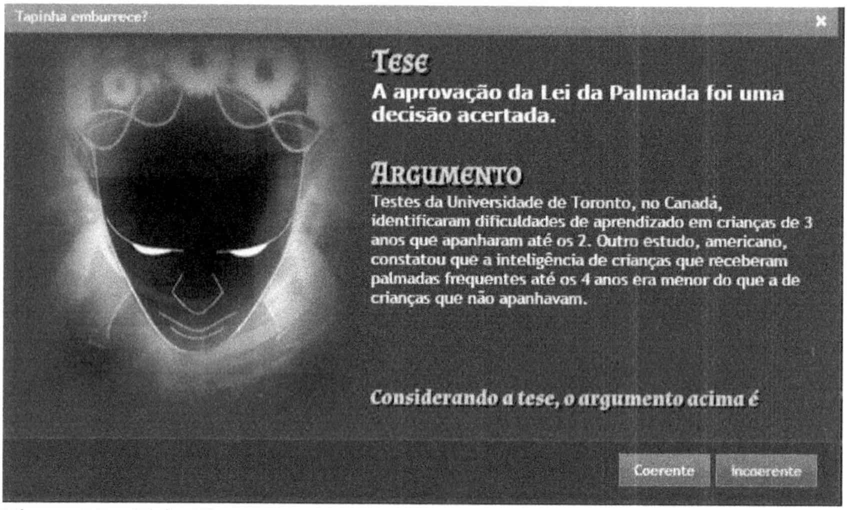

Figura 13 – Tela: Tese e argumentos.

Outras vezes, são expostas justificativas sutis, menos explícitas, dificultando moderadamente a detecção da coerência. Nesses exemplos, a argumentação é retórica, com justificativas levemente convergentes com a tese, baseadas em premissas questionáveis, vagas ou emotivas, as quais tornam a tese apenas aceitável.

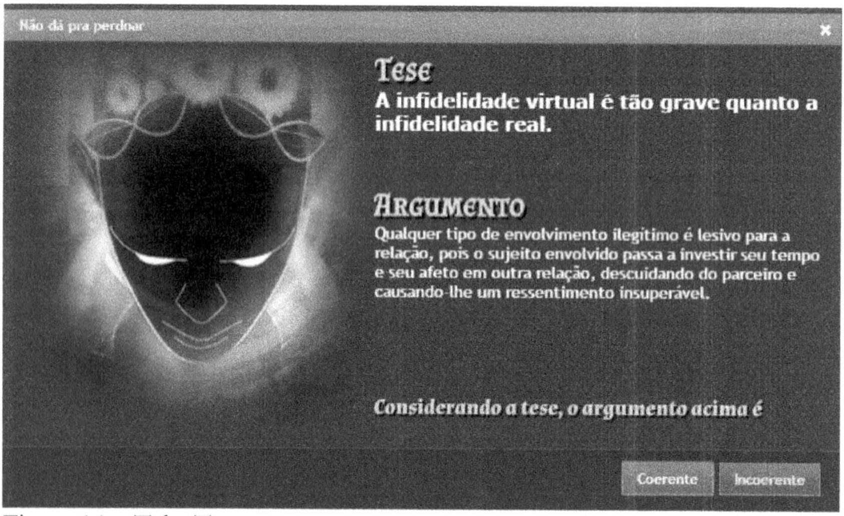

Figura 14 – Tela: Tese e argumentos.

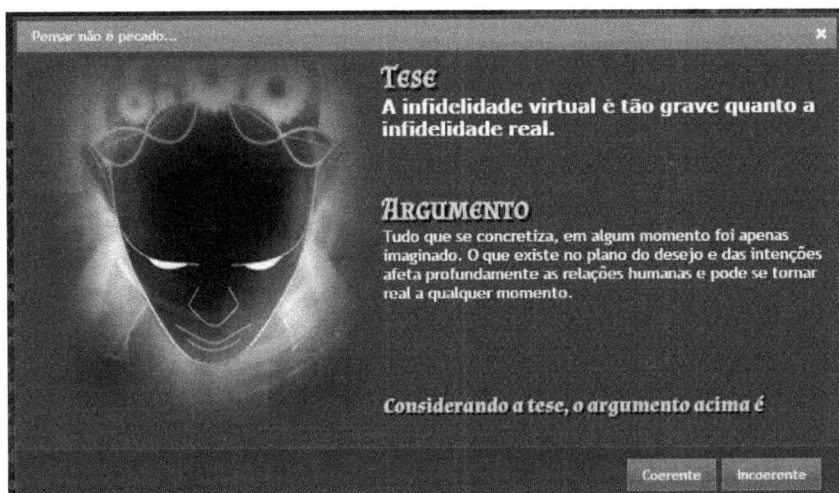

Figura 15 – Tela: Tese e argumentos.

Quanto aos argumentos incoerentes, são construídos, preferencialmente, com base na simulação de uma contradição interna (que deve ser observada entre esses e a tese). Para criar os argumentos incoerentes, optou-se pela contradição interna (e não externa), a fim de que o jogo não ficasse limitado a um contexto de tempo ou espaço. Por essa razão, não foram criados argumentos falsos do ponto de vista da realidade fática, pois isso demandaria do jogador um conhecimento de mundo sobre os temas tratados, o que não é o objetivo do projeto. A opção pela (in)coerência interna preserva a atualidade e a vitalidade do jogo, permitindo que ele seja utilizado sem restrições.

A arte de argumentar: Retórica e Nova Retórica

Um texto coerente, construído com lógica, é aquele que faz sentido, ou seja, é semanticamente assimilável e, por isso, tende ser informativo e eficaz, pois presta-se a atingir a finalidade comunicativa da linguagem.

No campo da lógica formal, conhecida como lógica matemática ou simbólica, Aristóteles foi o primeiro a registrar formalmente as bases do silogismo: algo será lógico quando das premissas decorrer necessariamente (obrigatoriamente) uma conclusão. Se todo A é B e C é A logo C é B. Passando das letras para as frases, chegamos ao raciocínio dedutivo: dadas as premissas: 1) Todo homem é mortal e 2) João é homem, a conclusão necessariamente será a de que 3) João é mortal. Nesse raciocínio, a conclusão é a tese e as premissas são as evidências que demonstram, ou seja, os argumentos.

De Aristóteles provem parte significativa dos estudos sobre silogismo e padrões de validade aplicáveis ao discurso. Com o advento das ciências sociais e humanas, o silogismo aristotélico dá lugar a novas teorias da argumentação e surgem, então, estudos referentes à lógica informal, baseadas em argumentos aceitáveis e verossimilhantes e não mais em evidências ou verdades. De qualquer modo, seja do ponto de vista formal ou informal, os usuários de uma língua devem conhecer os princípios por meio dos quais as declarações e os argumentos podem ser validados como lógicos.

Perelman e Olbrechts –Tyteca inovaram com estudos no campo da persuasividade textual. Com a obra A Nova Retórica: tratado da argumentação, divulgado na década de 60, revisitam e desenvolvem a Retórica de Aristóteles, enfocando o chamado auditório universal, para quem o discurso deve ser pensado. Teóricos como Toulmin, Golder e Coirier introduzem conceitos de lógica informal, na qual a conclusão não decorre obrigatoriamente das premissas, mas pode ser obtida a partir de uma série de enunciados envolventes. Para a lógica informal, é possível argumentar para convencer um interlocutor de um ponto de vista (tese) e não apenas demonstrá-la. Nesse caso, os argumentos emocionais podem ser integrados a um projeto persuasivo, por exemplo, assim como argumentos sociológicos (que se organizam segundo a lógica do socialmente aceitável, do razoável) e não puramente lógicos. Para além das diferenças apontadas, tanto a Lógica Formal, baseada em demonstrações (silogismo) quanto a Retórica de Aristóteles e a Nova Retórica consolidaram-se como estudos cuja finalidade comum é identificar o que persuade (aquilo que move o interlocutor) em uma situação comunicativa.

Ao longo do percurso, são apresentados diferentes tipos de argumento baseados nas técnicas argumentativas elencadas em Perelman e Olbrechts-Tyteca. Dentre os argumentos utilizados, destacam-se: a) os quase lógicos (219) como a regra da justiça (248), b) os baseados na estrutura do real (297) como o vínculo causal entre tese e argumento (299), o argumento de autoridade (347); o pragmático (302) e c) os argumentos cujas ligações se fundamentam na estrutura do real (399) como a argumentação pelo exemplo (399) e a ilustração (407).

Apresentaremos a seguir algumas das técnicas argumentativas empregadas, ressaltando que a variedade de estratégia expostas no game dirige-se ao desenvolvimento das habilidades argumentativas, fixando diferentes modos de se alcançar a adesão mental de um receptor.

Dentre as técnicas argumentativas, Perelman e Olbrechts-Tyteca apresentam os chamados *argumentos quase lógicos* (219), baseados em um esquema racional que lhe serve de molde, todavia os quase lógicos não são construídos com a mesma precisão de uma dedução formal. Dentre eles podemos citar o *argumento de Justiça* (248). A regra de justiça requer a aplicação de um tratamento idêntico a seres ou situações integrantes de uma mesma categoria. Baseia-se na ideia da precedência. Esse argumento pode ser observado na tela seguinte:

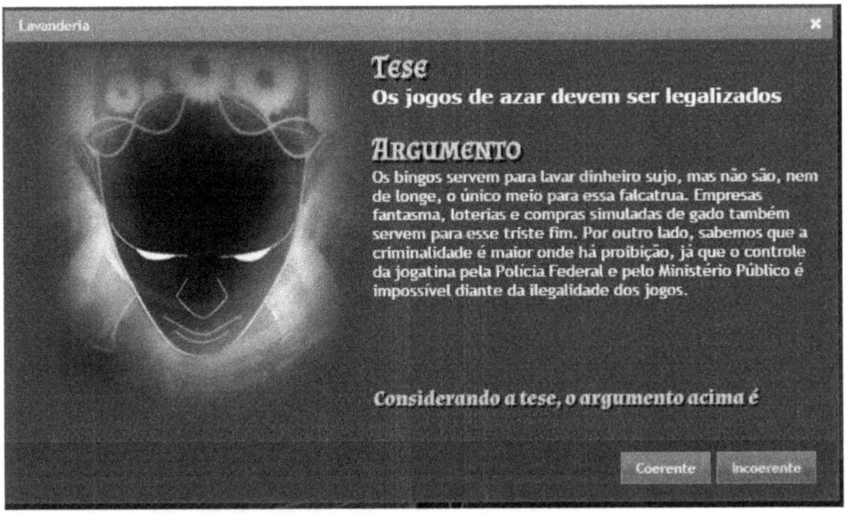

Figura 16 – Tela: Tese e argumentos.

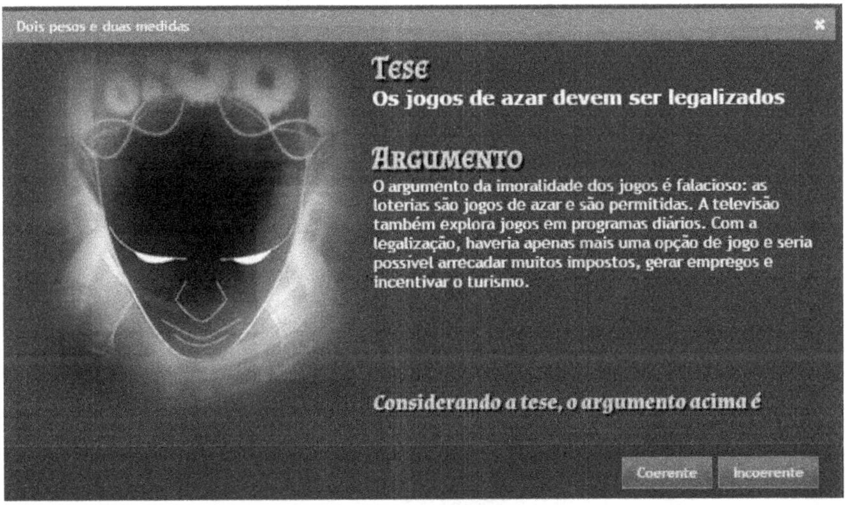

Figura 17 – Tela: Tese e argumentos.

A justificativa acima baseia-se na ideia de justiça segundo a qual o mesmo tratamento dado às loterias deve ser dado aos bingos, já que ambos têm a mesma natureza e se prestam às mesmas falcatruas.

Dentre os argumentos *quase lógicos*, destaca-se no jogo o uso do *ridículo*. Tal argumento ocorre quando uma afirmação ou justificativa merece ser sancionada por entrar em conflito injustificado com uma opinião aceita, pecando contra o sentido do razoável. (Perelman, Olbrechts-Tyteca 233). É ridículo, podendo mesmo ser risível, aquilo que se opõe à lógica ou à experiência ou enuncia princípios cujas consequências se oponham às concepções naturais em uma dada sociedade. Um exemplo de argumento pelo ridículo pode ser visto na tela abaixo:

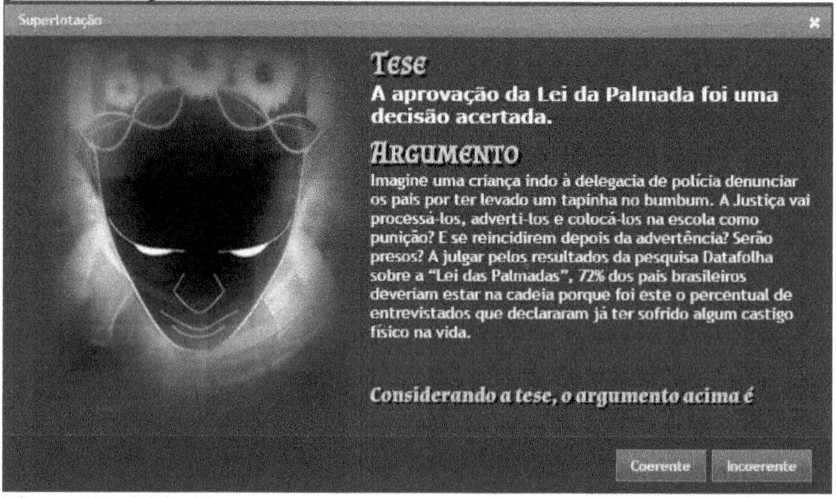

Figura 18 – Tela: Tese e argumentos.

Quanto aos *argumentos baseados na estrutura do real*, ressaltam-se aqueles *baseados nas ligações de sucessão entre enunciados*. Em tais casos, um vínculo causal entre enunciados dá a eles coerência, resultando em uma conexão lógica (Perelman, Olbrechts-Tyteca 297). Como exemplo podemos citar a tela abaixo, em que o vínculo causal entre tese e argumento está explícito. Nesse caso prevalece a relação segundo a qual, sendo dada uma tese "as cirurgias plásticas para menores não devem ser proibidas" é evidenciado um efeito (argumento) "preservam o bem estar emocional".

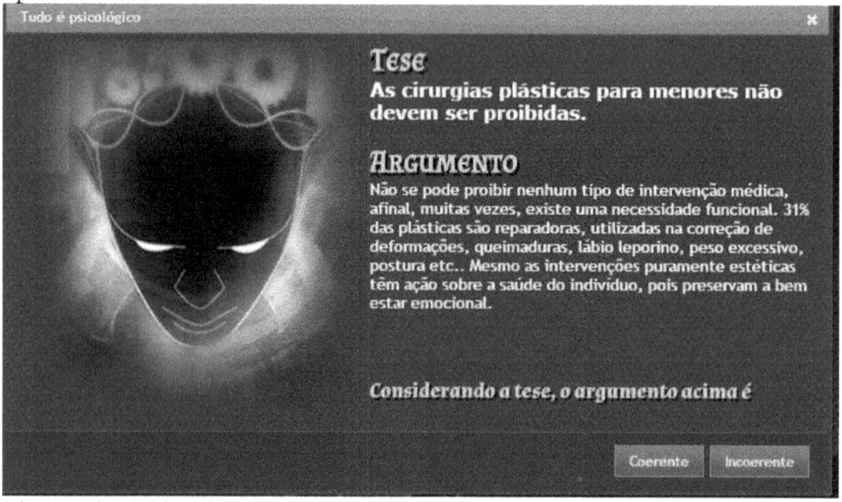

Figura 19 – Tela: Tese e argumentos.

Ainda dentre os argumentos *baseados na estrutura do real*, Perelmam e Olbrechts - Tyteca mencionam o *argumento de autoridade* (347), um caso típico de argumentação pelo prestígio. Ocorre quando os juízos de uma pessoa, considerada autoridade no assunto tratado, são apresentados como justificativa ou meios de prova de uma tese. Trata-se de um modo retórico de raciocinar que pode ser facilmente rebatido pelo enfraquecimento da autoridade citada. Na tela abaixo, temos um exemplo desse tipo de construção.

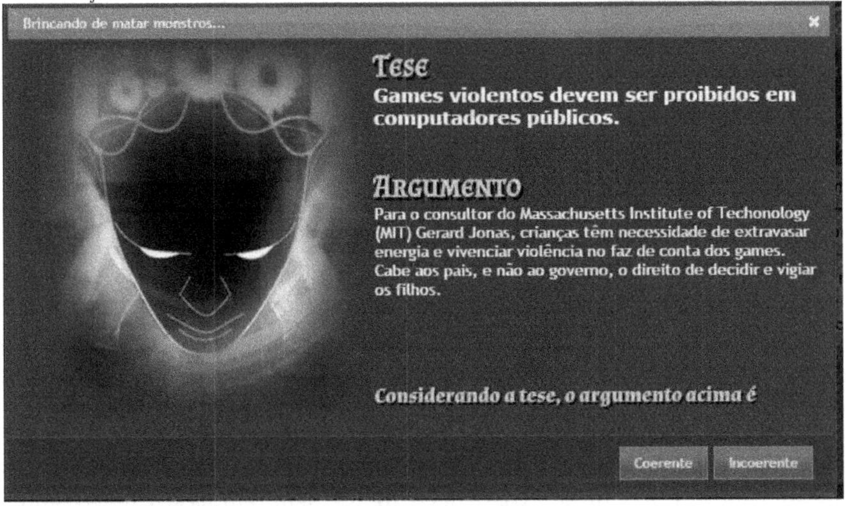

Figura 20 – Tela: Tese e argumentos.

Dentre os argumentos cujas *ligações fundamentam a estrutura do real* (Perelman, Olbrechts-Tyteca 399) a argumentação pelo *exemplo* suscita uma generalização a partir de um caso particular e pode ser vista na tela abaixo, na qual se explora uma relação coerente entre tese e argumento baseado em raciocínio indutivo. Nesse modelo, parte-se de exemplos (casos particulares) que detonam uma generalização vislumbrável. O raciocínio esperado para que o jogador acerte, assinalando a opção "coerente" é o seguinte: se outros países baniram os jogos com expectativa de redução da criminalidade, os games devem ser banidos no Brasil também. Desse modo, a premissa apresentada justifica a tese, aumentando a aceitabilidade desta. (Perelman, Olbrechts-Tyteca 399).

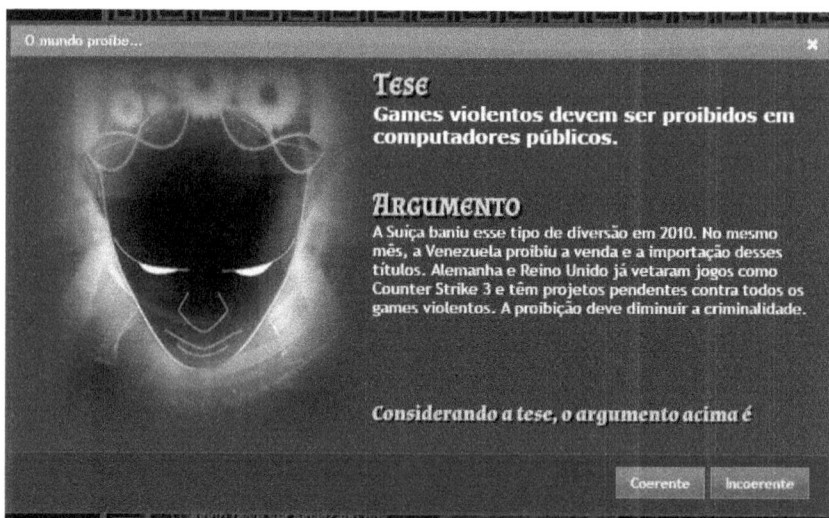

Figura 23 – Tela: Tese e argumentos.

Após analisar e julgar os argumentos relacionados às dez questões apresentadas, o aluno é direcionado à tela de autoavaliação. Nesta, recebe a pontuação, calculada pelo número de acertos dividido pelo tempo gasto para executar a tarefa. O feedback, no caso de Lísias, é imediato e a tela relaciona a pontuação a comentários respectivos sobre o desempenho. No contexto do curso, a atividade pontua pela simples participação no jogo. Os alunos são incentivados a repetir a experiência até se sentirem confiantes. Numa variação, para o ensino presencial, o game pode ser jogado por grupos de alunos que discutem a coerência dos argumentos e se apoiam mutuamente nas decisões.

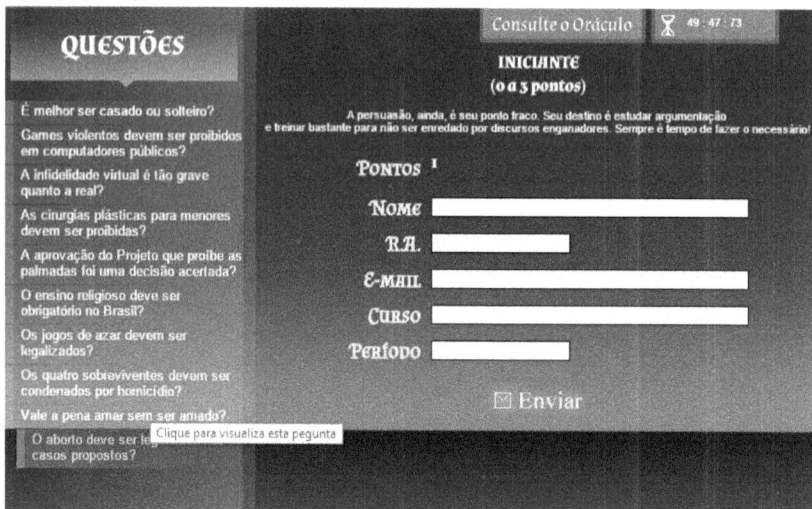

Figura 25 – Tela: Autoavaliação (feedback)

É possível jogar quantas vezes quiser e os resultados são informados ao tutor apenas para instruir a pesquisa contínua sobre o aprendizado, mas não são considerados para validar ou não a atividade. Deste modo, todos que jogarem terão a tarefa cumprida, qualquer que tenha sido o resultado.

4. Considerações finais

O computador apresenta virtudes educacionais que precisam ser pesquisadas e exploradas de modo consciente pelos educadores contemporâneos. O uso de desafios, materializados pelos jogos, pode favorecer o aprendizado, estimulando novas formas de relação, enriquecendo as experiências e possibilitando a assimilação de conteúdos e a construção do conhecimento com autonomia e independência. Todavia, transformar conteúdos em jogos exige, além de sólido arcabouço teórico referente aos tópicos que serão objeto da ludificação, o trabalho de uma equipe multidisciplinar, com rigoroso planejamento didático e metodológico, a fim de que o programa comporte uma mecânica de jogo lógica e intuitiva em um ambiente virtual imersivo e esteticamente atraente. Tudo isso deve ser congruente com a competência visada, incitando a reflexão, a tomada de decisões e o raciocínio. Por essa razão, a descrição do projeto e do percurso de implementação do jogo Lísias pode contribuir ao oferecer um paradigma reutilizável para aqueles que pretendem construir ou aplicar jogos no contexto educacional.

REFERÊNCIAS

Alves, Lynn Rosalina Gama. Estratégia de jogos em EAD. In: LITTO F.M.; FORMIGA, M. *Educação a distância*: o estado da Arte. São Paulo: (ABED) Pearson Education do Brasil, 2009.

Azevedo, Victor de Abreu. *Jogos eletrônicos e educação: construindo um roteiro para a sua análise pedagógica*. Renote – Novas Tecnologias na Educação – UFRGS, Porto Alegre. v. 10 n° 3, 2012.

Beaugrande, Robert-Alain, de; Dressler, Wolfgang U. *Introduction to text linguistics*. London: Longman, 1981.

Bomfoco, Marco Antônio; Azevedo, Victor de Abreu. *Os jogos eletrônicos e suas contribuições para a aprendizagem na visão* de Gee, James Paul. Renote – Novas Tecnologias na Educação – UFRGS, Porto Alegre. v. 10 n° 3, 2012.

Charolles, M. *Introduction aux problèmes de la cohérence des textes*. Pratiques, 38. Paris: Larousse, 1978.

---. *Coherence as a principle in the interpretation of discourse*. Text - Interdisciplinary Journal for the Study of Discourse. Volume 3, Issue 1, Pages 71–98, ISSN, 1983.

Comênio, João Amos. *Didática magna: tratado da arte universal de ensinar tudo a todos*. Introd. trad. e notas Joaquim Ferreira Gomes. Lisboa, Fundação Calouste Gulbenkian, 1957.

Decroly; Monchamp, Mlle. *L'initiations à activité intellesctuelle et motrice par les jeux éducatifs.* 3. ed., Paris, Delachaux & Niestlé S.A., 1925.

Fonseca, Joaquim. *Linguística e texto/discurso: teoria, descrição, aplicação.* Lisboa: Ministério da educação. Instituto de Cultura e Língua Portuguesa, 1992.

Gee, James Paul. *What video games have to teach us about learning and literacy.* Nova York: Palgrave Macmillan, 2004.

---. *Video Games, Learning, and "Content".* In: Miller, Christopher Thomas (org.). Purpose and Potential in Education. Nova York: Springer, 2008.

---. *Bons videogames e boa aprendizagem.* Revista Perspectiva, Florianópolis, v. 27 n. 1, pp. 167-178, jan./jun. 2009. Disponível em: http://www.perspectiva.ufsc.br, acesso em 5/09/2010.

Golder, C.; Coirier, P. *Argumentative text writing: developmental trends.* Discourse Processes, V. 18. 1994.

Johnson, S. *Surpreendente: a televisão e o videogame nos tornam mais inteligentes.* Rio de Janeiro: Campus, 2005.

Kishimoto, Tizuko Morchida. *Jogo, brinquedo, brincadeira e educação.* São Paulo: Cortez, 1994.

---. *O brinquedo na educação: considerações históricas.* Ideias. São Paulo: Centro de Referência em Educação Mario Covas.

Kleiman, A. *Texto e leitor: aspectos cognitivos da leitura.* 15 ed. Campinas: Pontes Editores, 2013. 90 p.

Koch, Ingedore Grunfeld Villaça; Travaglia, Luiz Carlos. *Texto e Coerência,* 13 ed. São Paulo: Cortez, 2011. 110 p.

Leal, Telma Ferras; Morais, Artur Gomes. *A argumentação em textos escritos: a criança e a escola.* Belo Horizonte: Autêntica, 2006. 244 p.

LEE, Joey J.; HAMMER, Jessica. *Gamification in Education:* What, How, Why Bother? Academic Exchange Quarterly. 2011. Disponível em: <http://www.gamifyingeducation.org/files/Lee-Hammer-AEQ-2011.pdf>. Acesso em: 05 mai. 2013.

MARTINS, J. G. et al. *A transformação do ensino através do uso da tecnologia da educação.* In: XIX Congresso Nacional da Sociedade Brasileira de Computação, Rio de Janeiro, PUC. *Anais,* 1999.

Marcuschi, Luiz Antônio. *Linguística do texto: o que é e como se fez.* Mestrado (Letras e Linguística) – UFPE, Recife, 1983. (Serie Debates, 1.).

Mcgonigal, Jane. *Reality is broken: Why games make us better and how they can change the word.* New York: Penguin, 2011.

Montessori, Maria. *Fèdagogia científica.* São Paulo: Flamboyant, 1965.

Perelman, Chaïm; Olbrechts-Tyteca, Lucie. *Tratado da argumentação: a nova retórica.* Tradução de Maria Ermantina de Almeida Prado Galvão. São Paulo: Martins Fontes, 2005.

Toulmin, Stephen Edelston. *The uses of argument.* Cambridge: Cambridge University Press, 1958.

Van Eck, Richard. *Digital game based learning: It's not just the digital native who are restless*. Educause Review, vol. 41, pg. 16–30, 2006. Disponível em: <http://net.educause.edu/ir/library/pdf/ERM0620.pdf>. Acesso em: 05 mar. 2015.

Van Dijk, Teun Adrianus. *Studies in the Pragmatics of Discourse*. Berlin: Mouton, 1981.

O DISCURSO JORNALÍSTICO USADO COMO ESTRATÉGIA DE ENSINO DE LÍNGUA PORTUGUESA: ESTABELECENDO RELAÇÕES ENTRE ORALIDADE E ESCRITA EM PLE E LM

Rodrigo Maia Theodoro dos Santos
Pontifícia Universidade Católica de São Paulo, Brasil

INTRODUÇÃO

Em determinadas produções da modalidade escrita, o usuário de uma língua, seja de língua materna ou de língua estrangeira, faz uso de operações permitidas na oralidade, mas que não são aceitas e, supostamente, adequadas à modalidade escrita.

Nessa perspectiva, o presente artigo tem como objetivo geral oferecer reflexões para que os professores possam desenvolver atividades nas quais os estudantes empreguem as regras gramaticais em produções textuais reais, orais e escritas, em situações específicas de uso.

Para tanto, parte-se da perspectiva de que são os usos que fundam a norma linguística, e não o contrário. É fundamental usar a língua de forma adequada para produzir os efeitos de sentido pretendidos em cada situação.

Com o objetivo de analisar os processos de produção de textos, apresentar-se-á o conceito de retextualização, pelo qual ocorre a passagem de uma modalidade de texto para outra. Trata-se de um processo complexo que envolve operações específicas que interferem tanto no código como no sentido e, assim, evidenciam uma série de aspectos nem sempre bem compreendidos da relação entre textos. No presente trabalho, os estudos serão centralizados na passagem do texto oral para o texto escrito. Porém, é importante salientar que há outras possibilidades de retextualização.

O texto jornalístico, então, será usado como fonte de exemplificação para as questões práticas de uso efetivo do idioma. Por meio de atividades específicas, pretende-se promover um ambiente de motivação e interação em sala de aula.

Quais são as características da oralidade? Como passar essas características para uma realidade escrita do registro idiomático? Quais operações devem ser seguidas para que as modalidades sejam preservadas em cada situação comunicativa? As referidas perguntas serão respondidas por meio de reflexões abertas, ou seja, de considerações dialógicas acerca de um tema ainda em pleno desenvolvimento. A língua, aqui, será analisada por meio da dicotomia uso x norma.

TEXTO: O TECIDO LINGUÍSTICO

O vocábulo texto é de origem latina e proveniente de *textere*, verbo latino que também gerou, em Língua Portuguesa, o substantivo tecido. Texto e tecido, portanto, possuem a mesma origem no que diz respeito a seu radical –

estrutura vocabular que dá o significado à palavra.

Segundo o Dicionário Aulete (2009), tecido é um produto têxtil feito de fios cruzados artesanal ou industrialmente, isto é, uma trama feita com um conjunto de fios entrelaçados. Se colocarmos em um microscópio qualquer tecido que usamos em nosso cotidiano, como jeans, algodão, lã, poliéster etc, poderemos ver fios entrelaçados horizontal e verticalmente. Estes, juntos, formam uma trama em que todos os fios, direta ou indiretamente, estão relacionados. Por essa razão, quando pegamos em nossas mãos uma peça de roupa, vemos um todo; e não pequenos conjuntos de fios separados. Compramos um camisa, uma calça, uma blusa e não um emaranhado de fios soltos.

Se traçarmos um paralelo entre os vocábulos tecido e texto, que possuem a mesma raiz semântica, é possível entender que o texto também é um conjunto de "fios" entrelaçados entre si que, direta ou indiretamente, formam um todo, uma trama. Todavia, no presente artigo, estamos falando de uma "trama" linguística; e não de lã ou algodão.

Enxergar o texto em um sentido global, como uma imensa (inter) relação de fios linguísticos é ter um conceito mais amplo de produção textual. Quebra-se a ideia de que o usuário faz uma frase, uma oração, um período, um parágrafo e, em seguida, por consequência natural, um texto.

O texto não é, necessariamente, um conjunto de parágrafos previamente estruturados e logicamente definidos. A produção de um texto requer algo a mais do que uma previsível expansão sintática e morfológica. O conjunto de palavras, abaixo, pode ser útil como exemplificação:

> *A menina é bonita. A mãe gosta dela muito. Ouve música sempre com seu MP4. Pessoas muito também. Tudo parece um motivo para pensar na vida.*

Esse conjunto de frases e orações formam um texto? Há controvérsias teóricas.

Segundo (FÁVERO & KOCH, 1983), o texto, em sentido amplo, designa toda e qualquer manifestação da capacidade textual do ser humano (música, filme, poema etc.) e, quanto à linguagem verbal, concerne à atividade comunicativa de um sujeito, numa situação dada, englobando conjunto de enunciados produzidos pelo locutor e o evento de sua enunciação.

De acordo com (FÁVERO, 2006), o texto é um processo contínuo, comunicativo e contextual, caracterizado pelos princípios de textualidade: coesão, coerência, intencionalidade, informatividade, aceitabilidade, situacionalidade e intertextualidade.

O conceito de texto varia muito de acordo com os focos de tratamentos teóricos e, também, em concordância com as concepções de língua e de sujeito. Na concepção de língua como representação do pensamento e de sujeito como senhor absoluto de suas ações e de seu dizer, o texto é visto como um produto lógico do pensamento (representação mental) do autor, nada mais cabendo ao leitor/ouvinte senão captar essa representação mental, juntamente com as intenções psicológicas do produtor, exercendo, pois, um papel essencialmente passivo (cf. KOCH, 2002).

Ao explicar a relação entre texto oral e escrito, Halliday (apud Koch 2003) considera o texto oral ou escrito como manifestação concreta do discurso, uma unidade de análise inserida numa perspectiva sociossemiótica, na qual os significados são entendidos e criados a partir de escolhas de unidades discretas significativas, que são estruturalmente organizadas, disponíveis no sistema linguístico e motivadas socialmente.

Marcuschi (2003) também fala da relação entre texto oral e escrito na formação discursiva. Para ele, a oralidade e a escrita são práticas sociais e possuem características próprias, mas não "tão" opostas para caracterizar dois sistemas linguísticos distintos.

Não obstante, é fundamental salientar a questão da textualidade. Segundo Beaugrande e Dressler (1983), é pela textualidade que um texto se torna um texto e não uma mera colocação aleatória de frases soltas. Beaugrande complementa e afirma: *"A textualidade é não só a qualidade essencial a todos os textos, mas, também, é uma realização humana (...) sempre que um 'artefato' de marcas sonoras e escritas é produzido, recebe o nome de texto"*.

Portanto, entende-se que o texto, em sua modalidade escrita, perpassa pelos fatores de textualidade propostos por Baugrande e Dressler (1983) e, assim, será entendido como o material linguístico do discurso.

Dentro da perspectiva dos conceitos de texto elencados até aqui, faz-se necessário verificar considerações sobre o discurso, que se apresenta como uma atividade comunicativa de um locutor, numa situação de comunicação determinada, englobando não só o conjunto de enunciados por ele produzidos em tal situação – ou os seus e os de seu interlocutor, no caso do diálogo – como também o evento de sua enunciação.

Segundo Koch (2002), o discurso manifesta-se linguisticamente por meio de textos – em sentido estrito – que consistem em qualquer passagem oral ou escrita, capaz de formar um todo significativo, independente de sua extensão.

LÍNGUA, NORMA, USO E FORMALIDADE: CAMINHOS INICIAIS

Neste momento, faz-se necessário discorrer sobre os conceitos teóricos de língua, norma e uso linguístico em uma perspectiva sócio-histórica, que privilegia uma língua em processo constante de mudança. De acordo com Koch (2003), há três conceitos de língua:

1.   Língua como representação do pensamento, que está atrelada ao sujeito psicológico, individual, dono de suas vontades e ações;

165

2.   Língua como estrutura, que está atrelada ao sujeito determinado, assujeitado pelo sistema, caracterizado por uma espécie de "não consciência";

3.   Língua como lugar de interação, que corresponde ao sujeito psicossocial, sublinhando-se o caráter ativo dos sujeitos na produção do social e da interação.

Tal concepção defende a posição de que os sujeitos (re) produzem o social na medida em que participam ativamente da definição da situação na qual se acham engajados, e que são atores na atualização das imagens e das representações sem as quais a comunicação não poderia existir.

OS FATORES DE TEXTUALIDADE

Chama-se textualidade ao conjunto de características que fazem com que um texto seja um texto e não apenas uma sequência aleatória de frases (Baugrande e Dressler – 1983). Entre os cinco fatores pragmáticos estudados, os dois primeiros referem-se aos protagonistas do ato comunicativo: a intencionalidade e a aceitabilidade.

São elementos desse processo as peculiaridades de cada ato comunicativo, tais como as intenções do produtor; o jogo de imagens mentais que cada um dos interlocutores faz de si, do outro e do outro com relação a si mesmo e ao tema do discurso; e o espaço de perceptibilidade visual e acústica comum, na comunicação face a face.

Antes de mais nada, um texto é uma unidade de linguagem em uso, que cumpre uma função sócio-comunicativa. A segunda propriedade básica do texto é o fato de ele constituir uma unidade semântica. Dessa forma, o texto se caracteriza por uma unidade formal, material. Seus constituintes linguísticos devem se mostrar integrados, de modo a permitir que ele seja percebido como um todo coeso.

Quadro: a comunicação por meio dos fatores de textualidade

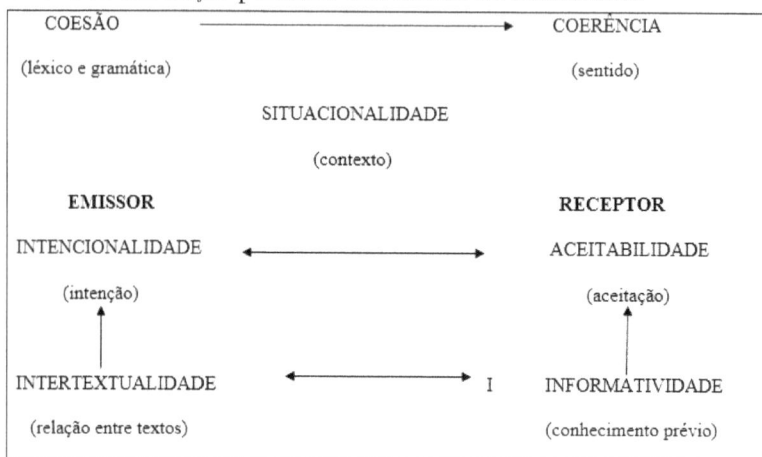

COESÃO		COERÊNCIA
(léxico e gramática)		(sentido)
	SITUACIONALIDADE	
	(contexto)	
EMISSOR		**RECEPTOR**
INTENCIONALIDADE	←————→	ACEITABILIDADE
(intenção)		(aceitação)
INTERTEXTUALIDADE	←————→ I	INFORMATIVIDADE
(relação entre textos)		(conhecimento prévio)

OS FATORES PRAGMÁTICOS DE TEXTUALIDADE

A intencionalidade concerne ao empenho do produtor em construir um discurso coerente, coeso e capaz de satisfazer os objetivos que tem em mente numa determinada situação comunicativa. A meta pode ser informar, impressionar, alarmar, convencer, pedir, ofender etc. É a intencionalidade que vai orientar a produção do texto.

O outro lado da moeda é a aceitabilidade, que diz respeito à expectativa do "leitor ou receptor" de que o conjunto de ocorrências com que se defronta seja um texto coerente, coeso, útil e relevante, capaz de levá-lo a adquirir conhecimentos ou a cooperar com os objetivos do produtor.

A comunicação se efetiva quando se estabelece um contrato de cooperação entre os interlocutores, de tal modo que as eventuais falhas do produtor são percebidas como significativas (às vezes, o sentido do texto está na sua aparente falta de sentido – cf. a piada), ou são cobertas pela tolerância do recebedor.

O terceiro fator de textualidade, segundo Beaugrande e Dressler (1983), é a situacionalidade. Esta diz respeito aos elementos responsáveis pela pertinência e relevância do texto quanto ao contexto em que ocorre. É a adequação do texto à situação sócio-comunicativa. O contexto pode, realmente, definir o sentido do discurso e orienta tanto a produção quanto a recepção.

O interesse do recebedor pelo texto vai depender do grau de informatividade de que o último é portador. Esse é mais um fator de textualidade apontado por Beaugrande e Dressler (1983) e diz respeito à medida na qual as ocorrências de um texto são esperadas e conhecidas, ou não, no plano conceitual e no formal.

Ocorre que um discurso menos previsível é mais informativo, porque a sua recepção, embora mais trabalhosa, resulta mais interessante e envolvente. Entretanto, se o texto se mostrar inteiramente inusitado, tenderá a ser rejeitado pelo receptor, que não conseguirá processá-lo. Assim, o ideal é o texto se manter num nível mediano de informatividade, no qual se alternam ocorrências de processamento imediato que falam do conhecido, com ocorrências de processamento mais trabalhoso, que trazem a novidade.

O texto com bom índice de informatividade precisa ainda atender a outro requisito, que é a suficiência de dados. Isso significa que o texto tem que apresentar todas as informações necessárias para que seja compreendido com o sentido pretendido pelo produtor.

Beaugrande e Dressler (1983) falam ainda de um outro componente de textualidade, a intertextualidade. Esta concerne aos fatores que fazem a utilização de um texto dependente do conhecimento de outro(s) texto(s). De fato, um discurso não vem ao mundo numa inocente solitude, mas constrói-se por meio de um já dito em relação ao qual ele toma posição. Inúmeros textos só fazem sentido quando entendidos em relação a outros textos que funcionam como seu contexto. Isso é verdade tanto para a fala coloquial, em que se retomam conversas anteriores, quanto para os pronunciamentos políticos ou para o noticiário dos jornais, que requerem o conhecimento de discursos e notícias já divulgadas.

Relacionando os conceitos de texto e textualidade, poder-se-ia dizer, em princípio, que a unidade textual se constrói, no aspecto sociocomunicativo, por meio dos fatores pragmáticos: intencionalidade, aceitabilidade, situacionalidade, informatividade e intertextualidade. No aspecto semântico, por meio da coerência; e, no aspecto formal, pela coesão.

O PROCESSO DE RETEXTUALIZAÇÃO

Para entendermos, na prática, a aplicação da textualidade associada às modalidades oral e escrita da língua, faz-se necessário analisar o processo de retextualização. Esse conceito será desenvolvido de acordo com os trabalhos do professor Luiz Antônio Marcuschi, no livro "Da fala para a escrita" (2007).

Segundo Marcuschi (2007), são os usos que fundam a língua e não o contrário. Portanto, precisamos usar adequadamente a língua para produzir um efeito de sentido pretendido em uma determinada situação. A intenção comunicativa é que funda o uso da língua e não a morfologia ou a gramática. Nessa perspectiva, o autor traz o conceito de retextualização com o intuito de analisar os processos de refazimento de textos. Para ele, retextualização é a passagem de uma modalidade de texto para outra. Trata-se de um processo complexo que envolve operações complexas que interferem tanto no código como no sentido e, evidenciam uma série de aspectos nem sempre bem compreendidos da relação entre textos. Na obra em questão, Marcuschi foca seus estudos na passagem do texto oral para o texto escrito. Porém, ele considera quatro possibilidades de retextualização:

1. FALA ⇒ ESCRITA (ENTREVISTA ORAL ⇒ ENTREVISTA IMPRESSA)
2. FALA ⇒ FALA (CONFERÊNCIA ⇒ TRADUÇÃO SIMULTÂNEA)
3. ESCRITA ⇒ FALA (TEXTO ESCRITO ⇒ EXPOSIÇÃO ORAL)
4. ESCRITA ⇒ ESCRITA (TEXTO ESCRITO ⇒ RESUMO ESCRITO)

No presente artigo, para dar conta das estratégias de ensino referenciadas desde o início da reflexão, será escolhida a possibilidade 1: (Fala ⇒ Escrita / Entrevista Oral ⇒ Resumo Escrito).

CARACTERÍSTICAS DO TEXTO JORNALÍSTICO

Com o objetivo de colocar em prática as referências teóricas expostas, foi selecionado o texto informativo, jornalístico, por meio do gênero notícia.

Este, por sua vez, pode apresentar, de forma clara, as características da oralidade e da escrita, na análise do processo de retextualização.

Segundo Alberto Dines (1986:25) *jornalismo é a busca de circunstâncias*. Podemos depreender, então, que o texto jornalístico é a constante busca de situações, condições ou particularidades, que serão passadas pelo veículo de comunicação a um determinado leitor.

Para Fernando Cascais (2001:120) jornalismo é a *actividade de recolha, tratamento e difusão de informação através de todos os tipos de meios de comunicação social*. Na ótica desse autor, inferimos que jornalismo é uma atividade de coleta e difusão de informações que serão passadas para os leitores ou ouvintes.

A atividade jornalística tem um ponto específico: a informação; seja pelo jornal, pela revista, pela televisão, pelo rádio, pela Internet ou por qualquer veículo de mídia. Nessa perspectiva, com relação às características de um texto jornalístico, Nilson Lage (2005:73) diz:

> *O que caracteriza o texto jornalístico é o volume de informação factual. Resultado da apuração e tratamento dos dados, pretende informar, e não convencer. Isso significa que o relato, por definição, está conforme o acontecimento – este sim, passível de crítica e capaz de despertar reações distintas nos formadores de opinião e entre os receptores da mensagem em geral (...) O texto jornalístico é a notícia, que expõe um fato novo ou desconhecido, ou uma série de fatos novos ou desconhecidos do mesmo evento, com suas circunstâncias.*

Para C.A. Rabaça & G.G. Barbosa (2001: 513), notícia é *um relato de acontecimentos atuais, de interesse e importância para a comunidade, e capaz de ser compreendido pelo público*.

Portanto, o texto jornalístico tem como características principais: a apuração dos fatos e informações, a produção textual com imparcialidade, a opção por frases curtas e a adequação do texto ao veículo no qual a notícia será transmitida. Ademais, o texto jornalístico é uma via importante para sociedade, pois, é a partir dele que se partilham experiências e se discutem ideias, mesmo sem contato físico. É pelo jornalismo, enquanto meio de transmissão de fatos sociais, que ocorre a integração e o diálogo em uma sociedade.

Ainda sobre suas características, o texto jornalístico obedece a uma estrutura particular para a passagem da informação. Tem-se, inicialmente, o que é chamado de *lead*, do inglês, que significa conduzir, comandar, dirigir. Em jornalismo impresso *lead* é o primeiro parágrafo da notícia, que se inicia por um tópico frasal ou sentença-tópico.

Segundo N. Lage (2005), a origem do *lead* está relacionada ao uso oral da língua, ou seja, à maneira como alguém relata algo a que assistiu. Sua natureza é pragmática e está relacionada às condições e intenções de tornar a comunicação eficaz. Fernando Cascais (2001:125) traz o conceito de *lead*:

> *introdução de uma notícia, correspondendo normalmente ao primeiro parágrafo.(...) Este primeiro parágrafo permite condensar a informação mais*

relevante sobre o acontecimento e seu conteúdo condiciona fortemente o corpo da notícia e o título.

Em suma, o *lead* é a introdução do texto jornalístico. É a ferramenta utilizada pelos jornalistas para situar o leitor, para trazê-lo ao texto e para indicar qual será o assunto específico que a matéria vai abordar. Após o *lead,* aparece, obviamente, o desenvolvimento do texto. Sobre esse ponto cabe ao próprio jornalista, a partir dos fatos, produzir o texto.

PROPOSTA DE ATIVIDADE DE RETEXTUALIZAÇÃO

Depois de conceituar a retextualização e desvelar as características do texto jornalístico, faz-se necessário apresentar uma proposta de atividade que privilegie a passagem da modalidade oral para a escrita em um contexto informativo.

Em um primeiro momento, o aluno é incentivado a gravar a fala de uma pessoa que acaba de narrar um fato ocorrido. Depois da gravação, o aluno transcreve, literalmente, o texto:

> Nossa... vi uma pessoa agora mesmo ser atropelada lá na rua.... nossa... impressionante... tava lá deitada... sabe, sangue mesmo... disseram que foi um carro grande...e...e...e o pior gente... o cara saiu e deixou a pessoa lá... nossa... terrível... imagina? Você logo cedo vai pro trabalho... e um carro passa por cima assim... nossa... o cara devia ter voltado de balada... ah... o pessoal em volta disse que era um carrão... foi por volta de umas 7h da manhã, acredita?... nossa... fico indignada com isso...

Após a leitura da transcrição, o professor precisa explicar o que são as marcas de oralidade, isto é, as características específicas de um texto na modalidade oral. Em seguida, como **primeira operação** de retextualização, o aluno deve eliminar as marcas estritamente interacionais, hesitações e partes de palavras. Nessa perspectiva, a palavras "nossa" aparece 5 vezes. Além disso, vale eliminar os vocábulos "sabe, gente, imagina, acredita, ah e assim".

Com isso, um novo texto já é formado. Sem as marcas de oralidade, o que antes era apenas uma transcrição fica da seguinte forma:

> *Vi uma pessoa agora mesmo ser atropelada lá na rua.... impressionante... tava lá deitada...sangue mesmo... disseram que foi um carro grande...e...e...e o pior... o cara saiu e deixou a pessoa lá... terrível... Você logo cedo vai pro trabalho... e um carro passa por cima... o cara devia ter voltado de balada... o pessoal em volta disse que era um carrão... foi por volta de umas 7h da manhã. Fico indignada com isso...*

Em uma **segunda operação**, o professor orienta a introdução da pontuação, com base nas entoações das falas. É uma ótima oportunidade de o professor falar sobre a estrutura sintática "sujeito, verbo e predicado (ou objeto)". Dessa forma, o aluno pode entender por que e como ele deve pontuar o texto.

> *Vi uma pessoa agora mesmo ser atropelada lá na rua. Impressionante. Tava lá deitada, sangue mesmo. Disseram que foi um carro grande. e...e...e o pior. O cara saiu e deixou a pessoa lá, terrível. Você logo cedo vai pro trabalho e um carro passa por cima. O cara devia ter voltado de balada. O pessoal em volta disse que era um carrão. Foi por volta de umas 7h da manhã. Fico indignada com isso.*

Como **terceira operação**, o aluno precisa retirar as repetições. No exemplo usado neste artigo, há apenas uma repetição propriamente dita: "e... e... e..." No entanto, em textos maiores, as repetições aparecem diversas vezes. É uma interessante forma de o estudante verificar a prolixidade no discurso.

> *Vi uma pessoa agora mesmo ser atropelada lá na rua. Impressionante. Tava lá deitada, sangue mesmo. Disseram que foi um carro grande. O cara saiu e deixou a pessoa lá, terrível. Você logo cedo vai pro trabalho e um carro passa por cima. O cara devia ter voltado de balada. O pessoal em volta disse que era um carrão. Foi por volta de umas 7h da manhã. Fico indignada com isso.*

A **quarta operação** diz respeito à introdução da paragrafação. No caso desse texto, por se tratar de uma nota informativa, vamos manter um único parágrafo. Em caso de textos completos, iniciamos a paragrafação completa. Para terminar, **a quinta operação** vai propor a reordenação pragmática do texto. Nessa operação, vamos "circunstanciar" o discurso. No caso de um texto jornalístico, precisamos retirar os juízos de valor, alguns termos coloquiais em excesso e ordenar uma lógica de raciocínio.

Com o objetivo de exemplificar de forma objetiva e real, segue um "texto final", produzido por um aluno, após todas as operações concluídas.

NOVO TEXTO

> *Uma pessoa foi atropelada, às 7 h, na rua João Cachoeira, no bairro do Itaim Bibi, em São Paulo. Testemunhas relataram que um carro importado passava em alta velocidade quando atingiu a vítima. Há a suspeita de que o motorista estava embriagado quando ocorreu o atropelamento.*

CONSIDERAÇÕES FINAIS

O processo de retextualização foi desenvolvido de acordo com os pressupostos teóricos referenciados no presente artigo. Entende-se que a atividade ainda é preliminar, isto é, precisa de outras alternativas estratégicas para se consolidar, tanto no ensino de Português como língua materna, como no de língua estrangeira.

A opção pelo texto jornalístico foi fundamental para que a teoria conseguisse ser aplicada adequadamente. Por meio do gênero notícia, pode-se compreender, de forma mais clara, a estrutura das modalidades oral e escrita da língua, na medida em que as informações foram comparadas desde o momento em que se narra um fato até o momento em que se escreve o texto. Justifica-se, assim, que o usuário de uma língua use a fala e a escrita de modos diferentes, em situação díspares.

As reflexões suscitaram o desenvolvimento de atividades nas quais os estudantes possam empregar as regras gramaticais em produções de texto reais, em situações específicas de uso. Conforme afirmado desde o início da pesquisa, são os usos que fundam a norma linguística, e não o contrário. Por essa razão, é imprescindível fazer uso da língua, adequadamente, para produzir os efeitos de sentido pretendidos em cada situação.

Este foi apenas um primeiro passo para a busca do avanço nas atividades de ensino de Língua Portuguesa. Faz-se importante, agora, dar continuidade à pesquisa. Em um próximo momento, novas ideias serão expostas. O objetivo maior será o entendimento de que o ensino de língua precisa, sempre, buscar alternativas interessantes na prática mas que, também, sejam fundamentadas em teorias com embasamento científico.

REFERÊNCIAS

ADAM, Jean-Michel. A Lingüística Textual: uma introdução à análise textual dos discursos. Revisão Técnica Luis Passegi, João Gomes da Silva Neto. São Paulo: Cortez, 2008.

BEAUGRANDE & DRESSLER. *Introduction to Text Linguistic.* Londres: Logman, 1983.

BECHARA, Evanildo. *Moderna gramática portuguesa.* 37ª edição. Rio de Janeiro: Lucerna, 2001.

CASTILHO, Ataliba de. O Português do Brasil. *In:* ILARI, Rodolfo. Lingüística Românica. São Paulo. Ática. 2002. p.237-269.

COSTA VAL, Maria da Graça. *Redação e Textualidade.* São Paulo: Martins Fontes, 1999.

FÁVERO, Leonor Lopes. *Coesão e Coerência Textuais.* 11ª edição. São Paulo: Ática, 2006.

FÁVERO, Leonor Lopes & KOCH, Ingedore Vilaça. *Lingüística textual: Introdução.* São Paulo: Cortez, 1983.

GARCIA, Othon M. *Comunicação em Prosa Moderna: aprenda a escrever, aprendendo a pensar,* 25ªed. Rio de Janeiro: FGV, 2006.

KOCH, Ingedore G. Villaça. *Introdução à Linguistica Textual: trajetória e grandes temas.* São Paulo: Martins Fontes, 2004.

LEVINSON, Stephen C. *Pragmática.* São Paulo: Martins Fontes, 2007

MARCUSCHI, Luiz Antônio. *Da Fala para a Escrita – Atividades de Retextualização.* São Paulo: Cortez, 2007.

TRAVAGLIA, Luiz Carlos. *Gramática e Interação: uma proposta para ensino de gramática no 1º e 2º graus.* 8ª edição. São Paulo: Cortez, 2002.

SEMÂNTICA E TEXTO UMA ABORDAGEM TEXTUAL NO DOMÍNIO DA SEMÂNTICA ENUNCIATIVA

Elza Contiero
Danilo Ricardo de Oliveira
Universidade Estadual de Campinas, Brasil

INTRODUÇÃO

Este texto é dedicado à reflexão sobre a análise de textos em Língua Portuguesa. Espera-se, principalmente, dar visibilidade a uma abordagem da análise textual que faz frente às correntes que constituíram a trajetória da linguística textual.

No domínio da linguística textual, principalmente desde a virada cognitiva da década de 1980, o texto é concebido como um lugar de interação entre dois sujeitos ativos que não apenas constroem um texto, mas são também por eles construídos (Koch 33). Nesse lugar de interação, especialmente nas situações de leitura e compreensão de textos, há sempre informações semânticas que, do locutor ao interlocutor, são recebidas e reproduzidas, por meio de estratégias cognitivas, tendo em vista a comunicação de um conhecimento e a compreensão de aspectos do mundo (Koch 173). Nesse sentido, a leitura e análise de texto se apresenta, de acordo com Koch, como um "jogo de atuação comunicativa" (42) cuja significação é efeito da consciência do autor e da aceitação e cooperação do leitor. Nessa mesma direção, o texto é, pois, uma unidade da língua em uso, uma realização (Halliday, Hasan 2).

A noção de análise de texto que preside a nossa abordagem enunciativa apresenta uma direção oposta a essa, pois suscita reflexões sobre certas particularidades do texto que decorrem do acontecimento enunciativo. Sendo assim, a ancoragem da unidade textual não estaria naquilo que é constituído pela organicidade das sequências textuais, isto é, numa organização necessariamente lógica dada pela onipotência de um autor que dá forma à língua e ao texto independentemente de sua constituição enquanto falante dessa língua; de nossa perspectiva, o autor, porque falante de uma língua, é sempre submetido a uma história e a uma memória de formas linguísticas, de enunciados e de discursos. O texto não é, pois, um produto de uma língua que, em uso, tão somente reitera uma significação previamente dada. Ao contrário, o texto é um acontecimento de linguagem, pois a relação entre os enunciados que o integram põe em movimento o processo de significação. Nesse sentido, o texto é um acontecimento porque temporaliza, isto é, porque em seu presente convivem significados projetados pelo passado de enunciações e porque, na unidade do texto, esse convívio de memórias da língua põe em evidência a não estabilidade da significação, dando ao texto e às unidades que o integram um futuro de interpretações. Posto de outra forma, o texto, como acontecimento de linguagem, "recorta do passado enunciações e sentidos que convivem no presente do texto e, nessa medida, também o deixa aberto para um futuro, para intepretações, para uma projeção de sentidos" (Oliveira, *Política de Línguas, Política de Estado: História, Sentido e Espaço de Enunciação Internacional* 46). Isso nos põe na direção da desmistificação da ideia de que na interpretação de textos sobressaia a unidade de sentido conferida, conscientemente, pelo sujeito autor (Guimarães, *Texto e Argumentação: Um Estudo de Conjunções do Português* 13). Sendo assim, consideraremos outro lugar da análise textual, no qual unidade e acontecimento são concebidos em relação constitutiva de forma a evidenciar certos eventos de interpretação, de julgamentos, de divisões políticas do sentido. Isso porque diferentes lugares de dizer que aparecem no texto arregimentam outras unidades de discurso. Portanto, tomamos a perspectiva de que os "textos podem ser formados de enunciados de discursos diferentes. Assim um enunciado em um texto é um correlato de um recorte discursivo no texto. E deste modo o texto é a relação de um conjunto de recortes discursivos" (Guimarães *Texto e Argumentação: Um Estudo de Conjunções do Português* 13).

A fim de explicitarmos nossa posição e a fertilidade de conceitos e categorias mobilizados, tomaremos como objeto de análise o texto "Impeachment or not Impeachment" (cf. anexo), de Eliane Cantanhêde, publicado no *Estadão*, versão on-line do jornal brasileiro *O Estado de S. Paulo*. Comecemos nosso percurso de análise destacando um aspecto específico do que determina, segundo nossa perspectiva, a relação com os textos com os quais nos deparamos cotidianamente, dentro e fora da sala de aula: o que confere sentido ao aprendizado de uma língua – e aos estudos dos textos nela escritos –, não é apenas o emprego dessa língua nem, tampouco, a pura reflexão metalinguística, mas o modo como essa reflexão permite uma, mas não única, compreensão de mundo e, consequentemente, dos litígios históricos e sociais. Estamos, pois, explicitando nosso objetivo de mostrar o quanto a análise de textos se constitui como um espaço de convívio – e, não raro, de conflito – de sentidos, sobretudo sem perder de vista a reflexão linguística sobre o acontecimento enunciativo que incide sobre a constituição dos sentidos em/de textos em Língua Portuguesa. Nosso percurso de análise será, assim, conduzido de forma que algumas categorias de análise da Semântica do Acontecimento – perspectiva na qual fundamentamos nosso trabalho– sejam mobilizadas tendo em vista a reflexão sobre a linguagem, os processos de significação em/de um texto e, paralelamente, o modo como essa significação determina um olhar para o mundo.

SENTIDOS QUE CONSTITUEM O TEXTO: O POLÍTICO E OS ESPAÇOS DE ENUNCIAÇÃO

O gesto de leitura de um texto não é, ao nosso ver, desinteressado. Pelo contrário, a prática de leitura é sempre orientada por um objetivo que não necessariamente é equivalente à finalidade ou ao objetivo pressuposto pelo autor. O olhar de um leitor e, principalmente, o olhar de um analista de texto estão sempre atravessados por um desvio interessado, isto é, por uma questão, uma motivação, e por condições contextuais que não estão ao alcance do autor. O gesto de leitura e análise é uma projeção – nunca única, singular – da/na temporalidade do texto, enquanto acontecimento de linguagem. Isso implica, de certo modo, que a leitura que aqui faremos traz uma diferença fundamental, pois "a questão da análise de um texto põe de saída a necessidade de levar em conta que o acontecimento desta leitura não é o mesmo acontecimento em que se enunciou o texto. Isso vai na direção de se pensar que o lugar de leitura não é, simplesmente, o correlato de um lugar como falante, locutor, enunciador" (Guimarães, "Ler um Texto em Uma Perspectiva Enunciativa" 190).

Analisar um texto é, no limite, reconhecer uma pluralidade de sentidos que o constituem e que lhe conferem uma unidade. Dizemos, assim, que o texto é uma unidade de sentido não porque tenha um sentido único, mas porque os enunciados que o integram, relacionados entre si, determinam um ao outro conferindo ao conjunto uma unidade. O texto se apresenta, pois, como uma unidade em decorrência de uma relação entre os enunciados que o integram; nessa relação, como veremos, há disparidades de sentido que, contudo, determinam a unidade textual. Assim,

> (...) o texto é uma unidade no sentido de ser algo finito e que se caracteriza por integrar enunciados. Ou seja, o texto se caracteriza por ter uma relação com outras unidades de linguagem, os enunciados, que são enunciados e que significam em virtude dessa relação. O texto é, nessa medida, uma unidade que se apresenta entre outras da mesma natureza. No entanto o texto não tem unidade, se esta palavra significa qualidade do que é uno, do que é homogêneo. O texto é uma unidade, mas não tem unidade, não é uno. (Guimarães, *Análise de Texto* 20-21)

No texto que tomamos como objeto de análise, o título "Impeachment or not Impeachment" é um enunciado que o constitui. Esse enunciado, contudo, nos põe diante de uma reflexão fundamental: o texto, veiculado em um jornal brasileiro e estruturado fundamentalmente em Português, tem no título uma construção do Inglês. Isso, contudo, não impede que o texto circule e, tampouco, que signifique. Esse é um primeiro elemento que nos evidencia a não homogeneidade do texto: ele se constitui como uma unidade linguística mesmo quando os enunciados que o integram são enunciados de línguas diferentes. Estamos, pois, diante de um acontecimento que não pode passar despercebido, seja para o analista de texto, seja para todos que estejam tomados por uma reflexão sobre o ensino de língua portuguesa: esse texto, "um acontecimento do espaço de enunciação do Português" (Guimarães, *Semântica do Acontecimento* 18-33), está atravessado pelo Inglês, por uma relação

175

de contato entre línguas; mais importante: esse contato determina o texto e os sentidos que o constituem.

Devemos reconhecer que o texto em análise é publicado em uma página da internet de domínio brasileiro (marcado pela terminação ".br"). No Brasil, o Português é a língua oficial – língua instituída como obrigatória pelo Estado em suas ações e atos legais – e é também a língua nacional – a língua que caracteriza o povo brasileiro (ao menos majoritariamente), conferindo a seus falantes uma relação de pertencimento e identidade. Esse mesmo texto, porém, mesmo publicado em um domínio brasileiro, está determinado por uma língua estrangeira, pela língua de outro Estado e outra Nação. Há, pois, uma questão posta no texto que diz respeito ao funcionamento institucional das línguas no mundo, nas relações internacionais e, por consequência, nas relações entre os falantes dessas línguas. Essa é, sob nossa perspectiva, uma questão de política linguística, isto é, uma questão que diz respeito a uma prática política de divisão, decorrente de relações históricas e sociais, de poderes. Essa prática política incide sobre a linguagem, caracterizando o que tratamos por política linguística: prática de distribuição de poder organizacional, ideológico e institucional das línguas (Guimarães, *Enunciação e Política de Línguas no Brasil" 48*; Orlandi 9).

Diante do título do texto que analisamos, "Impeachment or not impeachment", devemos considerar a política linguística, conforme Orlandi em "Ética e Política Linguística", "a partir de três posições distintas" (9):

1. As políticas de línguas como razões de Estado, das Instituições que colocam a questão da unidade como valor (princípio ético);
2. As políticas linguísticas como razões que regem as relações entre povos, nações e Estados; a questão da dominação como valor (princípio ético);
3. As políticas linguísticas como razões relativas aos que falam as línguas: a questão da diversidade como valor (como princípio ético).

Tomando especialmente a posição dois acima citada, temos um importante elemento que não deve escapar à análise de texto e, tampouco, ao ensino de línguas, sobretudo em um contexto de globalização e, no caso do texto analisado, diante da conjuntura de instabilidade político-governamental que determina o acontecimento textual: dizer "Impeachment or not impeachment", no Brasil, põe em questão a relação entre o Português e o Inglês e, ao mesmo tempo, a divisão do espaço de enunciação do Português do Brasil; essa relação entre línguas, por sua vez, determina um lugar vazio no Português ao passo que aponta para a ausência de um elemento linguístico que permita tratar da governabilidade e da democracia do Brasil. Ainda que a palavra "impeachment" seja um conceito corrente no direito constitucional brasileiro, a estrutura morfológica da palavra não nega que ela, tal como "delete" e "pen drive", "entra no Português por uma relação com o Inglês" (Guimarães, *Semântica do Acontecimento* 19).

176

Notemos, aliás, que, embora a palavra "impeachment" entre para o léxico do Português com a mesma grafia do Inglês, há, no acontecimento textual que analisamos, um enunciado que configura particularmente essa entrada: no enunciado "o presidente é afastado (na prática, "impeachado"), se o Supremo recebe a denúncia ou quando o Senado instaura o processo" (Cantanhêde, "Impeachment or not impeachment"), a expressão "impeachado" revela um processo de derivação particular do Português.

Tendo em vista a relação entre o Português e o Inglês e o domínio específico pelo qual a palavra "impeachment" entra para o acervo lexical do Português do Brasil, devemos considerar que o enunciado (título) "Impeachment or not impeachment" é um dizer que aponta, pela linguagem, para uma subordinação do Brasil na regulamentação da sua democracia. De algum modo, pois, na temporalidade do acontecimento do texto analisado, há uma memória dos dizeres que aparecem, por exemplo, nas seções dois e três do artigo primeiro da *Constituição dos Estados Unidos*; por essa memória, os falantes do inglês atestariam seu pertencimento à regulamentação da política de governo do Brasil. Essa memória diz, pois, que o texto que analisamos está marcado pelo político da língua que o significa e pelo político entre as línguas que o constituem. Concebemos o político como a contradição de "uma normatividade que estabelece (desigualmente) uma divisão do real e a afirmação de pertencimento dos que não estão incluídos. Deste modo, o político é um conflito entre a divisão normativa e desigual do real e uma redivisão pela qual os desiguais afirmam seu pertencimento" (Guimarães 16). Sendo assim, os falantes de Português do Brasil, são sujeitos que passam a ser determinados também, ao menos na esfera da política de governabilidade, pelo Inglês. Temos agora, pois, alguns elementos que permitem que compreendamos o conceito de espaço de enunciação apresentado em *Semântica do Acontecimento*:

> Os espaços de enunciação são espaços de funcionamento de línguas, que se dividem, redividem, se misturam, desfazem, transformam por uma disputa incessante. São espaços "habitados" por falantes, ou seja, por sujeitos divididos por seus direitos ao dizer e aos modos de dizer. São espaços constituídos pela equivocidade própria do acontecimento: da deontologia que organiza e distribui papéis, e do conflito, indissociado desta deontologia, que redivide o sensível, os papéis sociais. O espaço de enunciação é um espaço político (Guimarães 18-19).

Se olharmos ainda mais detidamente para o título do texto que analisamos, notaremos outro aspecto a ser considerado em sua significação: a memória do dizer "To be or not to be", presente na obra *Hamlet* (III. i. 1749), de William Shakespeare. Não é, pois, apenas a palavra "impeachment" que põe em questão a relação entre o Português e o Inglês. No enunciado "Impeachment or not impeachment", a expressão "or not" é decisiva para considerarmos o espaço de enunciação do Português brasileiro enquanto marcado por uma mistura e por um conflito com o Inglês. A enunciação de "Impeachment or not impeachment" tem, pois, especialmente pela estrutura "or not", uma estrutura que remete ao enunciado da obra de Shakespeare, recortando-o como um dizer passado, um memorável que se projeta no presente do texto de Eliane Cantanhêde.

Há, porém, entre "To be or not to be" e "Impeachment or not impeachment" diferenças fundamentais. Primeiro, "to be", um verbo, dá lugar "impeachment", um substantivo; ao mesmo tempo, há um silêncio quanto ao enunciado completo de Hamlet: "To be or not to be – that is the question" (III. i. 1749); esse deslocamento de um verbo para um substantivo e esse silenciamento quanto ao fato de que "to be or not to be" é um questionamento significam o enunciado "Impeachment or not impeachment" enquanto um evento cuja realização não dependeria de um sujeito e, tampouco, demandaria um questionamento.

Uma segunda diferença a ser considerada diz respeito a quem enuncia "To be or not to be" e quem enuncia "Impeachment or not impeachment". No enunciado de Hamlet, "to be or not to be" é um questionamento do próprio locutor frente a seus sofrimentos. O mesmo não podemos dizer do enunciado "impeachment or not impeachment", se o considerarmos como um questionamento: o impeachment não seria uma reflexão do sujeito que o enunciaria a respeito de seu impeachment, mas quanto ao afastamento de uma terceira pessoa. Retornando ao texto: podemos observar, logo no primeiro parágrafo do texto, que quem enunciaria "impeachment or not impeachment" seria o procurador-geral da República, Rodrigo Janot; sua reflexão, porém, não seria quanto a seu impeachment, mas quanto ao impeachment de Dilma Roussef. De alguma forma, pois, entre "to be or not to be" e "impeachment or not impeachment", há um deslocamento quanto às consequências de uma eventual resposta a esses dois questionamentos. Atesta-se, nesse deslocamento, um esvaziamento do poder de decisão do locutor, retirando de Dilma Roussef inclusive sua possibilidade de questionar-se sobre seu impeachment. Mais uma vez, é o político incidindo no funcionamento das línguas, agora interditando um questionamento – ou, ao menos, retirando seu sentido – de Dilma Roussef quanto a seu impeachment.

UMA PERGUNTA AO TEXTO: O QUE IMPEACHMENT SIGNIFICA?

O texto é um acontecimento de linguagem e, como tal, o texto significa, isto é, produz sentidos. Como acontecimento, o texto tem, em sua temporalidade, uma projeção de sentidos que aparecem não em seu presente, mas em seu futuro, no qual devemos considerar as diferentes leituras, decorrentes de diferentes posições sociais que constituem o leitor, o alocutário do texto. Consideramos, assim, que o texto se apresenta como uma unidade linguística que se caracteriza pela multiplicidade de sentidos decorrentes tanto da própria constituição histórico-social do leitor, enquanto falante da língua em que o texto se apresenta, quanto pelo próprio desvio interessado desse leitor. O gesto de leitura constitui a temporalidade do texto, mas os sentidos que aparecem por esse gesto não são necessariamente correlatos aos sentidos pretendidos pelo autor. O gesto de produção de texto e o gesto de leitura não tem a mesma identidade; são gestos que têm, entre si, uma relação de *relativa* dependência, dada pela unidade do texto e por sua temporalidade.

Concebemos que o texto significa pelas relações entre os enunciados que o integram. Isso não elimina, porém, a concepção de que, assim como cada enunciado incide sobre a unidade textual, também o texto se apresenta como um lugar privilegiado para a observação da significação de suas unidades constituintes. Diante disso, desenvolveremos um gesto de leitura e análise que nos permita dizer o que "impeachment" – uma palavra•que entra no Português do Brasil por uma relação que ela estabelece com Inglês – significa no texto "Impeachment or not Impeachment", enquanto acontecimento de linguagem.

Desde a obra *Cohesion in English*, publicada por Halliday e Hasan, os laços ("ties") (3-4) que interligam as unidades do texto, conferindo-lhe textualidade, têm ganhado cada vez mais espaço nos estudos sobre o texto. Na linguística textual, essa obra é, ainda hoje, uma referência para o tratamento da coesão textual; entre muitos debates, a proposição de Halliday e Hasan de que haveria cinco formas de coesão – referencial, por substituição, por elipse, por conjunções e por elementos lexicais (285) – tem sido continuamente revista; não faltam, hoje, diferentes categorizações da coesão (cf. Koch 35-40, 51-79 e Fávero 17-40). Entre as questões centrais que tem levado à revisão dos procedimentos de coesão estão, de um lado, a frágil distinção entre referência e substituição, e, de outro, a própria cisão no conceito de coesão referencial. De um lado, parece difícil distinguir a referência situacional ou endofórica, "função pela qual um signo linguístico se relaciona a um objeto extralinguístico" (Fávero 13) expresso no texto, dos procedimentos de substituição, concebidos como a "colocação de um item em lugar de outros(s) ou até de uma oração inteira" (Fávero 14); por outro lado, a virada cognitiva, sobretudo a partir de abordagens sociocognitivo-interacionistas, tem colocado a questão da referência em um posição quase contraditória: segundo Fávero em *Coesão e Coerência Textuais*, determinados itens na língua têm a *função* de estabelecer *referência*, sendo que "a referência constitui um primeiro grau de abstração: o leitor/alocutário relaciona determinado signo a um objeto tal como ele o percebe dentro da cultura em que que vive" (18); para Koch, por sua vez, em *Introdução à Linguística Textual: Trajetória e Grandes Temas*, o principal pressuposto a se considerar a respeito da referência e da referenciação é o tratamento da referenciação como "atividade discursiva, que implica uma visão não-referencial da língua e da

179

linguagem" (57).

Na trajetória da linguística textual, observamos que tratamento da referência preserva, assim, de certo modo, uma relação com a abordagem da semântica formal; ao mesmo tempo, porém, a referência fica subordinada ao elemento cultural. A referenciação, enquanto atividade discursiva, escapa da relação entre linguagem e história nos processos de significação, a partir de princípios [cognitivos] de construção textual do sentido, dos quais destacamos o princípio de conhecimento compartilhado; esse conhecimento determinaria "o balanceamento entre o que precisa ser explicitado e o que pode ficar implícito no texto", pois pressuposições falsas de conhecimento partilhado podem levar ao processamento inadequado do texto por parte do interlocutor, acarretando mal-entendidos e abortando a possibilidade de construção da coerência" (Koch 45).

De toda forma, mesmo a perspectiva sociocognitivo-interacionista da linguística textual – bastante diferente da perspectiva estritamente cognitivista que considera o texto como um produto unicamente de operações mentais – tem como pressuposto um aspecto elementar: o real, a exterioridade da linguagem, o mundo precede a significação dos elementos linguísticos. E nisso destacamos outra diferença fundamental de nossa abordagem: para nossa análise, seguindo a perspectiva de Guimarães em *Semântica do Acontecimento*, tomamos em conta "o fato semântico de que as coisas são referidas enquanto significadas e não enquanto simplesmente existentes" (10); mais ainda: "a língua e o sujeito que se constitui pelo funcionamento da língua na qual enuncia-se algo" (11) são determinados por uma relação com a história da língua e por um memorável de enunciações que se projetam no acontecimento enunciativo.

Com vistas a entendermos o que "impeachment" significa no texto analisado, operaremos com a outra categoria de análise que permita tratar da textualidade: a reescrituração. Em *Semântica do Acontecimento*, Guimarães define-a:

> A reescrituração é uma operação que significa, na temporalidade do acontecimento, o seu presente. A reescrituração é a pontuação constante de uma duração temporal daquilo que ocorre. E ao reescriturar, ao fazer interpretar algo como diferente de si, este procedimento atribui (predica) algo ao reescriturado. E o que ele atribui? Aquilo que a própria reescrituração recorta como passado, como memorável (28).

A reescrituração é uma categoria de análise que permite perceber como a história incide sobre o presente do acontecimento textual; ela permite também que nos distanciemos de posições que considerem a estabilidade do sentido. Um elemento linguístico reescriturado é sempre diferente porque integra enunciados diferentes; ao analisarmos os enunciados percebemos que a diferença é constituída a partir da coexistência de perspectivas enunciativas que um mesmo autor/ locutor assume, seja por sua constituição enquanto falante de língua, seja pelo papel social do qual esse locutor apresenta seu dizer ou, ainda, pela dispersão de lugares de dizer que representam a inexistência desses papéis sociais e apresentam o dizer como independente ou fora da história. Esse lugar de dizer, a que chamamos especificamente de enunciador, embora se apresente como a negação de que o locutor é agenciado em uma posição social e dê ao dizer uma ilusão de originalidade, é sempre dependente de uma história, de um passado de enunciações que constitui o falante. Consideramos, assim, que um "nome está relacionado pela textualidade com outros nomes ali funcionando sob a aparência de substituibilidade" (Guimarães, *Semântica do Acontecimento* 27) e, dessa forma, a designação "é instável, embora funcione sob o efeito de estabilidade" (Guimarães, "Domínio Semântico de Determinação" 82).

Tomemos, para ilustrar nossa análise, o primeiro enunciado do primeiro parágrafo do texto de Cantanhêde: (a) "O PSDB e seus aliados, DEM, PPS, PSC e Solidariedade, miraram no que viram e acertaram no que não viram". Da relação desse primeiro parágrafo com o enunciado título do texto, "Impeachment or not Impeachment", podemos chegar às seguintes paráfrases: (a^1) O PSDB e seus aliados, DEM, PPS, PSC e Solidariedade" miraram em impeachment; [mas] (a^2) O PSDB e seus aliados, DEM, PPS, PSC e Solidariedade acertaram no não impeachment; [porque] (a^3) O PSDB e seus aliados, DEM, PPS, PSC e Solidariedade não viram o não impeachment.

Da mesma forma, ao lermos o enunciado seguinte, (b) "ao entrarem com uma ação penal contra a presidente Dilma Roussef", relacionando-o ao enunciado título e ao enunciado (a) "O PSDB e seus aliados, DEM, PPS, PSC e Solidariedade, miraram no que viram e acertaram no que não viram", podemos parafrasear (b) em: (b^1) O PSDB e seus aliados, DEM, PPS, PSC e Solidariedade entraram com uma ação de penalidade contra a presidente Dilma Roussef; [isto é,] (b^2) O PSDB e seus aliados, DEM, PPS, PSC e Solidariedade entraram com uma ação de impeachment contra a presidente Dilma Roussef.

Seguindo o mesmo procedimento com o enunciado seguinte, (c) deixam o procurador-geral da República, Rodrigo Janot, na maior saia justa", temos: (c^1) Quando entraram com uma ação de impeachment contra a presidente Dilma Roussef, o PSDB e seus aliados, DEM, PPS, PSC e Solidariedade deixaram o procurador-geral da República, Rodrigo Janot, entre impeachment ou não impeachment.

Ainda seguindo o mesmo procedimento que fizemos na análise dos enunciados de (a) a (c), podemos dizer que o enunciado (d), "A principal decisão depende dele", pode ser interpretado como: (d^1) A decisão sobre o impeachment é a principal decisão; e (d^2) O impeachment ou não impeachment depende do procurador-geral da República, Rodrigo Janot;

[isto é], (d³) a principal decisão depende de Rodrigo Janot.

Pelas paráfrases que vimos acima, temos condições de dizer que o título e uma de suas unidades constituintes, a palavra "impeachment", são reescriturados incisivamente, o que nos permite perceber que a unidade textual depende da reiteração de uma ideia, do modo como as palavras significam umas às outras na temporalidade própria do acontecimento textual. Também pelas paráfrases, podemos dizer que o título, "Impeachment or not Impeachment", é determinado pelas expressões "a maior saia justa" e "principal decisão"; mais importante, chegamos à observação de que a palavra "impeachment" está determinada e, portanto, é também significada, pela palavra "penalidade". Estão dadas, pois, pelas relações entre os enunciados que integram o texto, condições de dizer que "impeachment" é, no mínimo, uma penalidade; seguindo o mesmo procedimento de análise poderíamos chegar a outros sentidos que também determinam essa palavra e a significam no texto analisado.

Se considerarmos o enunciado (e) "não há ambiente jurídico e político para a empreitada", podemos ainda chegar às paráfrases (e¹): (e¹) Não há ambiente jurídico e político para o impeachment; [e] (e²) O impeachment é uma questão jurídica e política. Se podemos afirmar que há, por um lado, uma tensão entre "impeachment" e "not impeachment", há também uma tensão quanto ao próprio sentido de "impeachment" e quanto à argumentação – isto é, para a condução incessante do texto "para o seu futuro, para seu fim (final/finalidade)" (Guimarães, *Texto e Argumentação: Um Estudo de Conjunções do Português* 209). Como podemos observar na análise do enunciado (f): a palavra "impeachment" não integra nenhum texto legal no Brasil e o importante é pedir, em bom e claro português, o "afastamento" da presidente. Assim, se "impeachment" não integra nenhum texto legal no Brasil, o texto argumenta, neste enunciado, para a impossibilidade do impeachment; ao mesmo tempo, porém, permanecem as seguintes possíveis paráfrases, as quais direcionam para o afastamento da presidente: (f¹) Não é importante pedir "impeachment"; [porque] (f²) "impeachment" não integra nenhum texto legal no Brasil"; [mas] (f³) é importante pedir o "afastamento" da presidente". Notemos ainda outros enunciados: (g) "o jurista Miguel Reale Jr. apresenta um detalhado parecer concluindo que não há elementos que justifiquem um pedido de afastamento de Dilma com base em crime de responsabilidade, mas há elementos para enquadrá-la em crime comum" podemos interpretar; de (g) podemos interpretar (g¹): Crime comum é uma condição para o afastamento de Dilma. Por outro lado, em (h) "Dilma, porém, não pode ser acusada de crime de responsabilidade – ou seja, não pode sofrer processo de impeachment tradicional", temos condição de chegar à paráfrase (h¹) Impeachment é um crime de responsabilidade. De qualquer forma, "crime" é determinado tanto por "impeachment" quanto por "afastamento". A breve análise que fizemos permitem-nos compor um Domínio Semântico de Determinação (DSD) da palavra "impeachment". Isto é, podemos dizer qual é o sentido dessa palavra a partir da "análise [de sua] relação com as outras palavras que a determinam [no texto] em que funciona" (Guimarães, "Domínio Semântico de Determinação" 80). Assim, a análise que desenvolvemos pode ser apresentada em uma escrita própria, como no quadro abaixo, onde ⊣ significa "determina", — significa uma relação de antonímia e → significa "argumenta para".

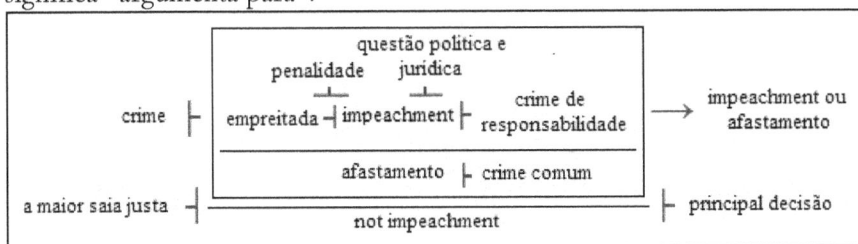

De nosso DSD, que apresenta de outra forma a análise que fizemos dos enunciados que integram o texto com o objetivo de compreender o que "impeachment" significa, podemos perceber que há um conjunto de elementos de significam essa palavra; desse conjunto, destacamos que ela é significada pelos sentidos de "crime", genericamente, e de "penalidade". O conjunto dos elementos que significam "impeachment" no texto, sobretudo as palavras "crime" e "penalidade", constituem um arsenal semântico que nos permite dizer que o texto, apesar de tratar da tensão entre "impeachment e não impeachment" ou entre "impeachment e afastamento", orienta argumentativamente, de qualquer forma, para o impeachment ou afastamento de Dilma.

CONSIDERAÇÕES FINAIS

Neste texto, procuramos apontar alguns aspectos da linguística textual e do tratamento que esse domínio, filiado a uma perspectiva cognitivista, tem dado à análise de texto. Contrapomo-nos a esse tratamento a partir de movimento duplo de tratamento de categorias e conceitos da semântica da enunciação conciliado à uma prática de análise do texto "Impeachment or not Impeachment". No limite, fazer essa oposição significa dar visibilidade à contribuição que a análise enunciativa na linha do materialismo histórico pode trazer aos estudos do texto e à reflexão sobre a língua.

Esperamos que o procedimento analítico que mobilizamos possa projetar um futuro para o tratamento do texto e para o ensino do Português, sobretudo se considerarmos que analisar um texto, tal como o fizemos, não significa esgotar seus sentidos, mas levar à reflexão sobre o modo como a língua é um lugar privilegiado para perceber que o mundo se apresenta sempre pela linguagem, pelo simbólico, de modo que a multiplicidade de perspectivas é constitutiva dos processos de significação.

REFERÊNCIAS

Cantanhêde, E. "Impeachment or Not Impeachment." *Estadão* 22 Mai 2015. Web. 25 Mai. 2015.

Estados Unidos. *Constituição dos Estados Unidos da América*. Web. 22. Set. 2015.

Fávero, L. *Coesão e Coerência Textuais*. 11a. ed. São Paulo: Ática, 2006. Impresso.

Guimarães, E. *Análise de Texto: Procedimentos, Análises, Ensino*. Campinas: RG, 2011. Impresso.

---. "Domínio Semântico de Determinação". *A Palavra: Forma e Sentido*. Org. Maria Cecilia Mollica e Eduardo Guimarães. Campinas: Pontes/RG, 2007. Impresso.

---. "*Enunciação e Política de Línguas no Brasil.*" *Letras* 27 (2003): 47-54. Web. 22 Set. 2015.

---. "Ler um Texto em Uma Perspectiva Enunciativa." *Revista da ABRALIN* 12.2 (2013). Web. 22 Set. 2015.

---. "Política de Línguas na Linguística Brasileira". *Política Lingüística no Brasil*. Org. Eni P. Orlandi. Campinas: Pontes, 2007. Impresso.

---. *Semântica do Acontecimento*. 2a. ed. Campinas: Pontes, 2005. Impresso.

---. *Texto e Argumentação: Um Estudo de Conjunções do Português*. 4a. ed. Campinas: Pontes, 2007. Impresso.

Halliday, M.A.K., Ruqaiya Hasan. *Cohesion in English*. London: Longman, 1976. Impresso.

Koch, I.G.V. *Introdução à Linguística Textual: Trajetória e Grandes Temas*. 2a. ed. São Paulo: WMF Martins Fontes, 2009. Impresso.

Oliveira, D.R. "Política de Línguas, Política de Estado: História, Sentido e Espaço de Enunciação Internacional." Diss. Universidade Estadual de Campinas, 2014. Impresso.

Orlandi. E.P. "Ética e Política Lingüística". *Línguas e Instrumentos Lingüísticos* 1 (1998): 7-16. Impresso.

Shakespeare, W. *Hamlet*. Trad. Millôr Fernandes. Porto Alegre: L&PM, 1997. Impresso.

ANEXO

"Impeachment or Not Impeachment." *Estadão*
Eliane Cantanhêde – 22 Maio 2015 | 03h 00

O PSDB e seus aliados, DEM, PPS, PSC e Solidariedade, miraram no que viram e acertaram no que não viram: ao entrarem com uma ação penal contra a presidente Dilma Rousseff, deixam o procurador-geral da República, Rodrigo Janot, na maior saia justa. A principal decisão depende dele.

O esforço da oposição é para se equilibrar entre a pressão da opinião pública pelo impeachment e a constatação, nua e crua, de que não há ambiente jurídico e político para a empreitada. Por isso, oposicionistas debatem com entusiasmo uma questão de ordem semântica: a palavra "impeachment" não integra nenhum texto legal no Brasil e o importante é pedir, em bom e claro português, o "afastamento" da presidente. Não importam os meios (jurídicos), importam os objetivos (práticos e políticos). Logo, a oposição não trabalha pelo impeachment, mas pelo afastamento de Dilma. Dá para entender?

[...]

A oposição acusa Dilma de, no seu primeiro mandato, ter fechado artificialmente as contas públicas atrasando os repasses do Tesouro Nacional para bancos públicos pagarem benefícios sociais. A manobra, ou maquiagem, foi apelidada de "pedalada fiscal" e é considerada crime.

[...]

O artigo 86 da Constituição é claro. No crime de responsabilidade, o (ou a) presidente é julgado(a) politicamente pelo Senado e, no crime comum, é julgado(a) juridicamente pelo Supremo Tribunal Federal. Nos dois casos, o presidente é afastado (na prática, "impeachado"), se o Supremo recebe a denúncia ou quando o Senado instaura o processo.

Há um longo caminho entre a vontade e a concretização. Na terça-feira, os cinco partidos entrarão com ação penal contra Dilma na Procuradoria-Geral. Depois, cabe a Janot dizer sim ou não. Se disser sim, o Supremo terá ainda de consultar a Câmara. O processo só irá em frente se dois terços dos deputados autorizarem. E, "last but not least", se passar por tudo isso, a ação depende da decisão final dos 11 ministros do Supremo.

[...]

A Câmara pressiona Dilma, o Senado estica a corda, o próprio PT é um empecilho para um bom ajuste fiscal e os senadores petistas Lindberg Farias e Paulo Paim passaram das palavras aos atos contra as mexidas trabalhistas e previdenciárias. Mas, no final, mesmo que meio estropiado, o ajuste vai acabar passando.

Isso se repete com o impeachment, ops!, com o afastamento da presidente. Cidadãos e cidadãs clamam por isso, as pesquisas dão resultados alarmantes para o Planalto, as oposições vão entrar com a ação penal. Mas, no final, mesmo que meia estropiada, Dilma vai acabar passando.

Presidentes têm muitas armas. E a vida da oposição é dura.

CAPÍTULO 4
O ENSINO DE PORTUGUÊS E AS NOVAS TECNOLOGIAS DA INFORMAÇÃO E COMUNICAÇÃO

CURSO DE CULTURA BRASILEIRA NA MODALIDADE
BLENDED LEARNING

Adriana Domenico Cestari
Universidad Peruana de Ciencias Aplicadas, Peru

INTRODUÇÃO

O objetivo do presente estudo é relatar a experiência de ministrar o curso de Língua e Cultura Brasileira na versão modalidade *Blended learning*, analisando as implicações da adaptação do novo papel tanto do professor como do aluno no processo de ensino aprendizagem.

UNIVERSIDADE PERUANA DE CIÊNCIAS APLICADAS – UPC

Fundada há 21 anos, a UPC é uma instituição líder em educação superior no Peru por sua excelência acadêmica e por sua capacidade de inovação. Tem como missão formar profissionais líderes íntegros e inovadores com visão global para transformar o país. A universidade oferece 40 cursos e conta com mais de 44 mil estudantes divididos nas áreas de exatas, humanas e biológicas, além de fazer parte da *Laureate International Universities, uma* rede de universidades particulares líder em educação superior no mundo.

O modelo educativo da universidade é baseado nos quatro pilares da educação - aprender a aprender, aprender a fazer, aprender a conviver e aprender a ser – propostos na publicação da UNESCO "Educação: um tesouro a descobrir", elaborado em 1996 pela Comissão Internacional sobre Educação para o Século XXI.

A Metodologia Ativa, como denominada pela UPC e de acordo o relatório anteriormente citado consiste em um ensino bidirecional onde o docente atua como um guia ou facilitador da aprendizagem e o aluno como um construtor de seu próprio conhecimento. Esta maneira de ensinar permite ao aluno desenvolver competências comunicativas e profissionais e requer do docente a promoção de condições necessárias para isto.

Lembramos que a metodologia ativa é centrada no aluno que assume um papel ativo na construção de sua aprendizagem que é dividida em quatro etapas: motivação; aquisição; transferência; e avaliação.

A UPC conta com um departamento chamado TICE - Tecnologia da Informação e Comunicação na Educação - que pertence à Direção de Gestão do Conhecimento e promove a implementação do modelo pedagógico-tecnológico proposto pela UPC, oferecendo ferramentas tecnológicas e serviço pedagógico orientado à optimização dos processos de ensino-aprendizagem.

A área canaliza as iniciativas de professores e alunos no uso de tecnologias da informação e comunicação (TICs) na educação, propõe estratégias de integração e coordena sua implementação com as diversas instancias de

suporte técnico e administrativo da universidade, oferece assessoria e capacitação pedagógica para o uso de ferramentas tecnológicas que apoiem os processos educativos e ao mesmo tempo difundindo a cultura sobre o uso racional e coerente destes recursos. As linhas de ações desenvolvidas são:
• Investigação e comunicação sobre a integração de tecnologias na educação superior;
• Promoção do uso de ferramentas tecnológicas para facilitar os processos de ensino – aprendizagem;
• Produção de recursos educativos digitais;
• *E-learning*

O QUE É *BLENDED LEARNING?*

Blended learning é uma maneira inovadora de aprendizado, derivada do *e-learning*, conhecida como aprendizagem híbrida, pois combina as modalidades de ensino presencial e virtual de maneira articulada, buscando o melhor aproveitamento de ambas.

Outra possibilidade importante dos ambientes *blended* é a aprendizagem colaborativa e interdisciplinar, por meio de atividades que propiciam a interação estudante-professor e estudante-estudante.

O planejamento e desenvolvimento de programas na modalidade *blended* implica considerar aspectos pedagógicos, tecnológicos e organizacionais. Frente aos aspectos pedagógicos, é necessário explorar metodologias ativas nas quais o estudante é o protagonista do seu processo de aprendizagem. Isto implica uma mudança importante nos papéis dos professores e estudantes com relação à modalidade presencial. Portanto, combinação de estratégias presencias e virtuais visam, neste caso em especial, aumentar a capacidade argumentativa na língua estrangeira do estudante de tradução e interpretação profissional.

PAPEL DO DOCENTE

Na modalidade *Blended learning* o docente alterna seu papel de docente-facilitador presencial e virtual. Há uma ruptura de paradigmas referente a sua postura, pois além de dominar os conteúdos da disciplina que leciona e os métodos presenciais, necessita conhecer e dominar as técnicas de utilização de ferramentas tecnológicas e os recursos que essas oferecem, escolhendo aqueles que sejam os mais adequados para cumprir o objetivo final de cada sessão virtual. Nesse processo de adaptação do seu novo papel, o docente tem a possibilidade de refletir sobre seus erros e acertos e os benefícios dessas mudanças no processo de ensino-aprendizagem na sua pratica pedagógica.

Nesta nova modalidade de ensino, os profissionais se veem diante de um grande desafio: reavaliar sua formação para acompanhar as transformações deste novo modelo de sociedade, novo perfil de aluno e, consequentemente, nova forma de conceber e realizar a mediação aluno-professor-conteúdo.

(HENRIQUES, AIMI, FELDKERCHER, 2009).

O quadro abaixo publicado na Edutec de 2014, menciona pontos da nova postura do docente:

Conhecimentos	Habilidades	Atitudes
Fundamentos de tecnologia de informação e conhecimento TIC	Uso de ferramentas tecnologia (plataforma e-learning, vídeo conferencia)	Abertura de mudança ao ingressar o uso da plataforma tecnológica para transmitir disciplinas
Elementos de plataforma tecnológica (chat, fóruns, e-mail)	Comunicação com os estudantes assíncronica e sincrônica	Disponibilidade para a interação com os estudantes por e-mail ou outra ferramenta TIC
Estratégicas ou técnicas para geração de ambientes de aprendizagem de autogestão do conhecimento virtual e presencial	Uso de hardware e software (processador de textos, apresentações em ppts, internet)	Ser motivador para a aprendizagem em ambientes virtual e presencial Encorajar o avanço do curso

EDUTEC. Revista Electrónica de Tecnología Educativa Núm. 48/2014
O docente recebe uma série de capacitações sobre como elaborar sua aula virtual e como usar os recursos do *blackboard*, além de assessoria permanente para desenvolvimento do *sillabus*, plano de aula, plano de curso, elaboração da aula virtual e uso dos recursos pedagógicos/tecnológicos. Apesar dessas capacitações, trabalhar com a modalidade *Blended learning* gerou inquietude e ansiedade no docente por não conseguir visualizar e compreender todas as etapas envolvidas no desenvolvimento geral da sessão virtual, a saber: objetivo da aula virtual; tema; guia de estudo[27]; materiais de aprendizagem; ficha de atividade[28]; fórum de dúvida e discussão; recursos (wiki, questionários, ícone para subir a atividade desenvolvida). Além disso, alguns outros questionamentos foram levantados pelo docente com relação à sua presença virtual, tais como:

- Tenho que estar conectado 24 horas na aula virtual?
- Que vocabulário utilizarei nas minhas mensagens formal ou informal?

---

[27] Anexo 1

[28] Anexo 2

- Como farei a explicação da dúvida de um estudante?
- Como controlarei a presença e o rendimento do meu estudante?

Segundo Sherry (1998, p. 34) quando realizam atividades *on-line*, os docentes podem estimular a comunicação, compartilhar e estimular os alunos na construção do conhecimento. No curso Língua e Cultura Brasileira, a comunicação entre docente e estudante no momento virtual aconteceram através de anúncios, fóruns de dúvidas e discussões, e-mail e facebook via Messenger. Os anúncios e as conversas via Messenger (facebook) representaram a presença real do docente na aula virtual nos momentos de dúvidas, inquietudes e decisões imediatas no desenvolvimento da tarefa proposta.

PAPEL DO ESTUDANTE

De acordo com o modelo de aprendizagem proposto por Stewart Hase e Chris Kenyon (2000) denominado heutagogia, (do grego: *heuta* – auto + *agogus* – guiar), o estudante é quem determina como, quando e o que deve ser aprendido com o uso da tecnologia e é o único responsável pela aprendizagem, sendo esse um modelo alinhado à Tecnologia da Informação e Comunicação e às inovações de *e-learning*.

Na modalidade *Blended learning* o estudante é responsável por parte da sua aprendizagem e deverá ter autonomia, sentido de autoeficácia, organização em administrar seu tempo, capacidade para trabalhar em equipe utilizando a tecnologia, e domínio das TIC's.

De acordo com Prensky (2001), os estudantes nascido a partir de 1992 são considerados nativos de digital, são falantes nativos que dominam a linguagem dos computadores, videogames e da internet diferenciando dos seus professores que são classificados como imigrantes digital que se adaptaram a essa realidade.

Ressaltando esta realidade o professor Cassany na sua palestra em fevereiro/2015, Do papel a tela – o melhor, o pior e o diferente, na *Universidad Peruana de Ciencias Aplicadas*, menciona a mudança da maneira de ler e escrever na atualidade, as pessoas nos celulares, nas tablets, e nos computadores do que no papel.

Entretanto apesar da familiaridade como o mundo virtual alguns estudantes demonstraram dificuldade na administração do tempo em relação ao cumprimento do cronograma das atividades propostas. Observa-se que na sociedade peruana o atraso não é entendido como uma questão que causa transtornos na vida cotidiana, talvez isso contribua para a compreensão na dificuldade na administração de tempo do estudante. Citando Vygotky (1989), a cultura é um produto da vida social e da atividade do homem, sendo, portanto, parte da natureza de cada pessoa. Não há como excluir o aspecto cultural do processo de desenvolvimento humano, pois a dinâmica interna presente nas relações pessoais é totalmente mediada pelas formas da cultura.

192

Complementando essa ideia, Almeida Filho (2002) afirma que a cultura governa a maior parte das atitudes, dos comportamentos, das representações e dos costumes dos falantes de uma língua. Ela orienta as ações e as perspectivas desses falantes frequentemente sem que eles estejam conscientes disso.

Abaixo depoimentos de dois estudantes sobre o curso:

Estudante 1:

"Os pontos positivos do curso foram que eu aprendi sobre os momentos mais importantes da história do Brasil. Eu não sabia quase nada sobre a história do Brasil e o curso me fez conhecer muitos acontecimentos sobre a formação do povo brasileiro e a professora sempre estava disposta a ajudarmos.

Os pontos negativos foi que o curso somente era uma vez por semana e duas horas presenciais. Eu acho que seria melhor que fosse duas vezes por semana aulas presenciais e duas virtuais".

Estudante 2:

"No caso do curso de Língua e Cultura Brasileira, o conteúdo foi muito completo e me permitiu aprender muito da história e da cultura do Brasil. Antes disso eu não sabia quase nadado Brasil e os materiais para minha aprendizagem foram fáceis de entender. O problema foi que muitas vezes os prazos para fazer as atividades e revisar os conteúdos na aula virtual foram curtos demais e eu não pude completar todos os temas da semana. Um aspecto positivo, porém, foi a facilidade para comunicar-me cm a professora e resolver as dificuldades que surgiram durante o curso".

1. Curso de Língua e Cultura Brasileira

A carreira de Tradução e Interpretação Profissional tem como missão formar profissionais com o domínio da sua língua materna e de duas línguas estrangeiras, com uma sólida formação intercultural, hábeis para estabelecer vínculos com outros, adequar-se ao uso de ferramentas informáticas, assim como competentes na elaboração e execução de projetos. As competências especificas da carreira são: habilidades interpessoais; interculturalidade; interpretação; investigação; língua materna; segundas línguas; tecnologia; tradutologia. Entretanto as competências gerais onde se enquadra o ensino de segundas línguas são:

• Comunicação escrita: capacidade para construir mensagens com conteúdo relevante, argumentos sólidos e claramente conectados e adequados a diversos propósitos; e

• Comunicação oral: capacidade de transmitir mensagens orais de maneira eficaz para diversas audiências, usando diferentes recursos que facilitem a compreensão da mensagem.

Na grade curricular da carreira de tradutor e intérprete profissional, a disciplina Língua e Cultura Brasileira é um curso obrigatório depois de concluídos os cinco semestres do curso de português. O objetivo desta disciplina é ensinar a cultura e a história do Brasil por meio de texto e vídeos autênticos em português brasileiro e assim equipar o aluno de recursos linguísticos necessários para aumentar a sua capacidade argumentativa e alcançar o nível C1 do Quadro Europeu Comum de Referência.

Relembrando o quadro europeu comum de referência para as línguas para nível C1, avançado, ao que se refere à:

1. Compreensão oral: o indivíduo é capaz de compreender uma exposição longa, mesmo que não esteja claramente estruturada ou quando a articulação entre as ideias esteja apenas implícita e compreender programas de televisão e filmes sem grande dificuldade.

2. Leitura: o estudante será capaz de compreender textos longos e complexos, literários e não literários, e distinguir estilos como compreender artigos especializados e instruções técnicas longas, mesmo quando não se relacionam com a minha área de conhecimento.

3. Expressão oral: o indivíduo será capaz expressar-se de forma espontânea e fluente, sem dificuldade aparente em encontrar as expressões adequadas; utilizar a língua de maneira flexível e eficaz para fins sociais e profissionais; formular ideias e opiniões com precisão e adequando o discurso ao dos seus interlocutores; e de apresentar descrições claras e detalhadas sobre temas complexos desenvolvendo aspectos particulares e chegando a uma conclusão apropriada.

4. Produção escrita: o aprendiz será capaz de escrever cartas, comunicações ou relatórios sobre assuntos complexos, pondo em evidência os aspectos que considere importantes.

Atualmente a aprendizagem híbrida conhecida como *"Blended Learning"* é uma tendência no ensino de línguas estrangeiras nas universidades peruanas e esta é a primeira vez que o curso de língua e cultura foi oferecido nesta modalidade.

O curso Língua e Cultura Brasileira teve uma carga horária de 4 horas semanais, sendo 2 horas presenciais e 2 horas virtuais, e durou 15 semanas, tendo uma carga horária total de 60 horas. Objetivou oferecer aos alunos de Tradução e Interpretação uma visão geral sobre o contexto cultural e histórico dos Brasil e teve como eixos temáticos: origem da Língua Portuguesa; variação linguística; expansão marítima portuguesa; a formação do povo brasileiro; linha do tempo política econômica brasileira; arte; música e literatura. Mais detalhes sobre cada unidade de aprendizado vide anexo 3.

Em linhas gerais, argumentar é convencer outra pessoa sobre determinado tema e para isso é preciso um raciocínio coerente e convincente baseado em verdades ou fatos. De acordo com Von Clausewitz[29], saber argumentar é, em primeiro lugar, saber integrar-se ao universo do outro e obter aquilo que

---

[29] Página 3 – A arte de argumentar, Gerenciando Razão e Emoção, Antônio Suarez Abreu

queremos, de modo cooperativo e construtivo, traduzindo nossa verdade dentro da verdade do outro.

O estudo e as discussões de temas da cultura brasileira em paralelo à cultura peruana e o desenvolvimento de atividades tanto em aula presencial como na virtual (debates, fóruns de discussão, wikis, questionários virtuais, artigo de opinião, texto narrativo, resumo) proporcionaram ao estudante o uso efetivo da língua em contextos diversos, possibilitando-o adquirir um vocabulário mais extenso e especializado, assim como expressões coloquiais e idiomáticas e outras competências comunicativas necessárias que um tradutor/intérprete devem ter para ser um usuário competente no idioma e assim poder argumentar com autoridade na língua estrangeira.

CONCLUSÕES

a)   A mudança do curso presencial para a modalidade *blended* a princípio gerou ansiedade tanto no docente como no estudante até adaptarem-se às suas novas posturas.

b)   Apesar de serem nativos digitais, alguns estudantes tiveram dificuldade em adaptar-se a esta modalidade de ensino porque lhes faltaram autonomia na administração tempo de desenvolvimento das tarefas propostas.

c)   As discussões e as atividades sobre os temas estudados da cultura brasileira em paralelo à cultura peruana aumentaram a capacidade de argumentação do estudante da carreira de tradutor e intérprete profissional.

REFERÊNCIAS

Abreu, Antonio Suarez. A arte de argumentar, Gerenciando Razão e Emoção, Antônio Suarez Abreu, Editora Atelie, 2009.

Cassany, Daniel e Glória Sanz, Marta Luna. Enseñar Lengua. Editorial Grao, Barcelona,1994.

Lo Cascio, Vincenzo. Gramática de la argumentación. Editorial Alianza, Madrid, 1998.

Magadán, Cecilia. Integración de la tecnologia educativa en el aula enseñar Lengua y Literatura con las TIC, Buenos Aires, Cengage Learning Argentina, 2013.

Quadro Europeu Comum de Referências para as línguas: Aprendizagem, ensino, avaliação. Coleção perspectivas atuais /educação. Edições Asa. 2001. Manual.

Santos, Percilia. – Alvarez, Maria Luisa Ortiz. Língua e cultura no contexto de português língua estrangeria, Campinas, SP: Pontes Editores, 2010.

Revista Digital

Gonçalves, Adilson Luiz. O trabalho docente num contexto híbrido: presencial x virtual. Revista Digital da CVA, Volume 6, Número 2/2009.

EDUTEC. Revista Electrónica de Tecnología Educativa Número 48/2014.

Manual de Metodologia Ativa – Universidad Peruana de Ciencias Aplicadas. Edição 2012

Prensky Marc. Nativos Digitales Inmigrantes Digitales. *On the Horizon (MCB University Press*, Vol. 9 No. 6, December 2001).

Guia do estudante

Semana 5   21 a 25 de abril

Curso: Língua e Cultura Brasileira

Objetivo da aula: No final da aula, o estudante relata a Guerra do Paraguai.
Para alcançar o objetivo da aula propomos-lhe desenvolver as seguintes
atividades:

	Tarefa a realizar	Prazo
1	Assista o documentário "*A historia do Bra*|respond a o questionário sobre a Guerra	Dia 2 22 de abril
2	Participe do **Fórum da Sessão 10** respondendo à pergunta e comentando a participação de um companheiro.	Dia 3 23 de abril
3	Assista novamente o documentário, anote os pontos mais importantes e desenvolva um texto narrativo sobre o tema. Suba o arquivo no ícone da aula virtual – **Texto Guerra do Paraguai.**	Dia 4 e 5 24 e 25 de abril
Fórum de dúvidas acadêmicas	Faça suas consultas no fórum de dúvidas acadêmicas da unidade.	

Semana: 5
Sessão: 10
FICHA DE ATIVIDADE

Tipo de atividade	Debate e produção de um texto narrativo sobre a Guerra do Paraguai.
Indicador do Objetivo	No final da aula, o estudante relata a Guerra do Paraguai.
Tipo de participação	Individual
Duração	2 horas
Modalidade	*On line*
Descrição	1. Questionário – logo depois de assistir e documentário responda o questionário. 2. Participar de foro – responda à pergunta e comente a participação de um companheiro. 3. Texto narrativo sobre a guerra do Paraguai – desenvolva um texto narrativo baseado no documentário assistido.
Recursos	Documentário https://www.youtube.com/watch?v=UIi0NNpBn5U

Anexo 3

I. Informação Geral

Curso: Língua e Cultura Brasileira versão *Blended Learning*
Código: TR96
Ciclo: 2015-1
Professora: Adriana Domenico Cestari
Créditos: 3
Semanas: 15
Horas: 2 horas presenciais por semana /2 horas virtuais por semana
Total de horas: 64 horas
Área ou Carreira: Tradução e Interpretação Profissional

II. Missão e Visão da UPC

Missão: formar líderes íntegros e inovadores com visão global para que transformem o Peru.
Visão: Ser líder na educação superior por sua excelência acadêmica e sua capacidade de inovação.

III. Introdução

O curso Língua e Cultura Brasileira é um curso teórico/prático que oferece aos estudantes de Tradução e Interpretação uma visão geral sobre o contexto cultural e histórico dos países lusófonos, com ênfase no Brasil, já que o Brasil desempenha um papel econômico e geopolítico preponderante na América do Sul. O conteúdo das diferentes unidades permitirá ao estudante entender o contexto em que se desenvolveu a sociedade brasileira desde o século XVI até a atualidade permitindo que se expresse na língua portuguesa de maneira fluida tanto na oralidade como na escrita.

IV. Objetivo do curso

No final do curso o estudante reflete sobre os aspectos históricos, geográficos e culturais do Brasil e bem como sobre suas instituições e suas relações com a sociedade contemporânea e os temas da atualidade.

V. Unidades de Aprendizagem

Unidade 1 - A origem da Língua Portuguesa

Objetivo: No final da unidade o estudante identifica a importância das conquistas territoriais portuguesas na difusão de idioma português e suas diversidades linguísticas no mundo de maneira responsável.

Conteúdo Programático:
- Evolução da língua portuguesa
- Expansão marítima portuguesa e suas conquistas
- Os Lusíadas
- Países que fazem parte da CPLP
- Português do Brasil e suas variantes
- A importância da língua portuguesa na atualidade

Horas / Semanas: 1 e 2

Unidade 2 - Brasil Colônia

Objetivo: No final da unidade o estudante explica os fatos que marcaram a chegada dos conquistadores portugueses no Brasil e o processo de colonização de maneira crítica.

Conteúdo Programático:
- A chegada dos portugueses no Brasil
- Missões jesuítas e os indígenas
- Capitanias hereditárias e Tratados de Tordesillas
- As primeiras cidades
- A chegada da Família Real no Brasil
- Inconfidência Mineira
- Cana-de-açúcar e ouro
- Quinhetismo y Barroco

Horas / Semanas: 3 e 4

Unidade 3 - Brasil Império

Objetivo: No final da unidade, o estudante explica as consequências sociais, econômicas e culturais do processo de escravidão no Brasil de maneira comparativa.

Conteúdo Programático:
- Escravidão no Brasil
- Lei do Ventre Livre; Eusébio de Queiroz; Sexagenários e Áurea
- Guerra do Paraguai
- Ciclo da Borracha
- Arcadismo, Romantismo e Realismo

Semana 7 – Revisão para Avaliação Parcial

Horas / Semanas: 5 e 6

Unidade 4 - Brasil República

Objetivo: No final da unidade o estudante compara entre o processo imigratório do Brasil e suas consequências sociais, econômicas e culturais de maneira crítica.

Conteúdo Programático:

- Proclamação da República
- Chiquinha Gonzaga – e o samba no Brasil
- Os imigrantes
- Ciclo do Café
- Era Vargas
- Lampião e Maria Bonita – O Cangaço brasileiro
- Construção de Brasília
- Jânio Quadros
- Semana de Arte Moderna

Horas / Semanas: 9 e 10

Unidade 5 - Brasil Ditadura e Pós-Ditadura Militar

Objetivo: No final da unidade o estudante analisa a transformação política, social, econômica e cultural de Brasil devido a Ditadura Militar de maneira responsável.

Conteúdo Programático:

- Golpe Militar
- Indústria, comércio e agricultura
- Futebol a paixão do Brasileiro
- Os grandes festivais
- Anistia no Brasil
- Diretas já
- Chacrinha, Silvio Santos, Roque Santeiro, Circo Voador, Rock in Rio e a TV Brasileira.

Horas / Semanas: 11 e 12

Unidad 6 - Brasil Generación Cara-Pintadas do sonho a realidade

Objetivo: No final da unidade o estudante reflete os diferentes processos políticos-econômicos e sua influência nas manifestações artísticas de maneira crítica.

Conteúdo Programático:

- Povo fiscal do Sarney
- Eleições diretas – Collor x Lula
- Itamar Franco Fernando Henrique Cardoso e o Plano Real
- Era PT – Sucesso, Desenvolvimento e Corrupção
- Paulo Coelho - o escritor mais traduzido do mundo
- Trios elétricos, Rodeios, Baile Funk e outros gêneros

Semana 15 – Revisão para Avaliação Final

Horas / Semanas: 13 e 14

VI. Metodologia

O professor será mediador do conhecimento proporcionando as aulas presenciais dinâmicas e ao mesmo tempo potenciando a participação ativa dos estudantes realizando estudo de habilidades de compreensão (leitura e oral) e produção de textos (orais e escritos) relacionados as áreas do conhecimento da história e da cultura brasileira. As aulas virtuais oferecerão atividades interativas baseadas nos vídeos e leituras permitindo que os estudantes se expressem sobre o tema estudado de maneira crítica e responsável além de melhorar sua capacidade autônoma de trabalho.

Tanto nas aulas virtuais como presenciais proporcionarão leituras e vídeos gerando debates e discussões para que os estudantes desenvolvam trabalhos individuais ou grupos tendo a oportunidade de usar com sucesso a língua meta (língua portuguesa) tanto na oralidade como na escrita.

A retroalimentação estará presente em todo o processo de aprendizagem para que o estudante possa conscientizar-se de seus pontos forte e fracos sobre os temas estudados.

VII. Avaliação

FÓRMULA

15% (EA1) + 15% (EB1) + 10% (EX1) + 5% (PC1) + 5% (PC2) + 10% (LB1) + 10% (LB2) + 15% (CD1) + 15% (CD2)

TIPO DE NOTA	PESO
EA – Avaliação Parcial	20 %
EB – Avaliação Final	20 %
CL – Controle de Leitura 1	10 %
CL – Controle de Leitura 2	10 %
CD –Media de Avaliação de Desempenho 1	15 %
CD – Media de Avaliação de Desempenho 2	15 %
TF – Trabalho Final	10 %

VIII. Cronograma

Tipo de prova	Descrição da nota	No de Prova	Data	Observação	Recuperável
EA	Avaliação Parcial	1	Semana 8	Unidades 1-3	Sim
EB	Avaliação Final	1	Semana 16	Unidades 4-6	Sim
CL	Controle de Leitura	1	Semana 3	Em Aula Virtual (Blackboard)	Não
CL	Controle de Leitura	2	Semana 11	Em Aula Virtual (Blackboard)	Não
CD	Media de Avaliação de Desempenho	1	Semana 7	Media de três trabalhos (2 em aula presencial e 1 em aula virtual)	Não
CD	Media de Avaliação de Desempenho	2	Semana 15	Media de três trabalhos (2 em aula presencial e 1 em aula virtual)	Não
TF	Trabalho Final	1	Semana 15	Projeto em grupo	Não

Bibliografia Básica do curso:

www.bndigital.bn.br
www.academiabrasileiradeletras.org.br
www.museudalinguaportuguesa.org.br
www.museudoimigrante.org.br
FAUSTO Boris Historia do Brasil
www.usp.br/cje/anexos/pierre/FAUSTOBorisHistoriadobrasil.pdf

GÊNERO DISCURSIVO CHARGE: DO PORTAL DO PROFESSOR PARA O AMBIENTE VIRTUAL DE APRENDIZAGEM

Cléverson Alves Silva
Universidade Federal de Uberlândia, Brasil

INTRODUÇÃO

Estamos vivendo a era das grandes transformações social, política, econômica e por que não dizer discursiva. Com elas, muitas mudanças ocorreram na educação, seja nos objetivos, nas metodologias, nos conteúdos. Essas mudanças implicam o surgimento de novos gêneros discursivos que são criados pela demanda de um mercado ou a partir das necessidades de uso social da língua. Partindo desse pressuposto, é importante enfatizar aqui a necessidade de se assumir os gêneros como ponto de partida para o ensino da Língua Portuguesa - LP e a concepção de letramento como prática social (STREET, 2012; KLEIMAN, 2005), o que se desvincula de uma concepção estruturalista de língua e joga luz a uma abordagem discursiva e social, que contempla as múltiplas linguagens, a integração das novas tecnologias ao conteúdo e a concepção de linguagem como um modo de ação, de interação e de constituição de identidades sociais.

Pensando assim, escolhemos o gênero discursivo charge como foco neste estudo. Nosso objetivo é analisar e aplicar uma sugestão constituída de 05 (cinco) aulas, que aborde o gênero charge, disponível no PP-MEC, proposta para as séries finais do ensino fundamental, publicada no dia 18/11/10, intitulada: "Leitura e produção de charges" e disponível em: < http://portaldoprofessor.mec.gov.br/fichaTecnicaAula.html?aula=25116>. O intuito é investigar se essa sugestão toma a charge como objeto de ensino, se as atividades levam em conta a atuação conjunta dos recursos verbais e não verbais na construção de sentidos, se exploram a ironia e a crítica presentes no gênero e levam os alunos a compreenderem charges presentes nessa sugestão de aulas.

Nossos propósitos iniciais com esse estudo, em linhas gerais, é investigar a compreensão dos alunos de 9º ano quanto à leitura do gênero charge e, a partir dos resultados, propormos um curso no *Moodle* para minimizar as possíveis dificuldades dos alunos. Para alcançarmos nossos objetivos desenvolvemos uma pesquisa de cunho qualitativo, usando metodologias da pesquisa-ação[30], com análise descritivo-analítico-interpretativista. Contudo,

---

[30] Segundo Thiollent (2002), ela é um tipo de pesquisa social que se caracteriza por ser uma linha de investigação associada às formas de ação coletiva, orientada em função da resolução de problemas ou de objetivos de transformação. Supõe, portanto, além da participação, uma forma de ação planejada. Nesse tipo de pesquisa, [...] "os pesquisadores desempenham um

para melhor interpretação e análise dos resultados recorremos, também, à análise de dados quantitativos.

A seleção do *corpus* aconteceu por meio de pesquisas no PP-MEC, que visava encontrar sugestões de aulas para o ensino do gênero charge nas séries finais do ensino fundamental. Levando em consideração a ideia de temporalidade das charges, delimitamos trabalhar com a última sugestão de aulas publicada e é sobre ela que discutiremos neste artigo.

Participaram da aplicação 20 alunos, com idade entre 13 e 14 anos, meninos e meninas de uma turma de 9° ano do ensino fundamental de uma escola da rede estadual da cidade de Uberlândia. A base teórica do trabalho proposto está calcada nos pressupostos da Linguística Textual (KOCH, 2004; 2005; 2006 a e b), em estudos sobre gêneros do discurso e gêneros do humor (BAKHTIN, 1997; OTTONI, 2007, 2010 a e b; MAGALHÃES, 2008), nos Parâmetros Curriculares Nacionais (BRASIL, 1997, 1998, 1999) e na concepção de letramento como prática social (STREET, 2012; KLEIMAN, 2005).

Escolhemos a charge por percebermos que os alunos têm muito acesso a textos desse gênero dentro e fora da sala de aula, mas apresentam dificuldades de compreendê-los e de identificar o efeito de sentido humorístico. Como já existem trabalhos de pesquisa sobre o gênero humorístico charge em livros didáticos, nós decidimos pesquisar em outras fontes de recurso também disponíveis para o professor. Escolhemos o PP-MEC pelo fato de ser uma iniciativa do governo federal que tem como finalidade fornecer outros subsídios para o professor.

A sequência deste artigo encontra-se organizada em 4 seções. Na primeira seção, apresentamos uma visão geral dos gêneros discursivos na perspectiva bakhtiniana. Na seção dois, discutimos o conceito do gênero charge. Na terceira seção, relatamos a aplicação da sugestão e tecemos uma análise sucinta dos dados. Na quarta seção, apresentamos em linhas gerais o curso de leitura de charges criado no Ambiente Virtual de Aprendizagem (AVA) - *Moodle*, e, por fim, apresentamos as considerações finais e as referências.

GÊNERO DISCURSIVO NA PERSPECTIVA BAKHTINIANA

Tomamos a concepção bakhtiniana de gênero como aporte para o trabalho com os gêneros, principalmente, por reconhecermos que Bakhtin tem apresentado muitas contribuições para os estudos da linguagem. Segundo esse autor:

> todas as esferas da atividade humana, por mais variadas que sejam, estão sempre relacionadas com a utilização da língua. Não é de surpreender que o caráter e os modos dessa utilização sejam tão

---

papel ativo no equacionamento dos problemas encontrados, no acompanhamento e na avaliação das ações desencadeadas em função dos problemas" (THIOLLENT, 2002, p. 15).

variados como as próprias esferas da atividade humana, o que não contradiz a unidade nacional de uma língua. A utilização da língua efetua-se em forma de enunciados (orais e escritos), concretos e únicos, que emanam dos integrantes duma ou doutra esfera da atividade humana. O enunciado reflete as condições específicas e as finalidades de cada uma dessas esferas, não só por seu conteúdo (temático) e por seu estilo verbal, ou seja, pela seleção operada nos recursos da língua – recursos lexicais, fraseológicos e gramaticais –, mas também, e sobretudo, por sua construção composicional. Estes três elementos (conteúdo temático, estilo e construção composicional) fundem-se indissoluvelmente no *todo* do enunciado, e todos eles são marcados pela especificidade de uma esfera de comunicação. Qualquer enunciado considerado isoladamente é, claro, individual, mas cada esfera de utilização da língua elabora seus *tipos relativamente estáveis* de enunciados, sendo isso que denominamos *gêneros do discurso.* (BAKHTIN, 1997, p. 279, grifos do autor)

Bakhtin afirma que devemos levar em consideração os elementos constitutivos do gênero: *conteúdo temático* - o que é ou pode tornar-se dizível por meio do gênero; *construção composicional* – os elementos que entram na composição e estrutura do gênero, o modo como as esferas sociais organizam os enunciados; e *o estilo* - configurações específicas que dizem respeito ao uso típico dos recursos lexicais, fraseológicos e gramaticais da língua. Esses aspectos apresentam total relação entre si e são definidos em função das especificidades de cada esfera de comunicação.

De acordo com os PCN, existe um número quase ilimitado de gêneros que variam de acordo com a época, a cultura e de suas finalidades. Dessa maneira, torna se impossível para a escola o trabalho com todos eles, e surge a necessidade de priorizar aqueles que devem ser mais aprofundados. Conforme os PCN:

Os textos a serem selecionados são aqueles que, por suas características e usos, podem favorecer a reflexão crítica, o exercício de formas de pensamento mais elaboradas e abstratas, bem como a fruição estética dos usos artísticos da linguagem, ou seja, os mais vitais para a plena participação numa sociedade letrada. (BRASIL, 1998, p. 24)

Ao tomarmos os PCN como diretrizes para o ensino da LP, consideramos que a charge pode favorecer a reflexão crítica sobre questões polêmicas na sociedade e sobre os efeitos de sentidos construídos por meio da conjugação do verbal e do não verbal, por isso tomamos esse gênero como objeto de ensino.

O GÊNERO CHARGE

Acreditamos que a charge seja um texto divertido e ao mesmo tempo sério, principalmente por conseguir sintetizar com criticidade questões políticas, econômicas e sociais, de maneira bem humorada. Isso exige do leitor um conhecimento de mundo amplo e contextualizado para construção de sentidos em determinada temporalidade e ao mesmo tempo desenvolve, também no leitor, a possibilidade de perceber a crítica e a ironia na construção de sentidos humorísticos. A nosso ver, a compreensão da charge contribui muito para o processo de letramento do seu leitor. Um aluno potencialmente mais crítico tem condições de exercer de forma mais ativa a sua cidadania.

Fernando Moretti [1995] afirma que a charge surgiu a partir da caricatura, no século XIX, quando o desenhista francês, Honoré Daumier, usava o traço para criticar o governo da época no jornal *La Caricature*. A sua opinião era traduzida por meio dos traços de imagens sintéticas que combinavam pessoas, representando a figura social, as vestimentas para caracterizar a classe social e o cenário compondo a situação. Para o cartunista,

> Caricaturar é deformar as características marcantes de uma pessoa, animal, coisa, fato, mantendo-as próximas do original para haver referência na identificação. A caricatura, em geral, pode ser usada como ilustração de uma matéria (fato), mas quando esse "fato" pode ser contado inteiramente numa forma gráfica, é chamado de charge. (MORETTI, [1995], s/p)

O gênero do humor charge, termo francês que significa carregar, exagerar e até mesmo atacar violentamente representa o risco, ou seja, o ataque principalmente às áreas políticas, social, podendo ser expandido também para o esporte e a religião, o que fez a charge uma "forma de expressão" muito usada no meio jornalístico.

A relação da charge com o contexto é direta, é a situação que gera a produção da charge. Dessa forma, o conhecimento do contexto social, político, histórico que está sendo retratado na charge é elemento fundamental para a compreensão do gênero. Igualmente, a identificação e compreensão da intertextualidade são importantes para a construção de sentidos.

A charge estática, de acordo com Moretti [1995], é comumente organizada graficamente por uma imagem e por uma sequência de duas ou três cenas. Não há um modelo padrão, ela pode estar dentro de um quadrinho ou aberta com balões ou legendas. Uma característica que diferencia a charge de outros gêneros do humor como a tirinha e o cartum é o fato de ela estar ligada a elementos locais e temporais, o que a torna perecível. Se não houver partilha das informações que estão sendo caricaturadas, não há compreensão do gênero e a charge perde o impacto e o seu sentido.

A charge apresenta como principal função informar, denunciar e criticar os problemas sociais. A grande circulação desse gênero na contemporaneidade e a sua importância para desenvolver no aluno habilidades de leitura, criticidade, persuasão e argumentação, que segundo Vasconcelos (2009), interferem no processo de decisões políticas e ideológicas do leitor/espectador, fazem da charge um gênero muito importante para contribuir com o letramento como prática social.

Pensar em letramento como prática social implica em focar nas interações existentes entre os sujeitos, analisando os participantes, as ações que estão sendo desempenhadas e o papel dessas ações na sociedade, além de observar as relações de poder que envolvem os letramentos nas instituições sociais e o propósito desse letramento.

Para Kleiman (2007, p. 8), "a prática social não pode senão viabilizar o ensino do gênero, pois é seu conhecimento o que permite participar nos eventos de diversas instituições e realizar as atividades próprias dessas instituições com legitimidade".

APLICAÇÃO DA SUGESTÃO DE AULAS E ANÁLISE DOS DADOS

Antes de procedermos à aplicação das aulas, nós as analisamos com o propósito de investigar se elas tomavam a charge como objeto de ensino, se contemplavam as especificidades do gênero, o contexto de produção, a temática, o estilo e a construção composicional, se levavam em conta o embarcamento dos recursos verbais e imagéticos, se exploravam a ironia e a crítica presentes no gênero na construção do efeito de sentido humorístico, tão caros a charge.

Observamos que as autoras ao tomarem o gênero como objeto de ensino e levarem em conta o verbal e o não verbal seguiram a sugestão dos PCN, o que consideramos muito pertinente. Porém, a nosso ver, as aulas apresentam algumas lacunas tais como: a) o trabalho com gênero fora do seu *locus* real de circulação; b) o trabalho parcial com os elementos constitutivos do gênero; c) o exagerado número de charges, além da caricatura, para serem analisadas, tornando as questões repetitivas; d) a falha em não abordarem a diferença entre charge e caricatura; e) uma produção textual com uma única temática relacionada à política e com um modo imagético determinado.

A aplicação ocorreu durante as aulas de LP, ministradas pelo próprio professor pesquisador, no laboratório de informática, ao longo de aproximadamente uma semana letiva, totalizando 04 (quatro) aulas.

O objetivo dessa aplicação foi investigar se esses alunos compreendem charges presentes em sugestões de aulas de LP do ensino fundamental, propostas no PP-MEC, e averiguar se a sugestão de aulas do PP-MEC toma o gênero como objeto de ensino, se leva em conta a atuação conjunta dos recursos verbais e não verbais na construção de sentidos, se explora a ironia e a crítica presentes no gênero e como elas atuam na construção de sentido humorístico.

Com o intuito de facilitar a categorização das respostas dadas às questões propostas na sugestão de aula do PP-MEC, de motivar e chamar a atenção do aluno para a participação na pesquisa e para propiciar que os alunos tivessem acesso às charges coloridas, organizamos as atividades da sugestão de aulas em forma de um questionário *on-line*, usando um formulário do *Google docs*. Levando em consideração que o nosso foco é a leitura do gênero, e não a sua produção, não utilizamos a proposta de produção sugerida pelas autoras. Além disso, para facilitar a leitura dos textos e as respostas aos questionamentos, reorganizamos a apresentação das atividades alterando o *layout* e a disposição de cada uma delas.

Nesse formulário, incluímos as charges, as questões de leitura presentes na sugestão de aulas do PP-MEC e espaços designados para respostas das questões. O questionário foi dividido em duas partes: a primeira aplicada em duas aulas geminadas no primeiro dia da aplicação e a segunda parte, também em duas aulas geminadas, no segundo dia.

Esse questionário estruturado foi trabalhado individualmente, sem uma discussão prévia sobre o texto, para sondar a habilidade de compreensão do gênero e para identificar as dificuldades dos respondentes. Destacamos que ao longo da vida escolar os alunos leem vários exemplares desse gênero, nos livros didáticos e nas próprias avaliações, bem como fora da sala de aula, ou seja, os alunos não partiram de um conhecimento zero acerca do gênero charge.

Para garantir a preservação da identidade dos alunos, cada aluno recebeu um código para ser inserido no formulário *Google docs* no momento de responder ao questionário[31]. No primeiro e no segundo dia de aplicação, durante as aulas de LP, levamos os alunos para o laboratório de informática da escola. No laboratório, com todos os alunos sentados individualmente em frente a cada computador conectado à internet, demos as instruções para o preenchimento das questões no *google docs*. A primeira tarefa dos alunos foi preencher no campo específico o código de segurança que receberam. Os alunos foram orientados a responder individualmente sem a consulta dos colegas.

No decorrer das quatro aulas, percebemos que os alunos estavam interessados em participar e dar suas respostas, porém apresentavam muitas dificuldades de compreender as charges, provavelmente, por não partilharem as informações veiculadas ali, confirmando a análise feita da aula, antes de sua aplicação. Alguns exemplos que podemos destacar é a incompreensão da sigla CPI, que faz parte da esfera política, o não reconhecimento de personagens caricaturados, principalmente o candidato à presidência de 2010, Plínio de Arruda Sampaio e José Serra. Já as candidatas Dilma e Marina, provavelmente pelo fato de terem sido candidatas para a eleição de 2014, foram facilmente reconhecidas pela maioria dos alunos.

---

[31] A partir de agora iremos nos referir à aplicação da proposta de aula como sendo o questionário aplicado por meio do *google docs*.

210

Para facilitar a coleta de informações e, para a tabulação dos dados, criamos quatro categorias de alternativas para as respostas às perguntas, quais sejam: 1) não responderam; 2) responderam inadequadamente ao que foi questionado; 3) responderam superficialmente e ou responderam parcialmente e 4) responderam de maneira esperada.

Enquadramos na categoria 2 as respostas que apresentaram um tangenciamento total, fugindo do que era esperado. Na categoria 3, consideramos como "responderam superficialmente ou parcialmente" quando o aluno apresentou de maneira superficial uma ideia que pode se enquadrar na resposta, mas que não contemplava exatamente o que era esperado, justificando pouco conhecimento do assunto, ou a incompreensão do que estava sendo questionado, ou ainda, quando o aluno respondeu apenas uma parte do que foi questionado, ou não justificou sua resposta para aquelas questões que se aplicava, ou não elencou corretamente todos os itens solicitados.

Devido à limitação de espaço para esse artigo apresentaremos apenas exemplo da categoria 3 (três) por considera-la mais complexa em relação as demais. Vejamos o exemplo:

FIGURA 1 – Charge - Violência nas escolas

FONTE: charge retirada da sugestão de aulas analisadas do Portal.
    (b) Questão 4- O que produz o efeito humorístico na charge lida?
R. "o fato dele ter tirado 0"

O fato de o aluno ter tirado nota zero pode contribuir para a produção do efeito humorístico na charge, contudo o estudante deveria ter complementado sua resposta dizendo que, por se tratar de um aluno violento, o que é representado imageticamente, a nota zero deixou a professora totalmente insegura e com medo de lhe dizer a sua nota, isso também pode

211

ser percebido por meio dos recursos verbal e não verbal. O humor está no fato de o professor, que até certo tempo era considerado uma autoridade, demonstrar medo em repassar a nota zero para o aluno e do fato de desvelar a mudança de papeis dentro do espaço escolar e a fragilidade de muitos docentes em relação a situações diversas enfrentadas na escola decorrentes da violência, das drogas, etc.

Na categoria 4, incluímos as respostas que comtemplaram de maneira total o que foi questionado, exemplificando e justificando quando solicitado.

Abaixo, apresentamos um quadro contendo os resultados quantitativos da aplicação da aula do Portal. Acreditamos que a apresentação desse quadro com os dados quantitativos facilita para que o leitor tenha uma visão geral dos resultados e possa acompanhar os comentários que vamos tecendo sobre o desempenho dos alunos. Neste quadro, destacamos, tanto na vertical como na horizontal, os números que apresentavam 50% ou mais das respostas em cada uma das categorias.

QUADRO 1 – Resultado quantitativo da aplicação da aula do Portal.

Número da questão[32]	Categoria1 (Não responderam)		Categoria2 (Responderam de maneira inadequada)		Categoria3 (Responderam superficialmente e/ou parcialmente)		Categoria4 (Responderam adequadamente)		Total de respostas
01	0	0%	0	0%	0	0%	20	100%	20
02	0	0%	3	15%	16	80%	1	5%	20
03	0	0%	2	10%	10	50%	8	40%	20
04	0	0%	0	0%	9	45%	11	55%	20
05	0	0%	3	15%	5	25%	12	60%	20
06	0	0%	5	25%	12	60%	3	15%	20
07	0	0%	5	25%	11	55%	4	20%	20
08	0	0%	3	15%	15	75%	2	10%	20
09	0	0%	0	0%	18	90%	2	10%	20
10	0	0%	8	40%	10	50%	2	10%	20
11	0	0%	11	55%	7	35%	2	10%	20
12	0	0%	0	0%	15	75%	5	25%	20
13	0	0%	2	10%	18	80%	0	0%	20
14	0	0%	10	50%	8	40%	2	10%	20
15	0	0%	2	10%	2	10%	16	80%	20
16	0	0%	5	25%	7	35%	8	40%	20
17	0	0%	4	20%	8	40%	8	40%	20
18	0	0%	3	15%	12	60%	5	25%	20
19	0	0%	1	5%	5	25%	14	70%	20
20	0	0%	10	50%	2	10%	8	40%	20

[32] Dada a limitação de espaço para este artigo não foi possível reproduzir as questões, consideramos importante que o leitor acesse a sugestão de aulas para melhor acompanhar a análise.

21	0	0%	0	0%	18	80%	2	10%	20
22	0	0%	16	80%	4	20%	0	0%	20
23	0	0%	0	0%	7	35%	13	65%	20
24	0	0%	15	75%	5	25%	0	0%	20
25	0	0%	9	45%	9	45%	2	10%	20
26	0	0%	10	50%	5	25%	5	25%	20
27	0	0%	4	20%	14	70%	2	10%	20
28	0	0%	7	35%	11	55%	2	10%	20
29	0	0%	3	15%	14	70%	3	15%	20
30	0	0%	11	55%	7	35%	2	10%	20
31	0	0%	2	10%	6	30%	12	60%	20
32	0	0%	7	35%	9	45%	4	20%	20
33	2	10%	4	20%	12	60%	2	10%	18
34	3	15%	5	25%	11	55%	1	5%	17

FONTE: Resultado da aplicação da aula do Portal.

Em seguida, com base nos resultados destacados no quadro, fizemos uma análise em relação ao desempenho dos alunos colaboradores. Para isso agrupamos todas as 34 (trinta e quatro questões) em grupos de perguntas afins, o que resultou em 9 (nove) grupos de perguntas que apresentavam uma relação entre si. Apontamos os resultados mais expressivos e que saltam aos olhos de acordo com os destaques do QUADRO 1.

O primeiro grupo possui apenas a questão de número 1 que aborda a temática. Embora todos os alunos apresentaram uma resposta considerada certa, acreditamos que as respostas dadas foram muito reducionistas, ficando apenas centrada do título da charge, deixando de contemplar tudo aquilo que, segundo Bakhtin, é ou pode tornar-se dizível por meio do gênero.

O segundo grupo, engloba as questões de número 2, 5, 8, 9, 13, 18, 21, 24 e 26. As respostas dadas para a questão 24, "Identifique o contexto que motivou os desenhistas a escolherem essas pessoas para caricaturar", chamaram-nos a atenção. Vejamos os resultados: a) 75% dos colaboradores responderam de maneira totalmente inadequada, b) 25% responderam superficialmente. Para ilustrar, destacamos as respostas respectivamente na ordem desses resultados.

a) "ele queria mostrar que eles e como se fosse uma dupla que só faz coisas erradas".

b) "A charge a cima esta mostrando que durante a época eleitoral os políticos fazem de tudo para poder chamar a atenção do publico".

Notamos que a contextualização histórico-social motivadora para a produção das charges lidas não foi totalmente compreendida pelos alunos, provavelmente pelo fato de não conhecerem os eventos específicos que influenciaram a produção das charges. A nosso ver, o que motivou os chargistas para a produção da charge foi os resultados de uma das pesquisas de IBOPE, entre os candidatos a presidente das eleições de 2010, Dilma Rousseff e José Serra.

213

Partindo para o terceiro grupo, em que o foco é o efeito humorístico, destacamos as questões 4, 14, 16 e 17. Tomando como exemplo a questão 4, "O que produz o efeito humorístico na charge lida?", obtivemos o seguinte resultado: a) 45% responderam parcialmente e b) 55% respondeu de maneira esperada. Vejamos algumas dessas respostas:

a) "A professora com medo do aluno"

b) "O que produz é a professora com medo de falar a nota ao invés do aluno que teria que ter medo de ouvir a nota.

Podemos observar que a primeira resposta é parcial ao que foi questionado, só o fato de a professora estar com medo não garante o efeito humorístico. Já na segunda resposta, o aluno conseguiu apontar o que gerou o efeito de humor.

O quarto grupo de questões está relacionado aos conhecimentos prévios necessários para a leitura das charges. Nesse grupo configuram as questões 6, 10, 11 e 30. Percebemos que mais de 50% dos alunos apresentaram grande dificuldade em responder as questões de número 11 e 30, "Quais são os conhecimentos prévios necessários para que o leitor compreenda a charge apresentada?", para essas questões obtivemos o seguinte resultado: a) 55% dos alunos responderam de maneira inadequada a essas duas questões; b) 35% responderam de maneira parcial e c) 10% responderam de maneira satisfatória.

a) "por que ninguem voto nele".

b) "a canditatura do deputado tiririca"

c) "Saber quem é o personagem da charge, e o porque de o "pior que tá não fica".

No quinto grupo, encontramos uma questão que aborda a ironia, "Explique a ironia presente na charge anterior". Apenas 20% dos alunos, ou seja, uma pequena parte conseguiu responder à questão de maneira mais próxima ao que esperávamos. Vejamos uma dessas respostas:

c) "O personagem faz uma ironia a respeito da política, saúde, corrupção no brasil mostrando a todos de uma forma "engraçada" que o Brasil está em um fase muito ruim a respeito da política da saúde na corrupção".

O sexto grupo contempla as questões 12, 15 e 19 que fazem parte da interpretação das charges. As questões eram abertas e permitiam respostas amplas, dessa forma, no que tange as questões de interpretação das charges, a maioria dos alunos apresentou uma compreensão parcial das charges apresentadas nas atividades.

No sétimo grupo, compreendem-se as questões 20, 22, 23, 27, 28 e 29 e 31. Tomamos como exemplo a questão de número 22, "Sem o conhecimento dos fatos focalizados nessa charge seria possível para o leitor compreendê-la? Justifique sua resposta". Os resultados não foram satisfatórios, foi a questão que obteve o maior número de respostas inadequadas: a) 80% dos alunos não apresentaram uma resposta satisfatória, b) 20% não souberam justificar bem suas respostas.

a) "Sim-Pois esse acontecimento relata uma comparação real de um trabalhador e um político".

b) "Não, pois a pessoa acharia que seria uma comparação qualquer".

A nosso ver, parece que o problema aqui está na leitura do enunciado, pois observe que na resposta "a" o aluno se contradiz. Primeiro ele afirma que sem o conhecimento dos fatos seria possível compreendê-la e ao se justificar ele afirma que se trata de um acontecimento real, ou seja, para dar essa afirmação ele já conhecia os fatos. Faltaram justificativas que contemplassem o que foi questionado.

No oitavo grupo, as questões 25, 32 e 34 estão relacionadas à função social do gênero. Percebemos que os alunos possuem certa dificuldade de compreender a função social da charge. Na questão de número 25 "Que função cumpre a caricatura em nossa sociedade?", percebemos que: a) 45% dos alunos responderam de maneira inadequada. Vejamos um exemplo:

a) "Que os presidentes usam o ibope para convencer as pessoas a votarem neles".

Como podemos perceber a resposta dada não tem relação nenhuma com a função social do gênero.

O nono grupo é composto por apenas uma pergunta - 33 "Quais são as características composicionais do gênero charge?", obtivemos os seguintes resultados: a) 20% dos alunos apresentaram respostas não condizentes com a construção composicional do gênero. b) 70% apresentaram algumas características composicionais e c) 10% não responderam a pergunta.

a) "um comediante virando politico".

b) "Informações verbais e não verbais".

Como podemos perceber, apesar de os alunos apresentarem dificuldade de elencar todos os elementos composicionais da charge, 70% apresentaram algumas características composicionais da charge. O que torna esse resultado muito relevante.

De acordo com o resultado quantitativo da aplicação da aula do Portal, obtivemos apenas 27,05% de respostas adequadas. Veja o gráfico abaixo:

GRÁFICO 1 - Resultado quantitativo da aplicação da aula do Portal

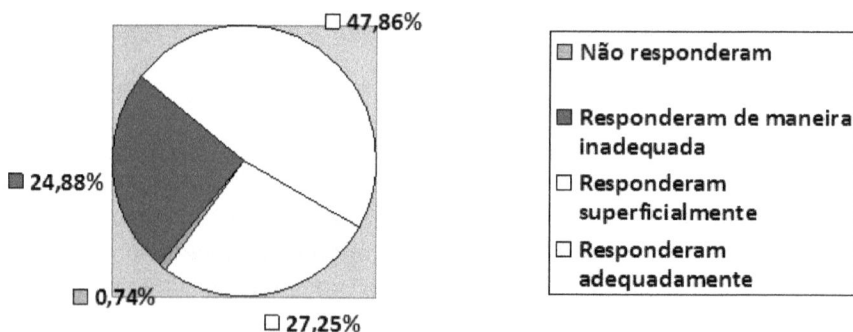

□ 47,86%

■ 24,88%

□ 0,74%

□ 27,25%

| ■ Não responderam |
| ■ Responderam de maneira inadequada |
| □ Responderam superficialmente |
| □ Responderam adequadamente |

FONTE: Resultado da aplicação da aula do Portal.

Além disso, os resultados da análise do corpus e de sua aplicação apresentaram algumas lacunas, dentre elas: trabalho com gênero fora do seu *locus* real de circulação; não definição da concepção de gênero adotada, pouca abordagem de questões que contemplassem a temática, características composicionais e estilo do gênero. Tendo em vista essas lacunas, pensamos na criação de um curso de leitura por meio do AVA - *Moodle*, cujo propósito primordial era minimizar as dificuldades de compreensão do GDC por parte dos alunos ao integrarem - TIC ao ensino de LP, e auxiliar professores no trabalho com esse gênero do humor. Apresentaremos um pouco do curso na próxima seção.

CURSO: GÊNERO CHARGE – O HUMOR NA CONSTRUÇÃO DOS SENTIDOS

Se não bastassem os sólidos princípios pedagógicos e a facilidade de ser uma ferramenta gratuita, escolhemos o *Moodle*, principalmente, devido a sua eficiência, a fácil navegabilidade e a gama de recursos que são oferecidas para contribuir com construção do conhecimento de maneira colaborativa e autônoma. O *Moodle* foi criado com base na perspectiva do construtivismo social. Sob essa visão, Teodoro e Rocha (2007) afirmam que a aprendizagem é especialmente efetiva quando se realiza tendo em vista a partilha com outros.

O aluno, por meio do AVA, tem acesso a um conjunto de recursos, os quais variam desde o material didático (textos), a diversas ferramentas, que propiciam a interação como forma de aprendizagem, permitindo que o aprendiz analise, investigue, colabore, compartilhe e, finalmente, construa seu conhecimento baseando-se no que já sabe. Tais ferramenta são: fóruns de discussão, testes, lições – tarefas, glossários, trabalhos, *chats*, *wikis*, cronograma das atividades e inclusive o acompanhamento do seu próprio desempenho em cada tarefa, por meio da ferramenta **notas**.

Organizamos o curso em cinco módulos, com duração de uma semana para cada módulo e totalizando uma carga horária de 50 horas. Para atingir nossos

216

propósitos, o curso contemplará os conteúdos organizados de acordo com o cronograma e agenda abaixo:

QUADRO 2 – Cronograma do curso

Período	Módulo	Conteúdos	Carga horária
1° semana	Módulo 1	Conhecendo o ambiente virtual de aprendizagem - *Moodle*.	10 horas
2° semana	Módulo 2	Charges: Como surgiram? Quais os meios de circulação? Quais os seus propósitos?	10 horas
3° semana	Módulo 3	Condições de produção do gênero: Qual o processo de criação da charge?	10 horas
4° semana	Módulo 4	A intertextualidade, a ironia, a crítica e o humor presentes no gênero; Características composicionais, a temática e o estilo verbal da charge.	10 horas
5° semana	Módulo 5	Aspectos fundamentais para a compreensão da charge; Análise de charge e produção de charge estática	10 horas

Os alunos, com o apoio do professor/tutor, deverão organizar e planejar cuidadosamente a distribuição do tempo necessário para cada um dos módulos. Sugerimos que cada aluno dedique uma média de 10 horas por semana, levando em consideração as atividades, as leituras e pesquisas complementares. A avaliação será formativa e processual e ocorrerá ao longo de todas as atividades do curso. Deixamos a cargo do professor/tutor a organização das atividades que serão pontuadas e os pontos para cada uma delas, de acordo com as demandas do curso. O curso poderá ser uma atividade extracurricular com a emissão de certificados pela instituição de ensino e pelo professor e ou poderá ser uma atividade planejada dentro do currículo da disciplina de LP. Dessa forma, cabe ao professor regente determinar a pontuação que poderá atribuir em cada uma das atividades.

O curso foi planejado para ser desenvolvido a distância. Para isso, o aluno deverá acessar o AVA que está hospedado no seguinte sítio: http://avadalinguaportuguesa.com.br/. Dessa forma, ele terá total apoio e acompanhamento pedagógico e tecnológico, por parte do professor/tutor e, caso necessário, também terá suporte tecnológico do responsável técnico pelo servidor do *Moodle* da escola onde pretendemos, em uma próxima oportunidade, aplicá-lo.

Acreditamos que ao final do curso o aluno será capaz de:

    ✓   identificar e localizar o gênero charge *in loco*;

    ✓   identificar regularidades do gênero quanto à sua composição temática, estilística e estrutural;

    ✓   contextualizar as condições de produção do gênero charge;

    ✓   definir com suas próprias palavras esse gênero;

    ✓   analisar e produzir charges estáticas.

Para um bom desenvolvimento do curso será necessário que o aluno tenha os seguintes conhecimentos:

    ✓   figuras de linguagem;

    ✓   gênero comunicação oral;

    ✓   intertextualidade, humor, crítica e ironia;

    ✓   produção e edição de vídeos.

Vejam a página inicial do curso:

FIGURA 02 – Página inicial do curso de leitura de charges

Fonte: AVA da língua portuguesa

Levando em consideração o espaço reduzido para esse artigo, não pudemos colocar a proposta propriamente dita. Sugerimos, para a leitura do curso na íntegra, que acesse o sítio: http://avadalinguaportuguesa.com.br/. Faça o *login* como visitante e use a senha: visitantevip!

CONSIDERAÇÕES FINAIS

A partir da nossa análise, verificamos que o resultado da aplicação da sugestão de aulas do Portal não foi satisfatório, apenas 27,25% de respostas foram consideradas adequadas. Notamos dificuldade dos alunos para a compreensão das charges presentes na sugestão de aulas do Portal. Então,

218

constatamos a necessidade de se criar uma proposta de atividades que pudesse auxiliar alunos no processo de compreensão desse gênero e professores no trabalho com as charges.

Por esse motivo, criamos o curso de leitura de charges, no ambiente virtual *Moodle*, o qual pode: a) ajudar a minimizar as dificuldades de compreensão da charge por parte dos alunos, ao integrar as TIC no ensino de LP; b) auxiliar professores no trabalho com esse gênero do humor; e c) preencher algumas das lacunas percebidas na análise da sugestão de aulas e em sua aplicação. Mostramos, então, como seria, a nosso ver, uma proposta de leitura, sem a pretensão de apresentar um manual, que permitisse ao aluno compreender o efeito de sentido humorístico e entender a charge, ao apresentamos o curso de leitura de charges, resultado final de toda a nossa investigação.

O próximo passo agora será aplicá-la e apresentar os resultados para além da nossa sala de aula, para que esta proposta possa constituir em uma reflexão sobre o trabalho com o gênero charge e em um subsídio para outros professores, autores de material didático e pesquisadores da linguagem e da educação, etc.

Acreditamos que, essa proposta poderá inspirar outros professores a utilizarem a plataforma de e-learning *Moodle* como uma ferramenta possível para auxiliá-los em atividades básicas e complementares para o ensino de suas disciplinas. E, que, ela servirá ainda de acordo com a adequação de cada realidade como sugestão para ser colocada em prática funcionando como um subsídio para outros educadores.

REFERÊNCIAS

BAKHTIN, Mikhail. *Estética da criação verbal*. São Paulo: Martins Fontes, 1997.

BRASIL. Secretaria de Educação Fundamental. *Parâmetros curriculares nacionais*: língua portuguesa. Brasília: MEC/SEF, 1997.

---. *Parâmetros Curriculares Nacionais*: 3º e 4º ciclos do Ensino Fundamental: Língua Portuguesa. Brasília/DF: MEC/SEF, 1998.

---. *Parâmetros Curriculares Nacionais* – Ensino Médio. Área de Linguagens, Códigos e suas Tecnologias. Brasília: Secretaria de Educação Média e Tecnológica/MEC, 1999.

KLEIMAN, Angela. *Preciso "ensinar" o letramento? Não basta ensinar a ler e escrever?* Cefiel/Unicamp & MEC, 2005. Disponível em: <http://www.iel.unicamp.br/cefiel/alfaletras/biblioteca_professor/arquivos/5710.pdf>. Acesso em 10 jul. 2014.

---. *Letramento e suas implicações para o ensino de língua materna*. In: Signo. Santa Cruz do Sul, v. 32 n 53, p. 1-25, dez, 2007. Disponível em: http://online.unisc.br/seer/index.php/signo/article/viewFile/242/196. Acesso em 10 jul. 2013

KOCH, Ingedore Grunfeld. Villaça. *Introdução à linguística textual.* São Paulo: Martins Fontes, 2004.

---. *O texto e a construção dos sentidos.* São Paulo: Contexto, 2005.

---. "Linguística textual: um balanço e perspectivas". In: TRAVAGLIA, Luiz Carlos (org.). *Encontro na linguagem:* estudos linguísticos e literários. Uberlândia: UDUFU, 2006a, p. 25-50.

---. *Introdução à Linguística Textual.* 1ed. 2°tiragem. São Paulo: Martins Fontes, 2006b.

MAGALHÃES, Helena Maria Gramiscelli. "Aprendendo com humor: o gênero humor e o subgênero humor negro". In: *CÍRCULO DE ESTUDOS LINGUÍSTICOS DO SUL – CELSUL, 8.*, 2008. Porto Alegre. Anais eletrônicos... UFRGS, 2008. Disponível em: <www.celsul.org.br/Encontros/08/aprendendo_com_humor.pdf >. Acesso em 15 mar. 2014.

MORETTI, Fernando. *Qual a diferença dentre charge, cartuns e quadrinho?* [1995]. Disponível em: < http://oblogderedacao.blogspot.com.br/2013/01/qual-diferenca-entre-charge-cartoons-e.html>, Acesso em: 02 mai. 2014.

OTTONI, Maria Aparecida. Resende. **Os gêneros do humor no ensino de Língua Portuguesa:** uma abordagem discursiva crítica. Uberlândia, MG. Tese (Doutorado em Linguística), Departamento de Linguística, Português e Línguas Clássicas, Universidade de Brasília, 2007.

---. "Os gêneros do humor em livros didáticos de língua portuguesa utilizados no Brasil e em Portugal". In: *ENCONTRO DO CÍRCULO DE ESTUDOS LINGUÍSTICOS DO SUL*, 9, 2010, Palhoça, SC. RAUEN, Fábio José (Org.). *Anais...* Palhoça, Ed. da Unisul, 2010a. p. 1-11. Disponível em < http://www.celsul.org.br/Encontros/09/artigos/Maria%20Ottoni.pdf>. Acesso em: 20 out. 2013.

---. et al. "A presença e a abordagem de gêneros multimodais em livros didáticos de língua portuguesa do ensino médio". *Polifonia.* Periódico do Programa de Pós-Graduação em Estudos de Linguagem – Mestrado [do] Instituto de Linguagens, Universidade Federal de Mato Grosso (UFMT). Cuiabá, ano 17, n. 21, p. 101-132, 2010b.

STREET, Brian. "Eventos de letramento e práticas de letramento: teoria e prática nos Novos Estudos do Letramento". In: MAGALHÃES, I. (Org.). *Discursos e práticas de letramento.* Campinas: Mercado de Letras, 2012. p. 69-92.

TEODORO, G. L. M.; ROCHA, L. C. D. *Moodle:* manual do professor. Belo Horizonte: UFMG, 2007.

THIOLLENT, Michel. *Metodologia da pesquisa-ação.* 11. ed. São Paulo : Cortez, 2002.

VASCONCELOS, D. C. B. de. *A charge na televisão*: adaptações, características e função. Temática (João Pessoa. Online), v. Ano V. Disponível em: < www.insite.pro.br/2009/Novembro/Artigo%20DENNISE.pdf> acesso em 05 abr. 2015.

Aula do portal *Leitura e produção de charges*, disponível em:< http://portaldoprofessor.mec.gov.br/fichaTecnicaAula.html?aula= 25116>. Acesso em: 20 ago. 2013.

NOVAS TECNOLOGIAS NO ENSINO DE LÍNGUAS: DIFICULDADES E DESAFIOS NA IMPLANTAÇÃO DE UM CURSO BÁSICO DE PLE/PLA 100% ONLINE NA UFLA.

Débora Racy Soares
Universidade Federal de Lavras, Brasil

A área de Português Língua Estrangeira/ Adicional (PLE/PLA) foi uma das contempladas pelo MEC (Ministério da Educação) no lançamento do programa brasileiro "Idiomas sem Fronteiras", em 17 de novembro de 2014. Em consonância com a estratégica e crescente internacionalização acadêmica das IES (Instituições de Ensino Superior) no Brasil, o programa Português sem Fronteiras (PsF) pretende ampliar e dar continuidade à proposta inicial do Ciência sem Fronteiras.

O PsF, especificamente, segue três diretrizes, a saber: (1) oferta de cursos presenciais de PLE/PLA nas IES; (2) oferta de cursos PLE/PLA totalmente e/ou parcialmente online, em ambientes virtuais; (3) desenvolvimento de um sistema avaliativo que esteja articulado ao exame CELPE-BRAS (Certificado de Proficiência em Língua Portuguesa para Estrangeiros).

A criação de cursos presenciais de PLE/PLA na Universidade Federal de Lavras (UFLA, http://www.ufla.br/) aconteceu no último semestre de 2014. Foram criadas cinco disciplinas de pós-graduação, que são ofertadas de forma regular e intensiva, nas férias de verão (jan.-fev.) e de inverno (jun.-jul.), para atender cerca de 130 discentes, regularmente matriculados, em programas de pós-graduação na universidade. A carga horária de cada disciplina é de 60 horas, mas há a previsão de que, nos cursos introdutórios, ela seja dobrada já no primeiro semestre de 2016.

No segundo semestre de 2015, duas disciplinas sobre língua e cultura brasileira, ambas com 60 horas de atividades presenciais, serão criadas para atender os alunos de graduação que fazem intercâmbio acadêmico de curta duração (entre 04 e 06 meses) na UFLA.

Está prevista também a criação de um curso preparatório para o exame CELPE-BRAS, já que aos alunos estrangeiros bolsistas da OEA (Organização dos Estados Americanos) solicita-se que apresentem proficiência em português no nível intermediário superior.

Aos alunos estrangeiros, participantes do Programa de Estudantes - Convênio de Graduação (PEC-G) e de Pós-Graduação (PEC-PG), cujas bolsas mensais são ofertadas pela CAPES (Coordenação de Aperfeiçoamento de Pessoal de Nível Superior), a necessidade de apresentação dos resultados do CELPE-BRAS fica condicionada à regulamentação de cada curso de graduação e de pós-graduação pertinente, assim como o nível de proficiência a ser solicitado (intermediário, intermediário superior, avançado e avançado superior).

Os cursos intensivos, sobretudo nos módulos iniciais, têm potencializado a competência comunicativa dos estudantes que chegam ao Brasil com pouco ou nenhum contato com a língua portuguesa. Esses cursos compreendem três horas diárias de atividades, durante cerca de um mês.

No segundo semestre de 2015, três disciplinas regulares estão sendo oferecidas, bem como o curso de extensão "Aquarela Cultural" (30 horas) que aborda temas como diferenças interculturais, especificamente, através da introdução a tópicos (música, dança, pintura, teatro, literatura, escultura, cinema) da cultura brasileira.

Ainda que os cursos sejam presenciais, o Ambiente Virtual de Aprendizagem (AVA) tem sido utilizado como suporte pedagógico, de acordo com as diretrizes do MEC, para a área de PLE/PLA. À exceção do curso de extensão "Aquarela Cultural", em todos os demais o AVA, denominado "Avançar", é utilizado como complemento às atividades de sala de aula e também para que os alunos possam manter contato com a docente (seja tirando dúvidas, conversando, propondo atividades para o curso de extensão) fora do horário de aula. Embora a participação dos alunos - inscritos nas disciplinas regulares e intensivas de PLE/PLA - no curso de extensão "Aquarela Cultural" não seja obrigatória, todos são encorajados a participar com apresentações expositivas sobre seus respectivos países.

O curso de extensão, focado basicamente nas habilidades de *speaking* e *listening*, foi especialmente configurado para: (i) minimizar as diferenças culturais, sentidas e relatadas por estrangeiros recém-chegados ao país; (ii) desenvolver fluência na língua, através de exposições orais sobre temas familiares e escolhidos pelos próprios alunos. Posteriormente, no decorrer da pós-graduação, será exigido desses alunos que apresentem seminários, palestras e aulas.

Os cursos regulares de PLE/PLA foram implantados na UFLA para atender, basicamente, um público específico: discentes estrangeiros que necessitam aprender o português rapidamente para que, assim, tenham sucesso em suas trajetórias acadêmicas. Ademais, os programas de pós-graduação mais procurados por esses alunos têm conceitos 6 e 7 na CAPES. Além de bastante concorridos, esses programas têm recursos financeiros para disponibilizar bolsas de estudos e facilitar intercâmbios internacionais.

A contrapartida é que programas de excelência, com conceitos elevados na CAPES, exigem que os alunos concluam e apresentem seus trabalhos em português, dentro dos prazos estabelecidos: 24 meses para o mestrado e 48 meses para o doutorado. Diante do fato de que o exame CELPE-BRAS ainda não é requisito obrigatório para os estrangeiros ingressos nos cursos de pós-graduação – já que o projeto de internacionalização da instituição foi recentemente implantado e precisa ser fortalecido – é de fundamental importância que os cursos de PLE/PLA sejam configurados de maneira a atender as particularidades de seu público-alvo, tendo em vista a manutenção dos prazos citados.

Como o desafio é enorme, o AVA "Avançar" tem auxiliado nessa empreitada, embora ainda não esteja sendo usado na modalidade de ensino conhecida como *blended learning*. No caso específico dos cursos regulares e intensivos da UFLA, a maior parte do conteúdo é transmitida em aulas presenciais (60 horas), sendo que o conteúdo postado no ambiente virtual reforça o que foi aprendido presencialmente. Todas as atividades postadas no AVA são assíncronas e algumas são elaboradas com uma determinada data de postagem.

No "Avançar" são postados os áudios utilizados em sala de aula, HQs, músicas, propagandas, curiosidades sobre a língua portuguesa (etimologia, gírias, expressões idiomáticas), exercícios de reforço, *links* para outros sites, como o *Padlet* (*https://pt-br.padlet.com*), o *Youtube* (https://www.youtube.com) e o ELO (www.elo.pro.br), que está sendo incorporado ao "Avançar".[33] Nas figuras abaixo é possível conhecer uma das salas virtuais de PLE/PLA e algumas de suas atividades:

(Fig. 1)

---

[33] Algumas atividades desenvolvidas no ELO podem ser conferidas em:
http://www.elo.pro.br/cloud/aluno/atividade.php?id=1193&limpa_score=1   Para conhecer como estamos utilizando o *Padlet*, visite:
http://pt-br.padlet.com/debora_racy/w3aiycxdoe4s
http://pt-br.padlet.com/debora_racy/xfv57hvpxzz3
http://pt-br.padlet.com/debora_racy/zbexy9mwmyua

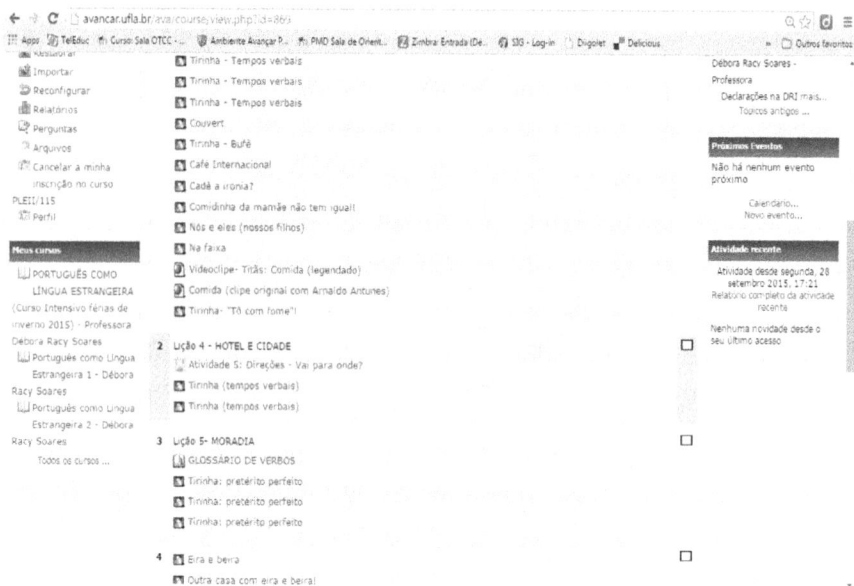

(Fig. 2)

A plataforma utilizada é o *Moodle* que está configurado para atender, parcialmente, as necessidades e as exigências de um curso de idiomas. Dizemos parcialmente, pois de imediato é possível vislumbrar duas limitações deste AVA. Uma delas diz respeito ao envio de arquivos: apenas arquivos com no máximo 100 Mb são permitidos pelos sistema. A outra é a questão da postagem de *links* para sites externos. Por exemplo: se um vídeo do *Youtube* foi trabalhado em sala de aula, seu *link* fica disponível no sistema para os alunos. No entanto, é possível que esse vídeo venha a ser excluído do *Youtube*. Nesse caso, os alunos perderão o acesso a ele, já que não está armazenado no servidor da instituição por uma questão de capacidade física. As duas dificuldades técnicas mencionadas são consideradas desafios que deveremos enfrentar para implantarmos um curso de PLE/PLA 100% online na UFLA. Outro obstáculo é a formação de recursos humanos, isto é, a capacitação de docentes e discentes que auxiliem nos cursos presenciais e a distância, colaborando também com a produção de material didático (autêntico), necessária para alimentar as salas virtuais.

A ideia de estabelecer um curso dessa natureza surgiu da demanda crescente de alunos estrangeiros que chegam à UFLA sem o menor conhecimento da língua portuguesa. A maior parte deles é composta por *hispanohablantes*, mas há também um percentual significativo de alunos que falam o inglês e o francês como primeira língua. Em alguns casos, o português é a terceira língua desses alunos. O fato é que eles chegam à universidade no início do semestre letivo, quando as aulas na pós-graduação – ministradas em português – estão começando. Sabemos que as dificuldades com a língua portuguesa, somadas às de adaptação, podem vir a interferir negativamente no rendimento acadêmico dos discentes estrangeiros.

A proposta de criação de um curso básico de PLE/PLA 100% online na UFLA vem contribuir com a intenção de suprirmos essas lacunas. No momento, a sala virtual foi criada e materiais didáticos estão sendo produzidos para abastecer os seis módulos que compõem o curso a distância. Nosso objetivo principal é que, uma vez aprovados nos programas de pós-graduação da instituição, os alunos realizem o curso a distância, antes de chegarem ao Brasil. Tão logo cheguem, devem estar aptos para continuar aprendendo PLE/PLA nas modalidades presenciais – regulares e intensivas – que já são oferecidas pela universidade.

Nesse momento é interessante abordar alguns recursos disponíveis no *Moodle* e relatar, para termos parâmetros futuros, como tem sido a recepção dos alunos às atividades disponibilizadas no AVA "Avançar".

Quando o professor entra no modo Edição, na plataforma *Moodle*, visualiza vários recursos pedagógicos que podem ser acrescentados, como por exemplo: criar uma página de texto simples ou criar uma página da web; *link* a um arquivo ou site; visualizar um diretório; usar um pacote IMS CP; inserir rótulo. Nas disciplinas de PLE/PLA, na modalidade presencial, até agora foram utilizados os seguintes recursos: criação de páginas de texto, da web e, sobretudo, *link* a um arquivo ou site.

Embora a maioria dos alunos que tem feito os cursos pareça bastante motivada e faça as atividades solicitadas em "ambiente real" (isto é, entregam a tarefa impressa ou manuscrita), quando se trata de entregá-las virtualmente (via AVA), no entanto, a participação sofre um decréscimo. Os dados estatísticos do AVA mostram que os alunos acessam a plataforma virtual para ler HQs, conversar com a docente, imprimir os PDFs dos arquivos de revisão gramatical, ouvir novamente as músicas e rever os vídeos trabalhados em sala de aula. Em tarefas cujo grau de exigência é pequeno, são mais assíduos. Porém, se devem realizar uma atividade online com data de fechamento pré-estabelecida - como uma tarefa que exige carregamento de arquivo - muitas vezes deixam de fazê-la. Tarefas com data de fechamento, mas sem carregamento de arquivo, são mais aceitas.

A participação no *Padlet*, contudo, é constante e pontual. Como as atividades do ELO estão em fase de testes, ainda não temos *feedback* suficiente para confirmar sua validade pedagógica. Torna-se essencial relatarmos uma experiência inicial que tivemos com as redes sociais - notadamente o *Facebook* - para intensificar o ensino de PLE/PLA. Embora tenhamos encontrado muita receptividade da parte dos alunos, essa rede social tem sido concebida *mais como espaço de diversão e ludicidade do que como lugar de aprendizagem de uma língua estrangeira*. Atividades didáticas que possam alterar esse paradigma serão curtidas e deverão colaborar em nosso trabalho de conscientização dos discentes sobre o potencial pedagógico do *Facebook*.

Em relação ao insatisfatório *feedback* quando da entrega das tarefas online, na sala virtual da disciplina, são relatados problemas como: (1) dificuldade de acesso à internet; (2) instabilidade da rede; (3) empecilhos para entender o funcionamento do sistema; (4) "esquecimento", embora recebam mensagens, através do e-mail institucional, de todas as atividades postadas.

Quanto ao item (3), acima mencionado, é preciso dizer que a UFLA oferece cursos de capacitação em AVA para seus usuários e que os alunos também são instruídos, pela própria docente, quanto ao manejo do sistema. No curso de PLE/PLA totalmente a distância deverá ser disponibilizado um tutorial trilíngue para contornar essa dificuldade.

Aos recursos pedagógicos mencionados, disponíveis na plataforma *Moodle*, ainda é possível acrescentar uma série de atividades: *autoview*, base de dados, *chat*, diário, escolha, fórum, glossário, laboratório de avaliação, pesquisa, lição, pesquisa de avaliação, questionário. Glossários, diários e questionários são as atividades que mais têm sido utilizadas nos cursos de PLE/PLA. Ainda não testamos o fórum e, por enquanto, o *chat* não está sendo utilizado por uma questão de logística: como os horários das atividades e disciplinas de pós-graduação são variáveis, torna-se difícil o planejamento de atividades síncronas para atendermos a maioria dos alunos.

Os glossários têm sido utilizados, particularmente, para a ampliação do vocabulário e para a prática de conjugações verbais. Os diários estão sendo utilizados para breves relatos pessoais sobre dificuldades gerais (em relação ao curso, à adaptação à universidade e ao país), para descrições de viagens, pequenos passeios, excursões, apresentações pessoais (anseios e gostos). Os questionários compreendem *feedbacks* sobre a disciplina, tarefas em forma de testes de múltipla escolha e pesquisas rápidas sobre a utilização de algum aplicativo, como o *Padlet*. Outros recursos disponíveis no *Moodle* são as Tarefas, a saber: modalidade avançada de carregamento de arquivo, texto *online*, envio de arquivo único e atividade off-line. O AVA ainda oferece a possibilidade de criar *wikis*, recurso que temos utilizado com relativo sucesso. Um aplicativo como o *Skype* poderia ser incorporado à plataforma para facilitar as conversas sincrônicas. Instrumentos pedagógicos que seguem o padrão do Teletandem Brasil (www.teletandembrasil.org) devem ser considerados no futuro.

Outro grande desafio a ser enfrentado é a viabilização de um curso totalmente a distância que seja estruturado de forma autoinstrucional, pois ainda não contamos com tutores e tampouco com professores formadores. Todo o conteúdo deverá ser autoexplicativo. A aprendizagem horizontal e colaborativa deverá ser estimulada. Haverá ainda a chance de o aluno realizar o curso em seu próprio ritmo, de acordo com sua disponibilidade de tempo, desde que o faça antes de chegar ao Brasil.

A avaliação da aprendizagem dos alunos do curso de PLE/PLA 100% online deverá incluir a exigência de um teste de nivelamento linguístico, assim que chegarem à UFLA. Está em discussão a possibilidade de inserção na plataforma *Moodle* de alguma forma de reconhecimento da identidade, como a que existe em alguns cursos certificados pelo edX.

Alinhada ao item (2) das diretrizes para o PsF, a criação de um curso básico de PLE/PLA totalmente a distância na UFLA justifica-se por duas principais razões: (i) há crescente demanda institucional; (ii) o público-alvo dos cursos de PLE/PLA são alunos de pós-graduação que, muitas vezes, chegam ao país sem o menor conhecimento da língua, o que lhes tem causado transtornos para acompanhar as disciplinas.

A apresentação das dificuldades e dos desafios que estamos enfrentando deverá ajudar a ampliar o debate em torno da implantação de cursos de idiomas 100% online no país, além de registrar um processo – que, embora, em seu inicio – poderá servir como parâmetro para empreitadas parecidas.

Para concluir, é importante ressaltar que, em meados de setembro de 2015, a Secretaria de Educação Superior (SESu) inaugurou um ambiente virtual de gestão *Moodle*, designando um núcleo gestor para algumas línguas (inglês, francês, português, espanhol, italiano e japonês) contempladas pelo programa "Idiomas sem Fronteiras". O SESu é uma seção do MEC responsável pelo planejamento, orientação, coordenação e supervisão de formulação e implantação da Política Nacional de Educação Superior nas IES brasileiras.

A oportuna criação desse ambiente virtual, acessível apenas para os representantes institucionais das línguas acima mencionadas, vem ao encontro da necessidade de fortalecer a área de ensino de idiomas no Brasil, sem perder de vista a discussão sobre a consolidação de políticas públicas que ajudem a levar a cabo a tarefa de internacionalização das IES.

Para os próximos anos, está prevista a criação de NucLis (Núcleo de Línguas) em universidades federais que, diferentemente da UFLA, ainda não o possuem. Investimentos em cursos de capacitação de docentes também estão sendo feitos, com o intuito de dar respaldo aos representantes institucionais de algumas línguas contempladas pelo programa "Idiomas sem Fronteiras".

A área de PLE/PLA, particularmente, está bem assistida, tendo sido atendida no início do processo de internacionalização das IES brasileiras. Não duvidamos de que teremos um longo e árduo trabalho pela frente, mas não estamos sozinhos.

REFERÊNCIAS

BECTA. (2004). "A review of the research literature on barriers to the uptake of ICT by teachers". Web. Acesso em 28/08/2015.

COSCARELLI, C. V. (2006). *Novas tecnologias, novos textos, novas formas de pensar.* Belo Horizonte: Autêntica. Impresso.

GODWIN-JONES, R. (2003). "Emerging Technologies - Blogs and Wikis: Environments for On-line Collaboration." *Language Learning & Technology:* 7. 2: 12-16. Web. Acesso em 07/09/2015.

LANKSHEAR, C., KNOBEL, M. (2006). "Digital literacy and digital Literacies: policy, pedagogy and research considerations for education". *Digital Kompetanse* 1: 12-24. Impresso.

MATTAR, J., VALENTE, C. (2007). *Second Life e Web 2.0 na Educação: o potencial revolucionário das novas tecnologias*. São Paulo: Novatec. Impresso.

CAPÍTULO 5
CURSOS
E MATERIAL
PEDAGÓGICO
EM CONTEXTOS
ESPECÍFICOS

IMPLEMENTAÇÃO DE CURSOS DE PORTUGUÊS PARA ESTRANGEIROS EM FACULDADES DE NEGÓCIOS: UM PANORAMA MERCADOLÓGICO

Daniel Campos Caramori
Luciana Romano Morilas
Universidade de São Paulo, Brasil

INTRODUÇÃO

Organizações públicas e privadas, cientes da necessidade de contarem com profissionais globalizados, aumentaram seus investimentos na formação de profissionais com experiência fora do país. Governos perceberam que, quanto maior o número de pessoas com experiência no exterior, maior o número de pessoas mais preparadas para o mercado mundial e maior a competitividade do país no cenário internacional, motivo pelo qual o turismo educacional cresce exponencialmente mundialmente (BRASIL, 2010). Em 2008, três milhões de estudantes tiveram experiências de estudos fora do país. Estimativas preveem que esse número crescerá para dez milhões até 2025 (BRASIL, 2009). Em 2012, segundo dados do Ministério das Relações Exteriores, o número de vistos concedidos para estudar no Brasil duplicou, em relação ao ano de 2005 (MODENA, 2013).

A ascensão da economia brasileira e o crescimento do país na economia internacional resultaram no aumento do interesse da sociedade internacional pela língua portuguesa. O número de inscritos para o exame de proficiência em língua portuguesa para estrangeiros (Celpe-Bras), cresce significativamente ao redor do mundo, bem como no número de inscritos nos centros culturais brasileiros do Itamaraty ao redor do mundo, crescendo cerca de 81% em seis anos, de 2004 a 2010. Joyce (2012), jornalista do The Economist, defendeu em sua matéria *"Brazilan Portuguese is the best language"*, o diferencial e as facilidades que o Português brasileiro oferece aos estrangeiros que o aprendem.

O mercado ensino de Português para estrangeiros se insere num contexto da internacionalização do ensino superior, o qual está inserido em um mercado internacional de turismo educacional. O presente trabalho analisa o ensino do PLE sob uma ótica mercadológica e consiste em uma extensa revisão bibliográfica acerca das principais motivações ao comportamento de compra de um programa de Português para estrangeiro. Os temas abordados, oferecem dados que quantificam e mostram a relevância da língua portuguesa em números absolutos, e os principais interesses que levam os estudantes de todo o mundo a aprender o idioma.

MERCADO DE INTERCÂMBIOS EDUCACIONAIS E O BRASIL

O Ministério do Turismo do Brasil classifica turismo de estudos e intercâmbios educacionais como "a movimentação turística geradora de aprendizagem e vivências para fins de qualificação, ampliação de conhecimento ede desenvolvimento pessoal e profissional". (BRASIL,2010). Victer (2009) afirma que o segmento do mercado de intercâmbios estudantis surgiu de maneira paralela ao desenvolvimento industrial da Europa e após a Reforma Protestante, com o intuito de acompanhar a evolução científica da época. Com efeito, os estudantes saíam de seus países e ampliavam suas visões de mundo, independentemente da geografia ou clima. Atualmente, organizações públicas e privadas perceberam o valor e a importância no investimento na formação de profissionais por meio do aumento do número de pessoas que tiveram experiência fora do país. Indivíduos que vivenciaram uma experiência internacional estão mais adeptos a lidar com situações que envolvem a diversidade cultural e, consequentemente, a se tornarem mais competitivas no mundo globalizado. Quanto maior o número de pessoas com tais características, mais competitivo internacionalmente um país também se torna. Os intercâmbios estudantis, além de promoverem a interação e a construção de sociedades mais solidárias, preparam cidadãos e instituições para concorrer e cooperar globalmente (BRASIL, 2010). Mota (2009) afirma que os principais ativos para a criação de riqueza são os que se baseiam em conhecimento.

O investimento em capital intelectual tornou-se o fator mais importante da produção. Morosini (2006) argumenta que a globalização oferece uma diversidade de desafios para os alunos estrangeiros. As atuais condições requerem que os alunos se preparem profissionalmente para enfrentar as complexidades, as interdependências e a dinamicidade da economia. A regulamentação da educação como um serviço comercializável pela Organização Mundial do Comércio (DIAS SOBRINHO, 2005) possibilitou que a educação internacional se tornasse parte da balança comercial de países desenvolvidos como os Estados Unidos, Austrália, Nova Zelândia, Reino Unido e Japão (VICTER, 2009).

Os dados da Organização para a Cooperação e Desenvolvimento Econômico (OCDE) de 2008 afirmam que três milhões de estudantes ao redor do mundo realizaram estudos no exterior. Essa taxa cresce 14,5% ao ano, com a previsão de atingir dez milhões de estudantes até 2025 (BRASIL, 2010). Victer (2009) afirma que 1,5 milhão de estudantes com o ensino médio completo buscaram estudos em instituições de ensino superior no exterior em 2009. No cenário contemporâneo, a globalização considera como um dos principais valores o conhecimento. Com efeito, há uma extrema relevância do ensino superior, no qual a busca por educação e certificação são presentes (MOROSINI, 2006).

A integração internacional se baseia, por parte do governo brasileiro, em interesses econômicos, políticos, socioculturais e educacionais pelo governo brasileiro (BRASIL, 2010), descritos a seguir:

- Econômicos: competitividade econômica, mercados de trabalho e economia do conhecimento global;
- Políticos: política externa, segurança nacional, cultura da paz, identidade nacional e regional;
- Socioculturais: aprimoramento do raciocínio cultural e social;
- Educacionais: ampliação do horizonte acadêmico, melhoria da qualidade das normas internacionais, análise das normas internacionais, análise da dimensão intercultural, educação globalizada, comércio internacional de serviços educativos e educação como instrumento de cooperação entre países.

O Brasil cresce gradativamente no cenário de intercâmbios estudantis devido aos investimentos do governo brasileiro e da iniciativa privada em ciência e tecnologia, eventos como a Copa do Mundo e as Olimpíadas, bem como o seu momento de economia favorável. Conforme os últimos dados disponíveis, em 2008, 104.548 mil estrangeiros vieram ao Brasil com a motivação de realização de estudos. Este número corresponde a 1,6% do total de turistas que chegaram ao país naquele ano. No ano de 2005, esse número foi de 72 mil turistas (BRASIL, 2010). Dentre as iniciativas para o crescimento do número de estrangeiros estudantes no país, destaca-se o programa *Study in Brazil*, gerido pela *Brazilian Educational & Language Travel Association* (Belta), associação que reúne as principais instituições brasileiras que trabalham nas áreas de cursos, estágios e intercâmbios no exterior.

COMPORTAMENTO DO CONSUMIDOR DE TURISMO EDUCACIONAL

O Ministério do Turismo do Brasil classifica seis programas de intercâmbio educacional: programa de estudos de/no ensino médio, programas de ensino superior, programas de estudos de curta duração, cursos de idiomas e estágios profissionalizantes ou trabalhos voluntários. A pesquisa de mercado acerca de intercâmbios educacionais, realizada pelo Ministério do Turismo do Brasil e pela Belta (BRASIL, 2009), com base nos dados da I-graduate International Insight de 2007 a 2008, da International Student Barometer (ISB), levantou os temas prioritários para a busca de intercâmbios educacionais em todos os continentes do mundo. A ISB é um órgão que mapeia o processo de tomada de decisão, expectativas e percepções de alunos que se aplicam a programas de graduação no exterior. A amostra englobou os Estados Unidos, cinco países da Europa (França, Alemanha, Holanda, Reino Unido e Portugal), Japão e China (representando a Ásia) e Oceania (representada por Austrália e Nova Zelândia), considerados pelo Brasil como mercados prioritários e revelou Administração de Empresas como o tema prioritário. O quadro abaixo detalha a preferência dos alunos estrangeiros de diferentes países para a realização de um intercâmbio estudantil em relação às diferentes áreas de conhecimento.

Quadro1 - Principais áreas de ensino relacionadas ao interesse dos alunos estrangeiros

País	Prioridade 1	Prioridade 2	Prioridade 3	Prioridade 4
Estados Unidos	Estudos Sociais	Administração e Business	Línguas e Literatura	Artes e Design
China	Administração e Business	Engenharia	Estudos Sociais	Matemática e Ciência da Computação
Austrália	Direito	Estudos Sociais	História e Filosofia	Ciências Biológicas
Nova Zelândia	Estudos Sociais	Direito	Área Médica	Física
Reino Unido	Direito	História e Fiolosofia	Estudos Sociais	Administração e Business
Portugal	Ciências Biológicas	Administração e Business	Engenharia	Estudos Sociais
Holanda	Estudos Sociais	Administração e Business	Medicina e Odontologia	História e Filosofia
França	Administração e Business	Engenharia	Línguas e Literatura	Estudos Sociais
Alemanha	Administração e Business	Estudos Sociais	Ciências Biológicas	Línguas e Literatura

Fonte: BRASIL, 2009, p.48.

Os intercâmbios educacionais são categorizados como serviços e seus consumidores, portanto, passam por um processo de tomada de decisão em relação ao consumo do serviço (VICTER, 2009). O Processo de compra do cliente (ENGEL; BLACKWELL; MINIARD, 2000) é composto por sete etapas que avaliam o comportamento de compra do cliente: reconhecimento da necessidade, busca de informações, avaliação de alternativas pré-compra, compra, consumo, avaliação pós-consumo e descarte. Os principais interesses, motivações, expectativas, propósitos para viagens, estímulos e diferenciais na hora da escolha dos países para a realização de intercâmbios estão explicitados a seguir, a fim de compreender o processo de tomada de decisão de um estudante ao consumir um programa de intercâmbio. As informações a seguir foram extraídas da pesquisa de mercado de intercâmbios educacionais (BRASIL, 2009).

• Interesses: conhecer lugares, qualidade dos programas oferecidos, novas culturas, diversão, atividades complementares, ter aventuras e praticar esportes, contato com a natureza (consciência ecológica), crescimento pessoal e profissional, independência;

• Operadoras desenvolvem ofertas levando em consideração: produto inovador (um novo destino), programa adequado ao perfil do estudante, preço competitivo, atividades complementares, organização da cadeia produtiva, política comercial do destino, assessoria e segurança;

- Expectativas: hospitalidade (ser bem recebido), qualidade dos serviços, segurança (estrutura, serviços e ambiente social), autenticidade da cultura;
- Propósitos que motivam a realização das viagens: explorar outros países (34%), descanso e diversão (28%), visita a parentes e amigos (17%), estudar fora (9%), trabalhar fora (7%), voluntariado (3%) e curso de línguas (2%);
- Estímulos para ir para países estrangeiros: motivação pessoal e desenvolvimento da carreira (foco profissional), qualidade e reputação das instituições de ensino superior, oportunidade (concorrência dos países para atrair talentos), educação como fator econômico, programas de mobilidade, fatores geográficos, históricos, políticos, linguísticos e econômicos;
- Diferenciais na hora da escolha: facilidade de obtenção de vistos, qualidade da educação, o reconhecimento do grau, facilidade de admissão universitária, opções de financiamento disponíveis, custo de vida, segurança pessoal, diferença linguística, fatores culturais e sociais, comunicação e promoção do destino, meios de comunicação e informação (internet como principal meio de acesso a informações).

COMPORTAMENTO DO CONSUMIDOR EM FACULDADES DE NEGÓCIOS

Telles (2012), investigou as principais associações feitas ao Brasil por 86 estrangeiros em intercâmbio estudantil na Faculdade de Economia Administração e Contabilidade da Universidade de São Paulo em 2011. O estudo de Telles (2012) reveloa diferentes percepções dos estrangeiros em relação ao Brasil, de acordo com as suas regiões provenientes. Estudantes europeus estão mais interessados na cultura, língua e experiência no país, enquanto estudantes sul americanos possuem maior interesse nos aspectos relacionados à condição econômica e tecnológica do país, bem como na produção científica (op. cit., p.106). A pesquisa realizada também revelou que os elementos mais importantes para a escolha de um intercâmbio no Brasil são o conhecimento da cultura, seguido do estudo da língua portuguesa e a imagem do Brasil.

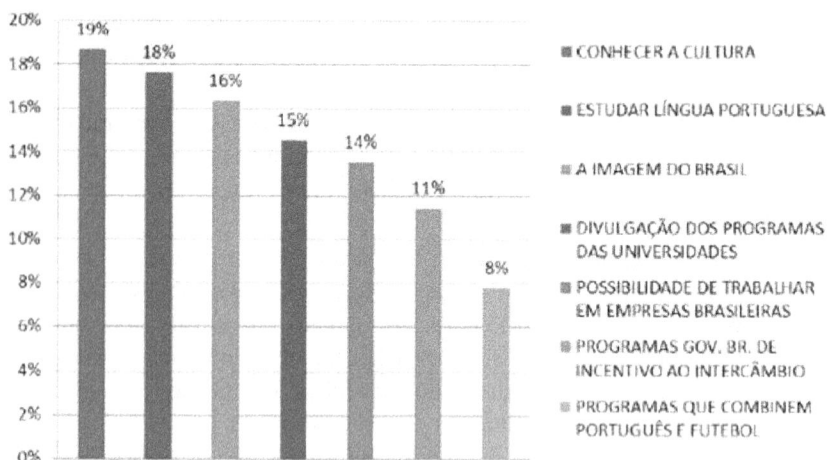

Figura 1 - Elementos importantes à escolha do Brasil como país-destino
Fonte: TELLES, 2012, p.85.

A análise mais aprofundada das diferenças entre as percepções de estudantes do continente americano e do continente europeu revelou diferenças significativas em relação aos interesses do aprendizado da língua portuguesa e a inserção no mercado. A pesquisa sugere que programas de intercâmbio para estudantes do continente americano devam oferecer uma maior interação do estudante com a língua portuguesa, assim como facilitar e/ou intermediar oportunidades de estágios ou empregos no Brasil (op. cit., p.86).

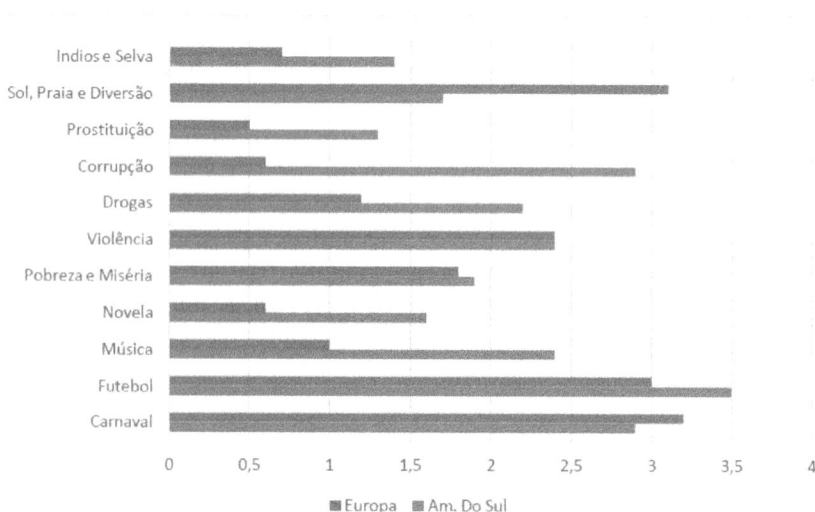

Figura 2 – Associações ao Brasil: América do Sul e Europa
Fonte: TELLES, 2012, p.97.

As imagens predominantes em relação à percepção dos estudantes foram de que o Brasil é um país de carnaval e futebol. Sob uma ótica mais detalhada, os estudantes europeus veem o país com as imagens predominantes de futebol, carnaval e sol, praia e diversão, o que comprova o interesse turístico do europeu no país. O estudante sul americano atribui aspectos mais negativos ao país do que o estudante europeu, além de reconhecer o Brasil principalmente pelo futebol.

O Brasil é visto por todos os estudantes como um país para desenvolvimento pessoal, um país hospitaleiro e para desenvolvimento profissional. Houve pouca variação entre as experiências antes e após o intercâmbio, o que reflete a sustentabilidade dos programas de intercâmbio oferecidos.

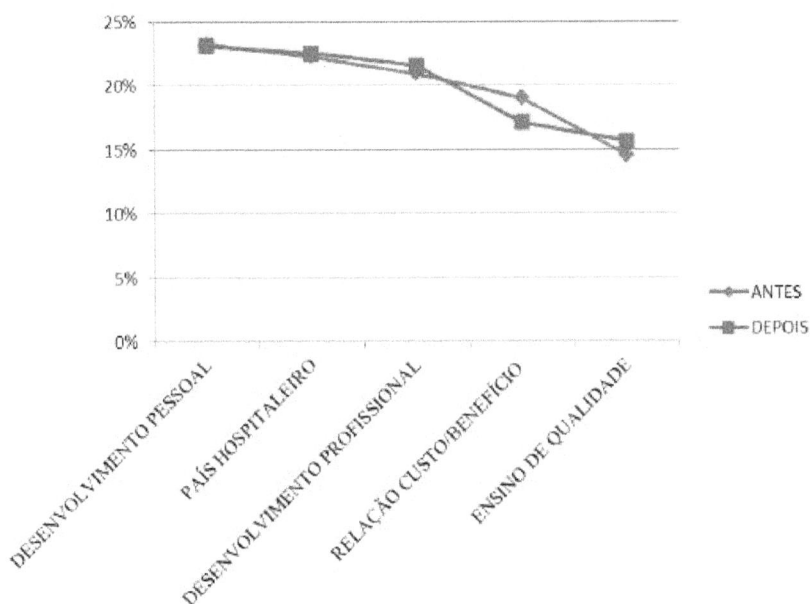

Figura 3 - Fatores influenciadores e visão sobre o Brasil antes e depois da vinda
Fonte: TELLES, 2012, p.100.

Por fim, a pesquisa também investigou a percepção estrangeira vinculada aos tópicos da Marca Brasil e comprovou que o Brasil é visto principalmente pelo encontro de culturas e mistura de raças, seguido pela imagem de um país alegre, luxuoso e exuberante, curvas e sinuosidade e por último, moderno e competente. A autora alerta que essas características são mais bem percebidas pelos estudantes europeus, enquanto os sul americanos foram indiferentes às características.

239

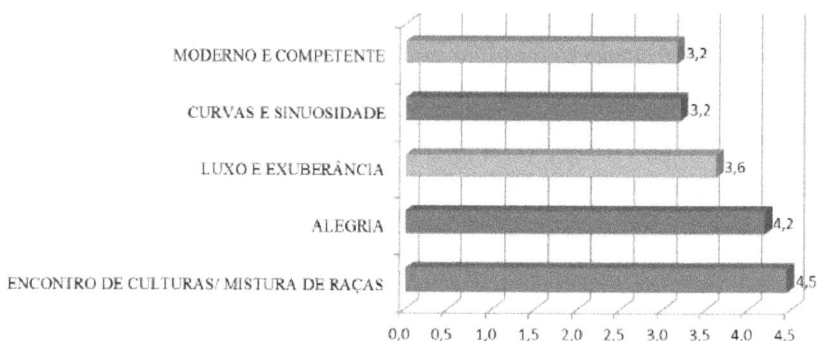

Figura 4 - Associações à Marca Brasil
Fonte: TELLES, 2012, p. 102.

O conhecimento das percepções e das preferências dos estudantes estrangeiros no Brasil possibilita a criação de tópicos a serem trabalhados em sala de aula mais atraentes para o aprendizado da língua portuguesa, assim como atividades complementares que despertem o interesse do aluno no aprendizado da língua portuguesa.

PANORAMA DO MERCADO DE PORTUGUÊS COMO LÍNGUA ESTRANGEIRA

Matilde Scaramucci, diretora do Instituto de Estudos da Linguagem da Unicamp, afirmou em uma entrevista que "o al associado ao mercado" . (FOREQUE, Leroy e Coura-Sobrinho (2011) justificam a expansão da língua portuguesa devido a cinco principais motivos:

• O crescente desenvolvimento político, econômico, social e cultural do Brasil em um cenário de rápida ascensão nos rankings de economias mundiais;

• Necessidade de moradores de países hispano-falantes, vizinhos do Brasil, melhorarem suas vidas através de uma graduação ou pós-graduação no Brasil;

• Crescimento do intercâmbio cultural e empresarial no país, o que favorece a visibilidade do país por trabalhadores e turistas;

• Aumento de candidatos que busquem a certificação de proficiência do exame Celpe-Bras;

• Crescimento da oferta de cursos livres ou extensão universitária de português língua estrangeira (PLE).

A pesquisa feita pela Confederação Britânica da Indústria (CBI), o maior lobby empresarial britânico, com o intuito de identificar quais habilidades dos trabalhadores podem ser úteis para os negócios, identificou que a língua portuguesa é uma das prioridades entre os trabalhadores ingleses

240

(COSTA, 2012). Os EUA contam com mais de dez mil alunos matriculados em cursos de português, segundo a Modern Language Association (MLA), principal associação profissional americana para os estudiosos da língua e da literatura. Os cursos de português oferecidos pelo Itamaraty em seus centros culturais brasileiros presentes em países de todo o mundo aumentaram de 17,5 mil em 2004 para 31,7 mil em 2010 (FOREQUE, 2011).

Em dez anos, o número de inscritos no exame Certificado de Proficiência em Língua Portuguesa para Estrangeiros (Celpe-Bras) reconhecidos pelo Ministério da Educação, saltou de 1.155 para 6.139 (FOREQUE, 2011). O aumento pelo interesse de alunos estrangeiros também foi percebido nas universidades públicas brasileiras do interior do estado de São Paulo. O interesse pelos cursos de português na Universidade Estadual Júlio Mesquita (UNESP), campus Rio Preto, cresceu 400% em um ano (LÍNGUA..., 2013). A pesquisa também revelou que apenas 35% das instituições de ensino superior (IES) entrevistadas ofereciam cursos de português para estrangeiros. Da amostra, 62,5% das IES não ofereciam qualquer programa com foco no ensino de idiomas. A oferta de programas, níveis exigidos e duração de cursos que oferecem os programas de português estão listadas a seguir (BRASIL, 2009).

Quadro 2 - Cursos de Português para estrangeiros oferecidos nas universidades brasileiras

Português para estrangeiros	Graduação	1 semestre
Português	Extensão	1 semestre
Curso de Português para estrangeiros	Básico e Intermediário	1 mês
Português para estrangeiros	Básico e Intermediário	1 semestre
Português	Intermediário	2 meses (antes do início letivo)
Português instrumental	Básico e Intermediário	3 semestres
Português para estrangeiros	Extensão	60 horas
Curso de língua portuguesa, ecoturismo e cultura do Vale do Jequitinhonha	Curso livre	2 semanas
Português para estrangeiros	Extensão	3 meses
Português para estrangeiros	Graduação	1 semestre
Português para estrangeiros	Básico	1 mês
Português 1	Intermediário	-

Fonte: BRASIL, 2009, p. 25.

Nóbrega e Cardoso (2013) afirmam que o oferecimento de cursos de português para estrangeiros em um contexto de internacionalização de universidades é um importante fator na integração dos alunos no Brasil. Os estrangeiros estarão aptos a ter uma participação ativa na vida social e estudantil no país receptor, caso tenham o aprendizado ou aperfeiçoamento do conhecimento do idioma e cultura do país. Os estrangeiros não estão somente em busca de metodologias avançadas, mas do aprendizado da cultura brasileira, o que levou escolas de Português para estrangeiros a oferecerem cursos com uma abordagem prática, pautada também no cotidiano do aluno no Brasil (MACEDO, 2011).

Ruschmann (1995) conceitua os três elementos essenciais para a escolha de um intercâmbio pela percepção do consumidor: atrações (ambiente natural, cultural e eventos), facilidades (fatores que por si só incentivam o fluxo de turistas) e acessos (meios de transporte, acessibilidade e infra-estrutura). Mamede (2003) afirma que o produto do intercâmbio é a união das atrações buscadas pelo consumidor e os serviços colocados à disposição pelas organizações do ramo. Com efeito, o estudo de mercado sobre o setor do turismo educacional de 2006 a 2009 realizado pelo Ministério do Turismo e a Belta (BRASIL, 2009) listou as ações utilizadas para a promoção de estudos no Brasil. Dos dez programas indicados para a organização de ações promocionais nos mercados prioritários, seis envolvem de alguma maneira, o ensino de Português para estrangeiros.

Quadro 3 - Programas educacionais a serem promovidos pelo Brasil

Programas	Mercado
Português como língua estrangeira Programas universitários Programas de férias Português com experiência de trabalho High school Programas voluntários Português com viagens Português com cultura Português com esportes Cursos universitários	Alemanha Estados Unidos França Holanda Itália Portugal Reino Unido Austrália Nova Zelândia Japão China

A pesquisa também entrevistou 40 entidades de ensino de 17 estados da federação, sendo 70% universidades federais, 15% centros universitários e 8% institutos ou escolas superiores e mostrou os principais interesses dos alunos estrangeiros ao buscarem seus estudos no Brasil. Em primeiro lugar está a graduação, com mais de 50% dos interessados, seguido pela busca por Português para estrangeiros e pós-graduação strictu sensu (27,5%) e em terceiro lugar, a busca de estágios no país, com 25% (BRASIL, 2009).

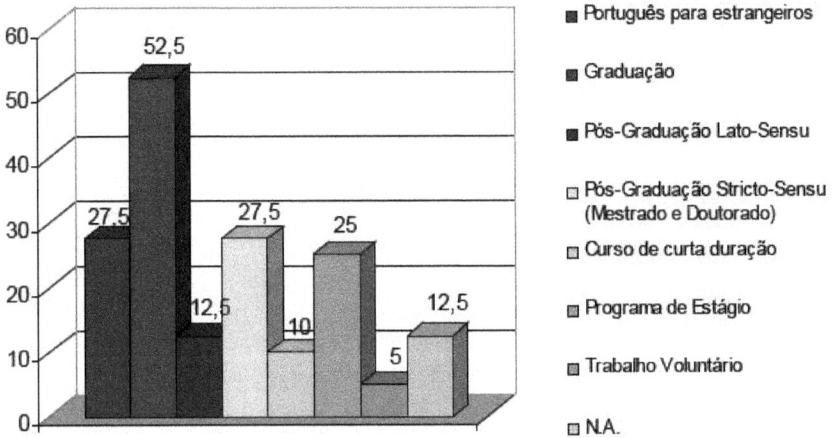

Figura 13 - Cursos e atividades específicas para alunos estrangeiros que atualmente apresentam maior procura junto às instituições de ensino
Fonte: BRASIL, 2009, p.29.

Dentre as instituições de ensino entrevistadas, 37,5% não realizavam tipo algum de promoção dos seus programas de estudos, 30% realizavam a promoção, mas não consideravam como prioridade da instituição e apenas 27,5% realizavam promoção ativa dos seus programas (BRASIL, 2009). Tal fato revela a carência de estratégias de marketing para a promoção dos programas das IES, além de oportunidades de destaque internacional para aquelas que se atentarem à promoção de seus programas para o mundo, aliados às informações necessárias para os consumidores.

A pesquisa de mercado também entrevistou 207 agências e operadores internacionais de estudos e intercâmbio sobre a percepção e as expectativas em relação aos programas de ensino internacional no Brasil. Os estudos revelaram uma grande tendência de programas de estudo de idioma combinados a atividades complementares, como esportes, cultura, viagens e experiência profissional (BRASIL, 2009). Dentre os entrevistados, 81% relataram interesse em promoção do Brasil como um país destino em suas agências e o ensino de Português como língua estrangeiracomo o principal programa para o país.

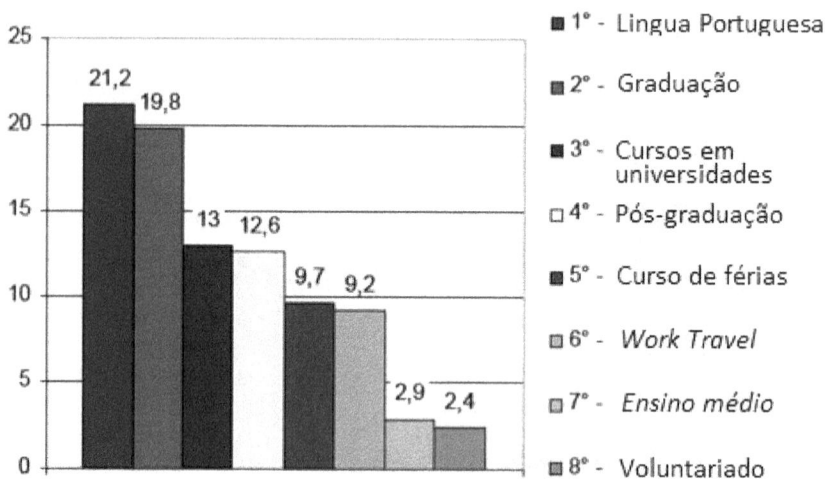

Figura 14 - Interesse e expectativa de novos programas
Fonte: BRASIL, 2009, p. 43.

Globalmente, os programas de ensino de idiomas são oferecidos juntamente com atividades complementares de esportes, cultura, viagem e trabalho. No caso do Brasil, as agências e operadoras de estudos e intercâmbio levantaram como prioridade o ensino do português aliado a trabalho (36,2%), viagem (19,8%), cultura (15,4%) e esportes (7,2%), respectivamente (BRASIL, 2009).

CONSIDERAÇÕES GERAIS

A análise do panorama do mercado de mobilidade estudantil revelou um cenário otimista e extremamente oportuno para o desenvolvimento do mercado de ensino de português como língua estrangeira no Brasil. Apesar do desenvolvimento da área e da expansão do interesse em PLE, os cursos no país cresce a taxas menores do que o necessário, conforme os dados de oferecimento de cursos de PLE e dos mecanismos de divulgação dos programas de intercâmbio das universidades brasileiras revelam. Tal fato pode ocasionar em processos de internacionalização não sustentáveis e, consequentemente, resultar na descredibilidade de programas de mobilidade internacional de ensino superior no Brasil. Como mencionado, a oferta de programas de intercâmbio educacional pode despontar cidades como referência para programas de turismo, o que reforça que um curso de PLE extrapola a esfera de importância da universidade, e desempenha um importante importante papel em potencial no desenvolvimento da cidade em que se insere. Ressalta-se que as últimas informações disponíveis sobre o setor são de 2008, período que antecede a reconfiguração da economia global com as crises europeia, americana e brasileira.

Observa-se um grande déficit em relação aos aspectos gerenciais dos cursos de PLE, em particular a estragégias de marketing adequadas para a

244

divulgação do oferecimento de cursos para o público internacional. Os números, preocupantes, revelam uma falta de foco na captação ativa de alunos estrangeiros ou no andamento de estratégias em concordancia com as tendências globais. Mais do que garantir o oferecimento de programas de PLE, este estudo mostra a importância de flexibilização de currículos e oferecimento em conjunto com outras atividades extra-curriculares, além de fornecer os subsídios mínimos para a criação de campanhas de acordo com regiões-foco. A compreensão do ensino de PLE como serviço oferecido, permite a adequação deste a necessidades mais específicas e adaptáveis as demandas de agências, organizações e universidades fora do Brasil

REFERÊNCIAS

BRASIL. Ministério do Turismo. **Estudo de Inteligência de Mercado para o Segmento de Estudos e Intercâmbio**. Brasília: Embratur, 2009. Disponível em: <http://www.brasilnetwork.tur.br/brnetwork/opencms/bn/arquivos/Bureaux/Intercambi o/Inteligencia_Comercial_Bureau_Brasileiro_de_Intercambio.pdf >. Acesso em: 01 maio 2013.

BRASIL. Ministério do Turismo. **Turismo de estudos e intercâmbio: orientações básicas**. Brasília: Ministério do Turismo, 2010. Disponível em < http://www.turismo.gov.br/export/sites/default/turismo/o_ministerio/publicacoes/downl oads_publicacoes/Turismo_Estudos_e_Intercambio_Orientacoes _Basicas.pdf>. Acesso em: 01 maio 2013.

COSTA, R. **Brasil em alta impulsiona ensino de português no mundo.** 2012. Disponível em: em http://www.bbc.co.uk/portuguese/noticias/2012/10/120926_portugues_cursos_ru.sht ml. Acesso em: 15 mar. 2013.

DIAS SOBRINHO, J. **Dilemas da educação superior no mundo.** São Paulo: Casa do Psicólogo, 2005.

ENGEL, J. F.; BLACKWELL, R. D.; MINIARD, P. W. **Comportamento do consumidor**. Rio de Janeiro: LTC, 2000.

FOREQUE, F. **Crescimento do Brasil leva estrangeiros a aprenderem português**. 2011. Disponível em: <http://www1.folha.uol.com.br/mercado/991439-crescimento-do-brasil-leva-estrangeiros-a-aprenderem-portugues.shtml>. Acesso em: 01 abr. 2013.

LÍNGUA portuguesa atrai estudantes estrangeiros para UNESP de Rio Preto. 2013. Disponível em http://g1.globo.com/sao-paulo/sao-jose-do-rio-preto-aracatuba/noticia/2013/05/lingua-portuguesa-atrai-estudantes-estrangeiros-para-unesp-de-rio-preto.html. Acesso em 10 mai 2013

JOYCE, M. **Brazilian portuguese is the best language**. 2012. Disponível em: <http://moreintelligentlife.com/content/ideas/helen-joyce/brazilian-portuguese-best-language>. Acesso em: 05 maio 2013.

LEROY, H. R.; COURA-SOBRINHO, J. Interculturalidade e ensino de português lingua estrangeira. **Cadernos do CNLF**, Rio de Janeiro, v. 15, n. 5, t. 2, p. 1924, 2011.

MACEDO, P. **O novo descobrimento do Brasil**. 2011. Disponível em: <http://linguaportuguesa.uol.com.br/linguaportuguesa/gramatica-ortografia/31/artigo225163-1.asp>. Acesso em: 01 fev. 2013.

MAMEDE, G. **Agências de viagens e excursões**: regras jurídicas, problemas e soluções. Barueri: Manole, 2003.

MODENA, C. **Interesse estrangeiro de estudar no Brasil é crescente.** 2013. Disponível em: http://g1.globo.com/jornal-da-globo/noticia/2013/02/interesse-de-estrangeiros-em-estudar-no-brasil-e-crescente.html. Acesso em: 01 abr. 2013.

MOROSINI, M. C. **Estado do conhecimento sobre internacionalização da educação superior –Conceitos e práticas**. Curitiba: Editora UFPR, 2006.

MOTA, K. C. Turismo de intercâmbio. In: NETTO, A. P.; ANSARAH, M. G. R. (Orgs.). **Segmentação do mercado turístico, estudos produtos e perspectivas**. Barueri: Manole, 2009.

NÓBREGA, M. H. Ensino de português para nativos e estrangeiros: na prática, a teoria é outra. **Linha d'Água**, São Paulo, v. 23, p. 20-33, 2010.

RUSCHMANN, D. V. M. **Marketing turístico:** um enfoque promocional. 2. ed. Campinas: Papirus, 1995.

SCARAMUCCI, M. V. R.; RODRIGUES, M. S. A. Compreensão (oral e escrita) e produção escrita no exame Celpe-Bras: análise do desempenho de candidatos hispanofalantes. In: SIMÕES, A. R. M. et al. (Org./Ed.). **Português para falantes de espanhol**: artigos selecionados escritos em português e inglês. Campinas: Pontes, 2004. p. 153-174.

TELLES, A. C. V. C. **A Imagem internacional do Brasil no processo de escolha para realização de intercâmbio educacional**. 2012. 131 f. Dissertação (Mestrado em Administração) - Faculdade de Economia, Administração e Contabilidade, Universidade de São Paulo, São Paulo, 2012.

VICTER, P. P. **Marketing no turismo:** um estudo descritivo sobre a imagem do intercâmbio de cursos de idiomas. 2009. 138 f. Dissertação (Mestrado em Administração) - Universidade FUMEC, Belo Horizonte, 2009

UMA PROPOSTA DE MATERIAL DIDÁTICO PARA O ENSINO DE GÊNEROS ACADÊMICOS NA SALA DE AULA DE PORTUGUÊS PARA FALANTES DE OUTRAS LÍNGUAS: A UNIDADE "RESUMO"

Mariana Killner
Viviane Bagio Furtoso
Universidade Estadual de Londrina, Brasil

INTRODUÇÃO

Considerando que materiais didáticos norteiam o trabalho de professores e alunos e podem otimizar o processo de avaliação-aprendizagem-ensino, propomos, a partir da experiência como professoras de Português para Falantes de Outras Línguas (PFOL) e como autoras de materiais didáticos para ensino de PFOL, compartilhar, neste artigo, o percurso de elaboração de unidades didáticas com foco em gêneros acadêmicos.

Segundo Leffa (16), para iniciar um trabalho de produção de material didático, é fundamental considerar as necessidades de aprendizagem dos alunos. Para Furtoso e Oliveira (238), é preciso partir das necessidades dos alunos para a definição dos objetivos do curso, e, tendo essas demandas estabelecidas, definir o material didático e outras fases do planejamento.

Assim, este trabalho se justifica pela realidade de um contexto específico de ensino de PFOL, o Laboratório de Línguas da Universidade Estadual de Londrina (Lab-UEL), onde atuam as pesquisadoras. A crescente presença de universitários estrangeiros provenientes de cursos de mestrado e doutorado em cursos de extensão ofertados pela referida instituição apontou para a necessidade de o professor preparar os alunos para a realização de tarefas dos cursos que frequentam, de modo que a aula de PFOL apoie também, diretamente, a escrita e a oralidade desses alunos na condução de seus trabalhos acadêmicos. Acreditamos que outros contextos de ensino de PFOL também compartilhem dessa mesma demanda.

Reconhecendo o construto teórico e a organização das unidades didáticas propostas no Portal do Professor de Português Língua Estrangeira / Língua Não Materna (PPPLE)[34] coerentes com as necessidades de aprendizagem de alunos de PFOL do Lab-UEL, propusemo-nos a elaborar quatro unidades no formato proposto pelo PPPLE, com foco em quatro gêneros acadêmicos: resumo, resenha acadêmica, apresentação oral em eventos e artigo acadêmico. Optamos por iniciar a sequência dos gêneros pelo resumo por considerá-lo de maior recorrência para nossos alunos e por acreditarmos que ele serviria de base para os demais gêneros, pensando na progressão do trabalho com as unidades didáticas.

---

[34] www.ppple.org

Assim, temos como objetivo neste artigo descrever o percurso e os resultados obtidos com a produção da unidade "Resumo", desde a análise das necessidades dos alunos até a avaliação do próprio material, passando pelas etapas de desenvolvimento e de implementação, conforme discutiremos mais adiante com base em Leffa (2008).

Os procedimentos metodológicos compreenderam, inicialmente, leituras e discussões sobre redação acadêmica, com base em Motta-Roth (2001), e um exame detalhado das concepções de linguagem e de aprendizagem-ensino-avaliação que embasam as unidades didáticas[35] disponíveis no PPPLE.

Durante a produção da unidade, tivemos encontros gravados, o que nos possibilitou voltar às atividades para refazê-las e corrigir o que foi acordado. Após esse momento, que por vezes gerou trocas de e-mails e novas reuniões, deparamo-nos com o terceiro momento da pesquisa, a pesquisa-ação, ou seja, o momento de aula com os alunos estrangeiros.

Para que a pilotagem do material fosse realizada, propusemos um curso de extensão de 12 horas, frequentado por quatro alunos que faziam cursos de PFOL no Lab-UEL e aceitaram o convite, voluntariamente, para participarem do curso "Gêneros acadêmicos para alunos de PFOL" durante oito encontros de 1h00 e 30 min. cada. Os alunos encontravam-se matriculados em cursos de Mestrado na UEL, nas áreas de Ciência da Informação, Serviço Social, Química e Microbiologia e eram todos hispano-falantes.

Para nosso registro, as aulas foram gravadas em áudio, com a permissão dos alunos. Além das gravações, fizemos anotações durante a implementação.

Um dos caminhos mais utilizados na avaliação de material didático tem sido "a observação direta do trabalho do aluno com o material; mais importante do que o que os alunos respondem ou dizem é o que eles realmente fazem. Isso só se consegue pela observação" (Leffa 34-35). Consideramos as gravações das aulas em áudio e as retomadas de alguns pontos que pudessem complementar as anotações feitas durante a observação como fundamentais no processo de implementação.

Como última etapa desse trabalho, passamos à avaliação do material elaborado de modo que as readequações fossem apontadas. Acreditamos que a avaliação reinicie um novo ciclo, levando a uma nova análise, conforme já proposto por Leffa (2008), o que acontecerá a cada encontro entre material, professores e alunos.

Passemos agora à análise e discussão das etapas de produção da unidade "Resumo".

---

[35]A descrição das partes de uma unidade didática no formato do PPPLE está disponível em www.ppple.org. O formato da unidade também poderá ser visualizado na subseção 1.2 deste artigo.

ETAPAS NA PRODUÇÃO DE MATERIAL DIDÁTICO

Nesta seção do artigo, apresentaremos a discussão sobre nossa produção de material didático a partir da proposta de Leffa, que contempla quatro momentos importantes: a análise, o desenvolvimento, a implementação e a avaliação (15 -6).

Análise, Desenvolvimento e Implementação

Para Leffa, "a produção de materiais de ensino é uma sequência de atividades que tem por objetivo criar um instrumento de aprendizagem" (15). Segundo o autor, a produção de materiais pode ter diferentes etapas, o que vai depender de diversos fatores, entre eles seu objetivo e público-alvo. Essas etapas devem formar um 'ciclo recursivo', em que a avaliação "leve a uma nova análise, reiniciando um novo ciclo" (Leffa 16).

Como primeira etapa do nosso trabalho, a análise partiu das necessidades dos alunos, "incluindo seu nível de adiantamento e o que eles precisam aprender" (Leffa 16). Desta forma, o curso em gêneros acadêmicos surgiu da necessidade dos alunos, estrangeiros pesquisadores estudando na UEL e que têm nível de proficiência Intermediário Superior (de acordo com os níveis do Exame Celpe-Bras[36]).

A segunda etapa proposta por Leffa e que levamos em consideração foi o desenvolvimento, que compreende "parte dos objetivos que são definidos depois da análise das necessidades" (17). Para o autor, esta etapa implica a definição de objetivos, da abordagem, do conteúdo e das atividades e, depois, o ordenamento das atividades.

No contexto investigado, o objetivo geral[37] contempla a capacidade dos alunos de compreenderem e produzirem textos orais e escritos para agir em contexto acadêmico, seja dentro ou fora da universidade.

Nessa perspectiva, trabalhamos com a integração das práticas de linguagem organizadas em atividades no formato das unidades didáticas do PPPLE, ou seja, buscamos, a partir de textos sociais (Cristovão 309), levar os alunos a lerem e produzirem textos orais e escritos de modo que um texto de recepção (compreensão oral ou escrita) pudesse também desencadear uma atividade de produção de texto (oral ou escrito), como acontece em situações reais de uso da língua.

Depois dessa etapa, passamos, então, à terceira, chamada de implementação, que "pode receber um cuidado maior ou menor dependendo, via de regra, da maior ou menor presença de quem preparou o material." (Leffa 34). Para o autor, há três situações básicas. Na primeira delas, que coincide com nosso contexto, o material é usado pelo próprio professor[38].

---

[36] http://portal.inep.gov.br/celpebras-estrutura_exame

[37] Os objetivos específicos foram definidos na seção "Expectativas de aprendizagem" da unidade didática produzida, avaliada na subseção 1.2.1 deste artigo.

[38] Na segunda, o material é usado por outro professor, e, de forma mais autônoma; na

Para Leffa,

> Quando o próprio professor prepara o material para os seus alunos, a implementação dá-se de modo intuitivo, complementada pelo professor, que, oralmente, explica aos alunos o que deve ser feito. Normalmente, o material pressupõe essa intervenção oral, funcionando em 'distribuição complementar' com o professor. Erros maiores e mal-entendidos que atrapalharam na implementação podem ser anotados e reformulados para uma próxima apresentação. (34 - 5).

O que Leffa aponta foi constatado por nós durante a pilotagem[39] do material. Afirmamos que é de suma importância a intervenção do professor para que as necessidades de aprendizagem e os objetivos de ensino sejam atingidos. O grupo com o qual o material está sendo pilotado não poderá esperar as readequações formais no material, isso terá que ser realizado durante a implementação e reformulação.

Para finalizar o ciclo proposto por Leffa, está a avaliação. Para o autor, a pilotagem mostra basicamente o que pode permanecer como está e o que precisa ser melhorado. Isso só é possível quando o material é testado com os alunos para o qual se destina, quando então se pode constatar se houve ou não o ponto de contato entre o nível de conhecimento pressuposto pelo material e o nível real do aluno. (39).

Justificamos, dessa forma, nossa proposta de um curso que promovesse a pilotagem do material produzido antes de sua publicação, conforme descrito na Introdução.

A avaliação da unidade "Resumo"

Neste segundo momento, discutiremos a avaliação do material, exemplificando com a unidade "Resumo". A avaliação tomou como ponto de partida os resultados da implementação e os critérios da etapa 2 da ficha proposta por Souza-Luz (2015)[40], cujos critérios se concentraram: no *layout*, na clareza das instruções, na compreensão dos textos, na credibilidade e na exequibilidade das tarefas, na praticabilidade e na ensinabilidade, no impacto, no poder de motivação dos materiais, na flexibilidade e nos atrativos, na interação entre professor/aluno/ferramenta, na reflexão sobre o desenvolvimento dos objetivos propostos e na receptividade dos alunos. Embora o instrumento de avaliação proposto por Souza-Luz não tenha sido pensado para o contexto de ensino de PFOL, entendemos que os critérios estabelecidos podem nortear a avaliação de material didático para qualquer

---

terceira, o material pode ser diretamente pelo aluno sem presença de um professor. (Leffa 34).

[39] Pilotagem está sendo usada por nós como a atividade de execução da etapa de implementação do material.

[40] A ficha original pode ser visualizada na dissertação de Souza-Luz (2015).

língua, basta considerar as especificidades e adaptar o instrumento, quando necessário. O instrumento foi adaptado ao nosso contexto, ou seja, à avaliação de uma unidade didática e não de um livro didático.

Os critérios avaliados na e pela ficha serão discutidos de acordo com as seções da unidade didática elaborada. Tal critério de apresentação dos resultados justifica-se pelo fato de que assim podemos trazer as seções da unidade para que o leitor as conheça, mesmo que desmembradas, já que não há espaço no artigo para a apresentação da unidade didática na íntegra[41]. Ressaltamos ainda que as figuras da subseção seguinte vão espelhar o caminho percorrido para a refacção da unidade, deixando explícitas alterações, substituições, omissões e outros.

Parte Inicial da Unidade Didática "Resumo"

A parte inicial da unidade didática "Resumo", Figura 1, é composta pelo título da unidade, pela situação de uso que caracteriza a ação de linguagem, por três marcadores que organizam o tema da unidade e pelas expectativas de aprendizagem que orientam as atividades, oportunizando que o aluno seja capaz de realizar a ação de linguagem delimitada na situação de uso[42]. Desse modo, as expectativas de aprendizagem das unidades do PPPLE correspondem aos objetivos discutidos por Leffa (2008) e Souza-Luz (2015), dentre outros autores, como já apontado anteriormente.

Figura 1: Primeira parte da unidade didática "Resumo".

UNIDADE: Resumir é desenfeitar / Brasil
SITUAÇÃO DE USO
Síntese de conteúdo de textos acadêmicos.
MARCADORES
Resumo; textos acadêmicos;   Síntese de textos; Texto acadêmico; Resumo.
EXPECTATIVAS DE APRENDIZAGEM
- (Re)Conhecer um resumo.   - (Re)Conhecer e usar aspectos lexicais e gramaticais para configuração do propósito e da interlocução no gênero Resumo   - Compreender resumos voltados à área acadêmica.   - Avaliar resumos acadêmicos.   - Escrever resumos acadêmicos.

A primeira observação que fizemos para esta seção foi sobre o nível de proficiência estabelecido, pois a cor verde no título[43] refere-se ao Nível 2 do

---

[41] Convidamos todos para visitarem o *site* do PPPLE para o acesso à unidade didática na íntegra, quando lá disponibilizada.

[42] Todas as definições e concepções sobre a unidade didática elaborada estão em consonância com o PPPLE, estando disponível na seção "Conversa com o professor", em http://www.ppple.org/conversa.

[43] Os níveis de proficiências das unidades didáticas do PPPLE são definidos pela escolha da cor no título/país: amarelo para o nível 1, verde para o nível 2 e azul para o nível 3.

PPPLE. No entanto, durante a implementação, constatamos que a unidade pode ser classificada como Nível 3, de cor azul, pelo grau de complexidade das atividades propostas e pelo desempenho dos alunos que contribuíram na pilotagem.

Outra questão importante foi o reconhecimento da necessidade de expansão da expectativa que contemplava a identificação das características de um resumo, que, numa proposta de reformulação, passou a incluir os aspectos linguístico-discursivos explicitamente. A expectativa reformulada passou a ser: "(Re) Conhecer e usar aspectos lexicais e gramaticais para configuração do propósito e da interlocução no gênero Resumo". Embora as práticas de compreender e escrever já contemplem, de certa forma, o reconhecimento e uso de aspectos linguísticos na configuração do gênero, nas outras expectativas, entendemos importante explicitá-los, pensando na etapa de uso da unidade por outros professores e alunos futuramente.

Além disso, incluímos mais uma palavra-chave, pois, de acordo com o PPPLE, são três os marcadores, reordenando-os de modo que partíssemos da função para o gênero propriamente dito.

As questões aqui apresentadas foram consideradas por nós como aspectos relacionados aos critérios *layout* e reflexão sobre o desenvolvimento dos objetivos propostos, considerando as necessidades dos alunos e as especificidades do material elaborado.

Atividade de preparação

De acordo com o PPPLE,

> A atividade de preparação para o trabalho com a Unidade Didática pressupõe o momento de sensibilização do aluno para o desenvolvimento das ações de linguagem previstas. [...] Por isso, essa etapa da aula é muito importante, uma vez que antecipa situações, revela os conhecimentos que os alunos já têm, assim como suas dificuldades, e também aponta direcionamentos para a condução da unidade.

A primeira questão observada, durante a pilotagem do material, nesta seção da unidade, apresentada na Figura 2 a seguir, foi a inclusão oral de uma pergunta pela professora para dar início à atividade de preparação: "O que é resumir para vocês?". Como a interação na aula é percebida de forma diferente pela presença dos alunos, houve a necessidade de começar conversando com os alunos sobre o assunto e, por isso, propusemos a inserção dessa pergunta na versão reformulada da unidade. Fazemos relação desse aspecto com o critério interação entre professor/aluno/ferramenta, uma vez que houve a necessidade de complementar a interação proposta inicialmente, além de revelar a flexibilidade de adaptação do material, pois a necessidade de inserção de uma pergunta foi observada pela professora que pilotou o material com aqueles alunos específicos. Assim, o uso da mesma unidade por outro professor e por outros alunos pode exigir outras adaptações, que podem ser perfeitamente feitas no momento da interação, sem comprometer o desenvolvimento das demais atividades do material.

Figura 2: Atividade de preparação da unidade didática "Resumo".

ATIVIDADE DE PREPARAÇÃO
Leia o resumo abaixo e responda às perguntas que o seguem.
O exame Celpe-Bras e a proficiência do professor de português para falantes de outras línguas
Resumo
Neste artigo, fazemos algumas considerações, ainda preliminares, a serem retomadas e aprofundadas oportunamente, sobre as características da proficiência do professor de português para falantes de outras línguas a partir das diretrizes do exame Celpe-Bras (Certificado de Proficiência em Língua Portuguesa para Estrangeiros). O conceito de proficiência que fundamenta o exame é discutido como parâmetro redirecionador não apenas do ensino/aprendizagem e da elaboração de materiais didáticos em português, mas também das ações de formação do professor no que diz respeito, especificamente, às necessidades de uso da língua que ensina.
Disponível em: <file:///C:/Documents%20and%20Settings/Compaq/Desktop/Digilenguas N12m%20Laura%20Masello_scaramucci.pdf>. Acesso em: 20 mai. 2015.
a) O que é resumir para você? (Questão inserida)
b) Qual é o assunto do texto?
c) Qual é o objetivo do autor?
d) Você acha que o autor foi claro? Explique.
e) De que área do conhecimento se trata?
f) Você acha que o resumo atrairia pessoas da área para a leitura do texto completo? Por quê?
g) Você mudaria alguma coisa nesse resumo? Explique.

Ainda na atividade de preparação, observamos que, dentre as perguntas de compreensão escrita, a que poderia ser mudada em função da contextualização seria a pergunta f) "Após a leitura desse texto, você se interessou em ler todo o artigo? Por quê?". As respostas dos alunos foram bem interessantes, levaram os alunos a manifestarem e sustentarem suas opiniões. No entanto, repensamos a substituição dessa pergunta, já que o texto não era da área dos alunos. Pensamos como alternativa a pergunta "Você acha que o resumo atrairia pessoas da área para a leitura do texto completo? Por quê?". Aqui também observamos uma relação direta com a interação no momento da implementação do material, pois as respostas dos alunos nos levaram a pensar que a pergunta poderia não fazer muito sentido para eles, já que se tratava de um texto de área diferente das suas, embora não tão distante porque abordava a área de PFOL e os alunos eram aprendizes de português nesse contexto. Com outros grupos, a pergunta poderia levar a respostas de SIM ou NÃO e não ser muito motivadora para o engajamento dos alunos na prática de linguagem prevista. Pensando na flexibilidade, se isso acontecesse, o material é flexível o suficiente para a intervenção do professor, aquele que é mediador entre a ferramenta (e o conteúdo da mesma) e os alunos (e suas necessidades de aprendizagem).

Outra observação que merece destaque na atividade de preparação (e que apareceu em outros momentos da unidade) foi o desdobramento das perguntas d) "Você acha que o autor foi claro? Explique." e g) "Você mudaria alguma coisa nesse resumo? Explique.".

Essas perguntas levaram os alunos a levantar vários questionamentos e reflexões acerca de aspectos linguístico-discursivos, dentre os quais ressaltamos: o uso explícito (ou não) da palavra 'objetivo' no resumo; a dificuldade de alguns tempos verbais para estrangeiros, como no caso do infinitivo flexionado (a serem), a alternância de tempos verbais (passado, presente e/ou futuro) e suas implicações para a produção e recepção do resumo, a escolha por registro mais formal e linguagem mais direta e objetiva em textos acadêmicos. Isso nos levou a uma avaliação muito positiva do material em termos de coerência com a concepção de linguagem adotada, pois toda a discussão sobre os aspectos linguísticos estava voltada para o uso da língua portuguesa no gênero "resumo", promovendo, assim, um espaço de trabalho contextualizado com e na língua[44]. Por isso, chamamos inicialmente de aspectos linguístico-discursivos, o que revela nosso entendimento de que os recursos linguísticos discutidos e praticados estão à disposição do contexto de produção e de recepção do texto. Este é um dos pontos fortes da unidade apontados por nós, ou seja, um reflexo do formato de unidade didática do PPPLE que não precisa necessariamente prever "exercícios de léxico e de gramática explícitos" para que a língua em uso seja trabalhada. Este ponto da avaliação também nos levou a rever uma das expectativas de aprendizagem, conforme já discutido na subseção **Parte Inicial da Unidade Didática "Resumo"**.

No que tange às partes e ao conteúdo do resumo, esta atividade ainda levou os alunos a reconhecerem que, no resumo lido, estavam faltando as conclusões do estudo. A partir da inclusão sugerida, foram discutidas características de um resumo de um estudo já concluído e de resumos enviados para congressos, pois, no caso destes, dependendo da área, nem sempre o autor tem os resultados para incluir no resumo no momento da inscrição no evento.

Bloco de atividades

O Bloco de atividades, segundo consta no próprio PPPLE, "tem como objetivo proporcionar um conjunto de experiências de uso da língua que visa alcançar as expectativas de aprendizagem estabelecidas no início da Unidade

---

[44] Segundo Cristóvão (334-35), "o trabalho com gramática contextualizada deve explorar a função discursiva dos elementos linguístico-discursivos no gênero tratado".

Didática". As atividades são organizadas a partir de estímulos, por meio de materiais representativos da variedade de uso da língua portuguesa de cada país em foco.

Na atividade 1 da seção "Bloco de Atividades" da unidade Resumo, Figura 3, propusemos inicialmente a seguinte instrução c) "Assinale o que, em sua opinião, deve conter em um resumo acadêmico.". Porém, no momento de implementação da unidade, discutindo caraterísticas de resumo em diferentes áreas do conhecimento, vimos que não poderíamos generalizar e, assim, optamos por um verbo modalizador. A versão reformulada conjuntamente com os alunos ficou, então, "Assinale o que, em sua opinião, pode conter um resumo acadêmico". Além do enunciado ou instrução, conforme a ficha de avaliação de Souza-Luz (2015), algumas opções de respostas não estavam claras para os alunos, portanto, juntos, mudamos as opções de resposta. Na terceira, ao invés de "marco referencial", optamos por "abordagem teórica"; na quarta, "Questões de pesquisa", trocamos por "Perguntas de pesquisa"; na sexta, "A descrição básica da metodologia", sugerimos "A descrição geral da metodologia" e, incluímos, ainda, a alternativa "palavras-chave", que havíamos nos esquecido de inserir na atividade.

Figura 3: Atividade 1 do Bloco de Atividades da unidade didática "Resumo".

BLOCO DE ATIVIDADES

Atividade 1: Responda:

a) Você já escreveu um resumo? Quando?

b) Antes de escrevê-lo, você já tinha lido um?

c) Assinale o que, em sua opinião, pode conter um resumo acadêmico.

( ) Reflexões pessoais sobre o tema.

( ) Síntese de leituras feitas.

( ) A abordagem teórica que sustentou o estudo (conceitos e fundamentos).

( ) Perguntas de pesquisa que norteiam o trabalho.

( ) Objetivo geral do artigo.

( ) A descrição básica geral `da metodologia.

( ) Os principais resultados do trabalho.

( ) Palavras-chave.

Esses momentos de reformulação pontual na atividade nos levaram a avaliar que tivemos algum problema com a clareza da instrução e com a formulação das alternativas. O trabalho em conjunto com os alunos nos revelou também o potencial do material em promover interação de qualidade entre professor/material; professor/material; aluno/aluno e aluno/material, considerando a opinião dos alunos a respeito do material durante a própria implementação, gerando, assim, sugestões para a reformulação.

255

Quanto ao resultado esperado para esta atividade, pudemos observar que foi satisfatório, pois a discussão na atividade de preparação se estendeu e, com isso, otimizou sua realização. O mesmo aconteceu com a atividade 2, que será discutida a seguir.

Figura 4: Atividade 2 do Bloco de Atividades da unidade didática "Resumo".

Atividade 2: De modo geral, os resumos mantêm uma sequência básica. Relacione os nomes de cada etapa à sua respectiva descrição.

a) Objetivos

( ) Pergunte-se, nessa etapa, qual a relevância dos resultados? Como eles avançam o conhecimento na área ou ajudam a resolver o problema proposto?

b) Materiais e métodos/Metodologia

( ) Essa etapa deve ser naturalmente apresentada de forma concreta, por meio das informações obtidas.

c) Resultados

( ) É em geral a informação de maior interesse. Por esse motivo deve estar na primeira fase de um artigo.

d) Conclusão

( ) Como os autores propõem abordar o problema? O resumo deve descrever como atingirá o objetivo proposto.

Disponível em: <https://cienciapratica.wordpress.com/2015/01/10/escrevendo-o-resumo-ou-%E2%80%9Cabstract%E2%80%9D-para-um-artigo/>. Acesso em: 21 maio 2015.

Na implementação da atividade 2, percebemos que a mesma sequência da organização da coluna da esquerda foi mantida na coluna da direita, não atingindo, então, o objetivo proposto pela atividade. Portanto, para a versão reformulada da unidade, foi necessário alterar a ordem da coluna direita, conforme mostrado na Figura 4. Também observamos a possibilidade de inserir o termo "Metodologia", para contemplar algumas áreas que não usam "Materiais e métodos", além de substituir o verbo "atacar" por "abordar", na descrição da Metodologia.

Na atividade 3, Figura 5 a seguir, alguns aspectos observados já tinham aparecido nas atividades anteriores, dentre os quais apontamos a inclusão da palavra "metodologia" como outra opção para métodos e materiais e a necessidade de inclusão de informação que nos tinha passado despercebido, como é o caso da "introdução do assunto" como parte constituinte de um resumo.

Figura 5: Atividade 3 do Bloco de Atividades da unidade didática "Resumo".

Atividade 3: Leia o texto abaixo e encontre a parte em que o autor: a)   Introduz o assunto. b)   Expõe os objetivos. c)   Define os materiais e métodos / metodologia adotados. d)   Expõe os resultados. e)   Apresenta considerações finais. "Português para Falantes de Outras Línguas na UEL: percorrendo o caminho da institucionalização" **1** Tem-se observado, nos últimos anos, um crescimento de ações por parte de professores pesquisadores que se dedicam ao ensino de línguas, mais especificamente línguas estrangeiras, para institucionalizar a área de Português para Falantes de Outras Línguas nas universidades brasileiras. Sendo assim, esta comunicação tem por objetivo apresentar a trajetória da iniciativa de institucionalização desta área na Universidade Estadual de **5** Londrina, atendendo assim, ao tema que motiva este evento. Serão discutidas as atividades realizadas até o momento, com seus sucessos e percalços, cuja avaliação aponta a necessidade de ampliação do escopo de atuação do grupo envolvido. Como resultado deste trabalho, espero compartilhar experiência com colegas que se encontram em estágios mais avançados que o nosso, além de **10** apontar caminhos para aqueles que estão projetando incluir a área de PFOL em suas instituições, principalmente no que tange o componente de formação de professores. Disponível em: <www.ufscar.br/siple/seminario2006/tabeladetrabalhos.doc>. Acesso em: 22 de maio de 2015.

Em termos de *layout* e exequibilidade da atividade, observamos que na interação foi necessário que alunos e professora voltassem sempre ao resumo para localização do trecho que justificava suas respostas e por isso decidimos inserir número de linhas no resumo para facilitar e otimizar o tempo de localização dos trechos, e, consequentemente, de realização da atividade. A opção foi enumerar linhas de 5 em 5 para melhor localização de informações no texto quando referenciadas pelos alunos, conforme numeração já inserida na Figura 5.

Na atividade 4, última do "Bloco de Atividades", o problema de clareza na instrução voltou a aparecer, mas desta vez com implicações mais comprometedoras na exequibilidade da tarefa.

A atividade 4, como mostra a Figura 6, previa a prática de reescrita de trechos do resumo da atividade 3. No entanto, esta atividade foi solicitada como atividade individual a ser feita em casa. Foi no momento da discussão sobre as respostas dos alunos, na aula seguinte, que percebemos que cada aluno tinha feito de um jeito e um aluno nem a fez porque não entendeu. Em função disso, a interação promovida em sala levou professora e alunos a entenderem o porquê da confusão e a chegarem a algumas conclusões. A primeira delas foi que a instrução não estava clara, pois eles não sabiam o que podiam ou não mudar. A princípio, os alunos sugeriram que fosse grifado nos trechos o que deveria ser mudado. No entanto, o propósito da atividade era justamente deixar os alunos livres para fazerem as alterações que achassem necessárias e que estivessem ao alcance deles, em termos de proficiência, pois isso serviria de diagnóstico para a professora intervir na promoção da aprendizagem. Depois de discutido isso com os alunos, optamos, então, por complementar a instrução, acrescentando ao final "Não se esqueça de que você pode mudar as palavras, a ordem das frases etc.", como aparece na Figura 6.

Figura 6: Atividade 4 do Bloco de Atividades da unidade didática "Resumo".

Atividade 4: Em termos de linguagem, há diferentes formas de escrever as partes de um resumo, o que envolve, principalmente, especificidades das áreas e estilo de escrita do autor. Assim, reescreva os trechos a seguir, retirados do resumo da atividade 3, de modo que o sentido seja mantido. Não se esqueça de que você pode mudar as palavras, a ordem das frases etc.

a) "Tem-se observado, nos últimos anos, um crescimento de ações por parte de professores pesquisadores que se dedicam ao ensino de línguas [...]."

b) "Sendo assim, esta comunicação tem por objetivo apresentar a trajetória da iniciativa de institucionalização desta área na Universidade Estadual de Londrina [...]."

c) "Serão discutidas as atividades realizadas até o momento, com seus sucessos e percalços, cuja avaliação aponta a necessidade de ampliação do escopo de atuação do grupo envolvido."

d) "Como resultado deste trabalho, espero compartilhar experiência com colegas que se encontram em estágios mais avançados que o nosso, além de apontar caminhos para aqueles que estão projetando incluir a área de PFOL em suas instituições [...]."

Com a alteração proposta, os alunos acharam que o problema foi resolvido, pois realizaram a atividade satisfatoriamente depois de solucionada a ambiguidade na instrução. Observamos então que a atividade 4, assim como as demais atividades propostas até aqui, foi avaliada como excelente em termos de praticabilidade e ensinabilidade, apresentando um grau de dificuldade de compreensão e produção oral coerente às necessidades dos alunos.

Extensão da Unidade
A extensão da unidade didática prevê a proposta de atividades que complementem e expandam as ações de linguagem trabalhadas na unidade ou que desencadeiem experiências mais amplas de investigação, produção, entre outras, e que possam ser utilizadas como tarefas em sala de aula ou podem ser realizadas, posteriormente, segundo o PPPLE.
A Extensão da unidade "Resumo" previa a pesquisa de um resumo da área de conhecimento do aluno para levar os alunos a reconhecerem semelhanças e/ou diferenças entre os resumos de sua área e os lidos na unidade, conforme apresentamos na versão inicial da proposta na Figura 7.

Figura 7: "Extensão da Unidade" da unidade didática "Resumo".

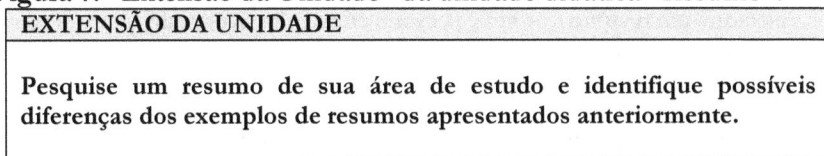

EXTENSÃO DA UNIDADE
Pesquise um resumo de sua área de estudo e identifique possíveis diferenças dos exemplos de resumos apresentados anteriormente.

Depois da atividade realizada com os alunos e a reflexão que fizemos a partir de Cristovão (324), de que "o trabalho com textos de um gênero em LM para um reconhecimento inicial de seu funcionamento para posterior comparação com textos do mesmo gênero em LE pode beneficiar a aprendizagem", propusemos uma alteração na instrução da atividade para: "Pesquise resumos de sua área de estudo (escritos em português e na sua língua materna) e identifique possíveis diferenças dos exemplos de resumos apresentados anteriormente. Anote essas diferenças e depois discuta com seus colegas e professor". Embora a comparação não esteja sendo proposta no início da unidade, acreditamos que este trabalho possa otimizar a aprendizagem em outros momentos também, principalmente com grupos linguísticos de línguas próximas ao português, como foi o caso de alunos hispano-falantes. Essa reflexão também nos apontou mais um indício da flexibilidade do material, pois, com outros grupos linguísticos ou com alunos de níveis de proficiência mais baixos, o trabalho com textos de um gênero em LM, para reconhecimento inicial de seu funcionamento e posterior comparação com textos do mesmo gênero em LE, pode ser deslocado da "Extensão", como propusemos aqui, para uma atividade inicial do "Bloco de Atividades".
Outro resultado da avaliação do material e que tem relação com esta seção da unidade foi a possibilidade de inserção, na "Extensão da Unidade", de uma atividade com os conectivos em português. Isso foi solicitado pelos alunos e atendido pela professora, naquele momento, com o envio de um e-

mail com material extra[45].

Atividade de avaliação

Cada unidade didática do PPPLE é acompanhada por "atividades que sistematizam e retomam as ações de linguagem trabalhadas para avaliar a aprendizagem do aluno. [...] A partir do resultado dessas atividades, o professor reorganiza seu planejamento de modo a preencher lacunas ainda existentes na aprendizagem dos alunos".

Na atividade de avaliação da unidade "Resumo", foi o momento de sistematizar o que tinha sido praticado nela, de modo que o aluno trabalhasse em seu próprio resumo, conforme pode ser observado na Figura 8.

Figura 8: "Atividade de avaliação" da unidade didática "Resumo".

ATIVIDADE DE AVALIAÇÃO
Selecione um resumo que você já escreveu (se não tiver pode escrever um) e traga na próxima aula. **Na próxima aula:** **Troque, com seu colega, seus resumos. Cada um deverá ler o resumo do outro e apontar possíveis sugestões de alteração. Vocês podem pensar:** **- na estrutura do resumo;** **- no uso de conectivos;** **- na escolha de tempos verbais;** **- na padronização (1ª pessoa do plural ou 3ª pessoa do singular);** **- dentre outros aspectos.**

Durante a interação entre os alunos e seus textos, observamos a preocupação deles com alguns aspectos linguístico-discursivos, os quais acrescentaríamos aos já discutidos anteriormente, a possibilidade de uso da 1ª pessoa do singular ou do plural e da 3ª pessoa do singular e suas implicações para a produção e recepção de textos do gênero resumo.

O trabalho com os resumos dos alunos foi muito prazeroso, pois ratificamos o que já vinha sendo observado até então, uma motivação muito grande por parte deles na e para a aprendizagem da língua portuguesa, o que nos levou a considerar o critério receptividade dos alunos como bastante positivo em nossa avaliação geral do material. Acreditamos que a escolha do tema da unidade também contribuiu para a motivação, pois esses mesmos alunos já tinham manifestado interesse e necessidade em trabalhar gêneros acadêmicos.

---

[45] Disponíveis em http://recursosabertosdeportugues.blogspot.com.br/2013/11/a-coesao-textual-conectores.html.

Finalizando, assim, esta seção de avaliação da unidade "Resumo", ainda registramos que não houve necessidade de alteração em relação aos espaços disponíveis para realização das atividades por parte dos alunos e nem de sua organização sequencial. Como impacto do material, destacamos a inserção total dos alunos no desenvolvimento das práticas de linguagem de modo integrado, uma vez que leram, escreveram e conversaram sobre seus textos escritos, tendo que passar pela prática da compreensão oral nos momentos de discussão com a professora e/ou com os colegas.

Considerações finais

Neste artigo, propusemo-nos a descrever o percurso e os resultados obtidos com a produção de material didático para ensino de gêneros acadêmicos na sala de aula de PFOL.

A motivação e a justificativa para a elaboração do referido material foram a demanda de nosso contexto de atuação e nossa dificuldade em encontrar material para o ensino de gêneros acadêmicos numa perspectiva de língua em uso, para ser coerente com a concepção de linguagem adotada nos cursos de PFOL do Lab-UEL.

Encontramos, no formato de unidades didáticas sugeridas pelo PPPLE, uma proposta de organização de atividades coerente com nossas concepções de linguagem e de aprendizagem-avaliação-ensino de PFOL.

Quanto às reflexões, podemos dizer que, em termos da percepção dos alunos, observou-se que suas contribuições foram essenciais para o aprimoramento das atividades das unidades didáticas, em especial, neste artigo, na unidade "Resumo". Em termos deste aprimoramento, julgamos fundamental as etapas de análise, desenvolvimento, implementação e avaliação do material produzido.

Nesse sentido, acreditamos que o material nos ajudou a refletir sobre as práticas que adotamos em sala de aula. Fez-nos pensar sobre as necessidades de aprendizagem dos alunos para definirmos as ações de linguagem a serem desenvolvidas pela situação de uso da língua e detalhadas como expectativas de aprendizagem para os alunos, e, consequentemente, como objetivos de ensino para o professor.

A implementação otimizou a avaliação do material e nos permitiu repensar as instruções das atividades, que muitas vezes estavam claras para nós, mas não para os leitores, os alunos estrangeiros, que colaboraram muito com sugestões de readequações. Além disso, a etapa de implementação revelou que a produção do material pode requerer ajustes futuros e que o momento da pilotagem é fundamental para resolvê-los, sendo essencial para a credibilidade e exequibilidade das tarefas propostas.

A partir dos resultados obtidos e neste artigo discutidos, acreditamos que a adaptação de um material depende, pelo menos em parte (ousamos dizer em grande parte), de sua flexibilidade, já que é preciso haver espaço, no material, para a intervenção daquele que está entre o material e o aluno, o professor.

Gostaríamos de salientar, assim, que enxergamos um grande potencial no material proposto em termos de flexibilidade, que pode atender vários contextos de ensino. No entanto, acreditamos ser importante que se debrucem novos olhares sobre essa proposta e, consequentemente, sugestões de adaptações para novos contextos de uso do material.

Outra questão que nossa avaliação nos permite considerar é em relação ao tempo, pois, apesar de constar no PPPLE a previsão de duas horas para a realização das atividades previstas nas unidades, para assegurar o equilíbrio entre estas, reconhecemos que a realização de cada experiência de desenvolvimento em sala de aula será influenciada por diferentes fatores, por exemplo, o ritmo de aprendizagem dos alunos, o que poderá alterar a duração das aulas. Assim, a partir de nossa experiência de produção de material didático aqui discutida, propomos uma reflexão acerca da relatividade do tempo pedagógico, questão diretamente relacionada à flexibilidade do material para futuras adaptações.

Como limitação encontrada no percurso da produção de nosso material, apontamos a dificuldade de encontrar imagens para trabalhar os gêneros acadêmicos, por estes serem mais descritivos e difíceis de serem ilustrados. Pensamos que nos faltou imagens para balancear o trabalho com textos verbais e não verbais.

Apesar de nos concentrarmos, neste artigo, na discussão sobre a produção, implementação e avaliação da unidade "Resumo", ratificamos que foram elaboradas quatro unidades didáticas, que dialogam entre si, de modo a compor um Roteiro Didático, nos moldes do PPPLE, para o ensino de gêneros acadêmicos na sala de aula de PFOL.

Assim, como contribuição, pretendemos enviar as unidades produzidas para publicação no PPPLE, que propicia um espaço para que qualquer professor envie propostas de unidades para serem compartilhadas. Nossa intenção com essa publicação é que demais professores de PFOL possam acessar as unidades produzidas e adaptá-las de acordo com as necessidades de seus alunos, iniciando assim um novo ciclo de análise para implementação e avaliação dessas unidades em novos contextos de ensino de PFOL.

REFERÊNCIAS

Cristovão, Vera L.L. Sequências didáticas para o ensino de línguas. In: Dias, Reinildes, Cristovão, Vera L. L. (Org.). *O livro didático de língua estrangeira:* múltiplas perspectivas. 1a. ed. Campinas: Mercado de Letras, 2009. p. 305-44.

Leffa, Vilson J. *Como produzir materiais para o ensino de línguas*. Disponível em: <http://www.leffa.pro.br/textos/trabalhos/prod_mat.pdf>. Acesso em: 02 abr. 2015.

Motta-Roth, Désirée. *Redação acadêmica: princípios básicos*. Santa Maria: Universidade Federal de Santa Maria, Imprensa Universitária, 2001.

Oliveira, Eliane V. M., Furtoso, Viviane B. Buscando critérios para avaliação de livros didáticos: uma experiência no contexto de formação de professores de português para falantes de outras línguas. In: Dias, Reinildes, Cristovão, Vera L. L. (Org.). *O livro didático de língua estrangeira:* múltiplas perspectivas. São Paulo: Mercado de Letras, 2009. p. 235-63.

PPPLE. Portal do Professor de Português Língua Estrangeira / Língua Não Materna. Disponível em: <http://ppple.org>.

Souza-Luz, Ana Cláudia C. C. "Análise e avaliação de livros didáticos e a etapa de seleção das coleções no PNLD: a participação do professor de língua inglesa.". MA Thesis. Universidade Estadual de Londrina, 2015.

A ELABORAÇÃO DE AULAS E MATERIAIS DIDÁTICOS PARA ALUNOS FRANCÓFONOS: ALGUMAS PISTAS

Vanessa Meireles
Université Paris 8, França

INTRODUÇÃO

Neste artigo, pretende-se apresentar uma discussão sobre a elaboração de aulas e materiais didáticos para o ensino de português língua estrangeira (doravante PLE), com ênfase em sua variante brasileira, para um público de alunos francófonos.

Num primeiro momento, apresentaremos o material que já existe no mercado para esses aprendizes. Em seguida, vamos expor cinco tópicos gramaticais que selecionamos apontando diferenças relevantes entre a estrutura e usos do português e do francês. Vamos comentar como esses tópicos são abordados em dois manuais (*Novo Avenida Brasil: Curso básico de português para estrangeiros 1, 2* e *3*, Eberlein et al., 2008, e *Bem-Vindo! A língua portuguesa no mundo da comunicação*, Ponce, Burim & Florissi, 1999) e apresentaremos algumas propostas de aprimoramento, levando em conta as diferenças expostas entre as duas línguas. Parte-se do pressuposto que a distância ou diferenças mais significativas entre a língua do aprendiz e a língua alvo podem ocasionar dificuldades particulares para este público durante o processo de aprendizado, assim como desafios para o professor.

Além de buscar lançar algumas pistas de ensino, defenderemos o uso de recursos diversos como material de apoio no ensino de PLE para locutores francófonos, tais como a utilização da análise contrastiva e a análise de erros.

MATERIAL ESPECÍFICO OU COMPLEMENTAR? O QUE JÁ EXISTE NO MERCADO

A primeira questão que se impõe quando se decide elaborar um método de PLE para falantes do francês é saber se há realmente uma necessidade de um material específico. Haveria realmente necessidade de uma metodologia particular, como se pode perguntar para o caso do espanhol, ou não?

Sabe-se que o espanhol é uma língua muito mais próxima do português do que o francês, e, por causa disso, alunos hispanofalantes podem ter dificuldades intrísecas devidas sobretudo a uma propensão à transferência ou interferência negativa entre o espanhol e o português durante o aprendizado, além da questão da fossilização precoce, já razoavelmente apresentada e discutida na literatura sobre o assunto.

Para o caso de falantes de francês, poderia tratar-se não exatamente da necessidade de um método específico, mas antes de atividades para complementar os manuais já disponíveis no mercado, um material auxiliar mais orientado para esse público, que leve em conta as semelhanças e diferenças entre as duas línguas.

Em geral, do material já escasso existente para o ensino / aprendizagem de PLE, pode-se constatar que se tratam com frequência de manuais com ênfase na variedade europeia, mesmo que, por vezes, o título faça referência às duas variedades. Entretanto, mais recentemente, podemos notar um aumento no ensino / aprendizagem da variedade brasileira na França[46], o que por si só já justifique talvez a necessidade de se elaborar um material mais específico para o ensino dessa variedade.

Mais especificamente, para dar alguns exemplos dos poucos manuais pré-existentes no mercado e que são claramente direcionados para o público francófono em particular, podemos citar o livro intitulado *Manuel de langue portugaise: Portugal-Brésil* (Teyssier, 1975). Sem recuarmos muito no tempo, podemos afirmar que se trata de uma referência tradicional para o ensino / aprendizagem da língua portuguesa na França. O livro de Paul Teyssier é uma gramática do português escrita em francês, sem exercícios. Seu "manual" é organizado à semelhança de uma gramática tradicional, organizado em quinze capítulos: I) A fonética e fonologia, II) A ortografia, III) O substantivo e o adjetivo, IV) O artigo, V) Os pronomes pessoais, VI) Os pronomes possessivos, VII) Os pronomes demonstrativos, VIII) Os pronomes relativos, IX) Os pronomes interrogativos, X) Os pronomes indefinidos, XI) Os numerais, XII) A morfologia do verbo, XIII) A sintaxe do verbo, XIV) O advérbio, XV) As preposições e as conjunções e, por fim, os anexos. Este livro tem o mérito de apontar diferenças entre a norma do português europeu e do português brasileiro. A norma portuguesa é apresentada em primeiro lugar, seguida da diferenciação em relação aos usos do português brasileiro.

Outro livro orientado para o ensino / aprendizagem do PLE para falantes do francês que podemos citar é o livro *"Pratique du portugais de A à Z"* (Prática do português de A a Z), de Carreira & Boudoy (1993). Em edições mais atualizadas, este livro foi publicado sob o título *"Le portugais de A à Z"* (O português de A a Z) ou ainda *"Le portugais du Portugal et du Brésil de A à Z"* (O português de Portugal e do Brasil de A a Z). Esse livro funciona como uma gramática de referência do PLE, mas com uma organização um tanto diferente do manual de Paul Teyssier citado anteriormente. No livro de Carreira & Boudoy, há 176 fichas de explicações gramaticais em francês organizadas por ordem alfabética sobre um determinado ponto gramatical (por exemplo, a primeira ficha é sobre a preposição "a" seguida de complementos circunstanciais de lugar; a segunda ficha é sobre a preposição "a" seguida de infinitivo; a terceira ficha é sobre o prefixo "a"; a quarta ficha trata da expressão "acabar de / por" + infinitivo, e assim por diante). Depois de cada ficha contendo uma explicação teórica e exemplos do português com

---

[46] Para algumas informações sobre a questão do ensino do português na França, cf. por exemplo os trabalhos de Parvaux (2003), D'Orey (2008) e Marques-Rambourg (2009).

sua respectiva tradução em francês, seguem alguns exercícios de preenchimento de lacunas, transformação e tradução de frases em geral. Os enunciados dos exercícios são escritos igualmente em francês. São 200 exercícios no total. O livro também apresenta problemas lexicais recorrentes para os francófonos. Há comentários frequentes sobre as diferenças entre a língua francesa e a língua portuguesa. Entretanto, o português é apresentado segundo a norma europeia, as referências às diferenças entre o português europeu e o português brasileiro ficando relegadas ao apêndice final, junto com o gabarito dos exercícios propostos e o index final.

Há outro livro, das mesmas autoras (Carreira & Boudoy, 1997), intitulado *"Le portugais de A à Z: exercices"* (O português de A a Z: exercícios), que, como o nome indica, contém apenas exercícios. São 190 exercícios corrigidos sobre pontos de gramática. As atividades propostas complementam de certa forma o primeiro livro citado. Contém também um teste inicial e auto-avaliações. A norma do português selecionada é a europeia exclusivamente.

Pode-se ainda citar o livro de Parvaux & Silva (1999), *"40 leçons pour parler portugais"* (40 lições para falar português). O livro contém explicações gramaticais, exercícios e textos com elementos de civilização (essencialmente elementos de história e geografia dos países lusófonos). A norma portuguesa também é, mais uma vez, privilegiada.

Haveria ainda que se citar outros livros um pouco diferentes, como o livro temático *"Portugais économique et commercial"* (Português econômico e comercial), de Freire & Lima (1990). Trata-se de 20 dossiês bilíngues para a língua de negócios, como título indica. Ou ainda outros livros temáticos relativamente curtos, como o livro *"Apprendre le brésilien en lisant"* (Aprender o português brasileiro lendo) de Roberta Tack, orientados para o nível elementar (Tack, 2011) e nível intermediário (Tack, 2014). O livro direcionado para o nível elementar, por exemplo, é composto de vários textos, alguns apresentando lacunas a serem preenchidas pelo aluno. Os textos podem ou não serem seguidos de algumas perguntas de compreensão escrita. Há algumas explicações gramaticais, escritas em língua francesa. Aparecem também algumas sugestões de ensino, notas explicativas e outros comentários escritos alternativamente em francês ou em português nas notas de pé de página ao longo do livro. Uma ressalva que se deve fazer é o falto de que o livro apresenta alguns problemas de ortografia que necessitam ser revisados. Da mesma autora, há ainda o livro intitulado *"La conversation en brésilien"* (A conversação em português brasileiro), que apresenta frases e listas de vocabulário organizadas por temática (Tack, 2014), entre outros livros do gênero.

Deixando de lado os métodos destinados exclusivamente para autodidatas, desconhecemos um método de PLE voltado para falantes do francês e que (1) dê prioridade à variedade brasileira e que (2) seja comunicativo. Daí a necessidade de se pensar na elaboração de atividades completas que trabalhem todas as competências linguísticas do PLE baseadas no uso vivo da língua, a fim de dar suporte fiável e completo ao trabalho do professor que atua com esse público.

OS PRINCIPAIS DESAFIOS DE ENSINO / APRENDIZADO DO PLE PARA FRANCÓFONOS

A fim de elaborar qualquer material, primeiramente consideramos necessário fazer um levantamento objetivo de dificuldades e desvios mais frequentes durante o aprendizado do PLE por aprendizes francófonos. A partir dessa identificação, torna-se possível determinar se essas dificuldades ou desvios são algum tipo de transferência do francês ao português ou se são problemáticas recorrentes e observáveis no processo de aprendizado do PLE por falantes que tem outra língua materna que não o francês, e, então, a partir disso refletir sobre a maneira de trabalhar esses aspectos que causariam mais dificuldade na língua-alvo.

Como base para o levantamento inicial de usos inadequados e dificuldades frequentes dos francófonos, usamos exercícios dados em aula e nossa observação informal. Referimo-nos a aulas de PLE que ministramos sucessivamente para alunos da graduação na Universidade de La Rochelle, na Universidade Sorbonne Nouvelle, e no Instituto de Ciências Políticas de Paris (*Institut Sciences Po*). Para esse estudo, nós nos baseamos no material utilizado normalmente para as aulas que preparamos para os níveis iniciante (A1 e A2) e intermediário (B1 e B2) de acordo com o Quadro Europeu Comum de Referência para Línguas.

Selecionamos alguns pontos que nos parecem interessantes porque pudemos observar o mesmo tipo de dificuldade com os vários alunos. Para fins de clareza, classificamos as dificuldades ou desvios em 3 tipos: (1) questões essencialmente morfossintáticas (estrutura interna da palavra, regência, etc.), (2) questões lexicais ou semânticas e (3) questões de inadequação da forma ao registro utilizado, sabendo-se que evidentemente pode haver sobreposição desses três critérios. Excluímos deste texto o tratamento dos aspectos culturais, que também precisam ser analisados por constituírem parte essencial do processo de aprendizado de uma língua estrangeira. Sabe-se que há uma carência geral no que se refere ao material de ensino do PLE que explore aspectos culturais e interculturais. A quantidade modesta de material voltado para o ensino / aprendizagem do PLE para francófonos não é, infelizmente, exceção a essa carência generalizada na área.

Mais concretamente, selecionamos cinco pontos para análise e discussão no presente artigo, entre os quais os três primeiros são bastante emblemáticos no ensino / aprendizagem do PLE de uma forma geral:

    (1)   Os pronomes pessoais e as formas de tratamento (*você / o senhor, a senhora ; nós / a gente*),

    (2)   O uso de pronomes pessoais objeto,

(3)   Os verbos (tempos e modos mais problemáticos para o ensino / aprendizado),

(4)   Os pronomes indefinidos,

(5)   A comparação com adjetivos irregulares.

Passemos então à análise da apresentação desses tópicos em manuais existentes. Nessa etapa de trabalho, analisamos a apresentação dos tópicos enumerados e dos exercícios gramaticais correspondentes que selecionamos em dois livros destinados ao ensino do PLE já existentes, e que são livros voltados para aprendizes de qualquer nacionalidade. São eles: *Novo Avenida Brasil: Curso básico de português para estrangeiros 1, 2 e 3* (Eberlein et al., 2008) e *Bem-Vindo! A língua portuguesa no mundo da comunicação* (Ponce, Burim & Florissi, [1999] 2010), nas edições atualizadas. Selecionamos estes dois manuais de ensino por se tratarem de livros bastante usados nos cursos de PLE e serem claramente baseadas na variedade brasileira. A análise consistiu em observar a maneira como os tópicos gramaticais que selecionamos, por serem problemáticos, são organizados e apresentados ao aluno nos dois manuais citados, para podermos refletir sobre a maneira como seria possível direcionar este material para um público específico de francófonos.

Com este objetivo, procuraremos apontar a ausência de informações pertinentes ou a presença de informações supérfulas para o público enfocado. Para tanto, faremos agora uma exposição de algumas diferenças da língua portuguesa com a língua do aprendiz, ou seja, o francês, diferenças que provavelmente causam a maior parte dos problemas e das dificuldades observadas, ao mesmo tempo que discutiremos a maneira como esses tópicos são apresentados nos dois manuais e então faremos propostas de acréscimo ou de modificação que consideramos pertinentes.

O USO DE PRONOMES PESSOAIS E DAS FORMAS DE TRATAMENTO VOCÊ / O SENHOR, A SENHORA; NÓS / A GENTE

O uso dos pronomes pessoais e das formas de tratamento são sempre pontos delicados no ensino / aprendizagem do PLE. Em francês, as formas principais de tratamento para a segunda pessoa são *tu* et *vous* e há uma forma similar à "a gente" (*on*) para a primeira pessoa com sentido plural, muito usada na linguagem informal com praticamente o mesmo uso de "a gente" em português.

Pode-se observar que, no manual *Bem-vindo! A língua portuguesa no mundo da comunicação* (Ponce, Burim & Florissi, 2010), as formas de tratamento aparecem de maneira um pouco difusa por todo o livro e não fica muito clara a distinção de uso entre "você" e "o senhor / a senhora".

Já no livro *Novo Avenida Brasil* (Eberlein et al., 2008, livro 1), a questão das formas de tratamento aparece no começo do livro (Eberlein et al., 2008, p. 3), onde se vê o quadro de pronomes com a conjugação do verbo *ser*. Há uma sistematização mais detalhada no final do livro (Eberlein et al., 2008, p. 94), o que é mais progressivo.

O que é interessante observarmos sobre esse ponto gramatical é que a forma "a gente" está praticamente ausente dos dois livros. Parece-nos importante introduzir um comentário sobre esta forma no quadro de pronomes pessoais e isso desde as primeiras atividades, como por exemplo desde os primeiros diálogos informais trabalhados com os alunos. Esta é certamente uma informação relevante no ensino do PLE para aprendizes de qualquer língua. Num método destinado a francófonos, cuja língua apresenta uma forma equivalente, parece-nos muito mais simples a tarefa de apresentar a questão desde as primeiras aulas.

O USO DE PRONOMES PESSOAIS OBJETO

O uso de pronomes pessoais na posição de objeto é outro ponto delicado no ensino / aprendizagem do PLE. Os franceses usam sistematicamente um pronome na função de objeto direto ou indireto de acordo com a norma preconizada pela gramática tradicional da língua, até mesmo num registro informal. Inclusive o uso de dois pronomes na função de objeto simultâneos, como pode acontecer no português europeu, é corrente. O desafio do professor de PLE, como também para o professor de português língua materna, é explicar as diferenças de uso entre o registro formal e o registro informal, na oralidade e na escrita, e isto até mesmo dentro da norma culta.

No material que observamos nos livros didáticos apontados, há informações ou exercícios supérfluos ou em excesso em geral sobre esse assunto, já que o uso de pronomes objeto é complexo. Há que se levar em conta o fato de que são formas menos usadas numa fala informal ou na oralidade em português brasileiro.

Não há referências à possibilidade de omissão do pronome objeto e ao uso das formas coloquiais em relação à forma usada na norma culta brasileira "eu o chamo" por exemplo. Assim, em relação à forma "eu o chamo", não se aponta a possibilidade de um enunciado com objeto nulo "eu chamo ø", ou ainda o uso da forma coloquial "eu chamo ele".

Tendo em vista que, em um manual didático de língua estrangeira, a parte consagrada à gramática não deve ser exaustiva, que devemos nos basear na língua atual, dar mais relevo à língua oral que em uma gramática de língua materna e ressaltar traços gramaticais próprios e diferentes registros da língua em questão, a questão dos pronomes pessoais nos parece ser um ponto bem problemático que ainda precisa ser repensado. No caso de falantes do francês, é preciso evitar a transferência completa dos usos dos pronomes na posição de objeto da língua do aprendiz à língua alvo. É preciso levar em conta a realidade de usos do português brasileiro, a questão da adequação, sem sobrecarregar os aprendizes de informações.

OS VERBOS (TEMPOS E MODOS MAIS PROBLEMÁTICOS PARA O ENSINO / APRENDIZADO)

Em geral, as flexões verbais podem causar grandes dificuldades no aprendizado de qualquer língua estrangeira. No caso dos falantes de francês, mesmo sendo uma língua românica, o funcionamento do modo subjuntivo na língua moderna é diferente do funcionamento do subjuntivo em português moderno. Por essa razão, o tópico pode ser bastante problemático quando se ensina esse assunto. Também gostaríamos de fazer algumas observações sobre o ensino do futuro imediato e do modo imperativo.

Quanto ao subjuntivo, há apenas uma forma de subjuntivo em francês moderno, o subjuntivo presente, usado em todas as circunstâncias que exigem o subjuntivo na linguagem corrente. O imperfeito do subjuntivo é de uso muito reduzido, em geral restrito à literatura (eu quis que você estudasse: *j'ai voulu que tu étudiasses* [imperfeito do subjuntivo]; mas, na linguagem corrente formal ou informal, usa-se o presente do subjuntivo (*"j'ai voulu que tu étudies"* [presente do subjuntivo]). Já o futuro do subjuntivo do português corresponde ao uso do indicativo em francês (se chover [futuro do subjuntivo] amanhã, fico em casa: *s'il pleut* [presente do indicativo] *demain, je reste à la maison*).

Podemos ressaltar ainda uma diferença notável entre as duas línguas no que se refere ao uso do subjuntivo. O uso do verbo *esperar* na oração principal do período composto, que em português implica o uso do subjuntivo, implica o uso do indicativo em francês (eu espero que você esteja bem: *j'espère que vous allez* [presente do indicativo] *bien*; eu espero que você venha: *j'espère que vous viendrez* [futuro do indicativo]).

A formulação de hipóteses com imperfeito do subjuntivo é outro ponto que precisa ser melhorado na apresentação dos usos do subjuntivo do português aos aprendizes. Além da diferença do tempo verbal usado na oração que introduz a ideia de hipótese e o tempo verbal usado na oração principal em português em relação à construção francesa, podemos constatar a ausência de referências à formulação de construções hipotéticas com o imperfeito do indicativo, uso relativamente frequente em português (se eu fosse [imperfeito do subjuntivo] você, faria [futuro do pretérito] / fazia [imperfeito do indicativo] isso: *Si j'étais* [imperfeito do indicativo] *vous, je ferais* [futuro do pretérito] *cela*).

Quanto ao futuro imediato, pode-se dizer que, *grosso modo*, a estrutura do português é a mesma do francês (eu vou viajar: *je vais voyager*, ou seja, o verbo ir no presente do indicativo é seguido do infinitivo do verbo principal). Entretanto, um fato curioso é que, por vezes, é preciso insistir que o futuro imediato em português é diferente do espanhol, pois muitos franceses aprendem o espanhol como língua estrangeira na escola e tendem a transferir a estrutura da língua espanhola, com uma preposição entre o verbo ir e o verbo principal (*Eu vou a trabalhar), ao português.

271

Sobre o uso do modo imperativo, seria interessante integrar um comentário sobre o uso do indicativo presente ("faz o exercício") no lugar do imperativo ("faça o exercício") em uma situação mais informal. Este uso, relativamente frequente, não é indicado em nenhum dos dois manuais analisados.

OS PRONOMES INDEFINIDOS

Os pronomes indefinidos também não funcionam exatamente da mesma maneira nas duas línguas que nos interessam. Sem aprofundar muito a discussão sobre esse tópico, podemos dizer que à pergunta "Você tem algum livro sobre o Brasil?", que podemos traduzir para o francês como "*Avez-vous des livres sur le Brésil?*", a resposta "Tenho alguns" pode ser traduzida como "*Oui, j'en ai quelques uns*", ou seja, uma estrutura com duas formas, um pronome anafórico (*en*) antes do verbo e um pronome indefinido após o verbo (*quelques*), além de um pronome indefinido (*uns*).

A chamada dupla negação com um pronome indefinido só é usada na fala culta em francês (<u>Não</u> conheço <u>ninguém</u>: *Je <u>ne</u> connais <u>personne</u>* [francês padrão] ou *Je connais <u>personne</u>* [francês coloquial]). É portanto necessário trabalhar este ponto com os aprendizes de PLE.

Poderia-se ainda acrescentar um comentário sobre a negação depois do verbo em português brasileiro: "Conhece isso?" - "Conheço não", "Quer isso?" - "Quero não", etc.

A COMPARAÇÃO

Sobre este tópico, o que causa mais dificuldade em geral no ensino / aprendizagem do PLE é a comparação com adjetivos irregulares (maior, menor, melhor, pior) e suas flexões de feminino e plural. Colocamos no quadro abaixo as correspondências dessas formas nas duas línguas:

Quadro 1: A comparação com adjetivos irregulares em português e francês

Português		Francês			
Masculino ou feminino singular	Masculino ou feminino plural	Masculino singular	Feminino singular	Masculino plural	Feminino plural
maior	maiores	*plus grand*	*plus grande*	*plus grands*	*plus grandes*
menor	menores	*plus petit*	*plus petite*	*plus petits*	*plus petites*
melhor	melhores	*meuilleur*	*meuilleure*	*meuilleurs*	*meuilleures*
pior	piores	*pire*	*pire*	*pires*	*pires*

No livro *Novo Avenida Brasil 1* (Eberlein et al., 2008), onde este assunto é abordado, não se explora muito bem como funcionam as flexões do feminino e do plural. No livro *Bem-vindo! A língua portuguesa em comunicação* (Ponce,

Burim & Florissi, 2010), não há sistematização dessas estruturas. Notamos com frequência certa dificuldade por parte dos alunos para integrar essas formas. Há claramente necessidade de se pensar em atividades complementares devido às diferenças apontadas entre as duas línguas.

OUTROS ASPECTOS

Além dos cinco pontos gramaticais explicitados anteriormente, gostaríamos de evocar rapidamente outros aspectos em que a diferença entre a língua portuguesa e a língua francesa pode levar a desafios ou dificuldades específicas durante o ensino / aprendizado do PLE.

Assim, podemos citar o caso do mais que perfeito composto do indicativo. O mais que perfeito do indicativo em francês tem concordância com o sujeito se o verbo auxiliar é o verbo *être* (ser) mas não com o verbo *avoir* (ter): ele tinha chegado / ela tinha chegado: *il était arrivé / elle était arrivée*. Mesmo que a estrutura do português pareça mais simples no que diz respeito a este aspecto, é preciso ressaltar essa diferença.

Outra informação ausente nos manuais são os falsos cognatos entre as duas línguas. A elaboração de uma lista gradual ou relativamente completa poderia ser bastante útil para o aluno. Para se ter uma ideia, aqui estão alguns exemplos de falsos cognatos entre o português e o francês: confuso / *confus* (embaraçado), entender / *entendre* (ouvir), depois / *depuis* (desde), mais / *mais* (mas), portanto / *pourtant* (entretanto), subir / *subir* (sofrer), taça / *tasse* (xícara), etc.

Há certamente alguns aspectos fonéticos como a entoação que também merecem atenção especial. Em consequência, seria interessante desenvolver uma(s) atividade(s) que trabalhe(m) esse ponto especialmente, como por exemplo exercícios de escuta e repetição de palavras e enunciados completos.

Os tópicos de ensino por nós aqui abordados, selecionados em virtude de apresentarem algumas diferenças notáveis entre a língua do aprendiz, o francês, e a língua alvo, o PLE, apesar de não serem exaustivos, parecem sugerir que as dificuldades de ensino / aprendizagem e usos inadequados do PLE por falantes do francês poderiam ser mais facilmente contornadas se um material específico para trabalhar as estruturas problemáticas em questão de forma contextualizada for elaborado. Esperamos que nosso trabalho possa ter lançado pistas interessantes e possa suscitar reflexões e discussões futuras neste sentido.

ANÁLISE CONTRASTIVA E A ANÁLISE DE CONSTRUÇÕES AGRAMATICAIS COMO UTENSÍLIOS DE ENSINO

Para que o material de ensino do PLE possa ser mais eficaz, gostaríamos de defender o uso de dois recursos que são frequentemente negligenciados no ensino de língua estrangeira, a análise contrastiva e a análise de construção agramaticais junto com os alunos.

O poder da análise contrastiva pode ser resumido na citação de Grannier & Carvalho (2001). Segundo as autoras, "esse recurso [...] fornece elementos ao professor e ao elaborador de material didático que, em aula, permitirão ao aprendiz fazer descobertas úteis sobre o que sente como dificuldades, acrescentando um novo sentido à aula (Grannier & Carvalho, p. 8). Nós acreditamos também, por própria experiência, que esse tipo de exercício pode efetivamente ajudar a suscitar o interesse do aprendiz e aumentar sua participação ativa no processo de aprendizagem.

Recomendamos também o uso de um material complementar que integre comentários gramaticais a partir de construções agramaticais frequentemente observadas em sala de aula.

Além do espaço de reflexão junto com o professor, sustentamos também o uso de exercícios complementares como textos autênticos, músicas, entre outros recursos e materiais disponíveis na internet, organização de debates e apresentações orais a fim de dinamizar a aprendizagem.

CONSIDERAÇÕES FINAIS

Nesse artigo, apresentamos alguns desafios no ensino e aprendizado do PLE para um púplico de falantes do francês devidos a diferenças entre as duas línguas. Evocamos algumas diferenças morfossintáticas e semânticas entre o português e o francês que, além das diferenças até mesmo dentro da própria língua portuguesa nos seus mais variados registros, podem causar problemas no processo de aquisição do PLE.

O fato de que há pouco material didático direcionado para esse público, ligado ao fato de que existem peculiaridades (que apresentamos de maneira não exaustiva) entre a língua do falante em relação a língua alvo, deixa perceber a necessidade de se refletir sobre propostas de ensino mais adaptadas a esse público alvo. Evocamos a existência de informações supérfulas em dois manuais disponíveis no mercado destinados a falantes de qualquer língua materna, assim como notamos a ausência de informações importantes, sobretudo no que diz respeito a nuances do português brasileiro, e propusemos algumas sugestões para maior eficiência do material didático autêntico à disposição do professor e dos aprendizes francófonos de PLE.

REFERÊNCIAS

Carreira, Maria Helena Araújo; Boudoy, Maryvonne. *Pratique du portugais de A à Z*. Paris: Hatier, 1993.

Carreira, Maria Helena Araújo; Boudoy, Maryvonne. *Le portugais de A à Z: exercices*. Paris: Hatier, 1997.

D'Orey, Maria Madalena Borges de Sousa. *O ensino de português em França: o caso do Liceu Internacional de Saint-Germain-en-Laye*. Dissertação de mestrado, Universidade Nova de Lisboa, 2008.

Eberlein O-F Lima, Emma et al. *Novo Avenida Brasil 1: Curso básico de português para estrangeiros*. São Paulo: EPU, 2008.

Eberlein O-F Lima, Emma et al. *Novo Avenida Brasil 2: Curso básico de português para estrangeiros*. São Paulo: EPU, 2009.

Eberlein O-F Lima, Emma et al. *Novo Avenida Brasil 3: Curso básico de português para estrangeiros*. São Paulo: EPU, 2010.

Freire, Naiade Anido & Lima, Manuel de. *Le portugais économique et commercial*. Paris: Presses Pocket, 1990.

Grannier, Daniele Marcelle & Araújo Carvalho, Elzamaria. "Pontos críticos no ensino de português a falantes de espanhol - da observação do erro ao material didático", Anais do IV Congresso da SIPLE. Rio de Janeiro: PUC-Rio (cd-rom), 2001.

Marques-Rambourg, Márcia. "Português língua estrangeira (PLE): Por uma reflexão sobre o ensino do português na França". *Cadernos de Letras da UFF – Dossiê: Difusão da língua portuguesa*, no 39, 2009, 79-94.

Parvaux, Solange & Silva, Jorge Dias da. *40 leçons pour parler portugais*. Paris: Pocket, 1999.

Parvaux, Solange. *Langue et littérature, l'exemple du portugais en France*. Lisboa: Arquivos do Centro Cultural Gulbenkian, vol. 46, 2003, 109-137.

Ponce, Maria Harumi Otuki de, Burim, Silvia R. B. Andrade & Florissi, Susanna [1999]. *Bem-vindo! A língua portuguesa no mundo da comunicação*. 8. ed. atualizada, 2. impressão. São Paulo: SBS, 2010.

Tack, Roberta. *Apprendre le brésilien en lisant "A aventura de Fernão Magalhães"*. Niveau intermédiaire. Levallois-Perret: Studyrama, 2014.

Tack, Roberta. *Apprendre le brésilien en lisant*. Niveau élémentaire. Levallois-Perret: Studyrama, 2011.

Tack, Roberta. *La conversation en brésilien*. Levallois-Perret: Studyrama, 2014.

Teyssier, Paul. *Manuel de langue portugaise: Portugal-Brésil*. Paris: Klincksieck, 1975.

METODOLOGIA NO ENSINO DE PORTUGUÊS BRASILEIRO PARA MIGRAÇÃO HUMANITÁRIA

Bruna Ruano
João Arthur P. Grahl
Universidade Federal do Paraná, Brasil

> "Toda pessoa sujeita à perseguição tem o direito de procurar e de beneficiar de asilo em outros países"
> Artigo 14 – Declaração Universal dos Direitos Humanos

NOVAS MIGRAÇÕES

Em janeiro de 2010, a tragédia do terremoto do Haiti provocou a morte de mais de 100 mil pessoas. Quase que exatamente um ano depois, a "primavera árabe" atingiu a Síria e uma repressão extremamente sangrenta se seguiu provocando uma guerra civil no país. Duas tragédias, duas consequências muito parecidas: a impossibilidade de perspectivas de vida, no caso do Haiti, e a guerra, trazendo fome, insegurança, morte, na Síria. Poderiam ser eventos reservados à mídia como a guerra do Afeganistão e o tsunami na Ásia, se não fosse o fato de que em 2014 mais de 30.000[47] haitianos já estão com visto humanitário no Brasil, ou com processo de refúgio, ou ilegais, e centenas de sírios também já se espalharam no território nacional com suas famílias. Os números cresceram substancialmente, o que pode ser comprovado contrapondo com os dados de 2013, referentes a 2012 os quais apontavam somente cerca de 6500 migrantes haitianos (Mendes, D. 30).

Com base em dados da ACNUR[48] atualmente cerca de 50 milhões de pessoas foram deslocadas à força em todo o mundo como resultado de perseguição, conflitos, violência generalizada e violações dos direitos humanos, ultrapassando os patamares do pós-segunda guerra mundial pela primeira vez desde então. Somente na Síria este número já chega neste ano a 9 milhões. Neste contexto, pessoas de diversas nacionalidades têm visto o Brasil como uma possibilidade real de se estabelecer e reconstruir suas vidas, devido a uma política governamental de acolhimento, diferente daquela praticada atualmente nos países desenvolvidos que tradicionalmente recebiam migrantes.

Segundo análise estatística fornecida pela ACNUR, o número total de pedidos de refúgio[49] aumentou mais de 800% entre os anos 2010 e 2013 no

---

[47] Estimativa de Gabriel Godoy, oficial de proteção ACNUR – alto comissariado das nações unidas para refugiados durante o V Seminário Nacional da Cátedra Sérgio Vieira de Mello "Cartagena + 30 Perspectivas da Academia" (11 e 12 de setembro de 2014, Universidade Federal do Rio Grande do Sul.

[48] Alto Comissariado das Nações Unidas para refugiados.

[49] Estes dados não incluem informações relacionadas aos nacionais do Haiti que chegaram ao

Brasil[50] (de 566 em 2010 para 5256 até dezembro de 2013). A maioria dos solicitantes de refúgio vem da Ásia, África e América do Sul.

O desafio é, portanto, receber estes novos migrantes, que vieram ao nosso país em decorrência destas tragédias. Como integrá-los na sociedade brasileira? Quais são suas necessidades? O que nós, enquanto educadores, podemos fazer para sermos atores neste novo fluxo migratório que aparentemente não cessará de existir num futuro próximo? Segundo glossário desenvolvido pela OIM[51] integração significa:

> Processo através do qual o imigrante é aceito na sociedade, quer na sua qualidade de indivíduo quer de membro de um grupo. As exigências específicas de aceitação por uma sociedade de acolhimento variam bastante de país para país; e a responsabilidade pela integração não é de um grupo em particular, mas de vários atores: do próprio imigrante, do Governo de acolhimento, das instituições e da comunidade. (Glossário sobre migração 34)

O fenômeno migratório contemporâneo apresenta muitos desafios para a sociedade brasileira, e as Instituições de Ensino Superior – IES podem desempenhar um papel primordial para atuar, tanto no ensino e pesquisa, como também por meio da extensão universitária, na busca de soluções a questões concretas e também na análise e formulação teórica dos problemas e soluções. A língua portuguesa, no caso brasileiro, é a porta de entrada para que estes novos migrantes e refugiados possam dar o primeiro passo para sua integração local e para a sobrevivência em um novo recomeço[52].

A NECESSIDADE DO PORTUGUÊS BRASILEIRO PARA MIGRAÇÃO HUMANITÁRIA

Baseado no fato de que para conquistar a cidadania, o migrante deve

---

Brasil desde o terremoto de 2010. Apesar de solicitarem o reconhecimento da condição de refugiado ao entrarem no território nacional, seus pedidos foram encaminhados ao Conselho Nacional de Imigração (CNIg), que emitiu vistos de residência permanente por razões humanitárias.

[50]De acordo com o CONARE, o Brasil possui, atualmente, 5.208 refugiados reconhecidos de 80 nacionalidades distintas. Os principais grupos são compostos por nacionais oriundos da Colômbia, Angola, República Democrática do Congo (RDC) e Síria.

[51] Organização Internacional para as Migrações.

[52] Lei Brasileira 9474 de 22 de julho de 1997. "Será reconhecido como refugiado todo indivíduo que:

I – Devido a fundados temores de perseguição por motivos de raça, religião, nacionalidade, grupo social ou opiniões políticas encontre-se fora de seu país de nacionalidade e não possa ou não queira acolher-se à proteção de tal país;

II – Não tendo nacionalidade e estando fora do país onde antes teve sua residência habitual, não possa
ou não queira regressar a ele, em função das circunstâncias descritas no inciso anterior;

III – Devido a grave e generalizada violação de direitos humanos, é obrigado a deixar seu país de nacionalidade para buscar refúgio em outro país.

conseguir transitar na sociedade e, portanto, a língua local se torna elemento primordial para interagir com todos os processos de inserção: no mercado de trabalho, sistema de saúde, educação pública, etc. Em maio de 2014 aconteceu na cidade de São Paulo a I Conferência Nacional de Migração e Refúgio no Brasil (Comigrar)[53], na qual instituições da sociedade civil, governamental e representantes de migrantes e refugiados – do qual os autores deste artigo fizeram parte – trabalharam em conjunto em diferentes áreas temáticas para propor políticas migratórias para o Brasil sob esta égide:

> Tem vindo a ser reconhecido que a migração é um problema que necessita de uma abordagem global e respostas coordenadas. Os Estados não debatem as questões migratórias apenas no plano bilateral, mas também no plano regional e, mais recentemente, no palco global. Para que tal coordenação e tal cooperação internacional tenham êxito é indispensável uma linguagem de entendimento comum. (Texto Base – COMIGRAR 02)

Praticamente em todos os grupos de trabalho, a questão da importância da língua foi levantada como elemento essencial para que o migrante possa usufruir dos serviços públicos que seriam propostos na mesma Conferência. Nós, enquanto coordenadores do projeto PBMIH – Português Brasileiro para Migração humanitária, já havíamos sentido essa necessidade, pois havíamos recebido uma demanda da organização não governamental (no início do segundo semestre de 2013), que auxilia os migrantes em questões jurídicas e sociais (CASLA – Casa Latino-americana); e da própria Secretaria Municipal de Educação de Curitiba. Essas entidades procuraram o Celin (Centro de Línguas e Interculturalidade da Universidade Federal do Paraná[54]) justamente por ser este uma referência no ensino de português como língua estrangeira no Paraná. A ideia a partir de então foi criar uma frente de professores para desenvolver um projeto de ensino de português, partindo do pressuposto de que a integração da comunidade migrante à sociedade e cultura brasileira passa pela aquisição da competência comunicativa da língua portuguesa, possibilitando novas inserções no meio acadêmico, na participação cidadã e no mercado de trabalho.

HISTÓRICO DO PROJETO

O primeiro exemplo concreto de aplicação deste projeto foi a criação, em

---

[53]Este evento foi promovido pelo Ministério da Justiça que convocou delegados de diversas instituições que trabalham com este público e que foram eleitos anteriormente em conferências estaduais, municipais e livres para estarem presentes na Conferência Nacional com o intuito de discutir e propor políticas públicas migratórias.

[54]Além de aulas de português como língua estrangeira, cujo público é formado principalmente por alunos intercambistas e da comunidade em geral, o Celin também oferece cursos de diversas línguas como inglês, francês, polonês, ucraniano, etc., além de possibilitar a integração destes alunos através de atividades culturais.

outubro de 2013, do curso "Português como língua estrangeira para alunos em vulnerabilidade social", que foi o piloto do núcleo de integração e cursos de "Português Brasileiro para Migração Humanitária" (PBMIH), promovido pelo Curso de Letras e pelo Centro de Línguas e Interculturalidade (Celin) da UFPR, em parceria com o Núcleo Tandem Celin (ver subtítulo 4.3 neste artigo).

No dia 17 de outubro de 2013 foi lançada a campanha Somos Tod@s Migrantes, de apoio a refugiados e migrantes. Promovida em parceria entre a Comissão de Direitos dos Refugiados e Migrantes da Ordem dos Advogados do Brasil (OAB) e a Casa Latino Americana de Curitiba (Casla). A campanha estabeleceu como objetivo formar e fortalecer uma rede de apoio aos refugiados e migrantes em situação de vulnerabilidade social que estão na cidade: cerca de 2.000 haitianos, mais algumas famílias sírias, além de africanos de diversos países como Nigéria, Cabo Verde, Guiné Bissau. Desta forma, coube ao Celin-Curso de Letras a organização da frente de atuação referente ao ensino do idioma a esse público.

Na mesma semana deste encontro na OAB, fizemos uma reunião com a associação de haitianos em Curitiba para definir quais seriam as necessidades do grupo e as nossas possibilidades. Esta negociação se mostrou essencial, pois pudemos descobrir quais eram os horários em que haveria mais afluência de estudantes, pois muitos trabalham em diversos turnos diferentes. Chegamos a um acordo quanto ao sábado no período da tarde.

Decidimos que inicialmente poderíamos atender no máximo 100 alunos. Como não éramos muitos professores de português como língua estrangeira, entramos em contato com o centro acadêmico de letras, propondo aos alunos que participassem do projeto como voluntários em troca de certificados e horas formativas, além, é claro, de poder ter uma experiência inovadora com estudantes migrantes e refugiados, com histórias de vida bem diferentes do que as que estamos acostumados. Uma semana depois deste contato, contamos com 40 voluntários. Durante a reunião foi deixado claro a todos que o projeto de extensão tinha um caráter de ensino e pesquisa, ou seja, que nossa contribuição enquanto universidade era justamente desenvolver pesquisa para melhorar nossa metodologia de ensino para um público do qual não conhecíamos as especificidades. Fizemos reuniões para preparação das aulas com os voluntários, partindo dos manuais que o Celin já tinha desenvolvido para o ensino de Português como língua estrangeira. Sabíamos de onde iríamos sair, mas não aonde iríamos chegar. As aulas começaram efetivamente dia 09 de novembro de 2013. Depois de muitos improvisos e tentativas com erros e acertos, chegamos ao modelo da seção seguinte a começar do nome PBMIH, e deixamos de utilizar a nomenclatura PLE (português como língua estrangeira), partindo do princípio que este público alvo possui necessidades específicas.

PBMIH – PORTUGUÊS BRASILEIRO PARA MIGRAÇÃO HUMANITÁRIA

Desde sua implantação, 424 alunos haitianos já passaram pelo programa dos quais 157 o frequentam regularmente, aos sábados à tarde, das 15h00 às 18h00.

INSCRITOS PBMIH
Total - 424

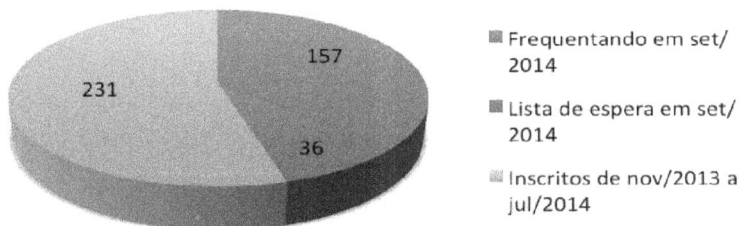

- Frequentando em set/2014
- Lista de espera em set/2014
- Inscritos de nov/2013 a jul/2014

157
231
36

Gráfico 1 – Dados Gerais de Novembro de 2013 a setembro de 2014.

SEXO

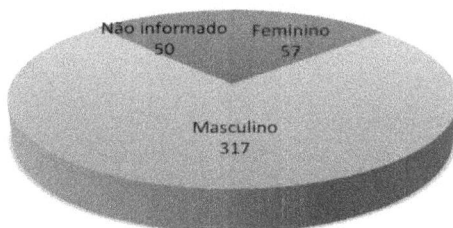

Não informado 50
Feminino 57
Masculino 317

IDADE

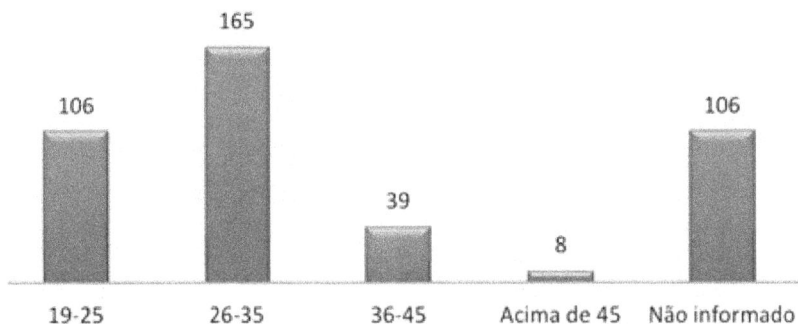

165

106

106

39

8

19-25   26-35   36-45   Acima de 45   Não informado

Gráfico 2 e 3 – Perfil dos alunos: sexo e idades respectivamente.

281

Em março deste ano foi aberta também uma nova turma para migrantes sírios, o curso começou com 25 estudantes, que por sua vez estudam às segundas-feiras pela manhã, das 9h30 às 12h30. Os encontros acontecem no prédio D. Pedro I da UFPR, no 10° e 11° andar.

Cerca de 40 instrutores voluntários participam do programa, principalmente acadêmicos da área de Letras, que são coordenados por professores do mesmo curso da UFPR e do programa de Português como Língua Estrangeira UFPR-Celin. Até o momento existem nove grupos de ensino de língua/cultura brasileira que compreendem desde o Letramento ao nível Intermediário II. Por conta das demandas e das particularidades de ensino a esse público, o projeto tem construído formas alternativas de abordagem metodológica e logísticas que procuram se adaptar a um conceito de "ensino em trânsito". Isto é, os alunos chegam a todo momento, em todos os meses do ano, e precisam iniciar o quanto antes o seu aprendizado, não podendo por exemplo se adequar ao modelo semestral arbitrário proposto na maioria de instituições e escolas de língua. Além disso, nesse "ensino em trânsito", o conhecimento se dá por uma via de mão dupla, ou seja, nós ensinamos a língua e cultura brasileira e aprendemos sobre uma nova cultura, aspectos da sua língua e também desenvolvemos e testamos uma nova metodologia para saber como ensiná-los eficientemente, transformando a sala de aula em laboratório de prática. Desta forma, a universidade cumpre o seu papel de democratização do conhecimento para outras instituições que trabalham com o acolhimento e atendimento a migrantes e refugiados.

Metodologia do Projeto

É interessante notar as experiências já desenvolvidas em outros lugares do mundo no que concernem os migrantes como forma de contrapor e compreender o fenômeno das migrações que está ocorrendo neste momento no Brasil. Neste sentido o Japão é um caso interessante devido a sua política de imigração por motivos econômicos já estabelecida há muito tempo.

> NGOs and volunteers have played a significant role in fulfilling the needs of Japanese language education by foreign-born population. Formal education, including public schools and private language schools, provides courses mainly for immigrants' children at school age, trainees, exchange students, and recognized refugees. However, very limited opportunities have been available through those formal channels for adult immigrants who do not fall into one of these categories. NGOs and volunteers have organized language courses, sometimes with collaboration with local government institutions, providing opportunities for adult migrants, compensating for the lack of state support for language acquisition (Kobayashi 54).

Vê-se que segundo o público-alvo pode haver um interesse do Estado, de voluntários ou de Ongs fornecer cursos de japonês para os migrantes. O que diferencia principalmente nossa abordagem da deles é que, como o projeto é desenvolvido na Universidade, temos como interesse principal, além de ensinar os refugiados, também pesquisar uma metodologia, uma forma de ensinar que se encaixe com as necessidades de nossos alunos e mais ainda, fornecer aos nossos graduandos a possibilidade concreta de exercer e refletir sobre a prática docente. Assim, passamos aos passos dados pelos alunos quanto à metodologia do projeto:

1) O migrante que chega ao curso, normalmente soube de sua existência por intermédio de conhecidos, ou pela associação dos haitianos de Curitiba, pastoral\ do migrante, pela ONG CASLA (Casa Latino-Americana);

2) Ele então chegará para o curso no sábado à tarde e fará um nivelamento. Preenchendo uma ficha cujo objetivo é conhecer informações básicas do aluno (nome, email, telefone); quais as línguas que ele fala, há quanto tempo ele está em território nacional, qual horário disponível tem durante a semana; e, se possível, fazer um pequeno texto em português, além de haver um pequena entrevista para verificar a oralidade do aluno (ver imagem 1 no anexo);

3) A partir daí o aluno migrante será encaminhado para uma das turmas: a) Emergencial, alunos que chegam ao curso e não há mais espaço nas turmas; Letramento, para alunos que têm nenhum ou pouco conhecimento da linguagem escrita; Básico 1; Básico 3, Pré-intermediário; intermediário 1 e intermediário 2.

4) Uma vez que o aluno entra em sala, ele vai se deparar com vários professores: um é mais experiente, os outros professores fazem parte do curso de Letras e atuam na preparação e na interação com os alunos refugiados. É necessário destacar que não tínhamos esta ideia de colocar vários alunos com um professor experiente, mas foi uma metodologia de trabalho que se impôs a princípio como modo de aproveitar a profusão não esperada de voluntários. Acabou sendo uma inovação no que diz respeito ao aprendizado de docência para os nossos alunos de letras, e também a melhor maneira de ensinar os migrantes, proporcionando a eles o aprendizado do português em pequenos subgrupos, tendo a possibilidade de serem escutados e corrigidos com muito mais frequência do que em uma sala de aula tradicional.

5) Desde o primeiro sábado do projeto até o momento atual (setembro de 2014), sempre recebemos novos alunos, como não temos grupos suficientes para todos (pois trabalhamos com no máximo 20 alunos por turma), organizamos uma lista de espera. Quando são chamados para iniciar o curso, eles devem preencher um termo de compromisso no qual se compromete a não faltar mais de três vezes, sob pena de perder a vaga (ver imagem 02 no anexo). Semanalmente, os professores de todos os níveis preenchem uma chamada *online* para que a organização do projeto

possa verificar as abstenções e então ligar para as pessoas na fila de espera, que podem começar o curso a qualquer momento à condição que haja vaga. 6) Quanto aos nossos alunos, mesmo sendo graduandos em Letras, percebemos rapidamente que não estavam preparados didaticamente para o ensino do aluno migrante na sala de aula, portanto estabelecemos desde março de 2014 uma formação continuada para todos os envolvidos no projeto. As reuniões acontecem semanalmente, todas as sextas-feiras, das 17h às 18:30h. Este é um espaço de discussão para avaliação das aulas e também para discussões práticas e teóricas pontuais, como por exemplo: Gramática tradicional em contraponto ao português brasileiro falado; fonologia contrastiva: kréyol e português brasileiro, exemplos de explicação; e também alguns exemplos de exercícios práticos que podem ser usados com este alunos. Os responsáveis de cada grupo devem preencher, além da chamada, um formulário de avaliação de cada aula para descrever a atividade e também explicar o que funcionou ou não para aquele nível, a fim de que estas informações possam ser aproveitadas no futuro na elaboração de um programa de ensino para migrantes.

Materiais desenvolvidos
Como dizia Paulo Freire, o ensino para a autonomia é a "busca conjunta entre professor e aluno das palavras e temas mais significativos da vida do aluno, dentro de seu universo vocabular e da comunidade onde ele vive" (Freire, 1995). O processo educativo deve ser construído com o aluno, os materiais desenvolvidos devem então refletir sua realidade e necessidades. Assim os professores são incentivados a sondar seus alunos para verificar estas necessidades. Como ser atendidos pelos médicos, documentos necessários, contas, fazer currículo. Acreditamos que os materias desenvolvidos devem igualmente se adequar à ideia exposta anteriormente no que se refere ao "ensino em trânsito" , isto é, tentamos, na medida do possível, que o material se ajuste à essa realidade e que seja desenvolvido para três horas de aula com uma pré-tarefa, tarefa principal e pós tarefa. Desta forma, o aluno que chegou pela primeira vez no grupo conseguirá acompanhar as atividades mesmo que não tenha participado da aula anterior.

Metodologia Tandem
No que se refere ao aprimoramento da língua e cultura, agregamos ao projeto a prática do método autônomo de língua estrangeira denominado Tandem.

A palavra Tandem é originária do latim e é atualmente utilizada para designar uma bicicleta usada por duas pessoas que, simultaneamente, pedalam rumo a um destino comum de forma rápida, ecológica e barata. Por ter mais de um assento, diz-se que a sua movimentação tem como base a união de esforços, a parceria. São justamente esses os aspectos desta prática ciclística que justificam a analogia com o método de aprendizagem autônomo de língua estrangeira, que possui o mesmo nome. (Ruano 8)

Partindo da ideia de integração entre pessoas de diferentes culturas, o objetivo do método é colocar em contato dois estudantes que queiram aprimorar e compartilhar seus conhecimentos para a troca de ideias e experiências. Um poderá ajudar o outro em relação a sua própria língua e cultura. Basicamente, esse sistema envolve pares de falantes (nativos ou competentes) com o objetivo de aprenderem, cada um, a língua do outro por meio de sessões bilíngues de conversação (Telles;Vassallo 1). Os encontros TANDEM estão acontecendo com alguns alunos do nosso projeto com pares de francês x português e crioulo x português (alunos haitianos com alunos brasileiros dessas línguas) e árabe x português (alunos sírios e alunos brasileiros desta língua).

Percebeu-se desde então que o método Tandem apresenta-se como alternativa possível e acessível para se trabalhar aspectos linguísticos e culturais em complementação às aulas de língua estrangeira, respeitando as individualidades e experiências singulares dos sujeitos envolvidos no processo.

PROGRAMA DE EXTENSÃO

Durante o processo de aplicação, foram chegando à coordenação do projeto inúmeras demandas de cunho jurídico, educacional, psicológico e social, o que exigiu do programa uma reformulação gradual que, estendendo-se a diferentes projetos de ensino-pesquisa da UFPR, Organizações não-governamentais, Estado e sociedade civil, veio a configurá-lo como um Núcleo de Integração. Deste modo, o projeto tornou-se uma ponta de lança para a discussão de ações de integração social, cultural e produtiva dos novos migrantes à sociedade brasileira.

Em janeiro de 2014 iniciaram-se primeiramente algumas articulações internas da coordenação do projeto PBMIH com o Departamento de Informática e Direito respectivamente. Em março deste ano iniciaram-se as aulas de informática para os alunos haitianos do curso de português. As aulas acontecem no Laboratório de Informática do Departamento de Letras aos sábados das 13:30 às 15h. O curso atende 50 alunos em 2 níveis diferentes sob a coordenação do professor do departamento de informática, Luis Allan e seus alunos do grupo PET.

Na área do Direito, o debate em torno das migrações e do refúgio vem sendo realizado há mais de uma década, de duas maneiras. A primeira decorre da admissão, no currículo da Graduação e nos cursos de Pós-Graduação em sentido estrito, da transversalidade dos direitos humanos e de sua necessária presença em todas as disciplinas, compreendendo aí os temas do refúgio, das migrações e do trabalho escravo. A segunda advém da aproximação gradativa de determinados núcleos de estudos e pesquisas da Pós-Graduação com organizações da sociedade civil, que trabalham com migrantes e demandam a participação e a explicitação e aspectos jurídicos presentes no fenômeno migratório e no refúgio.

Os professores de Direito têm participado, nos últimos quatro anos, de eventos nacionais promovidos por esses Ministérios e pelo ACNUR, especialmente, nos Seminários da Cátedra Sérgio Vieira de Mello[55], nas universidades brasileiras. A UFPR faz parte integrante da referida cátedra, do qual o projeto PBMIH faz parte. Em março deste ano o Setor de Ciências Jurídicas iniciou a execução de um projeto de extensão e pesquisa intitulado "Refúgio, Migrações e Hospitalidade". As atividades deste projeto se articulam com o projeto de Português Brasileiro para Migração Humanitária com a finalidade de prestar apoio jurídico aos estudantes migrantes dos grupos do Português. Deste projeto da área jurídica participam cinco professores do Setor de Ciência Jurídica e mais de vinte estudantes de Direito da graduação. Os trabalhos deste grupo se iniciaram com um levantamento das questões de cunho jurídico dos alunos haitianos e sírios, para então em um segundo momento serem realizados encaminhamentos administrativos e judiciais. Dentre as questões levantadas pode-se perceber questões referentes à revalidação de diploma, reingresso à Universidade, regularização da documentação e questões trabalhistas.

O primeiro contato para o início das atividades jurídicas deu-se nas salas de aula de português (sábados à tarde e segundas pela manhã) com a colaboração de professores e estudantes da área de Letras. Na sequência foi organizado um agendamento de atendimentos individuais durante várias semanas.

Completam a grade das atividades ofertadas até o presente momento, a aula de História e Civilização Brasileira representado pela professora doutora Maria Rosa Chaves, que aconteceu concomitantemente ao curso de Informática, envolvendo um montante de 25 alunos haitianos.

Recentemente, também o Departamento de Psicologia aderiu ao projeto através de uma aluna de Mestrado com a pesquisa "O Sofrimento Psíquico do Sujeito em Condição de Estrangeiro" sob a responsabilidade da mestranda Mariana Bassoi Duarte da Silva. Os participantes da pesquisa serão os alunos do projeto PBMIH e receberão acompanhamento e atendimento clínico a partir do segundo semestre de 2014.

---

[55] A Cátedra Sérgio Vieira de Mello, criada em 2003 tem como o objetivo o incentivo à pesquisa e a produção acadêmica relacionada ao Direito Internacional dos Refugiados Alto Comissariado das Nações Unidas para Refugiados (ACNUR). No Brasil, a CSVM foi incorporada por diversas universidades: públicas, privadas, confessionais e leigas. Nos últimos anos, as instituições associadas têm apresentado resultados concretos do seu envolvimento com a causa dos refugiados, tanto no plano acadêmico como em aspectos de integração desta população.

DESDOBRAMENTOS

Entre as ações de articulação promovidas pelo projeto destacam-se:

- O diálogo e articulação com a Ong. Casla (Casa Latinoamerica), a Associação dos Haitianos em Curitiba (GADES), a Pastoral do Migrante, a Prefeitura Municipal de Curitiba, a Fundação Cultural de Curitiba, a Secretaria de Educação do Estado do Paraná e o Consulado da Síria em Curitiba.

- A criação de um diálogo permanente com a Prefeitura Municipal de Curitiba que serviu entre outras coisas para demandar a necessidade de inclusão imediata ao Ensino Público de estudantes filhos de migrantes, assim como o atendimento de agentes da Secretaria do Trabalho da Prefeitura para cadastro e encaminhamento de migrantes para o sistema de emprego.

- A formação de parcerias com a Fundação Cultural de Curitiba que culminaram até o momento na promoção de Ciclos de Leitura e Leituras-Conferências sobre a Literatura Haitiana e no aporte institucional para a celebração do Dia da Bandeira do Haiti bem como no apoio a grupos musicais haitianos.

- A criação do curso de Introdução ao kréyòl (língua crioula do Haiti) e à Cultura haitiana no Centro de Línguas e Interculturalidade da UFPR.

- A criação de um Curso de formação continuada e grupo de estudos voltados ao Ensino do Português Brasileiro em contexto de migração e refúgio, assim como o desenvolvimento de pesquisas téorico-metodológicas a cerca do tema.

- Participação na primeira COMIGRAR (Conferência Nacional sobre Migrações e Refúgio) coordenada pelo Ministério da Justiça em parceria com o Ministério do Trabalho e Emprego e o Ministério das Relações Exteriores. Apresentação de proposta de política migratória no segundo eixo temático Inserção social, econômica e produtiva.

- Semana do Cinema Haitiano.

- Criação do programa de extensão política migratória e universidade brasileira com os cursos de Letras, Psicologia, Direito, Informática e História com vários projetos de extensão sobre o tema migração dentro do programa geral que está sob a cátedra Sérgio Vieira de Mello.

O mestre Paulo Freire não pensava nos migrantes haitianos e sírios quando escreveu isso, mas de toda maneira, dificilmente há um texto melhor que espelhe nossa situação em face a eles:

> A integração ao seu contexto, resultante de estar não apenas nele, mas com ele, e não a simples adaptação, acomodação ou ajustamento, comportamento próprio da esfera dos contatos, ou sintoma de sua desumanização implica em que, tanto a visão de si mesmo, como a do mundo, não podem absolutizar-se, fazendo-o sentir-se um ser desgarrado e

suspenso ou levando-o a julgar o seu mundo algo sobre que apenas se acha. A integração ao seu contexto, resultante de estar não apenas nele, mas com ele, e não a simples adaptação, acomodação ou ajustamento, comportamento próprio da esfera dos contatos, ou sintoma de sua desumanização. (Freire, 1967:41)

Sem o português, nossos migrantes são desumanizados, virando mera mão-de-obra barata. Um processo de ensino crítico não só "no contexto" mas "com o contexto" é o que buscamos com este projeto. No espírito de desenvolver a educação para a liberdade e senso crítico em conjunto com o aluno.

REFERÊNCIAS

Chia, SiowBoon. In the Mountain, by the Sea: Dialectics of Language and Identity among Chinese Overseas. Global migration research paper N°7, 2014.

Freire, Paulo. Educação como prática da liberdade. Editora Paz e Terra. 1967.

------. Pedagogia da Autonomia. EGA. 1996.

Glossário sobre migração. Organização Mundial para as Migrações. n. 22. ISSN 2075-2687.

Kobayashi, Yuki. Language Education for Migrant Workers and their Social Integration in Japan. Global Migration. Research paper. N°8, 2014.

Mendes, D; Conceição, M. Projeto "Estudos sobre a Migração Haitiana ao Brasil e Diálogo Bilateral". Belo Horizonte. Fevereiro, 2014.

Ruano, Bruna. O método Tandem como sistema de aprendizado autônomo de língua estrangeira: programa Tandem-Celin. Curitiba, 2012. Dissertação de Mestrado.

Telles, J. A.; VASSALLO, M. L. Foreign language learning in-Tandem: theoretical principles and research perspectives. The ESPecialist, São Paulo, v. 27, n. 1, 2006, p. 83-118.

Texto Base – COMIGRAR 1ª Conferência Nacional Sobre Migrações e refúgio Maio 2014 – São Paulo, Brasil. Secretaria Nacional de Justiça. Brasília, Janeiro, 2014.

ANEXOS

Imagem 1 – Ficha de inscrição

CURSO DE PORTUGUÊS - Ficha de Inscrição / Fiche d'inscripcion

Nome completo / *Nom et prénom*:

Sexo / *Sexe*: ❑ F ❑ M   Idade / *Âge*:

Há quanto tempo você está no Brasil? / *Depuis combien de temps êtes-vous au Brésil?*

Profissão / *Profession*:

Endereço / *Adresse*:

Telefone / *Numéro de téléphone*:

Email / *Adresse email*:

Em quais destas línguas você se comunica bem? *Quelles langues parlez-vous?*
❑ Português   ❑ Créole   ❑ Français   ❑ English   ❑ Español
❑ Outra/*Autre(s)*. Qual/*quelle*?_____

Período disponível para as aulas / *Disponibilité de temps pour le cours*:
❑ Manhã / Matin   ❑ Tarde / *Aprés-midi*   ❑ Noite / *Soir*   ❑ Sábado / Samedi

Você sabe ler em Português?/*Lisez-vous en Portugais?*   ❑ Muito/*Bien*   ❑ Pouco/*Peu*   ❑ Não/*Non*

Você sabe escrever em Português?/ *Écrivez-vous en Portugais?*   ❑ Muito/Bien   ❑ Pouco/Peu   ❑ Não/Non

Você sabe falar Português?/ *Parlez-vous Portugais?*   ❑ Muito/Bien   ❑ Pouco/Peu   ❑ Não/Non

Você gostaria de também participar do TANDEM (troca português-francês)? / *Voudriez-vous participer aussi au TANDEM (changemment portuguais-français)?*	❑ sim / *oui*	❑ não / *non*

TESTE DE NIVELAMENTO – TEST DE NIVEAU
Por favor responda: Como você acredita que o curso de Português como língua estrangeira do Celin irá mudar sua vida no Brasil? (escreva com suas palavras para que também possamos saber seu nível de Português)

CELIN - Centro de Línguas e Interculturalidade da UFPR
Núcleo TANDEM

Imagem 2 – Termo de Compromisso

CURSO DE PORTUGUÊS BRASILEIRO PARA MIGRAÇÃO HUMANITÁRIA TERMO DE COMPROMISSO

Eu _____, declaro, para os devidos fins, que ao inscrever-me no Curso de Português para migrantes – 2o Semestre de 2014, na modalidade presencial, ministrado pelos integrantes do projeto "Português Brasileiro para Migração Humanitária" da UFPR, nos sábados, das 15h00 às 18h00, nas salas de aula do Departamento de Letras, comprometo-me a:

1. Respeitar o horário de início de cada aula às 15h00.
2. Cumprir 75% de frequência no curso, para ter direito ao certificado de participação.
3. Não faltar três aulas, sob pena de desligamento do curso.

_____   _____

Assinatura   Data

– –

COURS DE POURTUGAIS POUR LA MIGRATION HUMANITAIRE
Acte d'engagement

Je soussigné(é), _____,
reconnais qu'une fois que je m'inscris au cours de portugais pour les migrants – 2o Semestre 2014, en présentiel, organisé et animé par les intégrants du Groupe "Português Brasileiro para Migração Humanitária" de l'Ufpr, le samedi, de 15h00 à 18h00, dans les salles de classe du Departement de Lettres, je m'engage à:

1. Respecter l'horaire des cours à 15h.
2. Participer à 75% du cours, pour avoir droit au certificat de participation.
3. Ne pas manquer trois cours de suite, sous peine d'être détaché du cours .

_____   _____

Signature   Date

A COMUNICAÇÃO DOS PORTUGUESES COM AS POPULAÇÕES AFRICANA, ASIÁTICA(S) E BRASILEIRA, AQUANDO DA ÉPOCA DOS DESCOBRIMENTOS / «ACHAMENTOS»

Paula Isabel Querido
Universidade de Vigo, Espanha

O Gama e o Catual iam falando
Nas cousas que lhe o tempo oferecia;
Monçaide, entre eles, vai interpretando
As palavras que de ambos entendia.
Os Lusíadas, VII-46

De todos os bens materiais e espirituais que os nossos avoengos nos legaram, do jogo complexo de usos e costumes que constituem a herança social, nenhum é tão expressivo quanto a língua; nenhum tem mais largo emprego, nenhum nos repassa mais profundamente. Transportamos o idioma nos ossos, no sangue e na carne. Tão intimamente ligado está ao ser humano que o fala, que lhe segue o destino, acompanhando-o tanto nos bons como nos maus momentos. Não se estanha, por conseguinte, que o idioma português haja seguido, *paripassu*, as pisadas dos nautas na concretização de um sonho; fez-se parte integrante da aventura; e revigorou-se.
A Língua Portuguesa zarpou, lançou-se mar adentro, buscando, num rumo meridional, novos horizontes, e encontrando neles a direção dos outros pontos cardeais. O seu destino era a Índia – ou as Índias – o que aconteceu. Mas, depois, ainda houve o Brasil.
Bartolomeu Dias *dobrara* o cabo a que chamou das Tormentas e regressara a Lisboa para dar a novidade ao rei D. João II, que chamara a si o delinear do projeto para se encontrar o caminho marítimo para Índia, com vista à redução dos custos das trocas comerciais com a Ásia e a tentativa de monopolizar o comércio das especiarias. Não hesitou, por isso, em alterar o nome do cabo que passou a ser da Boa Esperança. Não viu, todavia, o seu sonho concretizado: a *fortuna* caberia ao seu sucessor, o rei D. Manuel I. Mantendo o plano gizado pelo seu antecessor, o *Venturoso* – cognome por que ficou conhecido na História –mandou aparelhar as naus e escolheu Vasco da Gama, cavaleiro da sua casa, para capitão da armada, que partiu do Tejo a 8 de julho de 1497, e aportou a Calecute[56] em 20 de maio de 1498. Além da tripulação, seguiram também cartógrafos, navegadores, pilotos, um mestre, especialistas em línguas (quatro africanos peritos em idiomas da costa ocidental africana, três portugueses falantes de línguas banto e árabe), entre

---

[56] - Em malaiala, Kozhikode, (Kerala, Índia).

os quais Fernão Martins e Martim Afonso de Sousa, dois frades, e alguns *degredados* a *usar* nos primeiros contactos, num total de cento e setenta pessoas. Dois anos após a partida, a 10 de julho de 1499 aportou a Lisboa a primeira embarcação da armada, a nau Bérrio. Vasco da Gama, porém, só chegou a Portugal em setembro. Com a viagem, estava consagrado um dos questionados projetos dos descendentes de D. João I em técnicas e instrumentos próprios da arte de navegar, construção de navios, e ações de um empreendimento colonial cujo embrião se pode equacionar a partir da conquista de Ceuta, em 1415, no norte africano.

Todavia, muitas das viagens à África não pressupunham objetiva ou unicamente tanto o estabelecimento de relações comerciais como a procura de escravos como força de trabalho, mas tão-somente a obtenção de intérpretes - também escravos em grande medida - que viabilizassem a subsequente continuidade do estabelecimento de uma rota marítima até à Índia, país fornecedor de especiarias tão caras à Europa "civilizada", um caminho seguro que permitisse às caravelas competir com as cáfilas do norte de África, detentoras que eram da hegemonia dos negócios com o Oriente.

É, seguramente, nesse sentido, a carta do infante D. Henrique a Gomes Eanes de Zurara (1994:57) aquando da terceira viagem ao cabo Bojador, em 1436:

[...] é minha [in]tenção de vos enviar lá outra vez em aquele mesmo barinel,[57] e assim, por me fazerdes serviço como por acrescentamento de vossa honra, vos encomendo que vades o mais avante que poderdes e que vos trabalheis de haver língua[58] [nesse caso *um língua*, intérprete] dessa gente, filhando algum, por que o certamente possaes saber [...].

Uma série de procedimentos levada a cabo pela monarquia portuguesa, ligados ao comércio, ao reconhecimento do litoral (terras e gentes), às tentativas de estabelecimento de formas de comunicação com os nativos encontrados, etc., começam a configurar um *modus operandi* de ações que procuravam viabilizar a expansão em África, deixando, assim, transparecer dois dos motes básicos do período: a produção e recolha de informações sobre o *novo* (lugares e povos) "transmitidas [e circulantes] direta ou indiretamente a círculos de elite europeia"(Barreto:59-60) e a inventiva de técnicas de comunicação e tradução entre línguas, de elementos de ordem material e de estruturas socioculturais diversas; elementos indissociáveis de um império, ainda que timidamente, já em construção: a propagação da fé e a ação civilizadora. Embora a questão da tradução, e mesmo a associação entre expansão da fé e do império, estivessem mais visíveis no século XVI,

---

[57] - *barinel* – embarcação mista a remos e vela latina. As primeiras incursões pela costa ocidental africana foram feitas em barcas e barinéis. Seguiram-se as caravelas, as naus e os galeões

[58] - Os primeiros contactos eram assegurados por intérpretes poliglotas, os chamados "lingoas".

muitas das bases destas ações são lançadas nos procedimentos e nos discursos sobre o *outro* produzidos no Quatrocentos, como aponta Maria Leonor Carvalhão Buescu (1991:11).

A questão da comunicação com os grupos populacionais contactados foi, assim, fundamental, tanto para o conhecimento dos territórios progressivamente encontrados como, em sequência, para as atividades missionárias que acompanharam o processo de expansão de Portugal, e, mais tarde, de outros países europeus, nomeadamente Espanha.

A descoberta e a conquista do périplo africano pressupuseram, assim, o domínio cartográfico de uma nova territorialidade, o conhecimento de populações costeiras e das suas línguas. Nos finais do século XV, os portugueses já haviam desenvolvido um programa ousado – talvez avançado – para enfrentar e tratar, sistematicamente, as dificuldades de comunicação com o *outro*, e, mais tarde, das próprias línguas com que, a cada passo, iam contactando. A chegada à Índia e, mais tarde, ao Brasil, foi a concretização do "sonho", quer pela rota marítima conseguida quer pela possibilidade de entendimento através da fala. Portugal podia, assim, dominar o comércio europeu das especiarias: as caravelas vencer(i)am as cáfilas.

Uma língua é o lugar donde se vê o Mundo e em que se
traçam os limites do nosso pensar e sentir. Da minha língua
vê-se o mar. Da minha língua ouve-se o seu rumor, como da
de outros se ouvirá o da floresta ou o do silêncio do deserto.
Por isso a voz do mar foi a da nossa inquietação.
Vergílio Ferreira

Antes do francês no século XVIII e do inglês no século XIX, o português foi a primeira língua mundial sob a forma de língua franca, de *pidgin* e, por fim, de crioulo.

A sua diáspora pelo mundo começou com a conquista de Ceuta (1415), seguida, passado pouco tempo, da colonização do arquipélago da Madeira (1425), e, um século depois, pelos territórios ao longo do caminho marítimo para a Índia, Brasil e outros territórios achados.

Fernando Oliveira (1975:43), autor da primeira gramática portuguesa, dada à estampa em 1536, escreveu que "os homens fazem a língua e não a língua os homens", e escrevia a sua gramática para ela ser também ensinada "em África, na Guiné, no Brasil e na Índia" (1975:45).

João de Barros (1957:391), também ele autor de uma gramática, referia, em 1539, que a língua estaria também ao serviço da expansão: "não há glória que se possa comparar aos meninos Etíopes, Persas, Indianos daquém e além do Gange, nas suas próprias terras, na força dos seus templos e pagodes, onde nunca se ouviu o nome romano, por esta nossa parte aprenderem a nossa linguagem, com que possam ser doutrinados em os preceitos da nossa fé, que nela vão escritos", acrescentando que "As armas e padrões portugueses postos em África e na Ásia, e em tantas mil ilhas fora da repartição das três partes da terra, materiais são e pode-as o tempo gastar; pero não gastará doutrina, costumes, *linguagem* que os Portugueses nessas terras deixarem", considerando, ainda, que a língua era "todo o nosso edifício".

A par do latim tardio e de certos dialetos, e do romanço em formação, havia, comum aos ibéricos (godos-romanos), aos árabes e aos berberes, uma *meia-língua*, melhor, uma língua em formação, a que os árabes davam o nome de *aljamia* (Rodrigues:269), base de entendimento entre mouros e cristãos. E foi com ajuda destes "intérpretes" que os portugueses começaram a sua aventura, partindo da Europa rumo ao desconhecido, tateando pelas vagas do Mar das Éguas, ultrapassando o mar tenebroso, contactando as costas africanas, tentando prolongar o olhar cada vez mais para sul.

A competência destes intérpretes, porém, não iria muito além do Cabo Branco, ou talvez nem tanto. Ora, contactar com os grupos populacionais que se iam encontrando ao longo da costa africana era fundamental para estratégia portuguesa, não só pelas perspetivas comerciais – importantes! – mas, também, por força do espírito missionário e religioso que imbuía os fins da expansão. Foi, aliás, a objetivação deste espírito que, comungado pelos papas coevos, haveria de atribuir aos reis de Portugal a bula *Romanus Pontifex*,[59] a carta do imperialismo português no dizer do historiador inglês Charles Boxer.

Se os primeiros contactos comerciais eram feitos sem "língua" e, por isso, se denominou comércio *silencioso*, cedo os portugueses começaram a cativar os africanos a quem ensinavam o seu falar, tornando-os bilingues.

Como assinalam diversos autores, considerando contextos de colonização e períodos distintos, a aprendizagem das línguas locais foi, assim, condição *sine qua non* para o sucesso da expansão colonial. É assim que, seguidora destes critérios, toda a política expansionista dos reinados de D. Duarte e Afonso V enfatizava a prioridade de cativação, melhor, sedução de africanos que pudessem vir a ser "língoas": dos mais extremos pontos alcançados, eram trazidos nativos para Portugal a quem, depois de batizados, era ensinada a língua portuguesa. Logo que dispunham dos conhecimentos tidos por necessários, retornavam à terra natal para servirem de intérpretes, sendo a sua

---

[59] - A Bula *Romanus Pontifex* foi uma bula pontifícia emitida pelo Papa Nicolau V para o Rei Afonso V de Portugal, datada de 8 de Janeiro de 1455. Neste documento, e na sequência da anterior bula *Dum Diversas* de 1452, o papa reconhecia ao reino de Portugal, seu rei e sucessores, o seguinte: a propriedade exclusiva de todas as ilhas, terras, portos e mares conquistados nas regiões que se estendem "desde o cabo Bojador e cabo Não (actual cabo Chaunar), ao longo de toda a Guiné e mais além, a sul (*"a capitibus de Bojador et de Nam usque per totam Guineam et ultra versus illam meridionalem plagam"*): o direito de continuar as conquistas contra muçulmanos e pagãos nesses territórios; e o direito de comerciar com os habitantes dos territórios conquistados e por conquistar, excepto os produtos tradicionalmente proibidos aos "infiéis": ferramentas de ferro, madeira para construção, cordas, navios e armaduras.

ação extraordinariamente valorizada, já que eram peça fundamental na intermediação das transações comerciais e afins.

A "intermediação", contudo, não se limitou a ser feita por autóctones das regiões limítrofes ou do próprio território. Neste papel, tiveram grande importância os *degredados* e os *arrenegados* (ou *chatins*), que aprendiam e traduziam as línguas indígenas e, concomitantemente, ensinavam a língua pátria. Além destes, e não menos importantes, foram os escravos-intérpretes – os *turgimões* - e, mais tarde, os *línguas* africanos livres e os *jurubassas* do Oriente.

Sendo que os portugueses foram os primeiros a frequentar as costas de África e a entrar em contacto com as tribos negras, nada mais natural que portugueses, do Minho ao Algarve – uns queriam *servir*, outros *ganhar honra*, terceiros embarcavam com a *esperança de proveito*; todos *servindo*, aproveitavam *em si* e acrescentavam em *sua honra* (Zurara:1994) – fossem trocando o seu país pelas terras de além-mar e aí se fixassem e difundissem a língua materna. Outrossim, para isso concorreu a missionação levada a cabo pelas várias ordens religiosas, com destaque para a dos jesuítas. Embora se tivessem espalhado pelas duas costas, a que ora aqui nos interessa é a ocidental, já que, mercê do seu fundo étnico bastante variado, foi nela que a maior parte das experiências comunicativas teve lugar: uma grande diversidade de tipos humanos ali habitava quando os portugueses, nesse seu obstinar as Navegações, deram em tecer, ao longo dela, aqui e ali, prolongamentos de um Portugal vencedor e criador de uma nova História.

Caso ímpar da difusão e irradiação da língua portuguesa em África foi o Reino do Congo para onde D. Manuel I de Portugal mandou *mestres de ler e escrever*, e, fruto disso, nasceu toda uma correspondência entre os chefes congoleses e os portugueses. Já antes, contudo, D. João II, antecessor de D. Manuel, mandara vir para o reino nativos do Congo, já não como cativos, mas sim como *estudantes*, ou como *bolseiros*, cujas despesas de *educação* eram suportadas pela Coroa.[60] Educados no colégio do convento de Santo Elói, ou nos conventos dos Loios ou de S. Bento, a sua instrução visava a fé cristã, a língua, e a criação de um sistema de intérpretes que operasse de forma eficiente. E os frutos foram evidentes: anos mais tarde, o português era a língua franca nas duas costas de África, falada com fluência e nobreza em muitos dos seus territórios, como podemos verificar, em 1551, pelo inglês

---

[60] - Provisão de el-rei D. João II para se pagarem á Congregação de S. Eloy as despesas feitas com os negros do Congo - 5 de abril de 1492:
Nesta Provisão de 5 de abril de 1492 (que Fr. Francisco de Santa Maria dá como existente no cartório do convento de S. Eloy de Lisboa) ordenava el rei D. João II que se pagasse ao reitor, que então era desse convento, os gastos que até ali houvesse feito com os negros vindos do Congo, que nele estavam sendo educados. (Apesar de todas as diligencias, não foi possível descobrir este diploma no Arquivo Nacional) - Historia do Congo - obra posthuma do Visconde de Paiva Manso, sócio efectivo da Academia Real das Sciencias de Lisboa publicada pela mesma Academia – Lisboa, Typographia da Academia, 1877.

Windham, que esteve na Guiné: *o rei de Benim falou em Português aos Ingleses, língua que ele tinha aprendido desde a infância;* ou, referindo-se à Guiné, em 1594, escrevia o capitão André Álvares de Almada: *Está nesta aldeia uma povoação de negros Sapes (…). O rei que hoje reina nela é cristão; chama-se Ventura de Sequeira; sabe ler e escrever por se criar na ilha de Santiago. Os mais dos negros da sua aldeia são cristãos; os meninos que nela nascem a todos manda baptizar e todas as noites se ensina a doutrina cristã em sua aldeia em voz alta, onde também acodem alguns filhos de alguns negros ladinos da terra, posto que não sejam cristãos.* (Neto:131)

Este e outros aspetos dos reis portugueses, em relação à colonização, fizeram de África um caso muito peculiar no conjunto da *lusofonia*, não obstante a pouca atenção que o século XIX e parte do XX lhe prestaram.

Pai [...]As armas e padrões portugueses, póstos em África e em Ásia, e em tantas mil ilhas fóra da repartiçám das três pártes da térra, materiáes sâm, e póde-âs o tempo gastár, peró nam gastará doutrina, costumes, linguágem, que os Portugueses néstas térras leixárem.

Filho - Nam sei, lógo, quál será o português de tam errádo juizo, pois é çérto que máis póde durár um bom costume e vocábulo que um padrám, porque se nam préza máis leixár na India este nome, mercadoria, que trazer de lá beniága, cá é sinál de ser vençédor e nam vencído.

JOÃO DE BARROS, Diálogo em louvor da nossa linguagem, 1540 (Tomás:432)

Como vimos, a ferramenta linguística de comunicação entre os habitantes das margens do mar Mediterrâneo, a língua árabe – talvez seja mais correto a *aljamia* – tornou-se ineficiente após a (ultra)passagem do cabo Bojador, em 1434. Começou-se, desde aí, aquilo que já referido como o *comércio silencioso*, seguindo-se o recurso aos intérpretes locais.

A chegada ao oceano Índico, porém, adocica os problemas anteriores: ao longo da costa ocidental africana, os portugueses encontraram uma bem organizada rede comercial, islamizada, e cidades importantes como Quíloa, Mombaça, Zanzibar, Pemba e outras, verdadeiros entrepostos comerciais em que se negociavam as especiarias do oriente vendíveis na Europa, através do norte de África, em que as línguas francas eram o *árabe* ou o *suaíli*.[61]

Na Ásia, porém, os problemas que puseram aos portugueses foram mais

---

[61] - O suaíli ou suaíle (*Kiswahili*), também chamado de swahili ou kiswahili, é o idioma banto com o número maior de falantes. É uma das línguas oficiais do Quénia, da Tanzânia e de Uganda, embora os seus falantes nativos, os povos suaílis, sejam originários apenas das regiões costeiras do Oceano Índico. Para que se possa ter uma ideia da panóplia de línguas com a qual os portugueses tiveram de se deparar, avalia-se que, apenas na costa da Guiné, existissem cerca de 25 grupos linguísticos distintos; lidando, ao longo de parte da costa africana, com falantes de árabe, berbere, limba, temne, bagre, mandinga; mais tarde, banto e suaíli.

complexos e melindrosos: as populações já não se compunham de tribos bárbaras e *despolidas*, espalhadas por terras bravias, mas, ao invés, revelavam uma notável e antiquíssima civilização, de que Goa era um excelente exemplo.

O encontro dos portugueses com as línguas dos territórios asiáticos com que, progressivamente, iam contactando, desde o Próximo Oriente até ao mais longínquo, à China e ao Japão, deu origem a fenómenos linguísticos distintos, todavia interligados.

Em primeiro lugar, para estabelecerem contactos com o *outro*, os portugueses foram obrigados a descodificar as mais importantes línguas das pequenas e grandes regiões: o concani, o malaiala, o tâmil, o malaio, o japonês, e outros, mostraram ser essenciais para a boa realização dos projetos portugueses de fixação no litoral da Ásia, que previam o domínio do comércio das especiarias e a difusão da religião cristã.

Diferente do que sucedera na costa africana, na Ásia, em vez de só ensinarem e difundirem a língua portuguesa, tiveram, também, os portugueses de apr(e)ender as línguas com que se iam confrontando. Neste processo de aprendizagem, muitos vocábulos asiáticos foram importados para a língua portuguesa, e vice-versa, permitindo – ou obrigando – a feitura de um *extenso glossário luso-asiático* (Dalgado, 1989:XLII e sgts.*).* Com isto, e por força do domínio exercido nos circuitos comerciais marítimos refletido na difusão da língua, o português passou a ser a *língua franca* do Oceano Índico nos séculos XVI e XVII. Não será despiciendo, também, evocar que esta disseminação da língua portuguesa contribuiu, sobretudo, onde a presença portuguesa mais se fazia sentir, para a formação de numerosos crioulos luso-asiáticos, e, outrossim, influiu, acentuadamente, muitas dessas línguas asiáticas, adotantes que foram de centenas de vocábulos portugueses (Dalgado, 1989) .

Escrito assim, pode pensar-se que a presença dos portugueses na Ásia, a aprendizagem das línguas locais e o ensino da portuguesa, decorreram num mar de rosas. Mas não. Muitas foram as dificuldades tidas e sentidas, pois não pode olvidar-se que os portugueses entraram em terrenos minados pelos comerciantes árabes, até então monopolizantes dos circuitos comerciais das especiarias entre oriente e ocidente; relembre-se, igualmente, que, para se impor, Portugal foi um país ocupante.

Nos primeiros anos após a chegada de Vasco da Gama à Índia, isto é, nos primeiros contactos com determinadas regiões e antes de os quadros portugueses terem obtido as capacidades linguísticas necessárias à função de contactos com o *outro*, recorreu-se, por sistema, à utilização de intérpretes locais, recrutados de acordo com as necessidades e as oportunidades: por um lado, precisavam os portugueses de contactar com as autoridades políticas e administrativas locais e com as comunidades de mercadores; por outro, necessitavam de obter informações sobre as sociedades e culturas asiáticas. Nestes contactos, intervinham, normalmente, três línguas: a portuguesa, a da região ou dos indivíduos a contactar, e a dos intérpretes utilizados, normalmente o árabe ou algum dialeto mediterrânico, de preferência italiano. Aparentemente, este método de comunicação com o *outro* era eficaz. Todavia, algumas vezes houve em que a comunicação não foi frutífera; antes pelo contrário, acarretou graves problemas aos portugueses, sobretudo porque as capacidades linguísticas dos intérpretes eram deficitárias, dando azo a mal-entendidos e confusões, algumas de ordem diplomática. Esta incapacidade, porém, foi rapidamente ultrapassada, pois, por razões de vária ordem, alguns portugueses dedicaram-se ao estudo das línguas orientais e fizeram escola junto dos seus.

No contexto asiático, Goa e Macau assumiram papéis preponderantes de intermediação comercial e cultural. Macau é, na verdade, um *monumento* da tolerância das gentes da China e da tenacidade dos portugueses, tendo sido um dos focos da irradiação da cultura ocidental e da difusão da fé cristã, devendo evidenciar-se o papel desempenhado pelas congregações religiosas, principalmente a jesuítica nesse sentido. Porém, Goa, que, pelo seu posicionamento geográfico, pode considerar-se o coração da Índia, foi a *chave* e base das várias *culturas* portuguesas em jogo: política, comercial e religiosa. Não estranha, por isso, que tenha despertado a atenção do génio de Afonso de Albuquerque, que entendeu ser necessário a sua conquista para um domínio eficaz e duradoiro dos caminhos marítimos e das zonas de mercancia. Mais do que a simples conquista pelas armas, pareceu a Albuquerque ser necessário criar um pequeno núcleo, forte e sólido, de profundas raízes portugueses. Pensou-o e conseguiu-o.

Com a chegada dos primeiros jesuítas a Goa, em 1542, deu-se início a uma outra fase do processo de *descodificação* e aprendizagem das línguas orientais, pois o projeto de missionação da Companhia de Jesus tornou obrigatório, para os seus membros, o estudo a fundo da *língua* e dos *costumes* dos povos para onde enviados em missão. Foi, na verdade, uma reviravolta no conceito da interpretação: nascia, assim, o interesse português, e europeu, pelas línguas asiáticas, que não parou de crescer, na segunda metade do século XVI, e Goa foi o grande foco irradiador.

A região asiática que mais entusiasmo despertou nos meios ultramarinos da Companhia de Jesus foi o Japão, onde o cristianismo se espalhou a um ritmo invulgarmente rápido.

Logo após a primeira viagem de Vasco da Gama à Índia, os portugueses, não só para cristianizar, mas, sobretudo, para comercializar e descobrir riquezas, traçam novas rotas, contactam novos povos. Chegam ao Japão em 1543 e, pela primeira vez, põem em contacto o país dos samurais com o Ocidente. Diz-se que quando a primeira nau acostou em Tanegashima foi um *chinês* de nome Goshô quem serviu de intérprete. No manuscrito *História da Igreja do Japão*, compilado em meados do século XVI, pode ler-se que "Os Portuguezes se não entendiam com a gente da terra por não terem interprete, e so com as balanças e pezos se negociavam em lugar de lingoa para venderem algumas couzas" (Paiva, 2008:40). Todavia, posteriormente, com a vinda das naus, em cada ano, um certo número de marinheiros aprendeu a língua. Em 1546, outro navio português visita o Japão, e, no regresso, traz um novo passageiro. Trata-se de Anjiro, um samurai fugitivo que, em Malaca, vai ser apresentado ao padre Francisco Xavier, mais tarde canonizado, e é enviado para o colégio de S. Paulo, em Goa, para estudar a religião cristã e a língua portuguesa, tornando-se, assim, o primeiro cristão japonês. É este Anjiro que, durante a sua permanência em Goa, vai traduzir alguns materiais para japonês, nomeadamente o Catecismo e, mais tarde, vai ser o intérprete e tradutor de S. Francisco Xavier na sua evangelização por terras nipónicas. Fruto do interesse dos jesuítas, os estudos da língua nipónica conheceram um grande desenvolvimento para poderem dar resposta às necessidades dos missionários, tendo-se elaborado alguns esboços de gramáticas e publicado livros como o *Vocabulário da Língoa de Iapam com a declaração em Portugues*, e *Arte da Lingoa de Iapam*.

Em súmula: Durante os séculos XVI e XVII, a língua dos portugueses propagou-se por todo o Oriente, extensa e intensivamente, abrangendo todo o litoral asiático, desde a península arábica até ao Japão e à Insulíndia,[62] sendo, ainda hoje, falada em numerosos pontos da Ásia, e tendo deixado traços indeléveis em muitas línguas orientais; e difundiu-se, de modo peculiar, por três vias: missionação, comércio e dominação política (ou político-militar). Nas zonas em que Portugal estabeleceu as suas fortalezas e feitorias, casos de Goa, Macau ou Malaca, o português tornou-se língua de referência, se não dominante, continuando ainda a ser falado por luso-descendentes e dando origem a crioulos como o *papiá cristão* de Malaca ou o *patoá* de Macau. Batendo-se com o *mandarim*, foi *língua franca* da Ásia marítima ao longo de Quinhentos e Seiscentos; enriqueceu muitas línguas asiáticas.
Tinha razão João de Barros ao prever, na sua *gramática* que, muito tempo depois de desaparecerem os símbolos materiais da presença na Ásia, seja os padrões e as fortalezas, a língua e a cultura dos portugueses durariam e continuariam a ser lembradas pelas gentes do Oriente.

"De África tem marítimos assentos;
É na Ásia mais que todos soberana;
Na quarta parte nova os campos ara;

---

[62] - A Insulíndia, também conhecida por Insulásia e arquipélago malaio, é um vasto e numeroso grupo de ilhas situado entre o continente do Sudeste Asiático e a Austrália, na região da Austronésia. Localizado entre os oceanos Índico e Pacífico, este grupo de mais de 20.000 ilhas é o maior arquipélago do mundo por área. As ilhas dividem-se por territórios da Indonésia, Filipinas, Singapura, Brunei, Malásia e Timor-Leste.

E, se mais mundo houvera, lá chegara."
Os Lusíadas, VII-14

Não terá sido fácil a comunicação com o *outro* nas costas bárbaras da África ocidental nem até mesmo na sua costa oriental; menos o foi já na Ásia. Mas, bem ou menos bem preparados, o certo é que os intérpretes tinham, pelo menos, conhecimentos básicos para o entendimento do que queriam transmitir ou saber. No Brasil, porém, não foi assim: os portugueses encontraram, à sua chegada, um povo multifacetado, multicultural, a viver como na Idade da Pedra, entre a passagem do Paleolítico para o Neolítico. Não se estranha. Por isso, que a primeira comunicação entre os *achadores* e os *achados* tenha sido feita através de uma linguagem significativa e quase dramatizada.
No dizer de Claude Lévi-Srauss (1991:16), antropologicamente falando, a abertura ao *outro* proveio, sobretudo, do lado ameríndio e não dos brancos, animados que estavam de "disposições muito contrárias». A descoberta do *outro* faz supor uma descoberta de *si mesmo* (Ricoeur, 1991). É preciso surpreendê-la na relação que se tece no momento em que o face a face tem lugar.
Dos primeiros contatos entre portugueses e *índios*, dispomos, felizmente, de alguns testemunhos que permitem reconstituir esse *momento único* que foi o da primeira abordagem pelos nautas *achadores* de terras e às gentes *aborígenes*. No que ao Brasil concerne, lembramos, aqui, a carta *de* Pêro Vaz de Caminha, escrivão de Pedro Álvares Cabral, enviada ao rei D. Manuel I a dar novas sobre o *achamento* de novas terras, e escrita ao vivo nos dias que se lhe seguiram. Esta Carta, o primeiro documento registado acerca do Brasil, é um precioso documento, descritivo e narrativo, detalhado . e preciso, desse inolvidável acontecimento, acompanhado de comentários sobre as peripécias que polvilharam as primeiras relações entre portugueses e *ameríndios* na *«Terra de Vera Cruz»*, nome dado por Cabral a essa «terra nova», quando não sabia ainda se era mais uma ilha a emergir no oceano ou um vasto continente.
 Respiguemos algumas passagens:
"E[63] chegaríamos a esta ancoragem às dez horas, pouco mais ou menos. E dali avistamos homens que andavam pela praia, uns sete ou oito, segundo disseram os navios pequenos que chegaram primeiro. (…)
E estando Afonso Lopez, nosso piloto, em um daqueles navios pequenos, foi, por mandado do Capitão, por ser homem vivo e destro para isso, meter-se logo no esquife a sondar o porto dentro. E tomou dois daqueles homens da terra que estavam numa almadia: mancebos e de bons corpos. Um deles trazia um arco, e seis ou sete setas. E na praia andavam muitos com seus

---

[63] - Excertos da carta de Pêro Vaz de Caminha com a ortografia atualizada, e destaques nossos.

arcos e setas; mas não os aproveitou. Logo, já de noite, levou-os à Capitaina, onde foram recebidos com muito prazer e festa.

A feição deles é serem pardos, um tanto avermelhados, de bons rostos e bons narizes, bem feitos. Andam nus, sem cobertura alguma. Nem fazem mais caso de encobrir ou deixa de encobrir suas vergonhas do que de mostrar a cara. Acerca disso são de grande inocência.

O Capitão, quando eles vieram, estava sentado em uma cadeira, aos pés uma alcatifa por estrado; e bem vestido, com um colar de ouro, mui grande, ao pescoço. E Sancho de Tovar, e Simão de Miranda, e Nicolau Coelho, e Aires Corrêa, e nós outros que aqui na nau com ele íamos, sentados no chão, nessa alcatifa. Acenderam-se tochas. E eles entraram. Mas nem sinal de cortesia fizeram, nem de falar ao Capitão; nem a alguém. *Todavia um deles fitou o colar do Capitão, e começou a fazer acenos com a mão em direção à terra, e depois para o colar, como se quisesse dizer-nos que havia ouro na terra. E também olhou para um castiçal de prata e assim mesmo acenava para a terra e novamente para o castiçal, como se lá também houvesse prata. (...)*

E mandou com eles, *para lá ficar,* um mancebo degredado, criado de dom João Telo, de nome *Afonso Ribeiro,* para lá andar com eles e saber de seu viver e maneiras. E a mim mandou que fosse com Nicolau Coelho. Fomos assim de frecha direitos à praia. Ali acudiram logo perto de duzentos homens, todos nus, com arcos e setas nas mãos. *Aqueles que nós levamos acenaram-lhes que se afastassem e depusessem os arcos.* E eles os depuseram.

Levava Nicolau Coelho cascavéis[64] e manilhas[65]. E a uns dava um cascavel, e a outros uma manilha, de maneira que com aquela encarna quase que nos queriam dar a mão.

Passaram além tantos dos nossos e andaram assim misturados com eles, que eles se esquivavam, e afastavam-se; e iam alguns para cima, onde outros estavam. E então o Capitão fez que o tomassem ao colo dois homens e passou o rio, e fez tornar a todos. (...) E então tornou-se o Capitão para aquém do rio. E logo acudiram muitos à beira dele. (...)

E além do rio andavam muitos deles dançando e folgando, uns diante os outros, sem se tomarem pelas mãos. E faziam-no bem. Passou-se então para a outra banda do rio Diogo Dias, que fora almoxarife de Sacavém, o qual é homem gracioso e de prazer. E levou consigo um gaiteiro nosso com sua gaita. E meteu-se a dançar com eles, tomando-os pelas mãos; e eles folgavam e riam e andavam com ele muito bem ao som da gaita. (...)

Nesse dia, enquanto ali andavam, dançaram e bailaram sempre com os nossos, ao som de um tamboril nosso, como se fossem mais amigos nossos do que nós seus. Se lhes a gente acenava, se queriam vir às naus, aprontavam-se logo para isso, de modo tal, que se os convidáramos a todos, todos vieram.

---

[64] - Guizos. Bugigangas.
[65] - Argolas abertas para adorno dos pulsos.

Porém não levamos esta noite às naus senão quatro ou cinco; a saber, o Capitão-mor, dois; e Simão de Miranda, um que já trazia por pagem; e Aires Gomes a outro, pagem também. Os que o Capitão trazia, era um deles um dos seus hóspedes que lhe haviam trazido a primeira vez quando aqui chegamos — o qual veio hoje aqui vestido na sua camisa, e com ele um seu irmão; e foram esta noite mui bem agasalhados tanto de comida como de cama, de colchões e lençóis, para os mais amansar. (…)

(…) viemos às naus a comer, onde o Capitão trouxe consigo aquele mesmo que fez aos outros aquele gesto para o altar e para o céu, (e um seu irmão com ele). A aquele fez muita honra e deu-lhe uma camisa mourisca; e ao outro uma camisa destoutras. (…)

Creio, Senhor, que, com *estes dois degredados* que aqui ficam, ficarão *mais dois grumetes*, que esta noite se saíram em terra, desta nau, no esquife, fugidos, os quais não vieram mais. E cremos que ficarão aqui porque de manhã, prazendo a Deus fazemos nossa partida daqui.

Em tal maneira é graciosa que, querendo-a aproveitar, dar-se-á nela tudo; por causa das águas que tem!

Contudo, o melhor fruto que dela se pode tirar parece-me que será salvar esta gente. E esta deve ser a principal semente que Vossa Alteza em ela deve lançar. E que não houvesse mais do que ter Vossa Alteza aqui esta pousada para essa navegação de Calecute bastava. Quanto mais, disposição para se nela cumprir e fazer o que Vossa Alteza tanto deseja, a saber, acrescentamento da nossa fé!"

Como podemos deduzir, esta carta tornar-se-ia, como lapidarmente a caracterizou Jaime Cortesão, o «*auto oficial do nascimento do Brasil e do Novo Mundo*» (Cortesão, 1967:129).[28] Só que este seu significado emblemático deve-o ela, não tão-somente ao relato dos factos, mas também à linguagem em que está escrita, o que, para além do seu estatuto histórico, configura um texto de inquestionável valia literária. E se na descrição da natureza luxuriante do que se julgava ser uma ilha é relativamente sóbrio, já no modo de descrever as atitudes e os traços físicos, psicossociológicos e culturais dos *aborígenes*, Pêro Vaz de Caminha alonga-se em minúcias de observação, mostrando como reagem à presença imprevista de estranhos, irrompendo do espaço talássico; é, antes de mais, sobre os corpos dos *ameríndios* e *ameríndias* que incide o olhar atento e fascinado do escrevente.

Sentindo que a sociabilidade dos indígenas era evidente, dado que aceitavam misturar-se com os navegadores durante o dia e mesmo dormir a bordo, Caminha parece traçar já um esboço da mestiçagem cultural, e física, sem perda da identidade das duas partes: os portugueses mostravam-se dispostos a incentivá-la, ao deixarem alguns proscritos em terra, aos quais se juntaram dois grumetes em fuga.

Através da leitura da Carta, ficamos a saber que Pedro Álvares Cabral deixou, no Brasil, dois degredados para estudarem a *língua* e os *costumes* dos *índios*,

302

abdicando de levar consigo alguns *cativos*. Além destes dois *lançados*, fica a notícia de que dois grumetes que desertaram também por lá ficaram.

Apetecendo o Brasil como território a explorar, outras viagens se seguiram, e outros degredados foram *lançados*. Dentre eles, ficaram conhecidos Diogo Álvares, o *Caramuru*,[29] João Ramalho, "Bacharel de Cananeia", e muitos outros anónimos, conforme carta de D. Manuel I a D. Fernando de Espanha, em 1505 (Vainfas, 2000:19/20).

Os *degredados* deixados por Cabral, no Brasil, foram resgatados pela expedição de Gonçalo Coelho, de 1501-1502, tendo relatado o conhecimento adquirido no convívio com os indígenas, tendo sido Afonso Ribeiro considerado como "*mui destro na língua dos índios*" (Coelho, 1985:38). De resto, havia sido ele um dos degredados que fazia parte do grupo que, por várias vezes, havia sido enviado por Pedro Alvares Cabral à *aldeia* dos índios, e inclusive com ordens de lá pernoitar, no que foram mal sucedidos. Em contrapartida, estes *línguas*, melhor, *intérpretes*, tal como muitos de outros *lançados*, foram bem sucedidos na vida, chegando a atingir postos de relevo na administração da colónia. Mal ficaria se não referíssemos, aqui, também, para a tradução, difusão e unidade da língua portuguesa, na colónia, a ação dos missionários que, *dilatando a fé*, a ensinavam, ao mesmo tempo que aprendiam o *tupi*, falado mais ou menos uniformemente pelos *ameríndios* da costa, e até as *línguas travadas*, do interior, que a generalidade dos colonos tinha dificuldade em entender.

CONCLUSÃO

"O povo português é, essencialmente, cosmopolita.
Nunca um verdadeiro português foi português:
foi sempre tudo."
Fernando Pessoa - Portugal Entre Passado e Futuro

"Uma língua que viajou com a História, forjada e trabalhada durante mais de um milénio por sucessivas experiências coletivas, desenvolvidas com as Navegações em todos os Continentes, uma língua que está constantemente enriquecida pela produção de várias literaturas e oralidades, é pertença de todos aqueles que a entendem, a falam e a escrevem" (Coelho, 1985:38). Na sua expansão, temos de encarar vários aspetos de que um dos não menos importantes é a utilização dos *línguas*, cuja preparação cuidadosa, apoiada pela realeza, supria as deficiências dos primeiros contactos com povos de outras crenças e de outras culturas. Outrossim, não podemos esquecer a atuação e o apoio das ordens religiosas, com especial realce para a dos jesuítas, sempre presentes e atuantes no ensino da língua portuguesa e aprendizagem da dos povos indígenas, tal como não podemos pôr de parte a expansão, por meio de simples contactos e intercomunicação, com os mercadores entregues à vida de lucros, e os aventureiros à procura de emoções novas.

Podemos, desta forma, concluir que o domínio linguístico português é o reflexo da Cultura Portuguesa; "cultura admiravelmente plástica, que soube adaptar-se sem perder-se, condescender sem trair-se"; que transplantou laços culturais de uns continentes para outros, criando "uma unidade para além dos espaços, para além do tempo e até mesmo para além das soberanias" (Neto, 1980:273).

Relembrando Pessoa,
Deus quer, o homem sonha, a obra nasce.
Deus quis que a terra fosse toda uma,
Que o mar unisse, já não separasse.
Sagrou-te, e foste desvendando a espuma,

E a orla branca foi de ilha em continente,
Clareou, correndo, até ao fim do mundo,
E viu-se a terra inteira, de repente,
Surgir, redonda, do azul profundo.

Quem te sagrou criou-te português.
Do mar e nós em ti nos deu sinal.
Cumpriu-se o Mar, e o Império se desfez,
Senhor, falta cumprir-se Portugal!

Fernando Pessoa – <u>Mensagem</u> (O Infante)

REFERÊNCIAS

BARRETO, Luís Filipe. *Apre(e)nder a Ásia* (séculos XVI e XVII), *in*: *O ORIENTALISMO em Portugal*. Porto: CNCDP, 1999.

BARROS, João de. *Diálogo em Louvor da nossa Linguagem*. Olyssipone: apud Lodouicum Rotorigiu Typographum, 1540.

---. (1496-1570). *Gramática da Língua Portuguesa*, 3. ed. – organizada por José Pedro Machado. Lisboa: [s.n.] 1957.

BUESCU, Maria Leonor Carvalhão. *A viagem e a fala*. "Revista Prelo", Vol. 19 (Viagens). Lisboa: INCM, 1991.

COELHO, Jacinto Prado. *Actas do Congresso sobre a Situação da Língua Portuguesa no Mundo* – Vol. I. Lisboa: ICALP, 1985.

CORTESÃO, Jaime. *A Carta de Pero Vaz de Caminha*. Lisboa: Portugália Editora, 1967.

DALGADO, Sebastião Rodolfo. *Glossário Luso-Asiático*, 2 vols. Nova Delhi: Asian Educational Services, 1988.

---. *Influência do Vocabulário Português em Línguas Asiáticas*, 2. ed. Lisboa: Escher, 1989.

FERREIRA, Vergílio. *Espaço do Invisível 5*. Lisboa: Bertrand, 1999.

LÉVI-STRAUSS, Claude. *Histoire de Lynx*. Paris: Plon, 1991.

MANSO, Visconde de Paiva. *História do Congo*. Lisboa: Typographia da Academia, 1877.

NETO, Serafim da Silva Neto. *Breves Notas para o estudo da Expansão da Língua Portuguesa em África e Ásia* – Separata da "Revista de Portugal – Série A – Língua Portuguesa", Vol. XXII. Lisboa: 1957.

---. *Introdução ao estudo da Língua Portuguesa no Brasil*. Rio de Janeiro: INL, 1980.

OLIVEIRA, Fernando. *Gramática da Linguagem Portuguesa*. Lisboa: INCM, 1975.

PAIVA, Maria Manuela Gomes. *Traduzir em Macau*. Lisboa: Universidade Aberta, 2008.

RICOEUR, Paul. *Soi-même comme un Autre*. Paris : Le Seuil, 1991.

RODRIGUES, Bernardo. *Anais de Arzila*, crónica **inédita do séc. XVI / publicada sob a direção de David Lopes**. Lisboa: Academia das Ciências de Lisboa, 1915-1919.

TODOROV, Tzvetan. *La Conquête de L'Amérique. La Question de l'Autre*. Paris: Le Seuil, 1982.

TOMÁS, Maria Isabel. *A Viagem das Palavras*. Porto: Portucalense Editora, 1936.

VAINFAS, Ronaldo (coord.). *Dicionário do Brasil Colonial* (1500-1808). Rio de Janeiro: Objetiva, 2000.

ZUZARA, Gomes Eanes. *Crónica de Guin*. Lisboa: Civilização, 1994.

CAPÍTULO 6
O ENSINO
DE PORTUGUÊS
PARA SURDOS

ENSINO DE LÍNGUA PORTUGUESA COMO SEGUNDA LÍNGUA RELATO DE UMA EXPERIÊNCIA COM ALUNOS GRADUANDOS SURDOS

Fernanda Beatriz Caricari de Morais
Instituto Nacional de Educação de Surdos, Brasil

INTRODUÇÃO

Este estudo é parte do projeto de pesquisa *"Linguagem acadêmica: práticas de escrita para alunos surdos e ouvintes"* realizada no período de 2012 a 2013, desenvolvido no Departamento de Ensino Superior do Instituto Nacional de Educação de Surdos (INES). Este projeto objetivou promover práticas de leitura e escrita em Língua Portuguesa (doravante LP) como segunda língua (L2) para alunos graduandos surdos do curso Bilíngue de Pedagogia.

O curso Bilíngue de Pedagogia foi criado em 2006 e seu diferencial é a carga horária dedicada aos estudos da surdez, ensino bilíngue, cultura surda, Libras e Língua Portuguesa. As vagas são parte destinadas à alunos surdos e parte à ouvintes que estudam juntos neste contexto educacional.

Nesse período, os alunos surdos, que tem como sua primeira língua a Libras, cursavam as disciplinas de Língua Portuguesa juntos com os ouvintes, que tem a LP como primeira língua (L1), o que gerava um desconforto muito grande por parte dos alunos surdos e de seus professores, tendo em vista que as metodologias de ensino de L1 e L2 são diferentes.

Pensando nesta questão, constatou-se a necessidade de um projeto de extensão com foco no ensino de LP como L2 para alunos surdos, promovendo, assim, um curso de compreensão e produção de textos, atendendo os anseios e as especificidades linguísticas desses alunos.

Por meio de técnicas de leitura em L2, os alunos ganharam mais confiança e se sentiram mais seguros para ler gêneros acadêmicos de assuntos diversos dentro e fora da faculdade. Sabe-se que leitura e a escrita são habilidades que podem ser trabalhadas com base em gêneros textuais em aulas de língua portuguesa como segunda língua para alunos surdos. Quadros (1997), com base em pressupostos de ensino de L2, afirma que a leitura é um instrumento poderoso para o ensino, favorecendo o aprendizado de uma língua de forma rápida e eficiente. A compreensão da leitura depende essencialmente do conhecimento prévio do leitor, bem como sua bagagem linguística e de mundo.

A bagagem linguística está relacionada ao acesso precoce à língua de sinais como língua materna na infância, substituindo a oralidade em conteúdo e função simbólica, não havendo, portanto, prejuízos no aprendizado da língua escrita (compreensão e produção) pelos aprendizes surdos. É através da Libras que o surdo constrói seu conhecimento de mundo, vivendo experiências significativas por meio desta língua.

Para que o ensino de LP ocorra, é necessário refletir sobre as metodologias utilizadas nas escolas até os dias de hoje, que ignoram as singularidades linguísticas dos surdos e reproduzem estratégias baseadas na oralidade e na audição como referência para a aprendizagem da leitura e da escrita.

Esses aprendizes passam, muitas vezes, pelo processo de alfabetização silábica, baseada na oralidade, sem foco nos processos simbólicos visuais. No letramento, eles passarão de uma língua não-alfabética (a língua de sinais) para uma língua alfabética (a LP), ou seja, eles são usuários competentes em uma primeira língua não-alfabética e dominam a forma escrita de uma outra língua alfabética, sem conhecer os sons de suas grafias (SÁNCHEZ, 2002).

Os alunos retratam a dificuldade encontrada em lidar com aspectos relacionados à estrutura e ao funcionamento da Língua Portuguesa, mais especificamente, a leitura, a análise e a produção textual, caracterizadas pelos surdos como tarefas árduas. Muitos deles dizem que, na escola, a Libras nem sempre foi aceita e considerada pelo interlocutor no processo de leitura e construção de sentidos dos textos. Nos ambientes escolares, eles eram pouco desafiados, lendo apenas textos adaptados e curtos, visto que seus professores julgavam que precisavam primeiro aprender o vocabulário, a gramática e a estruturação de frases em pequenos textos para depois realizarem a leitura de um livro.

A escola não reconhece a situação bilíngue do surdo, usuário de Libras e de da LP em sua modalidade escrita, rejeitando qualquer manifestação linguística diferente, considerando, muitas vezes, o surdo como sendo portador de uma deficiência linguística. É preciso analisar as práticas de leitura e escrita em um contexto bilíngue, levando em conta as relações sociais entre as comunidades envolvidas.

Pereira (2002) discute que, até o final dos anos 80, a concepção de linguagem que predominou na escola foi a como instrumento de comunicação. A língua era vista como código, que obedece a um conjunto de regras que responde pela organização dos sons, das palavras e das estruturas frasais.

No caso dos alunos ouvintes que já fazem uso da LP na modalidade oral, caberia à escola ensinar as regras que regem o uso, objetivando melhorar a qualidade da produção linguística dos alunos. Pensava-se que conhecendo as regras da língua, os aprendizes iriam usá-la corretamente. Muitos dos exercícios dados tinham como objetivo o reconhecimento e a memorização da nomenclatura.

No ensino de LP para surdos, a adoção dessa concepção resultou no ensino sistemático e padronizado de estruturas frasais, uma vez que, diferente das crianças ouvintes, grande parte das crianças surdas chega com pouco ou nenhum conhecimento de língua, cabendo à escola a tarefa de ensinar.

A partir do Decreto 5.626/2005 que regulamentou a Lei de Libras as propostas educacionais começaram a se estruturar, pois os surdos passaram a ter direito ao conhecimento a partir desta língua e, a LP é utilizada na modalidade escrita, sendo a L2, tendo a educação de surdos como bilíngue. O ideal é que a Libras seja adquirida primeiro para que depois a LP, uma vez que o aprendiz da L2 utiliza a primeira como estratégia de aprendizagem. A interação entre as duas línguas é muito importante para que os aprendizes desenvolvam suas capacidades cognitivas, linguísticas, afetivas e políticas, independente do espaço escolar em que estão inseridos. Dessa forma, há a necessidade de conhecer os sujeitos na sua singularidade linguística e reconhecer que os aprendizes surdos precisam de uma educação com foco nas suas particularidades linguísticas.

Há uma literatura grande a respeito da leitura e da escrita em segunda língua, mas são poucos os estudos envolvendo surdos, o que limita a análise e as evidências sobre os significados e usos da leitura e escrita nas comunidades de surdos (Karnopp, 2003).

Este artigo escrito, fruto da pesquisa realizada, apresentado em uma comunicação oral no IV Encontro Mundial sobre o Ensino de Português (IV EMEP), está organizado da seguinte maneira: primeiramente, são apresentados, os pressupostos teóricos utilizados, fundamentais para a discussão e a proposta de uma unidade didática, utilizada no curso de extensão com aprendizes surdos.

ENSINO DA LÍNGUA PORTUGUESA COMO SEGUNDA LÍNGUA PARA SURDOS

O processo de ensino-aprendizagem de língua portuguesa como L2 depende do uso de metodologias adequadas que levam em conta as singularidades linguísticas dos surdos. Fernandes (2006), Pereira (2002, 2009), Quadros (1997) e Quadros & Schmiedt (2006) argumentam que muitos aprendizes surdos são filhos de pais ouvintes e tiveram pouco ou nenhum contato com a Libras e, por isso, tiveram experiências linguísticas pouco significativas.

As crianças surdas, filhas de pais surdos, usuários de Libras, aprendem a língua na interação com seus pais, de forma semelhante e na mesma época em que as crianças ouvintes adquirem a LP. Além da Libras, essas crianças aprendem aspectos da cultura surda e se identificam com a comunidade de surdos. Assim, quando chegam à escola, elas já contam com uma língua que servirá de base para aprender a língua majoritária (LP) na modalidade escrita. No entanto, a maior parte das crianças surdas tem pais ouvintes, que não sabem a Libras e usam a LP na modalidade oral para interagir com seus filhos surdos. Embora cheguem à escola cm alguma linguagem, adquirida na interação com seus pais ouvintes, não apresentam nenhuma língua constituída (Pereira, 2002).

Reconhecendo que a Libras possibilita o desenvolvimento das pessoas surdas em todos os seus aspectos, somado às reivindicações da comunidade de surdos quanto ao direito que tem de usar esta língua, muitas escolas têm adotado o modelo bilíngue na educação de surdos. A aquisição da Libras pelas crianças surdas, filha de pais ouvintes, só poderá acontecer na interação com adultos surdos que as estimulem na Libras, por meio de atividades discursivas que envolvam o seu uso. E a aprendizagem da LP, na modalidade escrita, ocorre com a exposição, desde cedo, a textos escritos, sendo que a compreensão escrita é a principal fonte para o aprendizado do português.

A compreensão escrita está inserida dentro do letramento que é utilizado aqui para designar o processo de ensino aprendizagem da leitura e da escrita para surdos. O letramento dos surdos enquanto processo faz sentido se significado por meio da Libras, língua usada na escola para aquisição da L2 na forma escrita que tem suas funções sociais representadas no contexto brasileiro.

Como encaminhamento metodológico, o letramento compreende a leitura e a escrita como processos complementares e dependentes, considerando estas habilidades sempre inseridas em práticas sociais significativas. Há diferentes níveis de letramento, de acordo com as necessidades do leitor/escritor em seu meio sociocultural.

Giordani (2014) enfatiza a noção de contexto ligada a uma concepção de letramento como práticas comunicativas nas quais o uso da língua é considerado como um processo social. Da mesma forma que a língua escrita, a língua de sinais é parte da linguagem, não sendo, portanto, fruto de uma decisão individual, mas resultado de uma determinação social, dada em uma comunidade. As práticas sociais de leitura e de escrita que ultrapassam os limites determinados pelas instituições escolares são aspectos da cultura e estruturas de poder.

Para Karnopp (2003), as práticas de leitura, análise e produção textual são concebidas como práticas sociais de linguagem, ligada aos aspectos culturais, sociais, históricos e ideológicos. O uso da língua está inserido em um contexto social (Fairclough, 1989). É preciso propor aos alunos uma reflexão que englobe o objetivo da produção, a relação entre leitor e autor, a identidade de quem produz (relações de poder, status, valores e atitudes).

O ensino deve, portanto, ser centrado em torno do texto, desenvolvendo as competências linguísticas, textuais e comunicativas. A escola sempre trabalhou com texto, porém, muitas vezes, restringe seus ensinamentos aos aspectos estruturais e formais.

As práticas de leitura precisam ser contextualizadas, fornecendo condições para que o aprendiz surdo compreenda o texto. O professor deve, de acordo com Quadros & Schmiedt (2006), provocar nos alunos o interesse pela leitura, fazendo discussões prévias sobre o assunto, utilizando estímulos visuais em suas aulas. É preciso pensar nas questões: qual o conhecimento que os alunos têm da temática abordada no texto? Como esse conhecimento pode ser explorado em sala de aula? Quais são as palavras fundamentais para a compreensão? Quais elementos linguísticos podem favorecer a compreensão? É a medida que o aprendiz compreende os textos que ele

312

começa a produzi-los.

O processo de ensino-aprendizagem da leitura e da escrita para surdos é denominado por Fernandes (2006), de letramento, que toma essas habilidades como processos complementares e dependentes, inseridas em práticas sociais significativas. Há diferentes níveis de letramento, dependendo das necessidades do leitor/escritor em seu meio social e cultural.

A referida autora, em sua tese (2003), propõe três eixos de trabalho com a linguagem escrita: 1) Aspectos funcionais; 2) Aspectos lexicais (vocabulário) e 3) Aspectos gramaticais (forma e estrutura). A base destes três eixos é a língua de sinais (base linguística). Os três eixos são apresentados abaixo:

1) Aspectos funcionais: Todo texto tem uma função social (dirige-se à alguém, com uma intenção); seu sentido só pode ser apreendido se articulado à prática social que lhe deu origem, ao veículo/publicação no qual ele se apresenta (jornal, revista, peça publicitária, etc.) e intenções que revela (informar sobre, por exemplo);

2) Aspectos lexicais: as palavras só adquirem significados no contexto em que estão veiculadas. É importante lembrar que muitos aprendizes não conhecem mesmo o significado literal das palavras, por isso, há de se sistematizar o vocabulário implicado no texto e sua intertextualidade com as leituras anteriores;

3) Aspectos gramaticais: aprender uma língua envolve conhecer a sua gramática, isto é, as regras de sua organização que permitem que seus usuários se entendam. Estas regras não são externas ao texto, mas são construídas internamente. O foco não é, portanto, a gramática tradicional, suas regras e nomenclaturas, mas o uso da língua.

Ler envolve compreensão global do texto, situando em determinada realidade social, fazendo parte de determinado gênero discursivo e atribuindo relações e efeitos de sentido entre as unidades que o compõe.

Fernandes (2003, 2006) sistematiza uma proposta de encaminhamento metodológico no ensino de língua portuguesa como L2, colocando o trabalho com a leitura na centralidade das práticas de letramento em sala de aula. A seguir, os aspectos relacionados ao ensino com base em gêneros são discutidos brevemente para, em seguida, apresentar a proposta de atividade, como foco no ensino do gênero resenha.

GÊNEROS COMO FERRAMENTA PARA O ENSINO DE SEGUNDA LÍNGUA

Há uma grande literatura que trata sobre o ensino baseado em gêneros e, muitas, em geral, enfatizam o propósito como uma característica importante. Dentre vários estudiosos, são destacados alguns que influenciaram a elaboração do material pilotado no curso de LP como L2 para surdos.

É consenso na comunidade acadêmica que os gêneros textuais são uma ferramenta poderosa no ensino de línguas, pois além dos estudos das escolhas linguísticas, há aprendizagem de elementos verbais e não-verbais dentro da prática discursiva (Almeida Filho, 1997).

Bronckart (2011) afirma que o gênero é o verdadeiro instrumento para o desenvolvimento das capacidades individuais, na perspectiva do interacionismo social, pois o sujeito sempre age utilizando a linguagem em uma determinada situação, com ajuda de uma ferramenta, o gênero textual (Bakhtin, 1992).

Swales (1990) discute a concepção de gênero como eventos comunicativos, com propósitos compartilhados por membros de uma determinada comunidade discursiva. Dessa forma, os gêneros podem ser entendidos como:

> *(...) classes de eventos comunicativos que, tipicamente, possuem características estáveis e que podem ser reconhecidas. O gênero é um evento comunicativo que consiste de combinações escritas e/ou faladas, modeladas por aspectos ligados aos propósitos comunicativos e ao contexto de produção. (Swales, 1990: 09-10).*

O propósito comunicativo que motiva a realização do gênero, é reconhecido por uma comunidade discursiva que o molda e o transforma, como aponta Swales (1990) e Bhatia (1993). Dessa forma, se entende e se interpreta o significado das escolhas linguísticas de um texto a partir da caracterização do contexto de situação, dos participantes do evento e da inter-relação entre contexto e participantes.

O que define gênero para Swales (1990) é o propósito comunicativo compartilhado pelos membros da comunidade na qual o gênero é praticado. Demais traços, como as convenções, o estilo, o canal, o vocabulário e a terminologia específica, são importantes, porém, não exercem a mesma influência sobre a natureza e a constituição do gênero. Dessa maneira, os gêneros são vistos como veículos comunicativos usados para a consecução de determinados fins.

Propósito comunicativo e comunidade discursiva são conceitos importantes para Swales. O primeiro é compreendido como não somente o discurso e seus participantes, mas também o papel desse discurso e o ambiente de sua produção e recepção, incluindo associações históricas e culturais. Enquanto a comunidade discursiva está relacionada àqueles que trabalham usualmente ou profissionalmente com um determinado gênero e que possuem conhecimento sobre suas convenções.

Esses são definidores do gênero e também caracterizam a estruturação e as escolhas léxico-gramaticais, que devem ser objeto de análise em sala de aula. Bhatia (1993) entende o gênero como um evento comunicativo que pode ter mais de um propósito, identificado e reconhecido(s) pelos membros da comunidade profissional ou acadêmica, por exemplo. Frequentemente, é altamente estruturado e convencionalizado para contribuir para a intenção, posicionamento, forma e valor funcional, explorado pelos seus usuários para atingir intenções sociais. O aspecto sociológico é proveniente da realidade social (contexto em que se processa a negociação, os papéis sociais dos participantes, os propósitos dessa interação, as preferências profissionais dos participantes, as organizacionais, as restrições culturais e o aspecto psicológico, que são as estratégias pelas quais o gênero é produzido

Com uma visão um pouco diferente de Swales, Martin (2000) destaca a importância do contexto de situação (registro) e do contexto de cultura (gênero), que constituem os diferentes níveis de contexto nos quais o texto se materializa, mais especificamente, com a análise das escolhas léxico-gramaticais que realizam essas variáveis e colaboram na identificação do propósito e da estrutura do texto. Dessa forma, os textos são vistos como construções de significados socialmente construídos e a análise do texto, em sala de aula, deve levar isto em conta, enfatizando o conhecimento crítico sobre as práticas discursivas e sociais.

Estes conceitos foram fundamentais para se trabalhar gêneros acadêmicos com aprendizes surdos, pois fornecem a leitura crítica, o levantamento e socialização do conhecimento prévio dos alunos e a reflexão sobre o uso da LP por meio de textos autênticos e que circulam na vida acadêmica do aluno surdo da graduação, como mostra a atividade proposta a seguir, integrante de uma unidade didática elaborada e pilotada no curso de extensão.

ATIVIDADE PROPOSTA – COMPREENSÃO ESCRITA DO GÊNERO RESENHA

O planejamento da atividade proposta começou com a seleção de textos. Procurou-se textos que abordavam assuntos que os alunos tinham interesse e que tinham uma circulação social, visto que quanto maior o contexto de circulação, maiores serão as possibilidades que ele seja familiar aos aprendizes, permitindo-os fazer associações com seu conhecimento prévio.

O conhecimento prévio é o que facilitará ou dificultará a mediação do professor na exploração do texto. Se os aprendizes souberem o assunto tratado no texto ou, ainda, tiverem alguma informação a respeito, menores serão as dificuldades de compreensão.

Com base no conhecimento prévio dos aprendizes, foi escolhido um texto (uma resenha) publicado no periódico "Espaço", n. 37, jan/jun de 2012, publicação do INES. Esta publicação é acessada constantemente pelos alunos e o assunto tratado é familiar.

Intérprete de libras em atuação na Educação Infantil e no Ensino Fundamental

Brazilian sign language interpreters acting in pre-school and elementary education

Resenha: LACERDA, Cristina Broglia Feitosa de. Porto Alegre, Mediação, 1996, 4ªed., 96 p.

Simone Ferreira Conforto

Doutoranda na Universidade Americana-PY, Mestre em Educação [UNESA]. Graduação em Ciências Sociais pela Universidade Federal Fluminense (1984). Graduação em Fonoaudiologia pela Universidade Estácio de Sá (1991).

E-mail: siconforti@ines.gov.br

Material recebido em 29 de março de 2012 e selecionado em 31 de maio de 2012

Neste texto bastante instigante, a autora nos traz uma grande reflexão do que seria a interpretação/tradução fazendo uma comparação entre estes dois campos.

Assim, em relação à interpretação traduzir não é apenas trocar de uma língua para outra, é fundamental definir os sentidos do que se quer e deseja traduzir.

Outros autores porém se referem à interpretação e tradução como sendo duas tarefas distintas e na verdade, traduzir é versar de uma língua para outra e interpretar envolveria relações pessoais.

Para a autora, na verdade, o que acontece é que o intérprete se envolve em relações sociais e diálogos face a face. Então, o tradutor/intérprete precisa sempre agir com rapidez em suas escolhas e não tem como refletir sobre o que está interpretando.

Portanto, atualmente existem inúmeras formas de tradução simultânea e consecutivamente, sendo variadas as teorias de tradução. A autora destaca Pagura (2003) e a sua teoria interpretativa. Para ela, o aspecto estrutural desta seria que a tradução não pode se restringir ao nível linguístico apenas, mas precisa estar ligada aos aspectos culturais e, principalmente, no que se refere à passagem dos sentidos.

intérprete de libras

em atuação na educação infantil e no ensino fundamental

Cristina B. F. de Lacerda

Espaço: Rio de Janeiro, n.37, jan/jun 2012

Figura 1: Resenha escolhida para a atividade (Revista Espaço, n. 37, jan/jun de 2012)

A contextualização visual do texto, proposta para os alunos, visa a exploração do conhecimento prévio e de elementos intertextuais, identificação de elementos intertextuais, textuais e paratextuais. É a visualização do texto como um conjunto composto de linguagem verbal e não verbal, realizando associações entre ambas as linguagens.

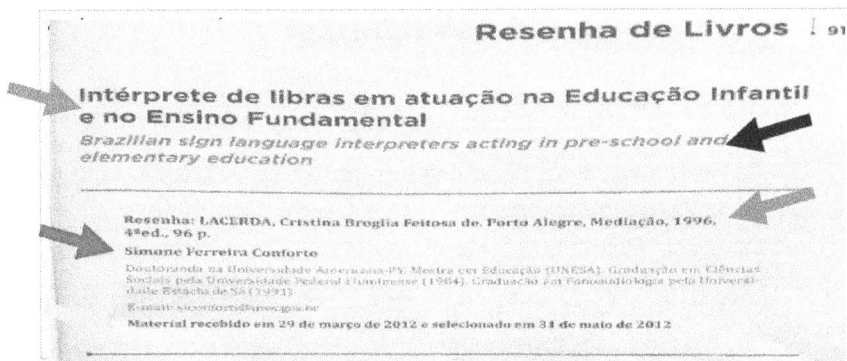

Figura 2: Pistas imagéticas e textuais.

Figura 3: Pistas imagéticas e textuais.

As pistas visuais foram indicadas para conduzir as discussões e posteriormente a leitura. As discussões foram guiadas por perguntas como:

- que é uma resenha?
- Onde podemos encontrar esses textos?
- Quem faz resenhas? Quem é o resenhista?
- que sabem sobre a atuação do intérprete educacional? Onde podemos encontrar esses profissionais? Quem pode avaliar um livro sobre eles?

A exploração desses elementos visuais e do conhecimento prévio incentivaram os alunos a realizar a leitura sem a decodificação, possibilitando relacionar o texto da atividade com textos já lidos a respeito do tema.

A identificação de elementos textuais e paratextuais significativos são os mais importantes da leitura, segundo Fernandes (2003, 2006), oferecendo os suportes necessários a real compreensão do texto. É o momento de refinamento das informações visuais que foram discutidas com os aprendizes em forma de hipóteses sobre o conteúdo do texto.

Algumas das hipóteses levantadas e discutidas em sala de aula:

- Que tipo de texto é a resenha? Narração? Descrição? Dissertação?
- Conforme discutido anteriormente, há neste texto paráfrases do texto resenhado? De que tipo são? Como são usadas?
- Quais são os verbos utilizados para representar os dizeres/pensamentos da autora do livro?
- Que palavras são utilizadas para avaliar o livro resenhado?
- Qual o nível de formalidade? É produzido de modo pessoal (o autor se coloca em 1ª pessoa do singular ou plural)? ou impessoal (3ª pessoa)?

Nesta etapa, a autora (op. cit.) sugere o foco nos elementos lexicais, gramaticais e paratextuais. A antecipação do léxico do texto e discussão dos significados das palavras estão relacionados aos elementos lexicais. Os gramaticais, por sua vez, não fazem referência à gramática tradicional, mas ao conjunto de conhecimentos que são naturais no processo de aquisição da linguagem. Com este foco, a discussão enfoca o funcionamento da língua alvo, no caso, a língua portuguesa. Os aspectos paratextuais, como tipologia (narração, descrição, dissertação), o gênero (publicitário, acadêmico, jornalístico) e os níveis de formalidade da linguagem.

Com o auxílio de interpretes foi possível mediar essa atividade, principalmente as discussões que foram ricas e contribuíram para a compreensão escrita dos aprendizes. A leitura individual ocorre somente depois das discussões e levantamento de hipóteses, encorajando os alunos a ativar seus conhecimentos para a construção de novos. Essas discussões permitiram reconhecer aspectos que poderiam ser barreiras para a compreensão, tornado os aprendizes mais confiantes e preparados para enfrentar a leitura, com base no conhecimento prévio construído.

É importante incentivar a postura reflexiva e crítica, ampliando o olhar dos aprendizes sobre as estruturas do texto. A produção textual foi requerida e permitiu o uso do conhecimento sistematizado, com base nos gêneros trabalhados em sala de aula. A leitura e a escrita são processos indissociáveis. Para haver proposta de produção, é necessário que o tema tenha sido explorado em atividades de leituras, fornecendo novas leituras para a ampliação dos pontos de vista sobre o tema.

Maiores detalhes sobre a atividade proposta e outras feitas na pesquisa foram apresentadas na comunicação oral do congresso.

ALGUMAS CONSIDERAÇÕES

O projeto de pesquisa *"Linguagem acadêmica: práticas de escrita para alunos surdos e ouvintes"* espera ter contribuído para a formação dos alunos do

Departamento de Ensino Superior do Instituto Nacional de Educação para Surdos, no que se refere à conscientização dos diferentes gêneros textuais que circulam no cotidiano universitário.

Os gêneros acadêmicos (fichamento, resumo, resenha e projeto de pesquisa) foram trabalhados pelo grupo de pesquisa, por meio de leituras teóricas e na elaboração dos materiais e, consequentemente, no curso de extensão em que os alunos puderam refletir, compreender e produzir esses gêneros.

Os alunos relataram que, pela primeira vez, tiveram aula de Língua Portuguesa em uma turma formada com alunos surdos e com estratégias de ensino voltadas para o ensino-aprendizagem de segunda língua, tendo a oportunidade de fazer discussões prévias com os colegas, levantando o conhecimento prévio sobre o assunto a ser trabalhado, observação das imagens e do *lay-out* do texto, com informações como título e subtítulo, disposição das palavras no papel e discussão, também, do meio social em que os textos circulam, bem como a comunidade discursiva e o proposito comunicativo dos gêneros acadêmicos.

Espera-se ter contribuído para que, neste contexto de pesquisa, os alunos tivessem um curso com materiais feitos de acordo com as necessidades e anseios deles, sem adaptações e com textos autênticos que circulam no meio acadêmico e com atividades que permitissem a leitura crítica e a reflexão sobre a língua em uso. Como estudo futuro, pretende-se analisar produções escritas acadêmicas para descrever as escolhas linguísticas, propondo um material com foco na escrita acadêmica.

REFERÊNCIAS

ALMEIDA FILHO, J. C. P. *Identidades e caminhos no ensino de português para estrangeiros.* Campinas: Editora UNICAMP, 1992.

BAKHTIN, M. *Estética da criação verbal.* São Paulo: Martins Fontes, 1992.

BHATIA, V. K. *Analysing genre: language use in professional settings.* Longman, 1993.

BRONCKART, J. P. *Atividades de linguagem, textos e discursos.* São Paulo: EDUC, 2011.

FAIRCLOUGH, N. *Language and Power.* London: Longman, 1989.

FERNANDES, S. *Educação bilíngue para surdos: identidades, diferenças, contradições e mistérios.* Curitiba, 2003. Tese (Doutorado em Letras), Universidade Federal do Paraná.

FERNANDES, S. *Práticas de letramento na educação bilíngue para surdos.* Curitiba: SEED/SUED/DEE, 2006.

GIORDANI, L.F. Encontros e desencontros da língua escrita. In: LODI, A.C.B et al. *Letramento, Bilinguismo e Educação de Surdos.* Porto Alegre: Editora Mediação, 2014.

KARNOPP, L. B. Língua de sinais e língua portuguesa: em busca de um diálogo. In: LODI, A. C. *Letramento e minorias.* Porto Alegre:

Mediação, 2003.

MARTIN, J. Grammar meets genre: reflections on the Sydney School. Inaugural Lecture at Sydney University Arts Association. 31 de Agosto de 2000. http://linguistlist.org. Capturado em 2013.

PEREIRA, M. C. C. Papel da língua de sinais na aquisição da escrita por estudantes surdos. In: LODI, A. C. B. et al. *Letramento e minorias*. 2. ed. Porto Alegre, RS: Mediação, 2002. cap. 4.

PEREIRA, M. C. C. & VIEIRA, M.I.S. Bilinguismo e Educação de Surdos. Revista *Intercâmbio*. V.XIX: 62-67, 2009.

QUADROS, R. M. *Educação de surdos: a aquisição da linguagem*. Porto Alegre: Artes Médicas, 1997.

QUADROS, R. M., SCHMIEDT, M. L. P. *Ideias para ensinar português para alunos surdos* – Brasília: MEC, SEESP, 2006.

SANCHEZ, C. A aprendizagem da leitura e seus problemas. In: COLL, C.; PALACIOS, J.; MARCHESI, A. (orgs.) *Desenvolvimento psicológico e educação: necessidades educativas especiais e aprendizagem escolar*. Porto Alegre: Artes Médicas, 2002.

SWALES, J. M. *Genre analysis – English in academic and research settings*. Cambridge University Press, 1990.

ENSINO DE LÍNGUA PORTUGUESA PARA SURDOS NOVAS PROPOSTAS METODOLÓGICAS

Francisca Neuza de Almeida Farias
Ana Valéria Marques Fortes Lustosa
Universidade Federal do Piauí, Brasil

INTRODUÇÃO

Este artigo trata de uma pesquisa qualitativa, cuja coleta de dados se dará, durante o segundo semestre de 2015, com a comunhão de instrumentos e técnicas como entrevistas semiestruturadas, análise documental, gravação e observação sistemática, como conclusão do curso de doutorado. Para este trabalho, tomamos como base autores que já realizam pesquisas de campo em relação ao ensino de Língua Portuguesa para surdos, os quais detectaram que as metodologias desenvolvidas não têm atendido esse público. Com esta pesquisa, pretendemos ajudar os professores de Língua Portuguesa no processo de ensino aprendizado de alunos surdos. Como proposta inovadora, cremos que o ensino de Língua Portuguesa para surdos pode ser otimizado se aplicarmos as técnicas utilizadas para o ensino de língua estrangeira e, por isso apresentamos novas metodologias.

A Declaração Universal dos Direitos Linguísticos (UNESCO) prega que todos os usuários de uma língua materna não-oficial têm o direito de ser bilíngues, ou seja, aprender a sua língua materna e a língua oficial do seu país. A partir desse princípio, compreendemos que toda criança surda brasileira tem o direito de aprender sua língua materna – L1 (a Libras) e a língua portuguesa como sua L2, todavia, o bilinguismo, em se tratando de culturas tão distintas como a dos surdos e dos ouvintes, implica em também termos uma proposta não apenas bilíngue, mas também bicultural para que a criança surda se perceba como atuante de ambas as comunidades, com uma língua natural, e respeitada pelos demais participantes de seu universo educacional. Contudo, para falar de ensino de língua portuguesa para surdos, precisamos levar em consideração tudo o que tem sido abordado sobre esse assunto, para que possamos apresentar as formas que usaremos como proposta para ensinar esta língua oral em sua modalidade escrita, de forma diferenciada, ou seja, ensinar língua portuguesa para surdos como estrangeiros, uma vez que os métodos até então utilizados não têm surtido efeitos positivos.

O ENSINO DE LÍNGUA PORTUGUESA PARA SURDOS

Para ensinar língua portuguesa para surdos, é importante considerar que este ensino deve ter como base o uso de técnicas utilizadas para o ensino de segunda língua. Essas técnicas devem primar pelo desenvolvimento de habilidades interativas e cognitivas, conforme explica Quadros (1997).

Aqui nos deparamos com uma questão muito mais complexa do que possamos imaginar, pois há casos distintos para se analisar: 1) há alunos surdos, filhos de ouvintes, que nunca foram expostos ao contato com surdos adultos, consequentemente não aprenderam sua língua natural (a Libras); 2) há alunos surdos, filhos de pais surdos, que nunca tiveram contato com a língua oral, nem fizeram terapias oralistas.

Em ambos os casos há um ponto em comum: as crianças, nas duas situações, sofrerão em seu desenvolvimento psicossocial porque – na situação 1, esse sujeito não tem relação com surdos adultos com quem aprenda a língua de sinais, pois seu contexto social não ajuda nesse desenvolvimento, não sendo a surdez um impedimento e sim as questões de ordem social.

Com relação à situação 2, a criança tem desenvolvida sua língua natural, todavia não tem nenhum conhecimento da língua oral, o que trará mais obstáculos quando ela for inserida em um contexto educacional que use a língua portuguesa como língua oficial, sem a preocupação de usar o bilinguismo como metodologia mais adequada.

Para que haja um desenvolvimento satisfatório dessa criança, é necessário que o aprendizado de ambas as línguas se dê de forma colateral, porém segundo Quadros (1997), temos de observar os critérios que definem bilinguismo, ou seja:

> a) origem – aprendizagem de duas línguas dentro da própria família com falantes nativos e/ou aprendizagem de duas línguas paralelamente como necessidade de comunicação;
> b) identificação – interna (a própria pessoa identifica-se como falante bilíngue com duas línguas e duas culturas); e externa (a pessoa é identificada pelos outros como falante bilíngue/falante nativo de duas línguas);
> c) competência – domínio de duas línguas, controle das duas línguas como línguas nativas, produção de enunciados com significados completos na outra língua, conhecimento e controle da estrutura gramatical da outra língua, contato com a outra língua;
> d) função – a pessoa usa (ou pode usar) duas línguas em variadas situações de acordo com a demanda da comunidade. (QUADROS, 1997, p. 31)

A partir dessas colocações, vemos o quanto o termo bilinguismo é bem mais difícil de ser posto em prática sem as devidas habilidades por parte do aluno e, principalmente, por parte do professor, que deve ter formação adequada para lidar com competência nessa área. Se para ser considerado bilíngue o surdo deve ter competência e desempenho nas duas línguas – oral auditiva e viso espacial, muito há que se fazer para tal, iniciando pela conscientização da família.

De acordo com o decreto-lei 10.436/2002, em seu artigo 1°, parágrafo único, a Libras é "a forma de comunicação e expressão, em que o sistema linguístico de natureza visual-motora, com estrutura gramatical própria, constituem um

322

sistema linguístico de transmissão de ideias e fatos, oriundos de comunidades de pessoas surdas do Brasil"; e em seu art. 4, parágrafo único, garante que "A Língua Brasileira de Sinais – Libras não poderá substituir a modalidade escrita da língua portuguesa", isto é, a língua de sinais é legalmente oficializada para uso informal em sua comunidade de fala, porém em situações em que haja necessidade de leitura e escrita, a língua portuguesa é a referência.

De acordo com Quadros (1997), pesquisas mostram que crianças surdas filhas de pais surdos têm apresentado melhor desempenho escolar e acadêmico do que surdos filhos de pais ouvintes, porque desde o nascimento tiveram contato com a língua de sinais, o que facilitou o aprendizado de outra língua.

Além disso, essas crianças viam a surdez como algo comum no seu cotidiano, por seus familiares também serem surdos, o que não acontecia com crianças surdas filhas de pais ouvintes, as quais se viam fazedoras de um universo linguístico diferente do de seus pais. Levando em consideração este lado, as escolas ditas inclusivas, principalmente, devem refletir com relação a esses aspectos, vendo seu aluno de forma especial, porém não facilitando seus estudos, pelo contrário, inserindo-o em uma escola regular de ensino, com técnicas, recursos que auxiliem esse sujeito a se desenvolver melhor, além de formar seus professores para atuarem junto a esse aluno. Um professor desqualificado, com relação ao bilinguismo, à surdez e à língua de sinais, com certeza não ajudará no processo de ensino-aprendizado, pelo contrário, prejudicará seus aprendentes.

Segundo Davies (1994, *apud* QUADROS, 1997, p. 33), para que um professor possa atuar em uma escola bilíngue, ele deve, como características básicas:

a) ter habilidade para ajudar cada aluno a se ver como adulto bilíngue;

b) conhecer profundamente as duas línguas em questão, para que haja um bom ensino da escrita e ter competência comunicativa;

c) respeitar ambas as modalidades linguísticas, levando em consideração as diferenças de cada língua em relação à criança;

Entretanto, apenas isso não é suficiente para que uma escola seja considerada bilíngue, é imprescindível que haja um ambiente linguístico adequado às particularidades quanto ao processamento cognitivo e linguístico, assim como a garantia de um desenvolvimento integral do aluno, sob o ponto de vista sócio emocional; a identificação deste com surdos adultos e sua capacidade de construir sua visão de mundo inserindo-se nele como ser ativo e participante; e uma mudança curricular que abranja as questões culturais do universo da comunidade surda (SKLIAR, 1995).

Embora estejamos vivenciando esta experiência há poucos anos no Brasil, em países como a Suécia, o bilinguismo já vem sendo trabalhado há muitos anos, sendo o ensino da língua de sinais inserido como parte do currículo das escolas. Embora nossa experiência seja ainda incipiente, já temos alguns resultados promissores como os que estão ocorrendo em Fortaleza,

Pernambuco, Rio Grande do Sul e Santa Catarina, bastando para isso, ter-se bem claro na proposta curricular, qual bilinguismo pretende-se adotar e que todos os participantes do projeto tenham tido uma boa formação para esse trabalho.

Para haver um bom ensino de língua portuguesa para surdos, é necessário que se veja, primeiramente a língua portuguesa como L2 para o surdo; em seguida, é preciso desenvolver novas ideias nos alunos com relação à leitura, isto é, motivá-los para esta modalidade, pois eles têm dificuldades para ler, devido à falta de hábito; para que o aluno surdo se sinta motivado para ler, é necessário que ele desenvolva o vocabulário, pois é difícil, eu diria até impossível, alguém gostar de ler se não conhece o significado das palavras mais simples, e nem mesmo souber contextualizá-las; finalmente, trazer para a sala de aula textos condizentes com a realidade do aluno.

Um outro aspecto que deve ser observado com relação ao ensino de Língua Portuguesa para surdos, é o fato de se levar em consideração as propostas da abordagem bilíngue, ou seja, o aluno surdo precisa de professores surdos, pois como a maioria de seus professores são ouvintes e a maioria absoluta dos que compõem a escola não sabe Libras, ele não se sente inserido no ambiente educacional. Assim, a exclusão se faz por dentro da inclusão.

Desse modo, repetimos, é imprescindível o professor ter formação em Libras, conhecer a história da cultura surda, as variações da Libras para poder avaliar, analisar e ajudar a desenvolver melhor a língua de sinais das crianças surdas e a Língua Portuguesa como segunda língua.

AQUISIÇÃO DA L2 PELO SUJEITO SURDO

Em se tratando da aquisição de uma L2, podemos dizer, conforme Quadros (1997), que há três formas:

> a) aquisição simultânea da L1 e L2 - quando as crianças são filhas de pais falantes de duas línguas diferentes, ou utilizam uma outra língua além da falada em sua comunidade linguística;
> b) aquisição espontânea da L2 não simultânea – quando as pessoas vão morar em outros países cujas línguas são diferentes da sua e
> c) aprendizagem da L2 de forma sistemática – quando a pessoa aprende uma L2 em escolas de idiomas, de forma artificial, sistemática, de acordo com metodologias específicas de ensino.

Com relação à criança surda, a primeira opção só seria verdadeira se as duas línguas fossem de sinais, ou seja, línguas de sinais diferentes. O aprendizado de uma língua também tem outras implicações, como o domínio das regras gramaticais (fonológicas, morfológicas, sintáticas, semânticas e pragmáticas) mais complexas, amplo domínio de vocabulário e maturidade que crianças antes da puberdade ainda não têm, portanto, Quadros sugere que o aprendizado de uma segunda língua, na visão de Collier, só é mais eficiente a partir dos oito anos de idade.

324

Entretanto outros aspectos mais devem ser levados em consideração, tais como o fato de a criança ter adquirido ou não a língua antes de entrar na escola. Segundo Scliar-Cabral (1988, apud QUADROS 1997), "a não-exposição a uma língua, no caso a língua nativa, no período natural da aquisição da linguagem, causa danos irreparáveis e irreversíveis à organização psicossocial de um indivíduo". Com a L2, isso não se dá. Entendemos e reforçamos mais uma vez a ideia de que a criança surda precisa aprender a língua de sinais para ter um bom desenvolvimento do pensamento e da linguagem.

Só não nos esqueçamos de Sanchez (2013) que diz que "os surdos não sabem ler bem e os professores continuam tentando metodologias e estratégias distintas [...] todas guiadas pela preocupação de que os surdos aprendam a ler porque se supõe que os ouvintes o fazem bem". Entretanto, conforme este autor, é preciso cuidado com o que se diz, pois os alunos ouvintes, em sua grande maioria, não sabem ler e não têm capacidade de usar a língua escrita para o que ela serve de fato. Mas essa é outra questão, para outros estudos.

Então, levando em consideração o pensamento de que nossos alunos surdos já saibam a L1, como podemos agir para que eles aprendam a L2, nesse caso, a Língua Portuguesa? Que metodologias, recursos, técnicas podemos utilizar? É isso que veremos a partir desse momento.

METODOLOGIAS DE ENSINO PARA SURDOS

Todo professor, ao ensinar a língua portuguesa, deve ter como objetivo central não usar apenas os modelos fechados das normas gramaticais, mas refletir sobre o que os alunos devem aprender e quais os usos que se pode fazer da língua.

Além disso, devemos levar em consideração o que já dissemos anteriormente, ou seja, ao ensinar a língua portuguesa para surdos, devemos pensar no ensino de português como língua estrangeira, pois o surdo é estrangeiro em seu país de língua oral auditiva. Contudo, vejamos inicialmente, o que seja ensinar e aprender.

Ensinar é entendido como o ato de repassar conhecimentos, transferir conhecimentos a alguém que não sabe. Nesse caso, subestimamos a capacidade cognitiva de nossos alunos de serem também, mediadores de seu aprendizado. Apenas o professor tem o saber o qual deposita na mente de seu aluno passivo, cuja mente fosse uma tábula rasa. Esta é a educação bancária, assim denominada por Paulo Freire.

Todavia, ensinar também pode ser entendido como o ato de facilitar a aprendizagem, ou seja, contribuir para a criação de um ambiente positivo, sob o ponto de vista emocional e psicológico, no qual o aluno se sinta fazedor, participante de seu processo de desenvolvimento. Mas para isso acontecer, é preciso que o professor continue seu processo de formação, isto é, que continue estudando, lendo quer sejam livros ou artigos ou revistas de sua área de formação para não se deixar alienar, para se manter informado e atualizado, assim como participar de cursos.

Aprender, por sua vez, tem a ver com a construção de conhecimentos, com o desenvolvimento de habilidades, assim como mudanças comportamentais e atitudinais, ou seja, tem a ver com a mudança que se opera no indivíduo. Se não há aprendizado, não há transformação do ser. E para pensar uma educação possível, vejamos o que Vygotsky (2007, p. 94) nos ensina, com relação ao aprendizado de uma língua estrangeira: "o êxito no aprendizado de uma língua estrangeira depende de um certo grau de maturidade na língua materna. A criança já pode transferir para a nova língua o sistema de significados que já possui na sua própria".

Isto significa dizer que para o surdo aprender de forma significativa a língua portuguesa, é necessário que ele já domine a sua língua materna, no caso, a língua de sinais. Este pesquisador russo também nos orienta que a interação social é fator decisivo do desenvolvimento cognitivo do sujeito, pois a função da fala, seja ela oral ou sinalizada, é promover a comunicação.

Além disso, assevera que devemos ter cuidado com o nível de desafio que colocamos para nossos alunos, pois se forem muito além de sua maturidade poderão se sentir incapazes e se forem muito aquém de suas possibilidades poderão também se desestimular por não encontrarem desafios que os motivem a buscar soluções.

Diversos linguistas se preocuparam, ao longo do século passado, com estudar a língua como um fenômeno social, todavia a teoria mais condizente com o que propomos para o ensino de língua portuguesa para surdos é a teoria interacionista da língua, isto é, aquela que toma a língua como interação social, pressupondo aí a presença de elementos extremamente importantes para esse processo:

    a) o sujeito que fala e escreve;

    b) o sujeito que ouve ou lê;

    c) as especificidades socioculturais desses indivíduo e

    d) os contextos nos quais eles estejam envolvidos para a produção e recepção dos textos.

Em se tratando do surdo em relação à língua portuguesa, esse processo refere-se àquele que escreve, lê, faz parte de uma cultura visual e produz e recebe textos visuais.

Para estudar a língua a partir da relação social entre falantes, é preciso entender que língua está relacionada a valores sociais, políticos e emocionais, tendo sido Hymes um dos expoentes da sociolinguística a preconizar que há regras de uso da língua sem as quais as regras gramaticais não teriam sentido e, consequentemente, não funcionariam. Significa dizer que se aprendermos as estruturas gramaticais facilitaremos o aprendizado de uma língua, porém apenas isso não é suficiente para que sejamos capazes de fazer uso da língua em situações sociais diversificadas.

Equivale dizer que não basta ser competente quanto às estruturas gramaticais, mas também ter competência para usar essas regras de acordo com a situação e o momento em que estejamos fazendo uso dela. Como, então, fazer com relação aos alunos surdos e a língua portuguesa se não a dominam, se não têm competência para nela interagir nas diversas situações de escrita? Como você faria com relação a isso?

É importante, como já o dissemos antes, que os professores permaneçam em um processo de formação continuada, por meio de oficinas, cursos de aperfeiçoamento para conhecermos a teoria interacionista, a fim de que nosso ensino, nossa prática não fique descontextualizado da realidade de nosso alunado.

De acordo com Hymes (1994), a competência comunicativa dos usuários de uma língua é permeada por regras para o uso das frases a partir dos contextos, e a isso ele chama adequação contextual, ou seja, usamos a língua com regras próprias a cada contexto sociocultural. Se esse falante não souber fazer essas adequações, ele não pode ser tido como competente nessa língua.

Dell Hymes também apresenta outros aspectos relacionados à competência, como: possibilidade formal, que é saber fazer boa formação de sentenças, ou seja, ter uma boa gramaticalidade, todavia sem juízo de valor, sem colocar nisso a noção de mais ou menos-valia, mas dominar os aspectos fonológicos, morfossintáticos, semânticos e pragmáticos de uma língua.

Outro aspecto seria a exequibilidade, o qual relaciona-se a saber adequar as sentenças de modo a não causar estranheza ou problema no ato comunicacional. Finalmente, o quarto aspecto formado por Hymes é a possibilidade de ocorrência, isto é, eu posso elaborar uma sentença contextualmente adequada, com uma boa adequação gramatical, exequível, contudo sem possibilidade de ocorrer, de ser usada.

A partir dessas reflexões, nós precisamos pensar se estamos oferecendo aos nossos alunos as informações gramaticais necessárias e de forma adequada para que eles construam os conhecimentos necessários para desenvolver a competência comunicativa nos moldes propostos por Hymes e os que o seguiram, com a certeza de que a competência sociolinguística refere-se às regras sobre o uso da língua. Concordamos com Oliveira (2014), quando expõe que:

> para formar sentenças adequadas em determinadas situações discursivas, os estudantes precisam ter informações sobre tempos verbais, vozes verbais, subordinação e coordenação; para realizarem adivinhação contextual e usarem dicionários, eles precisam ser informados acerca dos processos de formação de palavras, mais particularmente sobre o uso de afixos; para que tenham consciência de como atingir efeitos estilísticos em determinadas situações, eles devem ser informados acerca do poder expressivo das palavras.

(OLIVEIRA, 2014, p. 54)

Dos métodos utilizados para o ensino de língua estrangeira, principalmente no ensino de língua estrangeira oral, podemos extrair alguns *insights* para implementarmos de forma mais adequada o ensino de língua portuguesa para surdos, ou seja, o ensino de uma língua oral para um falante de uma língua visual.

Obviamente, propomos uma adaptação dos métodos, pois os mesmos foram criados para o ensino de línguas orais a ouvintes e o que queremos é um ensino da língua portuguesa escrita para surdos, com mais técnicas e recursos que promovam um aprendizado de fato. Eis alguns desses métodos:

a) Direto – neste método, segundo Oliveira (2014), o sujeito deve estar conectado diretamente com a língua-alvo, sem usar o processo de tradução, ou seja, não serve ao ensino a que nos propomos aos surdos, embora seja interessante para o ensino de vocabulário, pois por esse método mostra-se a palavra e a imagem correspondente, o que ajudaria o surdo a ampliar seu vocabulário.

Advertimos que podemos otimizar esse método, acrescentando a palavra em Libras, isto é, o sinal correspondente para que o surdo visualize melhor o significado. Vejamos alguns exemplos para enfatizar nosso pensamento:

Fonte: kaminhofelyz.blogspot.com

b) Abordagem Oral – esse método, como o próprio nome sugere é inadequado para o ensino de surdos, uma vez que uma grande maioria desses alunos não oraliza. Todavia, caso haja alunos oralizados em sala, nada há que o condene, desde que seja acordado com os alunos para que não ocorra constrangimentos.

c) Gramática e Tradução ou Indireto – esse método é bom para o ensino de alunos surdos com relação a uma língua oral, pois ele não privilegia o uso da oralidade. Ele se aplica com o professor realizando traduções de sentenças para a língua-alvo. Isto é, o professor deve saber a língua de sinais para traduzir as sentenças em Língua Portuguesa para a Libras, o que ainda é uma utopia em nossa realidade, pois os professores, em sua maioria ainda não dominam a Libras.

Um exemplo simples desse método pode ser o uso de sentenças interrogativas (como o exemplo abaixo - onde você mora?) para promover a interação dos alunos e eles se conhecerem.

Fonte: daianepereira.blogspot.com

d) Audiolingual – semelhante ao método oral, este dá prioridade à oralização, sendo a escrita pouco enfatizada, o que o coloca em descompasso com a educação de alunos surdos.

e) *Silent Way* – é um método válido para o ensino de língua portuguesa para surdos, embora, como todos os anteriores, tenha sido criado para o ensino de língua estrangeira para ouvintes. Vimos este método como adequado se o adaptarmos a partir de suas hipóteses, conforme Oliveira (2014, p. 108): "facilitar a aprendizagem de modo que o aluno crie ou descubra em vez de apenas repetir o que é ensinado; mediar a aprendizagem com objetos e facilitar a aprendizagem através da resolução de problemas envolvendo o material a ser aprendido".

O uso de recursos e gêneros textuais diversificados, com certeza ajudarão o aluno a desenvolver sua competência na língua-alvo. Se o professor se detiver apenas no uso do livro didático, com certeza o surdo apenas responderá – ou não – as atividades propostas, porém não apreenderá a língua portuguesa, sua estrutura e, consequentemente, não será capaz de produzir textos com significado.

Isto significa que daria certo com surdos, uma vez que o professor utilizaria bastões coloridos (*cuisenaire rods*) e o *word chart*, que auxiliam os alunos na questão do vocabulário e da criação de sentenças respectivamente. O *word chart* é utilizado para ajudar na criação de sentenças por meio de uma técnica denominada "ditado visual", em que o professor aponta para a palavra no quadro e o aluno tem de escrever algo usando aquela palavra. Depois ele aponta para outras palavras e as sentenças vão surgindo. Por exemplo, o professor mostra no quadro as palavras eu e aqui e o aluno cria a frase "eu estava aqui o tempo todo, só você não viu".

Outros recursos desse método como o cartaz de cor- som e Fidel não serviriam ao nosso propósito, por envolver oralidade. Esse método também dá ênfase ao aluno, pois o professor passa pelo "silenciamento" e, nas aulas com os surdos, esse poderia ser o momento de o professor e os colegas usarem a Libras para a interação em sala de aula. Assim se promoveria a inclusão de todos.

f) *Suggestopedia (Reservopedia)* – com relação a este método, podemos utilizar apenas aspectos que já fazem parte do processo interacionista, os quais dizem respeito ao fato de, primeiro, o professor ter amor por seu trabalho e por seus aprendizes, para trabalhar com as "reservas que eles têm". Outro categoria existente neste método é a liberdade, ou seja, não seguir metodologias imutáveis, pelo contrário, estar sempre com planos extras na manga (os famosos planos B, C), para otimizar o aprendizado se uma metodologia não estiver sendo adequada.

Além disso, o aluno tem a opção de fazer ou não a atividade se ela não despertar o seu interesse (OLIVEIRA, 2014). Aqui, o professor pode usar recursos, técnicas que ajudem o aluno a ampliar o vocabulário e elaborar sentenças, criar histórias utilizando tudo o que já aprendeu no decorrer da disciplina.

Uma outra categoria é a convicção do professor de que algo incomum está acontecendo, ou seja, eu preciso estar consciente de que estou fazendo algo importante, significativo para esses aprendentes e isso acaba os contaminando. A quarta categoria do método é o aumento duplicado ou triplicado do volume de *input,* quer dizer, as informações que nós utilizarmos em sala devem conter três vezes mais informações linguísticas do que vimos fornecendo ao longo das aulas, por meio de palavras, sentenças etc.

A quinta categoria, denominada global - parcial, parcial - global, parcial por meio do global determina que as palavras e as estruturas gramaticais não devem ser ensinadas isoladamente, fora de um contexto discursivo, desse modo essa proposta vem ao encontro de Hymes, ao trazer para as situações de comunicação o que o aluno utiliza em sala de aula. É preciso haver uma motivação neuro cognitiva, conforme expõe Oliveira (2014).

Nesta categoria, o professor pode, por exemplo, motivar os alunos a criarem uma peça, a fim de desenvolver a elaboração de sentenças com discursos diretos e indiretos e outras situações mais.

A sexta categoria – proporção dourada, tem muita afinidade com a primeira, pois está relacionada ao melhoramento da aprendizagem e o aluno já começa a se perceber em equilíbrio quanto às propostas utilizadas até o momento e, como a categoria amor esta também está ligada à educação humanista.

A última categoria chamada uso da arte e da estética clássicas da mesma forma pode ser inserida na sala de aula inclusiva porque não se refere apenas à música clássica (a qual pode ser utilizada com alunos ouvintes), mas ainda a belas artes, fotografia, teatro, enfim atividades nas quais o surdo possa ser um sujeito ativo e não passivo em sala de aula, como com a obra Abaporu, de Tarsila do Amaral, em que o aluno poderia, por exemplo, explicar o que entendeu da mesma, ou outras análises determinadas pelo professor.

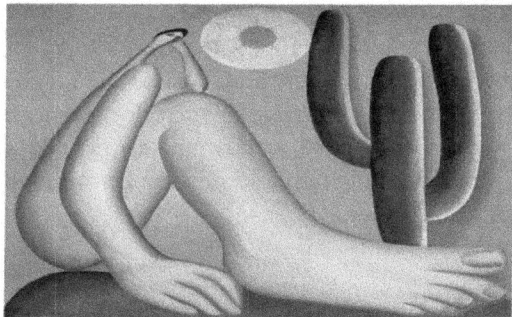

Fonte: www.coisaspraver.com

g) *Total Physical Response* (Resposta Física Total) – método que tem como princípio básico o uso dos movimentos corporais como mecanismos de aprendizagem de línguas, entretanto também pode ser utilizado desde que haja adaptação para a prática da escrita, em se tratando de surdo, claro. Elaboração de diálogos, histórias, exercícios de substituição, dentre outras. O uso da mímica para expressar o que se pensa ou sente é bastante interessante, e pode motivar os alunos surdos, uma vez que eles são excelentes quanto ao uso de expressões corporal e facial.

Além desses, há também a abordagem comunicativa; abordagem baseada em tarefas; a abordagem lexical e a abordagem comunicativa intercultural, as quais podem ser tanto quanto as outras adaptadas ao contexto de sala de aula inclusiva com alunos surdos, a fim de que a inclusão saia da zona de exclusão em que se encontra, pois inclusão mesmo, por enquanto, só a encontramos no papel.

O que é importante, de um modo geral - repetimos, é o cuidado do professor com sua formação continuada e contínua, que o levará a selecionar textos e implementar ações que facilitem a aprendizagem da língua-alvo. É imprescindível ao professor o desejo de ser um intermediador para o aluno, buscando e criando materiais que facilitem esse processo. Claro, isso dá trabalho e é preciso que o professor saiba disso, mas também entenda que o resultado leva não só à autonomia do aluno, mas à sua própria.

O livro didático é uma peça importante, mas não pode ser a única ferramenta do professor em sala de aula. Deve haver um planejamento, uma engenharia e reengenharia de ações previstas para o ensino ocorrer de forma vitoriosa, pois quando o aluno fracassa, também não fracassa sozinho, nós fracassamos juntos.

O que mostramos até aqui são apenas *insights* para que compreendamos que há caminhos, e que devemos procurá-los para termos uma caminhada mais produtiva e de sucesso em nossas ações a curto e médio prazo e não a longo prazo.

CONCLUSÃO
Como a pesquisa com relação à prática do professor de língua portuguesa para alunos surdos ainda está em andamento, nossos resultados serão, provavelmente ampliados, assim como os métodos, técnicas e recursos que possam ser utilizados com alunos surdos em sala de aula inclusiva, sendo estes resultados posteriormente publicados, a fim de continuarmos em busca de melhores práticas de ensino.

REFERÊNCIAS

BAKTHIM, Mikail. Marxismo e Filosofia da Linguagem: problemas fundamentais do método sociológico na ciência da linguagem. São Paulo: Hucitec, 2006.

BRITO, Lucinda. Por Uma Gramática de Língua de Sinais. Rio de Janeiro: Tempo Brasileiro, 2010.

CAPOVILLA, Fernando César e RAPHAEL Walquíria Duarte. Dicionário Enciclopédico Ilustrado Trilingue da Língua de Sinais Brasileira – LIBRAS. São Paulo: Edusp, 2001.vol I e II.

CAVALCANTE, Mônica Magalhães. Leitura, Referenciação e Coerência. Ensino de Língua. Portuguesa: oralidade, escrita, leitura. São Paulo: Contexto, 2014.

COSTA, Juliana P. Barbosa. A Educação do Surdo Ontem e Hoje: posição sujeito e identidade.

CRESCITELLI, Mercedes Cunha e REIS, Amália Salazar. O Ingresso do Texto Oral em Sala de Aula. In: Ensino de Língua Portuguesa: oralidade, escrita, leitura. São Paulo: Contexto, 2014.

DORZIAT, Ana; LIMA, Niédja Maria Ferreira; ARAÚJO, Joelma Remígio de. A Inclusão de Surdos na Perspectiva dos Estudos Culturais. Disponível em: http://www.anped.org.br/reunioes/29ra/trabalhos/trabalho/GT1 5-1817--Int.pdf. Acesso em: 20 de setembro de 2014.

ELIAS, Vanda Maria. Ensino de Língua Portuguesa: oralidade, escrita, leitura. (org) São Paulo: Contexto, 2014.

FARIAS, Neuza de Almeida. As Formas de Falar da Escola e do Aluno no Processo Interativo: uma perspectiva sociolinguística. Pará de Minas-MG: Virtual Books, 2011.

FARIAS, Francisca; LIMA, Ediane; ABI-ACKEL, Keity. Conhecendo a Língua Brasileira de Sinais – Libras. Teresina: FUESPI, 2013.

FÁVERO, Leonor Lopes; ANDRADE, Maria Lúcia C.V.O.. e AQUINO, Zilda. Reflexões Sobre Oralidade e Escrita no Ensino de Língua Portuguesa. In: Ensino de Língua Portuguesa: oralidade, escrita, leitura. São Paulo: Contexto, 2014.

FREIRE, Paulo. A Importância do Ato de Ler. São Paulo: Cortez, 2011.

MEDEIROS, Adelino Dantas de. A Língua Portuguesa. Disponível em www.linguaportuguesa.ufm.br/pt_index.php. Acesso em 10 de agosto de 2014.

MOURA, Maria Cecíia de. O Surdo: caminhos para uma nova identidade. Rio de Janeiro: Revinter/Fapesp, 2001.

MURRIE, Zuleika de Felice. O Ensino de Português: do primeiro grau à universidade. 2ed. (org.) São Paulo: Contexto, 2014.

NEVES, Maria Helena de Moura. Ensino de Língua e Vivência de Linguagem: temas em confronto. São Paulo: Contexto, 2010.

OLIVEIRA, Luciano Amaral. Métodos de Ensino de Inglês: teorias, práticas, ideologias. São Paulo: Parábola, 2014.

QUADROS, Ronice Muller de. Educação de Surdos: aquisição da linguagem. Porto Alegre: Artmed, 1997.

QUADROS, Ronice Muller de & KARNOPP, Lodenir B.. Língua de Sinais Brasileira: estudos linguísticos. Porto Alegre: Artmed, 2004.

QUADROS, Ronice Muller de & SCHMIEDT, Magali L. P..Ideias para Ensinar Língua Portuguesa para Surdos. Brasília: MEC, SEESP, 1997. vol. 1 e 2.

RIBEIRO, Veridiane Pinto. Ensino de Língua Portuguesa para Surdos: percepções de professores sobre adaptação curricular em escolas inclusivas. Curitiba: Prismas, 2013.

SKLIAR, Carlos. Atualidade em Educação Bilingue para Surdos: interfaces entre pedagogia e linguística. Porto Alegre: Mediação, 2013.

VYGOTSKY, Lev S.. Pensamento e Linguagem. São Paulo: Martins, 2007.

CAPÍTULO 7
PORTUGUÊS
PARA FALANTES
DE ESPANHOL

LINGUISTIC AND PEDAGOGICAL CONSIDERATIONS FOR TEACHING PORTUGUESE TO SPANISH SPEAKERS

Alexander Lamazares
Bronx CC – City University of New York, Estados Unidos da América

ADVANTAGES AND DISADVANTAGES FOR SPANISH-HERITAGE LEARNERS

As Brazil's global position as an emerging power solidifies, the demand in diverse sectors for Portuguese speakers continues to expand. As the sixth most spoken language, a less commonly taught language, the abundance of Spanish heritage speakers outstrips those with the ability to work with counterparts in Brazil and African countries with significant Portuguese-speaking populations. Similarly, Spanish-speaking students recognize the broadened set of opportunities they may have when they pursue a language closely related to one they already know. Since I introduced Portuguese language study at Bronx CC – City University of New York in 2008, several pedagogical challenges have arisen in the classroom. My experience with students in these courses, and my work as Portuguese Coordinator serve as a reference for this study. Curiously, a majority of students that enroll in our Portuguese classes are native or Spanish-heritage speakers. How should instruction highlight the differences between the two languages? Which techniques can produce improved results specific to native or heritage-Spanish speakers? How should we minimize the common pattern of structural (grammatical and phonological) problems present early in the learning process and the pattern of lexical errors later in the process? What are effective methods of applying that could be used in Portuguese language courses? How should instructors address student errors?

As sister languages, it is common for many Spanish speakers to initially perceive the learning of Portuguese to be an easy task due to the assumed similarities in the two languages (and vice-versa). However, Spanish fluency does not necessarily provide a long-term advantage in the acquisition of Portuguese language study. An objective of this study is to highlight, and better understand, the bi-directional language advantages and interferences posed during the language acquisition process. That Portuguese is remarkably similar to Spanish presents a unique set of advantages and challenges to students and instructors alike. Many times, what Portuguese instructors encounter is the use of *Portunhol* (or Portuñol) by students, or a simplified mixture of the two languages that allows speakers of either Spanish or Portuguese who are not proficient in the other language to communicate with one another (Lipski and Akerberg). When speakers of one of the languages attempt to speak the other language, there is often interference from the native language, which causes the phenomenon of code-switching to occur

337

(Marcos Marín 14). A comparison of both written and spoken Brazilian or European Portuguese reveals many challenges for a novice in the study of languages, and both languages are still heavily characterized by Arabic and French borrowings[66]. However, in the case of Brazilian Portuguese, these numbers, of course, change and decrease as one looks at the borrowings from African and Brazilian indigenous languages (Marcos and Simões; Lipski).

It is also curious that native speakers of Portuguese understand a good deal of spoken Spanish whereas native speakers of Spanish frequently have more difficulty understanding spoken Portuguese. One factor, for instance, can be attributed to the difference in the number of vowels of the two languages. For many centuries, Spanish has been characterized by system of five stable vowels, whereas Portuguese has a system of twelve unstable vowels, namely vowels that change in quality. Changes in vowel quality permeate spoken Portuguese and this instability has characterized the language throughout its evolution.[67] Portuguese has one of the richest vowel phonologies of all Romance languages, having both oral and nasal vowels, diphthongs, and tripthongs. Of these twelve vowels in Portuguese, five are nasal, which are entirely foreign to the Spanish ear.[68] For a beginning Spanish speaker, the nasal vowels are initially, one of the greatest concerns for the novice learner. Moreover, the pronunciation of vowels is not the only difference between spoken Spanish and Portuguese. Consonants in Brazilian Portuguese are also pronounced differently than they are in Spanish, especially in Spanish varieties spoken in Latin America, the Caribbean, or any place outside the center and north of Spain.

Phonetically, Portuguese is rich in its abundance of nasal vowels. Because there are few instances of vowel nasalization in English, and non-existent in Spanish, mastering the nasal vowels are initially challenging to the Spanish-heritage learner. In actuality, the main difficulty in Portuguese is not the nasal vowels themselves but rather the rapid alternation between nasal and oral vowels in normal speech. Alternating back and forth means repeatedly contracting and relaxing one's velar muscle with speed and precision. Portuguese phonetics is an area of study that has not been fully explored in Portuguese for Spanish Students (PSS) studies, and is one where many students experience initial frustration. Naturally, Spanish heritage speakers tend to grapple with phonetics and rely on their native tongue. Compared to

---

[66] It has been noted that, during the Middle Ages and the Renaissance periods, Portuguese adopted more words of French origin than Spanish did. According to Corominas, in Portuguese there are over 5,000 words derived from French, while in Spanish, according to one etymological dictionary, there are some 1,500 such words.

[67] Vowels in Portuguese change in their quality according to their position. If they are in a strong position, they keep their quality. Changes occur in a weak position. For example, *escrito* is pronounced [i] and [u] because they are in a weak position in the word.

[68] See Jensen, John B (1989), Jordan (2004), and Simões (2010).

Spanish's economical five-vowel system, Portuguese has more core vowels and also a set of nasalized vowels. For example, where Spanish has a single vowel /o/, Portuguese has three: /o/ as in avô "grandfather" (this is closest to Spanish /o/), /ɔ/ as in avó "grandmother" (similar to the au of caught), and nasal /õ/ as in Camões. Spanish speakers can become confused if they fail to pick up on these subtle differences. A second factor is rhythmic. While Spanish is more stacatto[69], with each word pronounced individually, Portuguese words are more connected. This makes it challenging for Spanish speakers to pick out familiar words when heard in context.

A GLIMPSE OF STUDENTS ENROLLED IN PORTUGUESE AT CUNY AND BEYOND

Within the United States, there is a growing demand for Portuguese both in K-12 and college language programs. Currently offered in around 300 postsecondary institutions in the United States, it now ranks thirteenth on the list of the most-taught languages. Where I teach, Portuguese is currently taught 9 of the City University of New York campuses: City College, Hunter, John Jay, Queens College, Baruch, LaGuardia, my home campus, Bronx CC, and occasionally Brooklyn College and the Graduate Center. Luis Gonçalves of Princeton University, states that the rise of Portuguese instruction is due to a host of different factors. Primarily, "the political stability and economic development of the Brazilian economy, the importance of Angola in the international oil market and its increasingly more complex economy, and the investments that Portugal made in renewable energies, for example, have all created a need for a significant Portuguese-speaking workforce in several industries across the United States. Students recognize the economic opportunities for those who speak Portuguese," he states. "It is a way to differentiate themselves in a highly competitive market." Gonçalves explains (Gonçalves in Soares 2015). In the last MLA report of 2015, all world languages experienced significant drops in enrollment, with the exception of American Sign Language, Korean, and Portuguese.

In the United States, many students who take Portuguese are heritage Spanish speakers. At the City University of New York (CUNY), I would venture to say a majority does, and they bring in a host of advantages and disadvantages to the classroom. According to the latest reports by the US Census, Hispanic and Latino students comprise 19 percent of full-time college students (both undergraduate and graduate). Hispanic enrollment across CUNY is 28.7%, while my home campus at Bronx CC, we have enrollment numbers that more closely match the surrounding community composition. Enrolled students at Bronx CC are 61.5% Hispanic, (32.5% black, 2.9% Asian/Pacific Islander, and 2.9% white, and the community percentages for race/ethnicity are 66.5%

---

[69] See Arronson (2013); Lahoz (2012); Wallace (1951).

Hispanic, 24.6% non-Hispanic Black, 2.3% non-Hispanic Asian, and 2.9% white.)[70]

As we look at our student population and think about methodological and assessment strategies, the communicative approach alone is limiting for Spanish Speakers (SS). Spanish speakers who want to be proficient in instrumental Portuguese need to use what they know in Spanish and add to their repertoire what they do not know. Here, positive and negative transfer, both protagonists in the acquisition of Portuguese by SS come into focus. While we are not preaching for a structural approach, translation or contrastive analysis/methodology, we bring attention to form in a contextualized, meaningful matter. English speakers, on the other hand, can follow the advances of communicative approach in general. Take, for instance, the use of non-authentic texts that populate beginning foreign language acquisition textbooks. It is impractical to use made-up, oversimplified language to a population that understands rudimentary written Portuguese from day one (as illustrated by Henriques and Simões). Spanish-heritage learners need articles, cartoons, songs, short essays, all written for L1 Portuguese students, as well as a communicative methodology that narrows in on in-class practice of Portuguese phonology. Our study recommends including readings and videos that expand vocabulary and grammar, while at the same time, observe divergent constructions. Utilizing readings of original texts in the beginning of instruction was first proposed by Grannier as a great tool to avoid too much production in the beginning that would lead to early fossilization. Short videos are also an effective way of practicing aural comprehension and introducing regional linguistic differences. The textbook, *Ponto de Encontro*, for instance, has a rich collection of short videos that interview Brazilians from different regions. Here, the Caipira, Cearense, Bahiano, Gaúcho, Sertão, and Carioca varieties can be inductively introduced. Because there so many distinct differences from Spanish phonology, for many students, mastering the rich phonology is of special concern and interest, and so instruction ought to reinforce nasal palatization, oral dipthongs and tripthongs, nasal vowels and dipthongs, and vowel alternations. Although the vocabularies of Spanish and Portuguese are remarkably similar (and at times almost identical), the two languages differ phonologically from each other. Phonetically, Portuguese bears some similarities to Catalán or to French, while the phonetics of Spanish might be more comparable to those of regional Italian varieties of Sicilian or Sardinian. Portuguese also has a larger phonemic inventory than Spanish. This may partially explain why it is generally not as intelligible to Spanish speakers as

---

[70] For in-depth statistics on race and ethnicity at the City University of New York see: http://futures.gc.cuny.edu/blog/2015/02/10/cuny-sociodemographics-map-of-new-york-city-part-i-race-and-ethnicity/.

one might think, despite the strong lexical similarity between the two languages. (Luft; Seco; Mateus and D'Andrade). In addition to students who speak Spanish as their first language or their heritage language, thousands of college students acquire Spanish as a foreign language. Thus, a significant portion of students attending college in the United States has Spanish in their linguistic repertoire, an immeasurable national resource. All language departments should be aware of this opportunity to bridge and capitalize on these students' bilingual repertoire.

PEDAGOGICAL CONSIDERATIONS: A LOOK AT LINGUISTIC METHODS AND ASSESSMENT STRATEGIES

Almost 15 years have elapsed since the publication of the first collection of articles about Portuguese for Spanish Speakers in the U.S. Initially, most of the essays about PSS were based on anecdotal accounts of teaching experience. Then, we moved to error analysis, which revealed quantitative differences between Spanish and English speakers learning Portuguese. This was a step in the right direction and we learned from that, but we now need to move on to use more rigorous assessment strategies. The acquisition of similar languages has always been important in Europe, but in the US, given the poor reputation that contrastive analysis acquired early on and the fact that Second Language Acquisition (SLA) research revolves around the acquisition of English by speakers of dissimilar languages in general, it was never prominent. Now, with research on L3 acquisition growing exponentially, in addition to the growth of Portuguese offerings and increase of the Spanish-speaking population, scholars are looking at the Portuguese/Spanish sister langauges in their L3 research, which is great news. There is a group of exceptional researchers on language acquisition that have turned their attention to the acquisition of Portuguese as L3. They are injecting fresh and much needed new perspectives to the PSS subfield. Nevertheless, we need to be attentive to subdivisions inside the subgenre PSS label. The emerging field of PSS needs additional research like Carvalho and Johnson's research that investigates fine-grained differences among L1 Spanish speakers, L2 Spanish speakers, and heritage Spanish speakers.

In the last 40 years, we have moved away from an emphasis on contrastive analysis, have learned that the communicative approach alone does not work, and understand that translation and grammar explanations do not teach language (and put many students to sleep). Classroom practices should bring an approach that gathers a. focus on form to call students' attention to linguistic details that are otherwise, unperceived, b. contextualized practice that focus on new grammatical structures, c. exposure to authentic texts to encourage positive transfer, d. a significant focus on phonetics, e. infusion of emerging technologies that present compelling cultural representations in music, cuisine, film, and visual culture.

Given the increasing prominence of Portuguese in the United States, we argue that institutions promote the learning of Portuguese among Spanish-heritage learners on their campuses. In addition, while the Spanish-speaking population presents specific advantages, pedagogical intricacies and challenges posed in terms of language acquisition, institutions should increase specific courses for these learners. Given the lack of resources, we suggest that pedagogical approaches for this population emphasize meta-linguistic awareness and authentic materials. Materials should be presented inductively (so that the activities drive the grammar), utilizing emerging instructional technology in the context of interesting and compelling cultural themes and topics. A growing body of literature suggests these technologies, such as the emergence of language apps in mobile phones, are encouraging students to become increasingly autonomous in their learning of foreign languages, as well as more linguistically and inter-culturally competent[71]. We believe that the teaching of Portuguese to Spanish speakers presents an extraordinary opportunity to help broaden our students' linguistic repertoire and form multilingual individuals and global citizens, in tune with the Modern Language Association's (MLA) recommendations that higher education promote "speakers who have deep translingual and transcultural competence" and strengthen "the demand for language competence within the university" (Carvalho, Freire and da Silva et al 70).

Enrollment in Portuguese classes has increased substantially since higher education institutions began offering Portuguese courses specifically geared for Spanish speakers. In post-secondary education, the 2009 MLA report stated that Portuguese is among the most commonly studied languages in the US. Portuguese increased 22.4% between 2002 and 2006, and increased a further 10.8% between 2006-2009[72]. Several CUNY campuses, which is attended by a large contingent of heritage speakers of Spanish, has witnessed a rapid increase in Portuguese enrollment since it started to offer Portuguese,

---

[71] For more on the rise of language study in mobile phones and emerging technologies, see Godwin Jones (2011).

[72] The Modern Language Association (MLA) reports that overall enrollment in foreign language courses is down for the first time since about 1995, and enrollments in major Western European languages, including Spanish, are significantly down, according to a new report from the MLA. They report that enrollment in foreign language courses decreased 6.7 percent overall since 2009, after increasing steadily since 1995. Spanish remains the most-studied language, with more students than all other languages combined, but it took a considerable hit: enrollment is down 8.2 percent since 2009, the first drop for Spanish ever across institution types. French, the second-most-studied language, is down 8.1 percent, after a period of modest but steady growth. German, which lost its third-most-popular-language slot to American Sign Language, is down 9.3 percent, and Italian is down 11.3 percent. For MLA report, see <http://www.mla.org/pdf/2013_enrollment_survey_pr.pdf>.For full enrollment report and statistical analysis, see "Enrollments in Languages Other Than English in United States Institutions of Higher Education, Fall 2013," <http://www.mla.org/pdf/2013_enrollment_survey.pdf>.

though courses geared to heritage speakers has barely been offered. Portuguese language programs should capitalize on the linguistic similarities between Spanish and Portuguese by expanding Portuguese offerings for this population. Teaching Portuguese to Spanish speakers responds to the recent increase in the demand to teach Portuguese while maximizing the educational opportunities for the broad community of Spanish speakers. By adding Portuguese to their linguistic repertoire, students have access to a broader gamut of professional, intellectual, and personal opportunities.

In order to cater to the Spanish-speaking population, we argue that (1) Portuguese courses for Spanish speakers incorporate readings of authentic texts beginning at the introductory level; (2) pedagogical materials need to address both the positive and negative cross-linguistic influences between Portuguese and Spanish; and (3) activities should emphasize grammatical accuracy and promote meta-linguistic awareness with a goal of helping learners attend to both congruent and divergent structural characteristics between the languages. Some unique features of Spanish-speaking learners of Portuguese ought to be noted: (1) a high proficiency in receptive skills from the early stages of instruction, (2) a rapid stabilization of structural errors due to speakers' ability to communicate meaning at early stages of learning, (3) a faster learning process, and (4) a beneficial effect of meta-linguistic awareness of the subtle yet valuable differences between Portuguese and Spanish. Curriculum developers need to consider each of these peculiarities.

In line with earlier research, Wiedemann reports that Spanish speakers usually acquire Portuguese more than twice as fast as English speakers do. Jensen ("Sociolinguistic Variations in Portuguese") studied the listening comprehension of Portuguese among Spanish speakers with no previous knowledge of Portuguese and reported that they could understand more than 50% of what was said. According to Henriques, early reading skills are even more impressive. In her study, native Spanish speakers with no previous knowledge of Portuguese could understand up to 94% of an academic text in Portuguese. This transparency of meaning is due to a high level of lexical similarity between the two languages, estimated to reach 85% (Green in Harris and Vincent 88; Ulsh 141). Thus, we assert that the Spanish speakers' initial ability to read authentic texts in Portuguese that results from positive transfer should be fully incorporated as a key instructional strategy from the beginning of instruction. Linguistic congruence, which allows for a great deal of positive transfer, paradoxically, creates a strong tendency for negative transfer as well (i.e., errors in the target language that can be traced to influence from previously acquired languages). As Faerch and Kasper explain, negative transfer is a consequence of a cognitive process by which the learner erroneously perceives a high possibility of success in transferring first language (LI) knowledge to second language (L2) production and reception. (Faerch and Kasper in Carvalho 188).

When designing a curriculum tailored to the needs of Spanish-heritage learners, guided teaching materials are essential. Although Portuguese has been taught at U.S. postsecondary institutions for several decades, teaching materials have been scarce (relative to the other Romance languages). *Português Contemporâneo* (Abreu and Rameh) was based on the structural approach. When the communicative approach became prominent, *Travessia: A Video-Based Textbook* (Tolman et al.) became widely used in American universities until *Ponto de Encontro: Portuguese as World Language* (Klobucka et al.) was released. *Ponto de Encontro* is currently the de facto textbook in North America, yet none of these books cater to the specific needs of students who already possess knowledge of Spanish. Simões's *Com Licença* was the first book published in the United States that specifically targets Spanish speakers (It was also one of my first Portuguese textbooks). The textbook was written for heritage learners in North America who, in addition to English, speak Spanish at L1-L2 level. Thus, the textbook would not work for monolingual Spanish students. The textbook utilizes English instructions as a bridge between Spanish and Portuguese to reach out to the growth of Hispanic/Latino learners, and focus in on Portuguese pronunciation and phonetics. Linguistically, because pronunciation in Portuguese is much more complex than Spanish and the student already knows many sounds existing in English, the textbook served as a useful text for many years.

In 2009, Simões published *Pois não: A Brazilian Portuguese Course for Spanish Speakers with Basic Reference Grammar*. Although both volumes contain several explanations of grammatical differences between Portuguese and Spanish, little attention is given to effective instructional technology, authentic readings, and cultural topics. There is a need for authentic materials that focus on the grammatical differences between these two cognate languages, as Simões makes use of the numerous similarities between Spanish and Brazilian Portuguese. It is therefore imperative that students have a strong familiarity with the Spanish language, as the author does not take time to introduce elementary grammar like elementary grammar, and instead identifies cognates as a point of pedagogical departure. Because Simões presents the material in this way, the textbook is best designed for accelerated students, or students who have taken courses in another Romance language or linguistics. Very early in the textbook, he highlights the variances in the sound systems of Spanish and Portuguese and approaches the matter of false cognates with a list and a separate guide of "what not to say," with useful recommendations of what to say instead. Instructions and explanations are in English. The included multimedia with audio and video assists with pronunciation and aural comprehension, though it is haphazardly organized where one has to navigate countless file folders on a computer to access the myriad audio and video clips. *Pois não* can be utilized as a reference guide, and not as a primary textbook in an introductory class. It is also useful for advanced Spanish students that are interested in improving Brazilian Portuguese phonology.

This textbook points us in the direction of new courses (and a need for other textbooks) that aim to focus on those aspects of the Portuguese language that have proved to be more difficult for Spanish speakers, such as pronunciation, vocabulary, idioms, and grammatical structures particular to Portuguese. Comparisons between Spanish and Portuguese phonological systems, grammar and vocabulary should explore differences and similarities between the two languages. Emphasis should be given to grammar, pronunciation, composition writing, reading, classroom oral communication, and an introduction to the wealth of different music genres from the Lusophone world. By the end of two semesters of study, a best practices pedagogical approach should also align itself with the expectation that Spanish-heritage learners master the core grammar of Portuguese, as well as basic vocabulary. Students should also be able to engage in everyday conversation with native speakers and read simple texts, both fiction and non-fiction, with relative ease.

The growth in importance of the Portuguese language in the United States, and the rise of Brazil as a regional power forces postsecondary faculty to rethink their priorities and recognize the need to expand their foreign language programs to include Portuguese, particularly for Spanish speakers. Specific teaching practices and materials can optimize the learning of Portuguese for this group. While there is a growth of Portuguese textbooks in recent years, there is still a need for those geared towards Spanish heritage learners. There is a need for textbooks that enhance a heritage learners' exposure to authentic input in the target language. One that draws learners' attention to grammatical form and how structural aspects of the target language (syntax, vocabulary, pragmatics, and morphology) differ from Spanish.

We recommend that materials emphasize on phonetics and culture while encouraging the use of the target language at all times. Further reading of short, authentic texts that are complemented by activities that highlight linguistic forms that differ between Spanish and Portuguese. This approach is ideal for developing Spanish-speaking learners' linguistic competence and enriching their cultural understanding of Portuguese while maximizing their reading skills in Portuguese from the very beginning of instruction. Assuming with De Angelis and Selinker that all linguistic systems present in the speaker's mind may simultaneously interact and compete in inter-language production, we assert that teaching Portuguese to Spanish speakers presents an extraordinary opportunity to broaden our students' linguistic repertoire, form individuals as global citizens, and meet the recommendations of the MLA.

REFERENCES

Akerberg, Marianne. *Aprendizagem de uma língua próxima: Português para falantes de espanhol*. Stockholm: Stockholms Universitet, 2002.

Aronsson, Berit. "Patterns of Prominence in Swedish Second Language (L2) Speakers and Native (L1) Speakers of Spanish: Spontaneous Dialogue versus Read Text." *Studies in Hispanic and Lusophone Linguistics* 6.2 (2013): 203-246.

Azevedo, Milton M. "Identifying Spanish interference in the speech of learners of Portuguese." *The Modern Language Journal* 62.1-2 (1978): 18-23.

Carvalho, Ana Maria, Juliana Luna Freire, and Antonio JB da Silva. "Teaching Portuguese to Spanish speakers: A case for trilingualism." *Hispania* 93.1 (2010): 70-75.

Carvalho, Ana Maria. "Português para falantes de espanhol: perspectivas de um campo de pesquisa." *Hispania* 85.3 (2002): 597-608.

Carvalho, Ana Maria, and Antonio Jose Bacelar Silva. "Cross-Linguistic Influence in Third Language Acquisition: The Case of Spanish-English Bilinguals' Acquisition of Portuguese." *Foreign Language Annals* 39.2 (2006): 185-202.

Corominas, Joan. *Diccionario crítico etimológico de la lengua castellana: Vol. 1*. Editorial Francke, 1954.

Faerch, Claus, and Gabriele Kasper. "Perspectives on Language Transfer." *Applied Linguistics* 8 (1987): 111-36.

Futures Initiative: Advancing Equity and Innovation in Higher Education. The Graduate Center. "CUNY Sociodemographics Map of New York City: Part I – Race and Ethnicity." Web. 13 January 2015. <http://futures.gc.cuny.edu/blog/2015/02/10/cuny-sociodemographics-map-of-new-york-city-part-i-race-and-ethnicity/>.

Garrison, David L. "Teaching the Relatedness of Spanish and Portuguese." *The Modern Language Journal*. 63.1-2 (1979): 8-12.

Godwin-Jones, Robert. "Emerging technologies: Mobile apps for language learning." *Language Learning & Technology* 15.2 (2011): 2-11.

Goldberg, David, Dennis Looney, and Natalia Lusin. "Enrollments in Languages Other Than English in United States Institutions of Higher Education," MLA, Fall 2013. Web. 9 March 2014. < http://www.mla.org/pdf/2013_enrollment_survey.pdf>.

Harris, Martin, and Nigel Vincent, eds. *The Romance Languages*. Routledge, 2003.

Jensen, John B. "On the Mutual Intelligibility of Spanish and Portuguese." *Hispania*. 72 (1989): 848-52.

Jordan, Isolde J. "Portuguese for Spanish speakers: A case for contrastive analysis." *Hispania*. (1991): 788-792.

---. "The Relative Influence of Spanish and English in the Portuguese Writing of Bilingual Students." *Português para falantes de espanhol. Portuguese for Spanish Speakers*. Ed. R. M. Simões, A. M. Carvalho, and L. Wiedmann, Campinas, Brazil: Pontes Editores, (2004): 67-82.

---. "Sociolinguistic Variations in Portuguese: Challenge to Spanish Speakers." Conference Presentation. Annual Congress of the American Association of Teachers of Spanish and Portuguese. Denver, CO, August 1999.

Klobucka, Jouet-Pastre. *Ponto De Encontro: Portuguese as a World Language*. Upper Saddle River, NJ: Pearson Prentice Hall, 2012.

Lahoz, José María. "Syllable, accent, rhythm: typological and methodological considerations for teaching Spanish as a foreign language." *Revista Internacional de Lenguas Extranjeras* 1 (2012): 129-150.

Lipski, John. "Too close for comfort? The Genesis of "portuñol/portunhol"." *Selected proceedings of the 8th Hispanic Linguistics Symposium*. (2006): 1-22.

Luft, Celso Pedro. *Moderna gramática brasileira*. Globo Livros, 2002.

Marcos-Marín, Francisco A. "De lenguas y fronteras: el espanglish y el portuñol." *Círculo de Lingüística Aplicada a la Comunicación* 17 (2004).

Mateus, Maria Helena, and Ernesto d'Andrade. *The phonology of Portuguese*. Oxford University Press, 2000.

Modern Language Association. "New MLA Survey Report Shows Advanced Language Study Grows for Several Languages Despite Overall Language Enrollments in US Colleges and Universities" 11 February 2015. Web. 9 March 2015. <http://www.mla.org/pdf/2013_enrollment_survey_pr.pdf>.

---. "Enrollments in Languages Other Than English in United States Institutions of Higher Learning," Web. 17 July 2015. < http://www.mla.org/enrollments_surveys>.

Simões, Antônio Roberto Monteiro. *Com Licença!*. WW Norton & Company, 1992.

---. *Pois Não: Brazilian Portuguese Course for Spanish Speakers, with Basic Reference Grammar*. University of Texas Press, 2010.

Soares, Alexandre. "Portuguese Gains Popularity at Universities" *Voices of NY: Showcasing the Best of the Community and Ethnic Media,* 3 March 2015. Web. 9 May 2015. <http://voicesofny.org/2015/03/portuguese-gains-popularity-universities/>

Schmidt, Richard, and Sylvia Frota. "Developing basic conversational ability in a second language: A case study of an adult learner of Portuguese." *Talking to learn: Conversation in second language acquisition* (1986): 237-326.

---. "Awareness and second language acquisition." *Annual review of applied linguistics* 13 (1992): 206-226.

Ulsh, Jack L. *From Spanish to Portuguese.* CreateSpace Independent Publishing Platform, 2014.

Wallis, Ethel. "Intonational stress patterns of contemporary Spanish." *Hispania* (1951): 143-147.

A INTEGRAÇÃO ENTRE A COMPETÊNCIA INTERCULTURAL E A INTERACIONAL NO ENSINO DE PORTUGUÊS PARA FALANTES DE ESPANHOL

Rodrigo Albuquerque
Universidade de Brasília, Brasil

INTRODUÇÃO

Este artigo nasce da discussão desenvolvida em minha tese (Albuquerque, 2015) acerca das competências em jogo no ensino de português para falantes de espanhol. Na ocasião, tomei como base autores renomados[73] no cenário da linguística aplicada, que se dedicaram ao estudo das diversas competências para, a partir dessas reflexões, elaborar um modelo que fosse possível contemplar o meu recorte de pesquisa, bem como a minha postura epistemológica. Esse processo tornou-se fundamental para que eu pudesse perceber a sintonia existente entre a competência intercultural e a interacional no excerto a ser analisado na seção 4 desse artigo.

Epistemologicamente, esse trabalho se situa no campo dos estudos sociointeracionais, em pleno alinhamento com os estudos sociocognitivos e interculturais, por pressupor que é na interação face a face que os sujeitos negociam sentidos provenientes de suas experiências socio/interculturais e, a partir destas, lançam mão de estratégias cognitivas no gerenciamento de suas ações (não) linguísticas no contato com seus pares.

Assim, pretendemos discutir, como objetivo central dessa investigação, como nossos colaboradores, falantes de espanhol e aprendizes de português, sinalizam (in)competência intercultural e interacional, a partir da (não)negociação/partilha de sentidos da metáfora *meu marido virou uma onça*, presente no excerto já mencionado. Para tanto, adotamos, como ferramenta metodológica, a microanálise etnográfica, por permitir a reflexão tanto no

---

[73] Para a discussão das competências considerei os seguintes autores com suas respectivas investigações: (a) competência linguística por Chomsky (1957, 1959, 1965, 1980, 2000); Ruwet & Chomsky (1979 [1966]) e Saussure (2006 [1916]); (b) competência comunicativa por Hymes (1995 [1962], 1972a [1967], 1972b, 1994 [1974], 1992); Canale & Swain (1980); Canale (1995 [1983]); Bachman (1990) e Celce-Murcia *et al.* (1995); (c) competência interacional por Kramsch (1986); Jacoby & Ochs (1995) e Young (1997, 2008, 2011, 2014); (d) competência pragmática por Thomas (1983, 1995) e Schauer (2009); (e) competência intercultural por Kramsch (2001b), Byram *et al.* (2002), Deardorff (2004) e Sinicrope *et al.* (2007); (f) competência formulaica por Ellis (1983), Wood (2002a, 2002b) e Dörnyei *et al.* (2004); competência discursiva por Canale & Swain (1980), Canale (1995 [1983]) e Celce-Murcia *et al.* (1995); e competência estratégica por Paribakht (1986) e Sparrow & Hodgkinson (2006). Ressalto, em tempo, que nem todos esses autores serão citados neste trabalho em razão de não serem usados diretamente no texto. Contudo, ao acessar http://repositorio.unb.br/handle/10482/18209, é possível ter acesso à minha tese (que também está citada nas referências deste trabalho – Albuquerque, 2015) e, consequentemente, às referências completas.

ajuste das intencionalidades dos interlocutores, quanto na conscientização das próprias ações em contato intercultural.

O estudo das competências tem sido preocupação de diversas áreas do conhecimento. Evidentemente que, nesse trabalho, nosso olhar se volta para o tratamento sociolinguístico dado ao assunto. Taylor (1988, p. 148) e Bagarić & Djigunović (2007, p. 94), além de realizarem ampla revisão de literatura relativa à competência, já antecipavam percepção constatada por mim: discutir esse assunto é saber que estamos lidando com um dos mais controversos termos tanto no campo da linguística "pura" quanto no da aplicada.

Para que possamos alcançar o nosso objetivo, amparados pelas escolhas epistêmicas e metodológicas, dividimos esse artigo em quatro seções (além das considerações iniciais). A primeira trará breve debate acerca das competências no cenário de ensino de português como segunda língua; a segunda apresentará os procedimentos metodológicos adotados na investigação; a terceira analisará o excerto, a fim de discutirmos a integração entre a competência intercultural e a interacional no contexto de pesquisa já mencionado; e a quarta apontará algumas reflexões finais relativas ao nosso trabalho.

AS MÚLTIPLAS COMPETÊNCIAS NO CONTEXTO DE L2

Apresentaremos nessa seção as múltiplas competências relacionadas ao contexto de ensino de português como segunda língua. São elas: competência linguística, competência comunicativa, competência interacional, competência pragmática, competência intercultural, competência formulaica, competência discursiva e competência estratégica.

O conceito de **competência linguística** é oriundo dos estudos sintáticos da teoria gerativa, propostos por Noam Chomsky no final da década de 1950, mais precisamente em 1957 com sua obra Estruturas Sintáticas. Chomsky (1957) assegura centrar-se a tarefa do linguista na produção de uma gramática capaz de gerar frases representadas na língua de modo abstrato. O sujeito competente, nessa perspectiva, seria aquele que enuncia determinada sentença representada nesse modelo abstrato. Destaco que, embora essas reflexões se centralizem em representação mentalista e estrutural de língua e linguagem, torna-se importante considerar que esperamos, por meio do contato linguístico, a formação de sentenças gramaticais no cenário de ensino de português como segunda língua. Acredito, evidentemente, que esse não é o objetivo fim da tarefa do professor, pois esperamos que esse agente proporcione oportunidades para o gerenciamento dos sentidos, possível por meio de práticas linguageiras sociointeracionais.

Em reação à teoria chomskyana, surgem as contribuições de Hymes (1972b) relativas à aquisição e à proficiência dos aprendizes em dada língua. Hymes (*ibid*, p. 277) acredita ser insuficiente uma criança saber identificar e produzir todas as frases gramaticais de sua língua se, em algumas situações (muito raras, a meu ver), poder ser mais plausível produzir sentença "apropriadamente agramatical". Hymes (1972b) reforça que aprender o conceito do que é considerado gramatical não basta, a criança deve também reconhecer, em eventos de fala, o que é socialmente apropriado. Em outras palavras, a **competência comunicativa** nasce para contemplar um conhecimento que está além do gramatical, alcançando o que o autor (1972a [1967], p. 58) denominou SPEAKING: contexto situacional (**S**ituation); participantes (**P**articipants); finalidade discursiva (**E**nds), atos de fala (**A**ct Sequence), ajustes discursivos (**K**ey), recursos linguísticos (**I**nstrumentalities), normas interacionais (**N**orms of Interaction) e gêneros discursivos (**G**enres). Na discussão de competência comunicativa, são, a meu ver, relevantes três proposições de modelos, especialmente para a discussão ampliada de outras competências. Canale & Swain (1980, p. 27-30) percebem ser a competência comunicativa composta por: (1) competência gramatical, responsável por avaliar os princípios gramaticais; (2) competência sociolinguística, capaz de avaliar as funções (sócio)comunicativas contextualmente situadas; e (3) competência estratégica, que avalia a relação entre ambas na prevenção de falhas comunicativas.

O tratamento dado por Celce-Murcia *et al.* (1995) à competência comunicativa contempla melhor a atividade interacional, visto que, diferentemente de Canale & Swain (1980), dão destaque à competência discursiva na função de articuladora das demais competências (sociocultural, acional e linguística). Complementando, por fim, a configuração de Celce-Murcia *et al.* (1995), esses autores situam a competência estratégica como compensatória para as possíveis falhas de comunicação geradas na articulação entre a discursiva com as três anteriormente citadas.

Mais tarde, Celce-Murcia (2007) aprimora o modelo publicado com outros autores em 1995, inserindo a competência interacional, que, a meu ver, é o destaque da nova versão por permitir aproximar as epistemes comunicação e interação de modo que não funcionem como sinônimas, mas como perspectivas contínuas. Inspirado nesses três modelos, propus, em Albuquerque (2015, p. 104), o modelo de competências que ilustro a seguir.

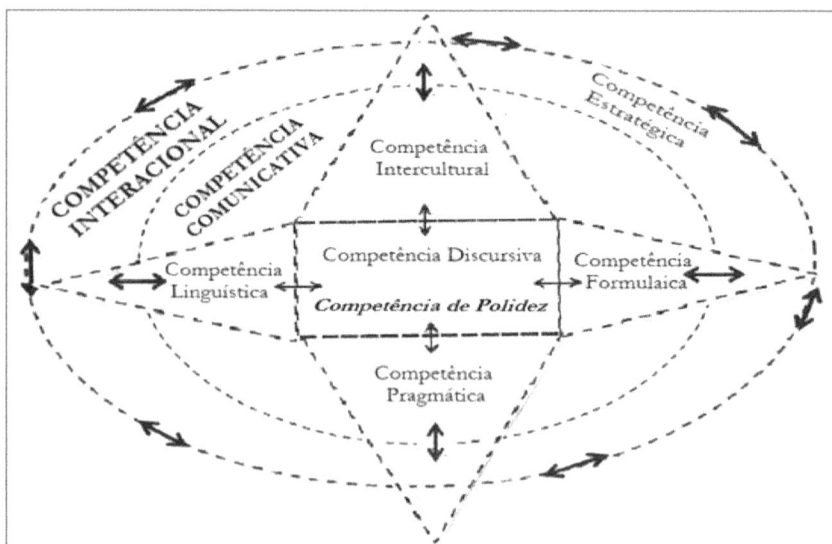

Fonte: Albuquerque (2015, p. 104).

Sobre esse modelo, as elipses simbolizam dois planos em ampliação: as competências comunicativa e interacional, esta última abrangendo a estratégica, que se estabelece somente na interação face a face. Já as demais, a linguística, a pragmática, a intercultural, a formulaica e a discursiva, compõem o *continuum* comunicação-interação, proposto e detalhado neste artigo.

Assim como sustentou Morato (2008), saliento haver também uma ampliação conceitual da competência comunicativa para a interacional. Essa analogia me motivou, inicialmente, a construir, em nosso modelo de competências, dois círculos de linhas descontínuas, situando a competência interacional então como uma ampliação da comunicativa, e não, conforme havia proposto Celce-Murcia (2007), como competência contida na comunicativa. Fica claro perceber que, assim com Morato (2008), a transição entre as competências não se dá de modo paradigmático, mas em ampliação epistêmica.

Nessa perspectiva de ampliação, Kramsch (1986), precursora dos estudos da **competência interacional**, já havia percebido anos antes, no ensino de línguas estrangeiras, ser insuficiente o olhar voltado exclusivamente para as habilidades comunicativas dos estudantes. A autora (*ibid*, p. 370) sustenta ser necessário oferecer ao aluno a possibilidade de ele, a partir das atividades pedagógicas propostas no contexto de L2, conquistar a **verdadeira emancipação** [*truly emancipatory*] (grifo meu). Só assim, prossegue a autora (*ibid*), é possível tornar esse sujeito competente na perspectiva interacional.

Sobre **competência pragmática**, devemos considerar, antes de tudo, o conceito de "falha pragmática". Thomas (1983, p. 94), precursora do termo, destaca que a falha pragmática ocorre quando o interlocutor percebe, de modo diferente do desejado pelo locutor, a força do enunciado deste. Ser competente na perspectiva pragmática pressupõe percepção adequada dos Atos de Fala do locutor, e consequentemente, assim como menciona Thomas (1983), ser sensível à compreensão da força e da intencionalidade pragmática. Em situações específicas de contato intercultural, Fantini & Tirmizi (2006) assumem que não podemos entender que o estudante desenvolva duas competências comunicativas em soma (a do sistema linguístico e cultural de sua língua materna e a de sua língua alvo), pois isso implicaria considerarmos que o ensino de língua não apresente qualquer perspectiva cultural. Assim, torna-se fundamental, segundo os autores (*ibid*, p. 11), trazer à baila o conceito de **competência intercultural**, responsável por habilitar o aprendiz a transcender o seu conhecimento de mundo (competência comunicativa de língua materna), colaborando para que ele se adapte a um sistema linguístico-cultural distinto do seu (competência comunicativa de sua língua alvo).

Ao empregarmos determinadas expressões formulaicas, estamos, na visão de Morato (2005, p. 82), propiciando o contato do interagente com expressões que são "cristalizadas pelo uso, pela tradição cultural e pela memória discursiva, (mas também) nascem da mediação – necessariamente simbólica – entre sujeito, língua e mundo". Entendo que é somente no interior das práticas interacionais que essas expressões são enunciadas, e isso só ocorre a partir da negociação entre os interlocutores, sujeitos que possuem **competência formulaica**. Apesar de as expressões formulaicas apresentarem certa fixidez, o contrato entre os interagentes se dá não na estrutura, mas no contexto de uso (aspecto social) e no alinhamento entre as intencionalidades (aspecto cognitivo).

Ao tratar das necessidades dos estudantes de L2, Canale & Swain (1980) chamam a atenção para diversos aspectos, incluindo os discursivos. Os autores (*ibid*, p. 28) asseguram que os programas de ensino devem fornecer aos alunos de L2 informação, prática e experiência, não se limitando às categorias gramaticais, mas abordando também as funções comunicativas, as condições pragmáticas de uso e as regras discursivas da língua alvo. Ressalto que, para ocorrer a aquisição de **competência discursiva**, devemos considerar a natureza dos gêneros discursivos, a(s) identidade(s) negociada(s) no curso da interação, as ideologias presentes nos textos falados e escritos, em razão de esse tópicos assumirem íntima afinidade na construção de sujeitos analíticos e emancipados.

A **competência estratégica**, por fim, esteve presente pela primeira vez no modelo de Canale & Swain (1980), assumindo a função de compensar quaisquer falhas que ocorressem na competência comunicativa (*ibid*, p. 27). Entretanto, alinho-me a ideia de que a competência estratégica assume relação dialética com a interacional, visto que a interação prevê estratégias (mais ou menos conscientes), e estas se tornam ações por meio da atividade dialógica socialmente/socioculturalmente negociada. Essa perspectiva, coerente com nossa escolha teórica, não enxerga a interação como um espaço para o interlocutor apresentar deficiências ou problemas relativos ao seu desempenho.

Em suma, consideramos, para a discussão desse artigo, que todas as competências apresentadas nessa seção são fundamentais para o processo de aprendizagem de L2. Todavia, iremos analisar com maior detalhamento, na seção 4, como se alinham as competências intercultural e interacional diante da enunciação da metáfora *meu marido virou uma onça*.

METODOLOGIA

Assim como já foi tratado na primeira seção desse trabalho, optei pela microanálise de dados, orientação de cunho etnográfica, em razão de essa escolha metodológica possibilitar a mim e aos colaboradores desse estudo uma constante reflexão conjunta das nossas próprias ações (não)linguísticas nas interações com os outros sujeitos. Segundo Duranti (1997), a etnografia procura estabelecer relação de distância e proximidade, investigando determinada comunidade com olhar mais objetivo, mas sem perder de vista a identificação e a empatia, importantes também na atividade de campo. O ajuste dessas *lentes* (nem tão perto, nem tão distante), segundo o autor (*ibid*), possibilita a atuação do etnógrafo não apenas como intérprete, mas especialmente como mediador entre as diversas vozes: os sujeitos integrantes de dada comunidade, o etnógrafo e as escolhas teóricas.

Para realizar a geração de dados, escolhi o NEPPE (Núcleo de Ensino e Pesquisa em Português para Estrangeiros), localizado na Universidade de Brasília (UnB), em razão da minha história com a instituição de estágio, atuação docente e geração de dados no Mestrado, bem como da presença do público-alvo de meu interesse investigativo: os falantes de espanhol.

Os nossos participantes, na ocasião, foram: (a) Estela, professora da turma, 27 anos, sexo feminino, natural de Brasília e residente na Capital; (b) Ayelén, aluna boliviana, 37 anos, sexo feminino, residente em Brasília desde outubro de 2013; (c) Dulcinea, aluna mexicana, 28 anos, sexo feminino, residente em Brasília desde outubro de 2013; (d) Filemón, estudante dominicano, 32 anos, sexo masculino, residente em Brasília desde agosto de 2013; (e) Flora, estudante venezuelana, 51 anos, sexo feminino, residente em Brasília desde setembro de 2013; e (f) Nora, estudante venezuelana, 17 anos, sexo feminino, residente em Brasília desde setembro de 2013. Em tempo, esclareço que todos os estudantes estavam no nível intermediário hispanofalante (havia um currículo distinto para falantes de espanhol e outros falantes, em detrimento da proximidade linguística entre língua alvo e língua materna dos alunos).

Como procedimentos de pesquisa, neguei a minha entrada no campo com a coordenadora do curso, com a professora da turma e com os estudantes colaboradores. Na sequência, após o consentimento de todos/as, ingressei na turma somente para observações preliminares e registros de campo (4 encontros) e, após esse momento, inseri a câmera filmadora para gravar as ações verbais e as não verbais (9 encontros). Passado esse momento de registro, eu transcrevia os trechos que seriam temas, posteriormente, de reflexões conjuntas entre pesquisador, colaboradores envolvidos no trecho sob análise e recomendações teóricas.

MEU MARIDO VIROU UMA ONÇA: A METÁFORA EM NEGOCIAÇÃO

No excerto a seguir, a professora Estela havia solicitado, para fins avaliativos, que os estudantes pesquisassem sobre uma região qualquer do Brasil e apresentassem formalmente as próprias impressões aos colegas em projeto de final de curso. Na ocasião, Dulcinea narrou que, em sua lua de mel em Fernando de Noronha, havia ficado encantada com uma tartaruga e resolveu segui-la. No entanto, nesse desvio de caminho, ela se perdeu do marido, que ficou nervoso ao perceber a ausência da esposa. Para caracterizar a reação de seu esposo, a estudante adaptou a metáfora *meu marido virou uma onça*. Vejamos, então, **A8E2**[74]:

/.../

1	Dulcinea:	e esta:: praia também eh:: (.) se chama eh: praia oeste e é:: famoso porque pode ver
2		MUI::tos animais (..) aqui primeiro animal (..) tar-ta-ru-ga (..) podem ver? ((S))
3		((mostrando a tela do computador para todos))
4	Ayelén:	sim
5	Nora:	[[((S)) ((+))
6	Flora:	[((+))
7	Filemón:	[((+))
8	Dulcinea:	eu fui (.) detrás da tartaruga por muito tempo↑ e:: perdi todas as outras pessoas
9	Todos:	[[((R))
10	Dulcinea:	[[((R))
11		eu fiquei com muito medo ((olhando para o computador)) porque (.) eu achei que vi
12		um tubaRÃO ((olhando para todos)) (..) pequeno mas tubarão
13	Todos:	[[((R))
14	Dulcinea:	fiquei desesperada ((com braços em rápido movimento rotatório)) (.) onde está↑ (.)
15		onde está↑ (.) mas depois tudo bem (.) só meu marido que virou um outro animal
16		(..) a onça
17	Todos:	[[((R))
18	Ayelén:	onça no mar? ((franzindo a testa e lateralizando a cabeça para a direita))
19	Nora:	ele ficou muito bravo ((olhando para Ayelén))
20	Ayelén:	((olhando para Nora)) no entendi ((–)) ((olhando para Dulcinea))

/.../

Dulcinea revelou, durante nossas reflexões conjuntas, que empregou a expressão metafórica (linhas 15 e 16) em sua narrativa por ter escutado dois funcionários do hotel onde estava hospedada utilizá-la. Apesar de não ter interagido com esses brasileiros, Dulcinea compreendeu o sentido do termo e foi capaz de empregá-lo com adequação. Sem dúvida, estamos, nos termos de Kramsch (1986), diante da verdadeira emancipação, pois a aluna, a partir

---

[74] A8E2 significa aula 8 excerto 2. Ou seja, o excerto é originário da oitava aula do corpus e o segundo excerto a ser utilizado.

de experiência em contexto de imersão (em situação de contato intercultural), conseguiu usar o termo com naturalidade, integrando-o ao fluxo natural de sua conversa, diferentemente da aprendizagem de fórmulas propostas na sala de aula, por exemplo, que se aproxima mais da competência comunicativa.

Pensando na demanda de nossos colaboradores, muitos estudantes, em diversos momentos de nossa convivência, fizeram questionamentos à professora com base nas experiências interculturais vivenciadas por eles com brasileiros. Esse relato, embora informal, aponta para um desejo da parte do estudante de maior autonomia, o que invariavelmente colaborará para as interações com os nativos.

Como os nossos colaboradores estão diante de um contato **inter**cultural entre professora brasileira (Estela) e alunos falantes de espanhol (Ayelén, Dulcinea, Nora, Flora e Filemón), isso nos motivou a tratar das peculiaridades da competência intercultural (e não sociocultural), que pressupõe as interações com sujeitos de culturas distintas. Desse modo, fica claro perceber a integração entre ambas as competências no cenário de aprendizagem de uma L2: os nossos estudantes interagem entre si, com a professora e com outros usuários da língua-alvo, estando, simultaneamente, amadurecendo a competência interacional e a intercultural.

A própria concepção de Kramsch (1986) sobre competência interacional reitera esse pensamento, ao romper com o ensino de língua com base na *ditadura de fórmulas*, visto que se insere na negociação pautada no espírito de compreensão intercultural (*ibid*, p. 370). Negociação essa que ocorreu entre as três estudantes (Ayelén, Nora e Dulcinea) no entendimento da metáfora, a partir da natural tomada de turno e da enunciação espontânea, distante de fórmulas ensinadas na sala de aula. Esses turnos conversacionais, sem dúvida, aproximaram-se da experiência interacional das estudantes a partir da construção conjunta de sentidos no contato intercultural.

Jacoby & Ochs (1995, p. 171) entendem que as relações de sentido são estabelecidas na co-construção entre os sujeitos, sendo esta constituída e interpretada nas interações sociais, cultural e historicamente situadas. Podemos estabelecer, a partir dessa perspectiva de negociação de sentidos, que os estudantes co-constroem a metáfora no dado em análise (linhas 15 e 16): os alunos, no geral, interpretaram a metáfora adequadamente (linha 17); com exceção de Ayelén, que estranhou a expressão e fez uma pergunta utilizando seu conhecimento de mundo restrito ao sentido denotativo (linha 18); Nora, por sua vez, buscou oferecer a tradução à sua colega (linha 19), comprovando a existência dessa metáfora em seu universo sociocultural; e Ayelén, por fim, não conseguiu compreender o sentido (linha 19), ainda que Nora tenha enunciado a sentença no plano denotativo.

Esse trecho da conversa, da linha 15 à 20, ilustra a negociação de sentidos entre os participantes e a (in)compreensão por parte desses agentes. Enunciação e interpretação não se associam somente a aspectos interculturais, mas também a sociocognitivos, colaborando com a (in)competência dos interlocutores na co-construção dos sentidos. Em outras palavras, estão em jogo na interação, para Jacoby & Ochs (1995, p. 175), mecanismos internos (relacionados à cognição, às atitudes, à competência linguística e ao conhecimento pragmático e cultural, que se tornam relevantes na interação social) e externos (graças à co-construção de sentidos inerente ao fluxo conversacional, são ativadas potencialidades internas).

Além disso, assegura Young (1997, p. 6), a atividade interacional se realiza a partir da co-construção entre os participantes em dada atividade. Desse modo, o estrangeiro, no contexto de ensino, "adquire uma competência interacional em prática específica pela participação com interlocutores mais experientes em outras práticas interacionais específicas" (*ibid*, p. 6); e isso compreende igualmente as mais diversas práticas em terras estrangeiras. Esta foi exatamente a situação vivenciada por Dulcinea em Fernando de Noronha. A estrangeira teve contato com a expressão metafórica (linhas 15 e 16), por meio de sujeitos mais experientes na língua alvo (no caso, os funcionários do hotel – brasileiros), e foi capaz de utilizar o termo em situação interacional específica, pois poderia ter optado por qualquer sentença, inclusive as denotativas, mas adquiriu essa expressão, que passou a fazer parte de seu repertório de uso linguístico-discursivo.

Dulcinea conseguiu compreender a expressão metafórica e reinseri-la em outro contexto análogo de uso, o que é esperado, segundo Verschueren (2010 [2008]), em situações de comunicação intercultural. Para o autor, esse contato pressupõe três noções básicas: variabilidade [*variability*], negociabilidade [*negotiability*] e adaptabilidade [*adaptability*]. Assim, em contato com outra realidade cultural, notei que Dulcinea, pelas suas ações, era capaz de perceber que o uso linguístico pode variar (seja na escolha da língua, das palavras e/ou dos sons); é altamente flexível e negociável, sem quaisquer papéis fixos; e torna possível criarmos novo contexto intercultural, o qual não se limita a um mero somatório dos contextos interculturais de nossa língua materna com o de nossa língua alvo.

Para Martin & Nakayama (2010 [2008], p. 87), a interação face a face prevê sujeitos, ao mesmo tempo, únicos e integrantes em dado grupo. Transpondo essa reflexão para a discussão de competências, podemos considerar que, em A8E2, Dulcinea optou pelo recurso linguístico da metáfora (linhas 15 e 16), embora tivesse a alternativa de produzir enunciado denotativo. Sobre essa ação, constatamos que, além de ela ter ocorrido diante de outras possibilidades, foi negociada entre os interagentes (a risada comprova o entendimento e a aceitação – linha 17 – e o estranhamento, a dúvida – linha 18), que resultou em negociação (readaptação) para o sentido denotativo, em razão do não entendimento de Ayelén (linha 19). Ayelén, no entanto, não estava preparada para esse novo contexto intercultural (linha 20), pois não compreendeu nem o sentido metafórico, nem o denotativo enunciados na língua alvo.

Assumimos, com base na análise realizada, que as experiências interculturais no âmbito sociointeracional (situações de imersão) possibilitam o aprimoramento das competências discutidas nesta seção, ampliando o conhecimento de mundo do aluno. Quando o estudante permanece exclusivamente no ambiente de sala de aula, ele se restringe a atividades mais comunicativas (fabricadas, simuladas), deixando de negociar sentidos por meio da imprevisibilidade peculiar das interações face a face. Não estamos, com isso, reduzindo o papel dos cursos de português para estrangeiros, mas trazendo a reflexão de que não é suficiente propor atividades no plano da imaginação (mesmo que muito próximas às prováveis situações a serem enfrentadas pelo estrangeiro). É necessário, sobretudo, proporcionar outras oportunidades de práticas de linguageiras em contextos naturais de enunciação. Só assim teremos diante dos olhos a verdadeira emancipação do sujeito em situações de baixa previsibilidade no contato intercultural.

CONSIDERAÇÕES FINAIS

Com este trabalho, assumimos ser a competência interacional fruto da necessidade (talvez inconsciente) de a comunicativa se ampliar, colaborando para que pensemos no *continuum* comunicação-interação. Um sujeito competente, do ponto de vista da interação, deve, assim, ter domínio das semioses verbais e não verbais, do uso pragmático das ferramentas linguísticas e interacionais e do funcionamento da atividade interacional, composta por construto mental partilhado enriquecido pelas experiências do mundo social contextual e historicamente situado. Em suma, cremos, assim com Kramsch (1986), que nosso estudante deve emancipar-se verdadeiramente para que, de fato, transcenda fórmulas pré-concebidas na sala de aula e torne-se competente na perspectiva interacional diante do desafio da co-construção de sentidos, como evidenciaram as estudantes Dulcinea e Nora em nossos dados de pesquisa (A8E2).

A atitude constante do professor de L2 em avaliar essa competência do estudante (assim como oferecer condições para que ocorra esse desenvolvimento) possibilita, segundo Sinicrope *et al.* (2007, p. 50), melhorar as capacidades dos estrangeiros, incentivar a busca pela competência, analisar os resultados alcançados e indicar áreas de melhorias nas relações de ensino e de aprendizagem. No entanto, deixamos claro nosso total alinhamento com Savignon (2002) no entendimento de ser fundamental o engajamento do estrangeiro na negociação ativa e natural a fim de que este se torne cada vez mais competente no(s) contato(s) intercultural(is) no uso linguístico, não em situações simuladas de comunicação (importantes tão somente na sensibilização para o uso efetivo da língua), garantindo, assim, o amadurecimento das competências intercultural e interacional de modo integrado.

REFERÊNCIAS

Albuquerque, R. *Um estudo de polidez no contexto de L2: estratégias de modalização de atos impositivos por falantes de espanhol.* 2015. 372 f. Tese (Doutorado em Linguística) – Programa de Pós-Graduação em Linguística, Universidade de Brasília, Brasília, 2015.

Atkinson, J. M. & Heritage, J. Jefferson's transcript notation. In: jaworski, A. & coupland, N. *The Discourse Reader.* 2nd ed. USA: Routledge, 2006 [1984].

Bagarić, V. & Djigunović, J. M. Defining Communicative Competence. *Metodika,* v. 8, n. 1, p. 94-103, 2007.

Canale, M. & Swain, M. Theoretical Bases of Communicative Approaches to Second Language Teaching and Testing. *Applied Linguistics,* v. 1, n. 1, p. 1-47, 1980.

Celce-Murcia, M.; Dörnyei, Z & Thurrell, S. Communicative Competence: A Pedagogically Motivated Model with Content Specifications. *Issues in Applied Linguistics,* v. 6, n. 2, p. 5-35, 1995.

Chomsky, N. *Estruturas Sintácticas.* Tradução de Madalena Cruz Ferreira. Lisboa: Edições 70, 1957.

Duranti, A. *Linguistic anthropology.* USA: Cambridge University Press, 1997.

Fantini & Tirmizi, A. Exploring and Assessing Intercultural Competence. Brattleboro: World Learning Publications, 2006.

Gumperz, J. J. On interactional sociolinguistic method. In: Sarangi, S. & Roberts, C. (Eds.). *Talk, work and institutional order.* Berlin: Mouton de Gruyter, 1999.

Hymes, D. Models of the interaction of language and social life. In: Gumperz, J. J. & Hymes, D. (Eds.). *Directions in Sociolinguistics:* the ethnography of communication. New York: Reinhart and Winston, 1972a [1967].

---. On Communicative Competence. In: Pride, J. B. & Holmes, J. (Eds.). *Sociolinguistics.* Harmondsworth: Penguin Books, 1972b.

Jacoby, S. & Ochs, E. Co-construction: An introduction. *Research on Language and Social Interaction,* v. 28, n. 3, p. 171-83, 1995.

Kramsch, C. From Language Proficiency to Interactional Competence. *The Modern Language Journal,* v. 90, n. 2, p. 366-72, 1986.

---. Meaning as action. In: ---. *Language and Culture.* New York: Oxford University Press, 1998.

---. Intercultural Communication. In: Carter, R. & Nunan, D. (Eds.). *The Cambridge Guide to Teaching English to Speakers of Other Languages.* Cambridge: Cambridge University Press, 2001.

Martin, J. N. & Nakayama, T. K. Thinking dialectically about culture and communication. In: Holliday, A. *et al.* (Eds.). *Intercultural Communication:* an advanced resource book for students. 2nd ed. London & New York: Routledge Applied Linguistics, 2010 [2008].

Morato, E. M. Aspectos Sócio-cognitivos da Atividade Referencial: as

Expressões Formulaicas. In: Miranda, N. S. & Name, M. C. (Orgs.). *Linguística e Cognição*. Juiz de Fora: UFJF, 2005.

---. Da noção de competência no campo da linguística. In: Signorini, I. (Org.). *Situar a lingua(gem)*. São Paulo: Parábola, 2008.

Ochs, E. Transcription as theory. In: Jaworski, A. & Coupland, N. *The Discourse Reader*. 2nd ed. USA: Routledge, 2006 [1984].

Preti, D. Normas para transcrição dos exemplos. In: _____ (Org.). *Cortesia verbal*. São Paulo: Humanitas, 2008a.

Savignon, S. J. Communicative language teaching: Linguistic theory and classroom practice. In: _____. (Ed.). *Interpreting commmunicative language teaching*: Context and concerns in teacher education. New Haven/London: Yale University Press, 2002.

Sinicrope, C.; Norris, J. & Watanabe, Y. Understanding and assessing intercultural competence: a summary of theory, research, and practice (technical report for the foreign language program evaluation Project). *Second Language Studies*, v. 26, n. 1, p. 1-58, 2007.

Taylor, D. S. The Meaning and Use of the Term 'Competence' in Linguistics and Applied Linguistics. *Applied Linguistics*, v. 9, n. 2, p. 148-68, 1988.

Thomas, J. Cross-Cultural Pragmatic Failure. *Applied Linguistics*, v. 4, n. 2, p. 91-112, 1983.

Verschueren, J. Intercultural communication and the challenges of migration. In: HOLLIDAY, A. *et al.* (Eds.). *Intercultural Communication*: an advanced resource book for students. 2nd ed. London & New York: Routledge Applied Linguistics, 2010 [2008].

Young, R. F. Learning to Talk the Talk and to Walk the Walk: The Acquisition of Interactional Competence in Different Subject Specializations. *CiteSeerx*, 1997. Disponível em: <http://citeseerx.ist.psu.edu>. Consultado em: 10 de outubro de 2014.

APÊNDICE

CONVENÇÕES DE TRANSCRIÇÃO

Ocorrência	Sinais	Exemplificação
Nome dos participantes	**Negrito**	**Dulcinea**
Entonação ascendente	↑ (seta simples para cima)	muito tempo↑
Entonação descendente forte	? (ponto de interrogação)	podem ver?
Pausa preenchida	eh, ah, oh, ih, mhm, ahã,...	eh:::
Pausa curta, pausa média e pausa longa	(.) (..) (...)	(.) se chama (..) podem ver?
Falas e/ou ações simultâneas	[[(dois colchetes)	[[((S)) ((+))
Falas e/ou ações sobrepostas	[(um colchete)	[[((S)) ((+)) [((+))
Extensão do som curta, extensão de som média e extensão de som longa	: :: :::	eh: esta:: eh:::
Silabação	- (travessão)	tar-ta-ru-ga
Ênfase / aumento de volume	MAIÚSCULA	MUI::tos
Transcrição parcial ou eliminação de trecho	/.../	/.../
Comunicação não verbal	(( )) (parênteses duplo)	((mostrando a tela do computador para todos))
Aceno positivo de cabeça	((+))	((+))
Aceno negativo de cabeça	((–))	((–))
Sorriso	((S))	((S))
Riso	((R))	((R))

Fontes: Atkinson & Heritage (2006 [1984]); Ochs (2006 [1984]); Gumperz (1999) e Preti (2008).

MÉTODO CONTRASTIVO E CONSCIENTIZAÇÃO ARTICULATÓRIA PARA A ASSIMILAÇÃO DAS VOGAIS MÉDIAS DO PORTUGUÊS BRASILEIRO POR HISPANO-FALANTES

Fabricio Marvilla Fraga de Mesquita
Universidad de Piura, Peru

INTRODUÇÃO

O português tem assumido atualmente um grande *status* no cenário mundial devido à ascensão econômica do Brasil nos últimos anos. Reflexo disso, a língua cada vez mais tem sido procurada por diversas pessoas ao redor do globo. O Brasil, como grande parceiro comercial de diversos países sul-americanos, atrai a atenção cada vez mais crescente de seus vizinhos continentais. Por essa razão, a discussão em torno do português como língua estrangeira tem uma importância cada vez mais crescente.

O presente trabalho tem como proposta discutir a dificuldade do aluno hispano-falante na assimilação das vogais médias do português e a diferença das vogais médias altas e baixas no português brasileiro, tomando por base as dificuldades encontradas na sua língua materna. O objetivo primordial é a avaliação do método contrastivo na busca de resultados reais no processo de aquisição das vogais médias do português pelo aluno que tem como língua materna o espanhol.

Objetivo geral

O objetivo geral da presente monografia é analisar a eficiência do método contrastivo em conjunto com conscientização articulatória das vogais médias no ensino de Português como Língua Estrangeira (PLE) para alunos hispano-falantes.

Objetivos específicos

O primeiro objetivo específico é avaliar se o conhecimento de uma língua estrangeira tem interferência no aprendizado das vogais médias do português brasileiro pelos alunos falantes nativos de espanhol.

O segundo objetivo especifico é o de comparar se crianças e adultos assimilam as vogais médias do português brasileiro com a mesma facilidade.

Questão de pesquisa

O método contrastivo é eficiente na diferenciação das vogais médias altas e baixas no português brasileiro para os alunos hispano-falantes?

Justificativa

A presente pesquisa tem como intenção a questão do ensino da língua portuguesa para os falantes de língua espanhola. Tal dificuldade muitas das vezes observada pelos professores de português como língua estrangeira mostra-se como verdadeiro óbice na obtenção da fluência no português brasileiro e também de compreensão dos luso-falantes para com os hispânicos que aprendem o idioma.

O MERCOSUL trouxe uma aproximação maior e crescente entre os países membros, em que a maioria fala espanhol e o Brasil apenas fala português. Questões tanto econômicas e culturais aproximam os povos falantes dos dois idiomas e por essa razão faz-se necessário um estudo das questões fonéticas, fonológicas, enfim, linguísticas no aprendizado da língua portuguesa pelos outros integrantes do MERCOSUL que falam espanhol.

A língua é um importante meio de interação entre os povos e o conhecimento da língua em qualquer interação social. Além disso, em atividades negociais ou de qualquer outra que se tenha que tomar decisões, a boa compreensão da informação dita pode fazer grande diferença na resolução de diversos assuntos.

Ainda será de extrema valia o estudo na formação acadêmica do pesquisador, visto que, academicamente, tem por objetivo trabalhar na área de português como língua estrangeira. A soma da experiência e o trabalho acadêmico têm papel fundamental no desenvolvimento profissional do pesquisador, assim como as discussões do tema, metodologia e todo arcabouço teórico e prático para a profissão.

REFERENCIAL TEÓRICO

O uso das vogais médias no português brasileiro é uma barreira a ser vencida por um aluno hispano-falante devido à diferença que existe no quadro vocálico das duas línguas, em razão do maior número de vogais no português brasileiro do que no espanhol e, para superar esse problema, há a necessidade de compreender um pouco das duas línguas, os pontos de divergência e de convergência.

Obviamente, deve-se levar em consideração as diferenças existentes entre as duas línguas em seus diferentes níveis (sintaxe, semântica, morfologia, fonologia, pragmática, etc.), mas cabe a esta pesquisa em específico observar a diferença fonético-fonológica e como isso se relaciona com a dificuldade do aluno hispano-falante na assimilação da língua, especificamente na produção das vogais médias, tema da presente pesquisa.

Ademais, para ter uma clara visão da ocorrência específica da dificuldade supracitada, necessário se faz analisá-la de maneira incisiva, ou seja, deixar claro para o aluno de que esse é o objetivo da pesquisa e ver como ele produz os fonemas com a condução das aulas.

Diferenças fonético-fonológicas das vogais do português brasileiro e do espanhol

Ao estudarmos uma língua estrangeira, lançamo-nos em uma gama de conhecimentos que se entrelaçam. Há uma imersão muito grande em estruturas e conhecimentos novos que essa língua traz consigo. A grande dificuldade está, então, em o aluno desvencilhar-se da língua materna naquilo que é diferente da que tenciona aprender.

Para nos aprofundarmos no estudo de uma língua, uma das noções que temos de ter é a de fonética e fonologia. Enquanto a fonética é a parte da linguística que estuda os fones, ou seja, os sons da fala, a fonologia estuda esses mesmos sons sob o ponto de vista do sistema linguístico estudado. Desta forma, a fonologia se preocupa em estudar a ocorrência ou não dos fonemas dentro de uma língua específica.

Dentro da fonologia temos os conceitos de fonemas e alofones. Fonema sempre é uma unidade sonora que tem a propriedade distintiva de outro som. Assim, podemos dizer que entre "faca" e "vaca" há um par mínimo, já que o fonema /f/ e o fonema /v/ em cada uma fazem com que as palavras quase idênticas tenham significados distintos.

> "Fonema é a menor unidade destituída de sentido, passível de delimitação na cadeia da fala. Cada língua apresenta, em seu código, um número limitado e restrito de fonemas (de vinte a cinqüenta, conforme a língua) que se combinam sucessivamente, ao longo da cadeia da fala, para constituir os significantes das mensagens, e se opõe, segmentalmente, em diferentes pontos da cadeia de fala, para distinguir as mensagens umas das outras." [75]

Já um alofone seria a variação fonética de um mesmo fonema, ou seja, uma forma diferente de pronunciar o mesmo fonema levando em consideração diversos aspectos como o dialeto e questões sociolinguísticas. Desta forma, poderíamos dizer que o fonema /t/ tem como alofones o [t] e o [ʧ], já que [ʧ] ocorrerá diante da vogal /i/ na pronúncia carioca e o [t] ocorrerá no mesmo contexto na pronúncia baiana, por exemplo, em palavras como "tia", que são faladas chiadas por cariocas (*tchia*) e similares à realização lusitana pelos baianos. Essa variação não gera diferença de significado, daí tratar-se de alofones, não de fonemas.

Com relação a fonemas, a diferença sempre gerará significados distintos. Como exemplo, podemos citar av/o/ e av/ɔ/, a diferença de cada um diferencia o sexo do sujeito, o mesmo efeito pode ser visto em p/e/go e p/ɛ/go, nesse caso a diferença marca do tempo verbal.

O mesmo não pode ser dito do alofone, nesse caso a diferença é meramente dialetal e não produz significados diferentes. Como exemplos, podemos ver as palavras que no nordeste se pronunciam abertas, como p[ɛ]rgunta e

---

[75]DUBOIS *et al.*, **Dicionário de Lingüística**. São Paulo: Cultrix, 1999, p. 280

c[ɔ]lapso e que no sudeste, especificamente no estado do Rio de Janeiro, se pronunciam p[e]rgunta e c[o]lapso.

O ser humano se utiliza de um conjunto de partes do corpo tais como a faringe, laringe, traquéia, boca e língua, que têm funções primárias distintas, mas que também são utilizados para a produção da fala. A Esse conjunto damos o nome de aparelho fonador.

É com o uso desse aparelho fonador que o homem produz dois tipos de fonemas: os vocálicos e os consonantais. Os fonemas consonantais são produzidos com alguma obstrução na passagem de ar feita pelos articuladores. Já os fonemas vocálicos são aqueles em que a produção é feita sem nenhuma obstrução.

As vogais podem ser classificadas de três formas: altura, arredondamento dos lábios e anterioridade/ posterioridade. Com relação à altura, podem ser classificadas em altas, médias altas, médias baixas e baixas, isso em relação à posição da língua para a produção dos fonemas.

- Altas: São as vogais que para a sua produção é necessário que o dorso da língua se eleve ao máximo sem, entretanto, produzir qualquer fricção (fonemas /i/ e /u/).
- Médias-altas: São as que o dorso da língua se encontra em uma posição intermediária entre a mais alta e a mais baixa, estando, entretanto, mais próximas das altas. Nesse caso, temos a produção do /e/ e do /o/, como nas palavras *ipê* e *avô*.
- Médias-baixas: São as que o dorso da língua se encontra em uma posição intermediária entre a mais alta e a mais baixa, estando, entretanto, mais próximas das baixas. Nesse outro caso, temos a produção do /ɛ/ e do /ɔ/, como nas palavras *pé* e *avó*.
- Baixas: Ocorrem quando a língua se encontra na posição mais baixa e relaxada, também conhecida como posição neutra. Produção do fonema /a/.

Abaixo, temos figuras que demonstram a posição da língua na produção dos fonemas:

Figura 1: Posição da língua na produção das vogais

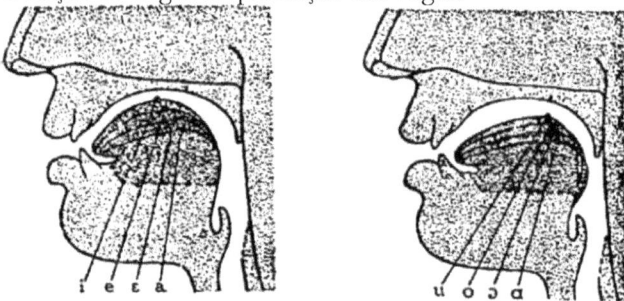

Fonte: (BAZZAN, 2005)

366

Podemos perceber que as vogais médias altas e baixas são fonemas intermediários que possuem uma maior proximidade com as outras vogais, a média baixa com a vogal baixa e a vogal média alta com a vogal alta.

Abaixo também mostramos a posição dos lábios na produção dos fonemas, outra característica articulatória que pode auxiliar na percepção do aluno quanto à produção das vogais médias:

Quadro 1: Posição dos lábios na produção das vogais

	Lábios estendidos	Lábios arredondados
Alta	⬯	⬠
Média-alta	⬯	⬠
Média-baixa	⬯	⬠
Baixa	⬯	⬠

Fonte: (CRISTÓFARO SILVA, 2013, p. 69)

A produção dos fonemas é feita pelo grau de abertura da boca e a utilização desses dois articuladores (língua e lábios). A última forma de classificação é em relação à anterioridade/posterioridade da língua, essa classificação leva em consideração o movimento horizontal da língua, para trás e para frente. Para esta pesquisa, o mais importante é a classificação é em relação à altura. Dessa forma, podemos demonstrar não só o som ao aluno, mas também todo o processo articulatório de maneira a auxiliá-lo na produção desses sons. Como para a produção de uma vogal se faz necessário levar em consideração aspectos como a altura do corpo e posição da língua, além do arredondamento dos lábios (como explicitado), esses parâmetros necessariamente devem estar presentes no processo de ensino da produção das vogais em português, especialmente as que são objeto do estudo em tela. Se formos fazer uma comparação, o quadro vocálico do português brasileiro é muito maior do que o quadro vocálico do espanhol.

Quadro 2: Quadro vocálico do português brasileiro

VOGAIS		DITONGOS	
Orais		**Orais**	**Nasais**
[a] [ə] [ɛ] [e] [i]		[a̯ɪ] [e̯ɪ] [ɛ̯ɪ] [o̯ɪ] [ɔ̯ɪ] [u̯ɪ]	[ã̯ɪ]
[ɪ] [ɔ] [o] [u] [ʊ]		[a̯ʊ] [e̯ʊ] [ɛ̯ʊ] [o̯ʊ] [i̯ʊ]	[ẽ̯ɪ]
			[õ̯ɪ]
Nasais		[ɪ̯ə/ɪ̯a] [ɪ̯i/ɪ̯e/ɪ] [ɪ̯ʊ/ɪ̯o] [ɪ̯o]	[ũ̯ɪ]
[ã] [ẽ] [õ] [ĩ] [ũ]		[ʊ̯ə/ʊ̯a] [ʊ̯ɪ/ʊ̯e] [ʊ̯o/ʊ̯u/ʊ]	[ã̯ʊ]

Fonte: (CRISTÓFARO SILVA; YEHIA, 2013)

Já em relação ao espanhol, não existem vogais abertas, como no português. Os fonemas são chamados de vogais médias apenas, e não possuem variação, vale dizer, só existem os fonemas /e/ e /o/.

Quadro 3: Quadro vocálico do espanhol

[ę̃]	[ę]	anterior semiabierta	en contacto con /r/; antes de /x/; en el diptongo /ei/; en sílaba trabada por una consonante diferente de /m, n, s, d, z/	e	perro ceja ley cerdo
[ẽ]	[ẽ]	nasalizada	en posición inicial antes de una consonante nasal; entre dos consonantes nasales	e	entonces nene
[e]	[e]	anterior semicerrada	resto de contextos	e	pescar
[ǫ]	[ǫ]	posterior semiabierta	en contacto con /r/; antes de /x/; en el diptongo /oi/; en sílaba trabada; en el grupo a + ó + r/l	o	ahora
[õ]	[õ]	nasalizada	en posición inicial antes de una consonante nasal; entre dos consonantes nasales	o	hombre mono
[o]	[o]	posterior semicerrada	resto de contextos	o	coche

Fonte: (GARRIDO; MACHUCA; DE LA MOTA, 1998)

Dito de outra forma, "em espanhol, o número de vogais (fonemas) é apenas cinco, número menor do que em português por não haver distinção fonológica entre o timbre aberto e fechado em "e" e "o" (entre, p. ex., port. *pode* e *pôde*)."[76]

---

[76]BRITO, Ana Maria; LHOSE, Birger; OLIVEIRA NETO, Godofredo de; AZEREDO, José Carlos de. **Gramática Comparativa Houaiss**: *Quatro Línguas Românicas: português, espanhol, italiano e francês*. São Paulo: ed. Publifolha, 2010, p. 38.

Mattoso Câmara inclusive explicita que:

> [...] os falantes de língua espanhola têm, em regra, dificuldade de entender o português falado, apesar de grande semelhança entre as duas línguas, por causa dessa complexidade em contraste com a relativa simplicidade e consistência do sistema vocálico do espanhol. Portugueses e brasileiros, ao contrário, acompanham razoavelmente bem o espanhol falado, porque se defrontam com um jogo de timbres vocálicos menor e menos variável que o seu próprio.[77]

Muitas vezes, as palavras com fonemas vocálicos abertos provenientes do latim vulgar ditongaram-se no espanhol, como por exemplo, poderíamos citar a palavra *forte*, que é igual em português, mas que em espanhol virou *'fuerte'*; e *'petra'*, que em português virou *'pedra'* e em espanhol *'piedra'*. Assim, "a ditongação modificou, por vezes, a vogal. Não ocorreu ditongação em português e, quando ocorre em qualquer uma das três outras línguas, o *e* breve se transforma em "ie". O "õ" breve, por sua vez, passa a *"eu"* em espanhol [...]"[78]

Essa diferença surge desde o Latim Clássico (*Sermo Urbanus*), o Latim Vulgar (*Sermo Vulgaris*) e o português. Abaixo podemos conferir no quadro comparativo:

Quadro 4: Quadro das vogais tônicas no latim

Latim clássico	Latim vulgar	Português	Exemplos
ā, ă	a	a	prātu > prado; pāce > paz ăqua > água; áquila > águia
ĕ	é (aberto)	é (aberto)	mĕlle>mel; nĕbulam > névoa
ē, ĭ	é (fechado)	ê (fechado)	cēra> cera; pĭra > pêra
ī	i	i	fīlu > fio; rīvum > rio
ŏ	ó (aberto)	ó (aberto)	prŏba > prova; rŏtam > roda
ō, ŭ	ô (fechado)	ô (fechado)	amōre > amor; bŭcca>boca
ū	u	u	pūro > puro; secūrum > seguro
			Quadro comparativo das vogais tônicas no latim clássico e vulgar

Fonte: Adaptado de CASTRO, ET ad. (2000).

Além disso, no latim clássico, as vogais tinham uma duração específica, ou seja, no latim as vogais tinham uma variação da frequência das cordas vocais e passou ao aumento da intensidade da vibração e com o passar para o latim vulgar e posteriores línguas românicas, essa característica foi sendo alterada

---

[77]CÂMARA JÚNIOR, Joaquim Mattoso. **Estrutura da língua portuguesa**. 24. ed. Petrópolis: Vozes, 1996, p.39.
[78]BRITO, Ana Maria; LHOSE, Birger; OLIVEIRA NETO, Godofredo de; AZEREDO, José Carlos de. **Gramática Comparativa Houaiss**: *Quatro Línguas Românicas: português, espanhol, italiano e francês*. São Paulo: ed. Publifolha, 2010, p. 64

pouco a pouco. A tendência mais geral é que as médias breves, assim entendendo as que tinham uma frequência mais alta /e/ e /o/ evoluíram para o timbre aberto /ɛ, ɔ/. Tal evolução pode ser observada no quadro abaixo:

Quadro 5: Vogais no latim clássico e suas evoluções no latim vulgar

LATIM CLÁSSICO	LATIM VULGAR
ī, ū (longos)	/i/, /u/
ŭ, ō	/o/
ŏ	/ɔ/
ē, ĭ, oe	/e/
ĕ, ae	/ɛ/
ă, ā	/a/

Fonte: (CASTRO, 1991, p. 207).

No espanhol primitivo, as vogais médias abertas sofreram ditongação em /ie/ e /ue/. Como exemplo, temos "terra" para "tierra" e "porta" para "puerta". No caso específico do fonema /ĕ/, que era pronunciado com uma ligeira abertura na posição tônica, a ditongação para /ie/ no espanhol se torna fechada, como em *cĕntum>ciento; sĕrvŭm>siervo; dĕcem>diez; vĕnit>viene*[79].

Na passagem das vogais longas para o português, os fonemas ficaram mais fechados e as breves ficaram fonemas mais abertos[80].

Na produção das vogais, essa capacidade de se desvencilhar da língua materna é posta mais à prova. Isso se deve pela quantidade de vogais no quadro vocálico entre as duas línguas em que o espanhol possui uma quantidade menor de vogais do que o português.

O conhecimento da fonologia auxilia na aprendizagem de uma língua estrangeira. É comum, ao aprender uma língua estrangeira, usar fones da língua materna na pronúncia daquela que se está aprendendo. Entretanto, quando as duas línguas diferem em seus componentes fonológicos, podem ocorrer interferências problemáticas na prática oral da língua estrangeira [81]

---

[79] PIDAL, Menéndez. *Gramática histórica española*. Madrid: Preciados, 1904.
[80] SILVA, Rosa Virgínia Mattos e. **Tradição gramatical e gramática tradicional**. São Paulo: Contexto, 1989, p. 68
[81] MORI, A. C. Fonologia. In: MUSSALIIM, F.; BENTES, A. C. (Orgs.). **Introdução à Lingüística:** domínios e Fronteiras. 3. ed. São Paulo: Cotez, 2003. p. 151.

Assim, a percepção articulatória é algo deveras importante no aprendizado de uma língua estrangeira. Quando o fonema a ser aprendido não existe na língua materna, faz-se necessário que o aluno se conscientize de como se dá a articulação na produção do fonema para que possa produzi-lo com eficiência e, posteriormente, automatizar essa produção.

Dessa maneira, a compreensão articulatória é a percepção e reprodução dos fonemas levando em consideração esses aspectos, relevantes para que o aluno possa entender o processo e corrigir ele próprio os possíveis desvios na produção.

Destarte, a compreensão articulatória, vale dizer, em especial, da articulação necessária para a produção das vogais abertas no português brasileiro em oposição ao espanhol em que tal fato não ocorre, é algo significativo no ensino de português como língua estrangeira

Metodologia Contrastiva e conscientização articulatória

O método contrastivo surgiu na década de 50 com Fries. Em 1957, foi publicado no livro *Linguistics across cultures*. Sua proposta consistia em uma metodologia para prevenir os equívocos recorrentes no aprendizado de uma língua estrangeira, equívocos esses advindos da influência da língua materna. Em 1970, a metodologia foi revista e muito influenciada pela teoria de Noam Chomsky, que parte do pressuposto de que o ser humano é capaz de inferir regras a partir dos *inputs* que recebe. A diferença entre a abordagem dada na década de 50 e a da década de 70 é retirada da visão negativa que se dava à influência da língua materna na língua estrangeira, antes as influências eram vistas como obstáculos à aprendizagem que deveriam ser superados. Na década de 70, com a reformulação da abordagem, passou-se a entender que a influência da língua materna era, na verdade, um apoio realizado pelo cérebro na aprendizagem. Desta maneira, a mente não só procura na língua materna como em outras línguas conhecidas, estruturas parecidas que auxiliam na assimilação de novos conhecimentos na língua a ser aprendida.

Por fim, na década de 80, foi reconhecido que os equívocos na língua estrangeira advêm não só da influência da língua materna, como também dos métodos utilizados.

A metodologia contrastiva é uma abordagem que procura minimizar a interferência da língua materna na língua estrangeira, buscando produzir materiais didáticos com esse fim[82].

Destacamos a análise feita pela autora Ana Carvalho nessa questão:

> [...] É somente através de práticas escritas e orais, comunicativas e contextualizadas, que a aquisição do português pode ser efetuada por falantes de espanhol, como já foi salientado por proponentes de uma

---

[82] GUILLEMAS, R. R.**La lingüística contrastiva en el aula de español lengua extranjera**, 2004. p. 11.

combinação de estruturas lingüísticas [...] A utilidade da análise contrastiva limita-se, então, a prover estruturas lingüísticas aos professores de língua e escritores de livros de texto que devem incorporá-las a atividades contextualizadas e comunicativas.[83]

Neste sentido, a metodologia contrastiva se mostra um importante aliado, visto que ao comparar os sistemas linguísticos tenciona compreender os fatores que geram erros. Com línguas latinas, esse sistema tem uma grande vantagem em razão da semelhança, palavras que notoriamente possuem características similares, mas podem possuir uma articulação diferenciada em casa língua. A influência da língua materna sempre será um ponto de partida para o contraste.

Así, del Análisis Contrastivo se obtiene la idea genérica de existencia de dificultades que residen en el sistema conocido (lengua materna o lengua nativa) y en el sistema por conocer (segunda lengua o lengua extranjera), o mejor, existen dificultades de aprendizaje o interferencias derivadas de la aproximación en el aula (no de la proximidad, ese sería otro tema) de dos sistemas, ya sea por semejanza ya sea por disparidad [84]

Nesta primeira fase, o aluno cria o que ele denominou de *interlíngua*[85], ou seja, equívocos de generalização e hipergeneralização, sendo equívocos ocorridos pelo aluno na tentativa de aprender a língua estrangeira. Neste sentido, o docente que tem como objetivo na sua aula a pronúncia correta deve estar atento para que possa guiar o aluno na assimilação correta da língua, principalmente na questão da pronúncia correta da língua.

Para Durão, a análise dos erros do aluno nessa *interlíngua*:

[...] trouxe enormes benefícios ao processo de ensino/aprendizagem, pois, a partir dela, houve desmistificação de fatores que abordavam o erro como o único indicador de fracasso dos alunos e os passaram a serem entendidos como indicadores de estágio de aprendizagem linguística. Além disso, entendeu-se que os erros são inevitáveis e fazem parte da tentativa de acertos dos aprendizes [...][86]

De todas as formas, o processo de aquisição de uma língua é em grande parte subconsciente, na medida em que o aprendiz infere regras partindo da sua compreensão auditiva, e o cérebro por uma necessidade de comunicação faz essa ponte.

---

[83]CARVALHO, ANA (no prelo). **Português para falantes de espanhol**: perspectivas de um campo de pesquisa in: Hispania.

[84] GUILLEMAS, R. R. **La lingüística contrastiva en el aula de español lengua extranjera**, 2004, p. 10-11

[85] SELINKER, L. **Interlanguage**. IRAL: International Review of Applied Linguistics in Language Teaching, 1972.

[86] DURÃO, Adja Balbino de Amorin Barbieri, **Analisis de Errores e Interlengua de los Brasileños aprendices de español y de españoles aprendices de portugués**. Londrina: UEL, 1999, p.19

En esta búsqueda desempeña un papel fundamental el análisis contrastivo, por dos tipos de razones: por una parte ayuda a entender los errores de los alumnos. Por otra, ayuda a entender el funcionamiento del idioma estudiado: los idiomas se aclaran e iluminan unos a otros. A través del estudio de un idioma se puede entender el funcionamiento de muchos otros, del lenguaje en general. [87]

Desta forma, a análise contrastiva ajuda o aluno a perceber os seus erros, assim como também auxilia o professor a entender de onde provêm seus erros. Além disso, o método faz com que o aluno possa aprender melhor à medida que contrasta os fonemas próximos, quer dizer, ao fazer diversos contrastes entre palavras que possuem os fonemas em questão, ele passa a entender o funcionamento da própria língua. Desta forma, colocam-se várias palavras em que aparecem os diversos fonemas que se deseja estudar e o aluno vai associando os casos em que acontece uma vogal média alta e baixa. Vale ainda ressaltar que o método contrastivo não é um método a ser utilizado em todo o processo de aprendizagem, mas sim em um primeiro contato com a língua. Este método faz com que o aprendiz consiga um primeiro vocabulário comparando as similaridades entre as duas línguas e destacando o que é oposto e em relação a fonética faz-se o mesmo processo, compara o que é similar e o que é oposto se faz a oposição de maneira frontal de tal forma que o aprendiz perceba a diferença e busque reproduzir os fonemas.

Para a pesquisa proposta, além do método contrastivo houve também a necessidade de ser feita a conscientização articulatória, ou seja, o aprendiz entender a articulação necessária do aparelho fonador para produzir a vogal. Isso demonstra a maneira de se fazer um contraste entre as duas línguas, o que obviamente pode ser feito especificamente com a produção das vogais médias em contraste com as vogais médias que o aluno hispano-falante está mais acostumado.

A conscientização articulatória é uma estratégia muito importante para os fins da presente pesquisa a ser utilizada no método contrastivo. A demonstração ao aluno hispano-falante da articulação do aparelho fonador, boca e língua para a produção das vogais médias são muito importantes para que o aluno possa reproduzi-las e compreender o processo para a correta produção dos fonemas.

ASPECTOS METODOLÓGICOS DA PESQUISA

Para realizar a pesquisa, o pesquisador viajou para a cidade de Lima no Peru, onde permaneceu por três meses. A escolha se deu por uma oportunidade de emprego associada à necessidade de o pesquisador fazer a investigação com

---

[87] ECHEVERRÍA ECHEVERRÍA,Susana. **A gramática normativa do português no estudo das línguas afins: o imperativo em português e espanhol,** Disponível em: <www.unitau.br/scripts/prppg/.../agramaticanormativa-N2 2002.pdf>, acessado em 14 dez. 2013

falantes nativos que nunca tiveram qualquer contato com a língua portuguesa. O fato de não conhecerem a língua possibilitou uma visão da assimilação das vogais desde um ponto inicial, que era o objetivo da pesquisa. O acesso a materiais em língua portuguesa no país é consideravelmente baixo, há novelas e programas, mas todos dublados em espanhol, o que tornou de fato a experiência como a primeira dos alunos em língua portuguesa.

Na cidade, o pesquisador selecionou três alunos, duas crianças e um adulto, número que idealmente deveria ser maior, mas que não foi possível devido ao tempo de que dispunha o pesquisador e à falta de sujeitos dispostos a participarem da pesquisa. O adulto tinha conhecimento do idioma inglês e as crianças apenas do quéchua, língua de cultura local, mas nenhum dos alunos tinha qualquer conhecimento do português. A escolha das crianças teve como objetivo comparar a sua assimilação com a de um adulto e, além disso, o adulto em questão tinha conhecimento do inglês, que lhe possibilitou ter acesso a um quadro vocálico mais amplo, enquanto as crianças só tinham o quéchua como outra língua (sendo que essa língua possui um quadro vocálico menor que o espanhol).

O pesquisador não teve dificuldade de acesso aos alunos, visto que todos moravam na mesma rua e a distância era pouca. As aulas ocorreram sempre na sala de visitas do apartamento em que o pesquisador estava morando nesses três meses.

As três aulas relevantes à pesquisa foram preparadas de maneira que o aluno escutasse primeiro o fonema, depois tentasse produzi-lo e, não conseguindo, tivesse o auxílio do pesquisador. Além disso, com o intuito de induzir ainda mais a consciência articulatória do aluno, o pesquisador apresentou um vídeo em que eram produzidos os fonemas de maneira lenta e com a visualização do movimento da boca. Esse vídeo tinha a intenção de que, ao visualizar o movimento apresentado nele, o aluno pudesse reproduzi-lo.

Todas as aulas foram pensadas de maneira que o aluno tivesse um vocabulário mínimo que pudesse ser de sua utilidade futura, como saudações na primeira aula, relações familiares e exemplos de conversas básicas. Dessa maneira, o aluno poderia ver na prática o uso das palavras e enriquecer seu vocabulário, assim como tornar a aula muito mais produtiva e prática. Os textos foram pensados de forma que o aluno em contato com a língua fosse identificando palavras e expressões que não só enriqueceriam seu vocabulário, como também auxiliariam no contraste entre os fonemas objeto do estudo.

A partir das respostas e construções dos alunos, o pesquisador faria anotações de maneira a perceber os pontos de dificuldade. Desta maneira, deveria fazer intervenções para fazer o aluno compreender o ponto em que cometeu um desvio, sempre contrastando sua produção com a esperada para que ele pudesse entender onde ocorreu o desvio. Essa explicação deveria levar em consideração as diferenças entre a vogal /ɛ/ e a vogal /e/, mesmo que correspondam, na escrita, à mesma letra "e", por exemplo.

RESULTADOS DA PESQUISA

Foram feitas três aulas com o enfoque específico de analisar a assimilação das vogais médias do português brasileiro e do método contrastivo neste processo. Para essas aulas foram selecionados três alunos, um era um jovem de 23 anos com formação superior e conhecimento da língua inglesa e duas crianças, um menino de oito anos e uma menina de dez, que estão na escola e têm conhecimento de espanhol e quéchua. O jovem será chamado de "José" de agora em diante e do grupo das crianças, o menino será chamado de "João" e a menina de "Maria".

Na primeira aula, foram selecionadas conversações simples de uma conversa do livro Bem-vindo[88]. A escolha foi feita em razão de ser um primeiro contato com a língua, conversações que ajudam sempre uma pessoa que está aprendendo uma língua a ter um primeiro contato tanto com o professor quanto com um pequeno contato com um nativo. Também é um tema muito importante para um primeiro contato entre o professor e o aluno, para que o aluno já tenha certo vocabulário, que sempre será utilizado ao encontrar seu professor. Além disso, as frases básicas foram muito importantes para verificar a ocorrência das vogais médias no português brasileiro e como os alunos as realizavam.

(Figura 2: Cumprimentos: PONCE; BURIN; FLORISSI, 2004, p. 1)

Nessa parte da aula, o grupo das crianças teve dificuldade em pronunciar as palavras "logo" e "até", pronunciando "logo" como se fosse [ˈlõagʊ] e "até"

---

[88] PONCE, Maria Harume Otuki de; BURIN, Silvia R. B, Andrade; FLORISSI, Susanna. **Bem-Vindo!** A língua portuguesa na era da comunicação. 6ª Ed. Atual., São Paulo, Special Books Services, 2004

como se fosse [a'tɛə]. João teve mais dificuldade em pronunciar "até", chegando a balbuciar o "e" com o "a". José pronunciou a palavra "logo" com uma pequena pausa entre as sílabas. Nesse intervalo saiu um som quase como uma vogal /u/. Isso se deve a tentativa de ambos em buscar produzir os fonemas que não existem na sua língua e por isso começam a procurar fonemas conhecidos e fazerem uma relação entre o desconhecido e o conhecido.

Depois foram apresentadas as relações familiares para ambos os grupos. A escolha se deu em razão do uso direto pelos alunos e também pela oposição entre os pares mínimos em "avô" e "avó".

João e Maria tiveram dificuldade em diferenciar as palavras "avó" e "avô". Sempre pronunciavam de maneira similar e quando tentaram diferenciar as palavras, pronunciavam "avó" como se fosse [a'voə]. José não teve problema em diferenciar os dois, mas a pronúncia de "avó" não foi tão aberta quanto o esperado, ficando em um meio termo entre /o/ e /ɔ/.

Foi apresentado um vídeo em que se visualizava a boca de uma pessoa produzindo os fonemas. Após isso a produção de João e Maria melhorou ligeiramente, havendo um uso menor do recurso do "a". José produziu os fonemas conforme o esperado.

Na segunda aula, foi dado o seguinte texto, também do livro *Bem-vindo*.

VAMOS CONHECER BENEDITA COSTA

REP: Qual é o seu nome?
BENE: Benedita Costa.
REP: Prazer em conhecê-la.
BENE: O prazer é meu.
REP: Você é estudante?
BENE: Não, sou atleta.
REP: Profissional?
BENE: Não, hoje não sou mais atleta profissional. Sou empresária.
REP: Quem são estas pessoas nestas fotos?
BENE: Esta sou eu e minha família. Aqui nós estamos no Ceará. Nós todos somos Cearenses, de Fortaleza.
REP: Seu pai também é empresário?
BENE: Não, meu pai é professor universitário e minha mãe é dona-de-casa.

REP: Quem é esta moça?
BENE: Carla, minha irmã. E ao lado dela está José, seu filho. Hoje ele está na França. Carla é psicóloga e hoje em dia nós duas estamos em São Paulo.
REP: Como é o seu dia-a-dia?
BENE: Bem, pela manhã eu normalmente estou em casa e à tarde no escritório. Tenho sempre muitas coisas a fazer em casa: escrevo artigos para jornais, leio novidades sobre o atletismo, estudo inglês, faço ligações de negócios.
À tarde tenho reuniões de trabalho. Normalmente chego em casa à noite. Minha irmã também trabalha muito. À noite estamos sempre muito cansadas.

Figura 3: Diálogo (Fonte: PONCE; BURIN; FLORISSI, 2004, p. 5)

Esse texto é parte de uma entrevista. O uso do texto teve como intenção fazer com que o aluno pronunciasse e escutasse as palavras em um contexto

376

normal para que se acostumasse aos fonemas do português. Desta maneira, o pesquisador assumia o papel do repórter e o aluno da entrevistada.

Neste texto, os alunos João e Maria tiveram dificuldade com as palavras "atleta", pronunciando como [atletə], o verbo "é" foi pronunciado ['ea]. José também teve um pouco de dificuldade com a palavra "atleta", pronunciando [atlɛatə].

Nessa parte, o pesquisador repetiu com os alunos as palavras em questão e sempre que repetia junto, mostrando o movimento da língua e todo o aparelho fonador envolvido na produção dos fonemas, com a língua mais elevada quando pronunciando as vogais médias altas e um pouco mais abaixadas na produção das vogais médias baixas, os alunos produziam os sons de maneira satisfatória, duas vezes cometendo equívoco de pronunciar a vogal média alta com a língua em uma posição mediana.

Na terceira aula, foi apresentado o texto a seguir:

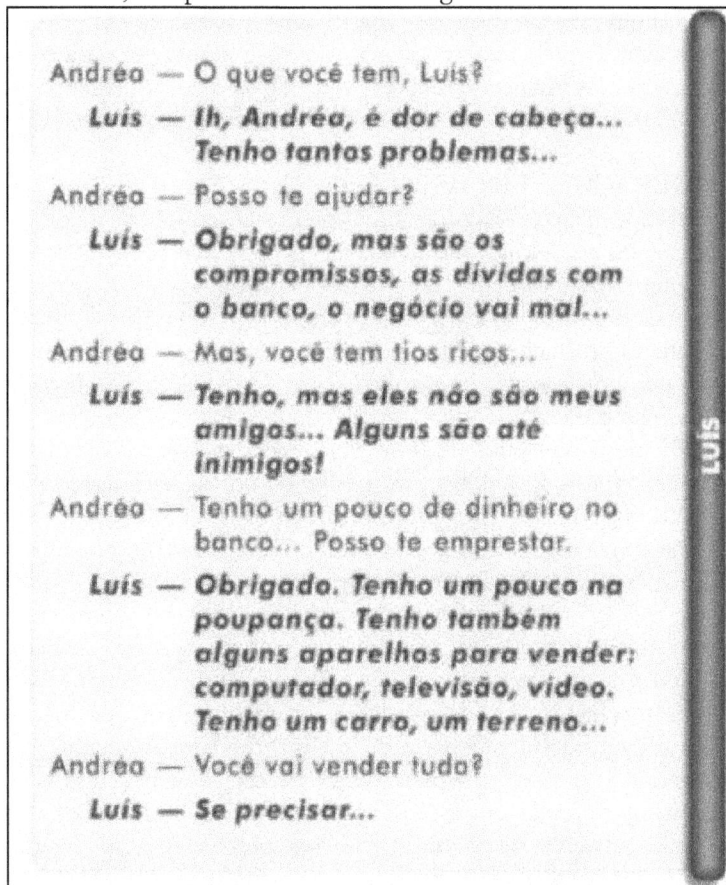

Andréa — O que você tem, Luís?

Luís — Ih, Andréa, é dor de cabeça... Tenho tantos problemas...

Andréa — Posso te ajudar?

Luís — Obrigado, mas são os compromissos, as dívidas com o banco, o negócio vai mal...

Andréa — Mas, você tem tios ricos...

Luís — Tenho, mas eles não são meus amigos... Alguns são até inimigos!

Andréa — Tenho um pouco de dinheiro no banco... Posso te emprestar.

Luís — Obrigado. Tenho um pouco na poupança. Tenho também alguns aparelhos para vender: computador, televisão, vídeo. Tenho um carro, um terreno...

Andréa — Você vai vender tudo?

Luís — Se precisar...

Figura 4: Diálogo 2 (Fonte: PONCE; BURIN; FLORISSI, 2004)

Nesta leitura, José não apresentou dificuldade alguma em produzir os fonemas da maneira esperada. João e Maria, por sua vez, tiveram ligeira dificuldade em produzir o ['ɛ] em Andréa (já não mais utilizando a vogal "a" como recurso, com fonema bem próximo do esperado e levemente mais fechado). Já na palavra *negócio*, produziram o fonema /ɔ/ levemente fechado, mas bem próximo da produção esperada. A palavra *até*, em que anteriormente tinha acontecido um equívoco, foi produzida de forma satisfatória. Pode-se perceber que a idade e o conhecimento de línguas diversas auxiliam muito na aquisição de uma nova língua.

O quadro vocálico espanhol, sendo mais reduzido que o brasileiro, tende a criar dificuldades para a assimilação dos fonemas específicos do português, ao contrário do que acontece com o brasileiro que queira aprender ou entender o espanhol. Por esta razão, o conhecimento de outra língua tende a facilitar a assimilação de fonemas distintos de sua língua materna na proporção em que a outra língua conhecida possua o mesmo fonema estudado ou um mais próximo que a sua língua materna possui.

Vale dizer, usando palavras em que ocorram os fonemas em estudo, o aluno tendo contato com diversas palavras com vogais médias e altas, começa a fazer suas reflexões e perceber quando deve usar uma ou outra vogal.

CONSIDERAÇÕES FINAIS

O pesquisador buscou elaborar uma pesquisa tendo com dois grupos distintos, jovens e adultos em que um dos grupos tivesse conhecimento de outra Língua Estrangeira (LE) que pudesse contribuir com a aprendizagem do português brasileiro. Por fatores adversos, o pesquisador conseguiu um grupo limitado de sujeitos de pesquisa, o que leva à necessidade de outras pesquisas que corroborem os resultados encontrados, já que os objetivos específicos não puderam ser plenamente constatados.

Através da pesquisa feita, pode-se compreender que a assimilação do conhecimento fonológico das vogais médias do português brasileiro se dá de maneira muito mais eficaz quando é feita com o uso de vídeos, de maneira que o aluno possa reconhecer o movimento feito pelo nativo para produzir, no caso da pesquisa realizada, as vogais médias.

Desta maneira, a conscientização articulatória se mostrou muito eficaz porquanto se fazendo a distinção dos fonemas médios altos e baixos, os alunos puderam compreender o uso de cada um deles em diversos contextos que foram apresentados a eles, restando, é claro, outros que pelo tempo disposto para a pesquisa, não permitiu um aprofundamento maior.

Em um período relativamente curto para a realização da pesquisa, os alunos assimilaram os fonemas em estudo. Algumas vezes, ao final das aulas, os alunos ainda criavam certa confusão, mas logo percebiam e reparavam o erro sozinhos, o que pareceu ao pesquisador ser muito mais falta de costume na produção do fonema que dificuldade.

Desta forma, o método contrastivo demonstrou ser eficiente quando trabalhado em conjunto com a conscientização articulatória no ensino de PLE, principalmente no que tange a assimilação das vogais médias do português.

REFERÊNCIAS

BAZZAN, Maristela Andréa Teichmann. **As vogais médias na interfonologia português – espanhol.** Universidade Católica de Pelotas. Pelotas, 2005.

BRITO, Ana Maria. LHOSE, Birger. OLIVEIRA NETO, Godofredo de. AZEREDO, José Carlos de. *Gramática Comparativa: Houaiss: Quatro Línguas Românicas: português, espanhol, italiano e francês.* São Paulo. Publifolha, 2010.

CÂMARA JÚNIOR, Joaquim Mattoso. **Estrutura da língua portuguesa.** 24. ed. Petrópolis: Vozes, 1996.

CARVALHO, Ana (no prelo), **Português para falantes de espanhol:** perspectivas de um campo de pesquisa. Campinas: Editora Pontes, 2004.

CRISTÓFARO SILVA, Thaïs, **Fonética e Fonologia do Português Brasileiro:** Roteiro de estudos e guia de exercícios, 10 ed., São Paulo: Contexto, 2013.

CRISTÓFARO-SILVA, Thaïs ; YEHIA, Hani Camille . Sonoridade em Artes, Saúde e Tecnologia. Belo Horizonte: Faculdade de Letras, 2009. Disponível em <http://fonologia.org>.Acesso em: 15 de nov. 2013.

DUBOIS, Jean *et al.* **Dicionário de Lingüística.** São Paulo: Cultrix, 1999.

CASTRO, Ivo et Ad. **História da Língua Portuguesa.** 2000. Disponível em: <http://www.instituto-camoes.pt/cvc/hlp> Acesso em: 10 dez. 2013

ECHEVERRÍA ECHEVERRÍA, Susana. (2002) **A gramática normativa do português no estudo das línguas afins: o imperativo em português e espanhol**, Universidade de Taubaté Departamento de Ciências Sociais e Letras Disponível em: http: www.unitau.br/scripts/prppg/.../agramaticanormativa-N2 2002.pdf

GARRIDO, J. M.; MACHUCA, M. J.; DE LA MOTA, C. **Prácticas de fonética**. Lengua española I. Bellaterra: Universitat Autònoma de Barcelona, 1998.

GUILLEMAS, R. R. **La lingüística contrastiva en el aula de español lengua extranjera**, Londrina: Moriá, 2004

MORI, A. C. Fonologia. *In*: MUSSALIM, F.; BENTES, A. C. (Orgs.). **Introdução à Lingüística:** domínios e Fronteiras. 3. ed. São Paulo: Cortez, 2003.

PIDAL, Menéndez. *Gramática histórica española*. Madrid: Preciados, 1904.

PONCE, Maria Harume Otuki de; BURIN, Silvia R. B, Andrade; FLORISSI, Susanna. **Bem-Vindo!** A língua portuguesa na era da comunicação. 6 ed., São Paulo: Special Books Services, 2004.

SILVA, Rosa Virgínia Mattos e. **Tradição gramatical e gramática tradicional**. São Paulo: Contexto, 1989.

SELINKER, L. **Interlanguage**. IRAL: International Review of Applied Linguistics in Language Teaching, 1972.

CAPÍTULO 8
O ENSINO
DE PORTUGUÊS
E A AVALIAÇÃO

ESTUDO COMPARATIVO ENTRE OS EXAMES DE PROFICIÊNCIA DO PORTUGUÊS BRASILEIRO (CELPE-BRAS) E DO ESPANHOL (DELE)

Bruno da Cruz Faber
Centro Cultural Brasil-México e Instituto Superior de Intérpretes y Tradutores, México

INTRODUÇÃO

Este trabalho se propõe a averiguar dois sistemas de avaliação de proficiência divergentes, exemplificados aqui com o Certificado de Proficiência em Língua Portuguesa para Estrangeiros (Celpe-bras) - prova de certificação do governo do Brasil - e com o Diploma de Español Lengua Extranjera (DELE) - certificação outorgada pelo governo da Espanha. O anseio de estudá-los vem tanto da minha experiência como aluno como da minha experiência como profissional da área de professor de Língua Estrangeira. Desde que eu comecei a estudar a língua espanhola, antes mesmo de cursar a graduação, todos os professores já me condicionavam para poder realizar o DELE. Quando comecei o meu bacharelado em Letras, me inclinei para a docência do português como língua estrangeira e, portanto, acabei entrando em choque com a teoria de proficiência subjacente na certificação brasileira.

Considerando que cada vez mais pessoas prestam o exame de proficiência do Brasil, isto acarreta que a língua portuguesa do Brasil começa a gozar de prestígio de "universalização". E, como consequência, "quanto maior o status e prestígio da língua e do exame, maior o efeito retroativo por ele exercido" (Scaramucci 213). Isto quer dizer que as diretrizes que norteiam o Celpe-bras deveriam entrar no âmbito pedagógico do ensino de Português Língua Estrangeira (PLE). Não exatamente como modelo ou cópia a ser seguido, mas bem como fonte de inspiração para a realização de cursos e exames realmente proficientes. O que a minha prática profissional de professor de português língua estrangeira (PLE), principalmente no contexto de ensino mexicano, permitiu observar é que os cursos de português como língua estrangeira têm se mantido à margem das discussões metodológicas do que se considera atualmente ser um falante proficiente. Tal constatação pessoal encontra respaldo na crítica feita por Díaz Barriga: "en cierto sentido podemos afirmar que, desde el punto de vista técnico, nos encontramos en un desfase en la mayoría de los planes de estudio sobre la incorporación de estas nuevas perspectivas en la formación de las futuras generaciones en el campo de la evaluación" (585).

Por isso, neste artigo averiguaremos o que conforma um sistema de avaliação, os diferentes tipos de ferramentas de avaliação e que tipo de conhecimento cada um deles cobra implicitamente, também revisaremos as definições dos níveis de conhecimento para depois entrarmos no estudo de dois sistemas de avaliação, um considerado pela crítica de "tradicional" e o outro denominado "comunicativo". Por último, veremos como tais conceitos se aplicam ao Celpe-bras e ao DELE.

SISTEMAS DE AVALIAÇÃO

De acordo com o estudo de Costa (1995), as provas são feitas motivadas por três interrogantes: (i) estabelecer comparações entre as competências individuais dos alunos, (ii) ter uma visão geral do andamento e desenvolvimento dos alunos com relação aos objetivos gerais e específicos propostos no início de cada período escolar, e (iii) calibrar (ou recalibrar) a ação docente em função da qualidade das respostas dos alunos. Vemos que o primeiro costuma ser o objetivo dos professores e/ou estabelecimentos educacionais para fazer as provas de nivelamento de conhecimento, o que também se reflete nos exames de proficiência. O segundo é utilizado geralmente para dar uma nota ao desempenho do aluno durante um período escolar, como é o caso da educação básica no Brasil. E o último objetivo, muito pouco usado, é na verdade uma sistema de avaliação mais da prática decente que da discente.

Continuando com a teorização de Sérgio Francisco Costa (1995), podemos agrupar os vários tipos de provas em dois modelos: as objetivas e as não-objetivas. As denominadas provas objetivas são aquelas que possuem uma estrutura difícil de montar, mas que, no entanto, isso acaba transformando-as em fáceis de corrigir, pois possuem um gabarito oficial. Outra característica é que os elementos emocionais embutidos no exame são praticamente inexistentes. E um último ponto é que as provas não sofrem influência de fatores psicológicos da parte de quem as corrige, porque como têm um gabarito oficial, elas não abrem margem a divergências interpretativas das respostas. Na outra ponta, as provas não-objetivas se caracterizam por serem fáceis de montar, mas difíceis de corrigir. Elas também possuem embutido forte elemento emocional e, por isso, a sua correção sofre fortemente a influência de fatores psicológicos, pois o corretor, que não possui um gabarito oficial, mas apenas uma grade de correção, deve nivelar as informações dadas, interpretando-as de acordo com o objetivo da prova.

CARACTERÍSTICAS DE UMA AVALIAÇÃO

Agora que já vimos como funcionam os sistemas de avaliação como um todo, entraremos no tema de como deve ser uma avaliação, independentemente se for uma prova objetiva ou uma não-objetiva. Segundo Huerta Sánchez, qualquer instrumento de avaliação deve ser guiado por estes três pilares descritos a seguir. Primeiro, praticidade, isto é, a prova deve ser viável para que tanto o aluno quanto para o professor e a instituição. Uma prova não deve exigir do aluno mais tempo para a realização do que aquela imposta ao mesmo. Uma prova não pode exigir do professor um tempo de correção que não lhe é hábil. E uma prova não tem que representar uma perda de dinheiro por parte da instituição, digamos que uma prova de muitas páginas para muitos alunos cujo valor da mensalidade é baixo não é viável para a escola. Uma segunda característica é a confiabilidade, que implica que todos os participantes do processo de avaliação devem estar sob circunstâncias similares, para que não seja afetado o desempenho do aluno. Isto quer dizer que, hipoteticamente, os alunos de uma mesma turma deveriam fazer um exame que medisse a mesma habilidade que os alunos adquiriram no curso, e claro, a prova deve ser feita ao mesmo tempo pora todos os examinandos. Por último, Huerta Sánchez aponta a validez como o terceiro pilar. Ou seja, uma prova deve avaliar aquilo que ela supõe que esteja avaliando. E é neste terceiro conceito que centralizarei minhas críticas quando fizer a comparação dos exames de proficiência Celpe-bras e DELE, porque ambos afirmam avaliar a proficiência dos candidatos, mas os instrumentos de avaliação (tipos de provas) são diferentes, o que pode levar a que um desses exames não tenha a sua validez bem assegurada.

NÍVEIS DE CONHECIMENTO

Vimos até aqui que a prova, seja ela qual for, avalia o desempenho dos alunos em determinado conhecimento. Esta prova, podendo ser objetiva ou não-objetiva, deve ser viável, confiável e válida. Resta-nos saber os tipos de conhecimento que a prova pode medir. Voltando ao estudo de Sérgio Francisco Costa, ele identifica três níveis de conhecimento, a saber, (i) o reconhecimento, que o aluno sabe identificar aquilo que foi ensinado; (ii) o domínio, onde o examinando pode fazer algo com aquilo que foi estudado; e (iii) a evocação, em que o sujeito é capaz de produzir algo novo a partir de um estímulo mínimo sobre um tema. Apenas para título de exemplificação, digamos que um professor de matemática que quer medir o quanto os alunos sabem as fórmulas matemáticas de geometria, estará exigindo o conhecimento denominado reconhecimento. Agora, se o mesmo professor quer que os alunos usem as fórmulas para resolverem questões matemáticas, ele estará cobrando o domínio da turma. E, por fim, se o mesmo professor de matemática, a partir de um exemplo, pede aos alunos calcularem a área total da sala de aula e faça a porcentagem em relação à escola, sem se limitar a que os alunos usem apenas uma esquema de cálculo rígido, está forçando que os alunos evoquem todo o conhecimento aprendido articulado para um dado fim.

AVALIAÇÕES NO ENSINO DE LE

Até o presente momento nos detivemos percorrendo o caminho da avaliação como um todo, que pode abranger várias disciplinas. No entanto, para o nosso estudo necessitamos focar na área de Língua Estrangeira (LE), que é o conteúdo analisado nas provas de proficiência do Celpe-Bras e do DELE. Para entrar neste campo, resgataremos o estudo de Scaramuccci onde a autora justamente aborda a questão da avaliação na área de LE. De acordo com a pesquisadora, na área de ensino de LE predominam dois tipos de exames: o tradicional e o comunicativo. O modelo tradicional segue uma abordagem mais estruturalista, porque "concebe a língua como um código descontextualizado, formado de elementos que se combinam, dando origem a sentenças gramaticalmente corretas" (108). Assim, de acordo com tal pressuposto, o ensino de LE é se focar em estruturas gramaticais e itens de vocabulário para formar corretas sentenças gramaticais.

Isso leva a que "os testes, portanto, organizados de uma forma analítica, pressupõem que a linguagem, para ser testada, deve ser quebrada em seus componentes linguísticos ou habilidades e que cada um deve ser tratado separadamente" (Scaramacci 109). A vantagem neste tipo de exames tem sido a confiabilidade dos resultados, pois como vimos anteriormente, por ser uma avaliação objetiva, elimina o fator psicológico por parte do corretor, até porque há um gabarito a ser seguido. No entanto, a grande crítica desde modelo tem sido a sua validez, conforme vimos no estudo de Huerta Sánchez. Isto porque este tipo de avaliação não mede a proficiência do examinando, pois o tipo de conhecimento que a prova busca qualificar é o domínio, como vimos em Sérgio Francisco Costa.

Por outro lado, a avaliação comunicativa é "aquela centrada no desenvolvimento de uma habilidade de expressão ou de uma competência em uso" (Scaramacci 109). Portanto, a visão de língua que este tipo de exame exige é a que requer mais do que a mera manipulação das fórmulas gramaticais. Nela, o aluno tem que demonstrar domínio nas formas de comunicado, formas não apenas corretas, mas socialmente aceitas. Por isso, o exame deve ter ênfase na comunicação/interação e deve trazer os conteúdos contextualizados. Por ser a avaliação comunicativa aquela que provoca o examinando a produzir algo novo a partir de um estímulo, estamos nos situando no campo do conhecimento denominado evocação. Para tal, o tipo de prova deve ser não-objetiva, pois uma criação pressupõe sair dos moldes do gabarito. Justamente esse é considerado o ponto positivo deste tipo de exame, pois avalia a visão a linguagem concernente à prova, no que voltamos a tocar no tema da validez. E a crítica sobre este tipo de instrumento avaliador é justamente a confiabilidade, porque recai sobre ele a subjetividade do corretor.

O QCER

O DELE, como exame de proficiência, é, digamos, a última etapa do processo de ensino-aprendizagem. Mas quais seriam as diretrizes desse processo de ensino-aprendizagem? A resposta está no chamado Quadro Comum Europeu de Referência para as Línguas (QCER). O referido quadro foi pensado para unificar tanto os esquemas de aprendizagem quanto os esquemas de avaliação das línguas que conformam a zona do Euro. A história do QCER tem seu ponto de partida em 1989, através do Conselho da Europa, que passa a exigir dos países da referida zona comercial um "know-how" em domínios de educação e cultura.

No segundo capítulo do QCER nos é apresentado o marco teórico norteador do referido documento: a Abordagem Baseada em Ação (Action-based approach). Isto é, os alunos usuários da língua estrangeira são vistos como agentes sociais e este é um importante conceito que será depois recuperado na teorização do exame de proficiência brasileiro. Voltando ao QCER, Vilaça aponta que "apesar de não ter caráter prescritivo (...) é fácil observar que a abordagem de ensino que norteou ou, pelo menos, influenciou o desenvolvimento do Quadro foi a abordagem comunicativa" (26).

Um quadro teórico comunicativo para ser usado como base no ensino de línguas estrangeiras europeias da zona do euro deveria ter exames de proficiência comunicativos, para poder ter a validez que já destacamos anteriormente. Em outras palavras, os exames de proficiência dessas línguas, onde está inserido o espanhol e o DELE, deveria considerar a língua como um conjunto e avaliar o desempenho do aluno a partir de tarefas que fizessem o examinando elaborar algo novo, que seria o nível de evocação do conhecimento. No entanto, não é exatamente isso que vemos nos exames de proficiência. Vejamos a seguir um enxerto do DELE:

387

PREGUNTAS

1. Pierre escribe un correo electrónico sobre...

    a) sus vacaciones en la playa.
    b) su trabajo en Francia.
    c) su curso de español en Málaga.
    d) su trabajo en el sur de España.

2. El hotel de Pierre está...

    a) al lado de la playa.
    b) lejos del mar.
    c) en el centro.
    d) fuera de la ciudad.

3. Pierre va a trabajar...

    a) al mediodía.
    b) después de desayunar.
    c) cuando se levanta.
    d) antes de las ocho.

4. Pierre cuando vuelve al hotel escribe...

    a) una carta a su amigo.
    b) una postal a su familia.
    c) un mensaje de móvil.
    d) un correo electrónico.

5. María, la amiga de Pierre, tiene...

a)

b)

c)

d)

(fonte: diplomas.cervantes.es)

Apesar de não termos mencionado antes, se faz notório que essa parte do exame corresponde à prova de compreensão escrita. As provas do DELE, como qualquer outra do QCER, é dividido em várias partes: compreensão escrita e compreensão auditiva, produção escrita e produção oral, além da parte de gramática. Conforme mencionado anteriormente, uma prova onde se avalia a competência dos alunos por partes é uma prova de cunho estruturalista. Este tipo de avaliação não condiz com a base teórica do seu Quadro de Referência. Estamos cientes que quem elaborou o QCER (o

Conselho da Europa) é diferente de quem cria os exames de proficiência (nesse caso um colegiado de professores selecionados pelo governo de cada país da zona do Euro). O que nos assombra é que esses colegiados, que são de vários países, seguem uma estrutura similar de repartição na avaliação da competência dos examinando. Vejamos agora a prova de produção escrita:

PRUEBA DE EXPRESIÓN E INTERACCIÓN ESCRITAS   Nivel A1   e⁻

Tarea 2

Instrucciones

Usted está de vacaciones en la casa de unos amigos. Escriba una postal a su familia. En ella debe:

- saludar;
- decir dónde está la casa;
- describir cómo es;
- explicar qué hacen todos los días;
- despedirse.

Número de palabras: entre 30 y 40.

(fonte: diplomas.cervantes.es)

Uma crítica que fazemos a essa questão em si é o fato da aplicabilidade dela no mundo real. Quando uma atividade não é aplicável ao nosso entorno social, ela passa a ser caracterizada como fantasiosa, o que faz com que se perda a credibilidade naquilo que se aprende. Uma pergunta que nos fazemos é: qual a probabilidade de uma pessoa mandar um postal ao viajar nos dias de hoje? As pessoas hoje em dia usam as redes sociais e os aplicativos para celulares para compartilharem as suas experiência e emoções. Dificilmente uma pessoa escreveria um postal nesta nossa era tecnológica e, mais, já há várias destinos turísticos onde já não aparecem à venda.

Outra característica que dito exame ressalta (como aparece na parte superior direita) é que ele é dividido por níveis, ou seja, o aluno se postula a fazer a prova do nível de conhecimento da LE que ele pensa possuir. De acordo com o QCER, os níveis são divididos em seis, eis eles: A1 e A2 (considerados níveis básicos), B1 e B2 (níveis intermediários) e o C1 e C2 (níveis avançados). No nosso ponto de vista, não deveria ser assim, pois como modelo dito comunicativo, deveria tentar recriar, apesar de artificialmente, uma situação real de comunicação, exigida pela Abordagem Baseada em Ação, que aparece descrita no Quadro. Um aprendiz de Espanhol Língua Estrangeira (ELE) ao viajar para um país hispano-falante não encontrará situações apenas do nível A1 ou do B1. Na verdade, ele será confrontado com situações que atravessam todos os níveis e, a partir disso, consideraríamos o seu nível de proficiência.

Para terminar com o exame DELE, resta-nos dizer que o governo espanhol (assim como os demais governos das línguas europeias da zona do Euro) outorga aos examinandos os diplomas de proficiência desde o nível A1 até o C2. Este é outro ponto que o exame Celpe-bras diferirá da prova espanhola, porque o que está em xeque aqui é o próprio conceito de proficiência.

O CELPE-BRAS

Diferentemente dos países da zona do Euro, o Brasil não possui um quadro onde aparecem as diretrizes do ensino de Português Língua Estrangeira (PLE), apesar de já possuir o seu próprio exame de certificação, o Celpe-bras. A maneira viável de contornar essa situação foi usar mão do *washback*, ou efeito retroativo, ponto este que será discutido mais adiante. Primeiramente apresentaremos a história de criação do Celpe-bras. O exame de proficiência do Brasil foi pensado a partir de 1993, com a formação de uma comissão para implementá-lo. Por falta de bases que regulassem o ensino de PLE, a comissão elaboradora do Celpe-bras tentou colocar o que de mais recente havia na teoria do ensino de LE e através disso influenciar os cursos de idioma de português para uma aprendizagem mais eficaz e menos estruturalista.

Exemplo disso é a própria declaração de um dos membros da primeira comissão do Celpe-bras e que continua a ocupar o cargo até os dias de hoje: [o washback] é uma maneira conveniente para aqueles interessados em determinar os rumos do ensino sob o ponto de vista de uma política educacional, como é o caso da Comissão da Secretaria de Ensino Superior[89] responsável pelo exame Celpe-bras (Scaramucci 106).

---

[89] Atualmente é o Instituto Nacional de Estudo e Pesquisas Educacionais Anísio Teixeira, o INEP.

Para tanto, o exame revê a questão do que é ser proficiente em uma LE. De acordo com o Manual do Candidato do Celpe-bras, o exame "não é elaborado com o objetivo de avaliar a aprendizagem em um determinado curso, mas o que o examinando consegue fazer na língua-alvo, independentemente de *onde*, *quando* ou *como* essa língua foi adquirida" (Brasil 4). Considerando a aprendizagem como um elemento não segmentado, o Celpe-bras também redefinirá o que é ser um exame comunicativo. Voltando ao Manual do Candidato, "Diferentemente dos exames de proficiência que testam em separado as quatro habilidades (compreensão oral, compreensão escrita, produção oral e produção escrita), o Celpe-bras avalia esses elementos de forma integrada". (Brasil 4)

Para conseguir tal objetivo, o exame brasileiro se apropria da ideia da Abordagem Baseada em Ação do QCER e a redefine para a nomenclatura de Tarefa, que é "um convite para interagir com o mundo, usando a linguagem como um propósito social" (5). As Tarefas são atividades que substituem as típicas perguntas de interpretação do texto ou de completar o texto com a palavra adequada. Com as Tarefas, os examinandos devem articular os conhecimentos gramaticais para articular um texto, seja ele falado ou escrito. Uma das principais modificações no âmbito da aplicação de um exame de proficiência em LE é a criação de uma prova única para todos os candidatos. Isso se deve ao fato de que "na vida real as situações não são apresentadas de acordo com uma 'classificação' em níveis de proficiência e, portanto, quando se avalia diretamente desempenho, o exame julga mais adequado avaliar o candidato em contato com essas situações e com as dificuldades que as mesmas lhe impõem" (Rodrigues 42). Vejamos um exemplo de Tarefa do Celpe-bras:

ENUNCIADO DA TAREFA

Você é o responsável pela divulgação dos lançamentos da editora MonteCastelo Ideias. Escreva o texto de apresentação do livro de Alaíde Carneiro para compor o catálogo da editora, apresentando a nova publicação, as curiosidades da cozinheira e o diferencial das suas receitas.

Bolinhos dos sonhos

Dona do botequim Chico & Alaíde prepara livro com suas receitas de quitutes

Alaíde, em seu boteco: "Uma voz conta como fazer os salgadinhos enquanto durmo"

Muitos escritores, publicitários e poetas costumam manter um bloquinho na mesa de cabeceira para anotar ideias que surgem em meio aos sonhos. Alaíde Carneiro não é nenhuma das três coisas, mas cultiva o mesmo hábito. Cozinheira e proprietária do botequim Chico & Alaíde, no Leblon, ela costuma rabiscar combinações de ingredientes que lhe vêm à cabeça enquanto dorme. Ela jura que foi assim que criou todos os quitutes servidos no seu bar, aberto em sociedade com o ex-garçom Francisco das Chagas Gomes Filho, o Chico, em 2009. "Vejo o salgado pronto e uma voz me fala como devo fazer. Quando acordo, anoto de olho fechado. Se abrir, esqueço tudo", conta. Recentemente, Alaíde começou a revolver as cadernetas que ainda manteve ao lado da cama. A ideia é lançar um livro de receitas, a ser publicado pela editora MonteCastelo Ideias, em que promete revelar os segredos de suas iguarias, digamos, psicografadas. "Penso nisso há tempos. Os clientes vivem me perguntando sobre meus salgados", explica.

À parte seus métodos pouco ortodoxos, Alaíde tornou-se uma celebridade entre os boêmios cariocas. Sua fama começou quando ainda trabalhava no Bracarense, tradicionalíssimo boteco do Leblon, frequentado por artistas e políticos. Por 24 anos, pilotou as frigideiras da casa, até decidir abrir seu próprio negócio, em parceria com Chico, que era garçom no mesmo bar. Hoje, comanda uma equipe de dez pessoas e supervisiona pessoalmente o preparo de mais de quarenta tipos de salgado servidos no botequim. Todos os dias é a primeira a chegar. Antes das 7 horas já está na cozinha, e só sai de lá quando o bar fecha, perto da meia-noite. Ela faz questão de preparar sozinha a massa e o recheio dos bolinhos. Só a irmã, Patricia, está autorizada a substituí-la, e, mesmo assim, apenas em situações de emergência. "Sempre deixo tudo pronto. Afinal, só eu sei fazer meu tempero", diz, sem falsa modéstia.

Nascida em Minas Gerais, Alaíde chegou ao Rio aos 13 anos — hoje tem 49, mas não gosta de falar no assunto. Um de seus primeiros empregos foi como arrumadeira na casa de uma professora de gastronomia que, para incrementar o orçamento doméstico, vendia tortas para restaurantes. Um mês depois, passou a ajudar a patroa no preparo dos doces. Sua vida mudou quando começou a sonhar com comidas. O primeiro bolinho sonhado ganhou seu próprio nome e leva aipim, camarão e queijo catupiry. De lá para cá, não parou mais de cozinhar e sonhar, reunindo hoje mais de dez cadernos com anotações. Quem provou sabe: são mesmo receitas de outro mundo.

ALESSANDRA MEDINA
VEJA, 24 ago. 2011

(Fonte: http://portal.inep.gov.br/celpebras-estrutura_exame)

Vejamos neste enxerto do exame que a partir de uma compreensão leitora pede-se que o examinando realize uma produção escrita. Ao invés de colocar uma clássica questão de vocabulário específico, o candidato deve fazer uma junção de toda a sua competência gramatical não apenas para interpretar o texto, mas também para produzir um novo, que é o nível da evocação do conhecimento. A seguir temos outro exemplo de Tarefa para o exame Celpe-bras:

ENUNCIADO DA TAREFA

Você é professor e assistiu à reportagem sobre o Projeto Horta Ecológica. Motivado por essa iniciativa, escreva um e-mail ao diretor da escola em que você trabalha, sugerindo a implementação de um projeto semelhante na sua instituição. Com base na reportagem, fundamente sua sugestão, explicando como o projeto pode ser desenvolvido e destacando as vantagens para a comunidade escolar.

(Fonte: http://portal.inep.gov.br/celpebras-estrutura_exame)

Aqui o candidato novamente deve ativar todo seu conhecimento linguístico para poder realizar a compressão auditiva para posteriormente fazer a produção escrita. As Tarefas, conforme vimos aqui, têm por objetivo tentar simular situações reais de comunicação onde o aluno, inserido no contexto brasileiro, poderia enfrentar, sem distinguir textos e áudios por níveis de dificuldade. E a partir do desempenho evocativo do aluno é que este obtém a certificação de proficiência, mas apenas em quatro níveis. Diferentemente das provas que seguem o modelo do QCER, o Celpe-bras apenas certifica do nível intermediário para cima, a saber: intermediário, intermediário superior, avançado e avançado superior. Isto porque a Comissão do Celpe-bras não considera falante proficiência alguém que apenas sabe se expressar basicamente.

APONTAMENTOS FINAIS
Ao longo deste trabalho discutimos o cerne da questão do que é ser proficiente em uma língua estrangeira. Como aponta Almeida Filho (45), "Ser comunicativo no ensino de língua estrangeira (LE) é ter uma postura profissional coerente com um conjunto de pressupostos ditos comunicativos". Para tal, vimos os três pilares que uma prova em geral se ergue (praticidade, confiabilidade e validez). Também tocamos a questão dos três níveis de conhecimento (reconhecimento, domínio e evocação).
Para saber qual tipo de conhecimento do aluno queremos verificar, temos que usar o modelo adequado de instrumento de avaliação, que podem ser objetivos e não-objetivos, ou usando uma outra nomenclatura, estruturais ou comunicativos. Uma prova estrutural/objetiva é adequada para avaliar o conhecimento denominado de reconhecimento. Uma prova comunicativa/não-objetiva é recomendável para uma avaliação evocativa do conhecimento. Não estamos condenando um modelo de exame, estamos apenas declarando que um exame deve se adequar àquilo que ele propõe avaliar (que é a validez de uma prova).
De acordo com Schlatter (99-100), um exame comunicativo supõe que (i) a competência do aluno é verificada por meio de tarefas próximas da

autenticidade, (ii) não se busca aferir conhecimento sobre a língua, (iii) o material do exame é contextualizado, (iv) os critérios de avaliação são holísticos, (v) os parâmetros de correção são os próprios objetivos da tarefa ou os meios indispensáveis para sua realização. De acordo com o exposto anteriormente, o Diploma de Español Lengua Extranjera, ainda que fruto de um QCER com teoria moderna de LE, está totalmente amparado em uma exame estruturalista, que não é o adequado para a avaliação de proficiência de um candidato.

A prova do Celpe-bras é o que mais próximo chega de um instrumento adequado de avaliação de uma proficiência em LE. Por meio do seu conceito de Tarefas, permite ao examinando ativar todo o conhecimento linguístico e de mundo para a elaboração de algo novo (evocação). Sem dividir a prova por partes como produção escrita, compreensão leitora e compreensão auditiva, o Celpe-bras simula uma possível situação real de comunicação. Por último, nós, professores de LE, temos que rever o que queremos que os alunos produzam, como o estamos exigindo e, principalmente, como estamos avaliando esse processo.

REFERÊNCIAS

Almeida Filho, J.C.P. de. *Dimensões comunicativas no Ensino de Línguas*. Campinas: Pontes, 1993.

Brasil. *Guia do Participante*. Brasília, 2014. Disponível em: http://download.inep.gov.br/outras_acoes/celpe_bras/estrutura_exame/2014/guia_participante_celpebras_caderno_provas_coment adas.pdf (acessado em 20 de agosto de 2015)

Conselho da Europa: www.coe.int (acessado em 30 de abril de 2015)

Costa, Sérgio Francisco. "Matriz de Especificações: suporte operacional de uma avaliação". *Estudos em Avaliação Educacional*, número 12, 1995.

Díaz Barriga, Ángel. "Las Pruebas Masivas: análisis de sus diferencias técnicas". *Revista Mexicana de Investigación Educativa*. Abril-Junio 2006, vol. 11, p. 583-615

Espanha. *Diploma de Español Lengua Extranjera*: www.diplomas.cervantes.es (acessado em 01 de março de 2015)

Huerta González, Jorge Arturo. "Evaluación de Lenguas Extranjeras". Valero Borrás, Vida & Cortés Sánchez, Gabriela. *Memorias del segundo coloquio de lenguas extranjeras*. México: UAM-A, 2001.

Rodrigues, Meirélen Salviano A. *O Exame Celpe-bras: reflexões teórico-didáticas para o professor de português para falantes de outras línguas*. Dissertação de mestrado em Linguística Aplicada da UNICAMP, 2006.

Scaramucci, Matilde V.R. "Efeito Retroativo da Avaliação no Ensino/Aprendizagem de Línguas: o estado da arte". *Trabalho de Linguística Aplicada*. Julho-Dezembro de 2004, vol. 43, p. 203-226.

Scaramucci, Matilde V.R. "Celpe-bras: um exame". Cunha, Maria Jandyra et Santos, Pereília. *Ensino e Pesquisa em Português para Estrangeiros*. Brasília: EdUNB, 1998.

Schlatter, Margarete. "Celpe-bras: Certificado de Proficiência de Língua Portuguesa para Estrangeiros – breve histórico". Cunha, Maria Jandyra et Santos, Pereília. *Ensino e Pesquisa em Português para Estrangeiros*. Brasília: EdUNB, 1998.

Vilaça, Márcio L.C. "Conhecendo o Quadro Comum Europeu de Referência para Línguas: fundamentos, objetivos e aplicações". *Revista Eletrônica do Instituto de Humanidades*. Abril-Junho 2006, vol. 5, p. 19-28.

VIVENCIANDO O PORTUGUÊS COMO SISTEMA DE AVALIAÇÃO PARA O CURSO DE TRADUÇÃO E INTERPRETAÇÃO DO INSTITUTO SUPERIOR TECNOLÓGICO CIBERTEC – PERU

Elisangela Mensch Garcia
Instituto Superior Tecnológico Cibertec, Peru

INTRODUÇÃO

Atualmente um dos graves problemas que afeta a educação superior a nível nacional e mundial é o baixo rendimento acadêmico entre os alunos. Este ocasionado por diversos fatores como insistências constantes e dificuldades de aprendizagem. Muitos destes fatores estão relacionados com a pouca motivação que os alunos recebem a través de práticas didáticas e avaliação formal que em alguns casos não avalia as habilidades comunicativas dos alunos.

Não podemos solucionar todos os problemas relacionados como ensino-aprendizagem, mas podemos amenizá-los a través de atividades práticas que contribuem para a motivação dos estudantes no seu processo de aprendizagem e sua formação. Estes programas são intitulados como **Vivenciando o Português como sistema de avaliação,** que é um português vivencial onde os alunos têm contato direto com situações reais ou simulações de situações reais o qual estarão em contato com a língua portuguesa nas situações especializadas com metodologias com enfoque nas competências comunicativas do aluno.

PROPOSTA

Vivenciando o Português como sistema de avaliação surge da necessidade de melhorar o desempenho linguístico tanto oral como escrito do idioma português e desenvolver conhecimentos relacionados com os costumes e a cultura brasileira para que possam ser utilizadas nas situações reais ou quotidianas em ambientes laborais, estudos ou situações informais.

A proposta para o curso de tradução e interpretação é desenvolver as atividades do português vivencial durante as classes previas semana Internacional de Cibertec "Ciberwek" onde os exames parciais foram substituídos por eventos e atividades práticas relacionadas ao curso de tradução e interpretação.

O português vivencial se apresenta como um método eficaz e de suma importância para a aprendizagem de língua portuguesa como L2. É muito importante reconhecer o aluno como agente do estudo e conhecer suas habilidades cognitivas para implantar metodologias que despertem seu interesse e consigam uma aprendizagem real e significativa.

JUSTIFICAÇÃO

Vivenciando o Português como sistema de avaliação se justifica pela necessidade de melhorar o rendimento nas classes a través de simulações de situações reais onde o aluno possa desenvolver suas competências linguísticas e sociais a través produções orais e escritas do idioma português e melhorar sua aprendizagem a través de práticas em situações que irão vivenciar ao utilizar o idioma português. Também desenvolver sua posição na sociedade como ser atuante.

É primordial que os alunos não só dominemos enfoques gramaticais e estruturais do idioma português sejam avaliados por este aspecto, como também os aspectos culturais para desenvolver um melhor desempenho para a tradução direta, inversa e a interpretação para formar profissionais interculturais que conhecem a linguagem e interpretam de maneira fidedigna à palavra escrita ou oral. López Ropero, L. Tabuenca Cuevas, M.(2009) cita (Cao 1996: 237)

> Os tradutores necessitam alcançar um alto grau de competência tanto na língua materna como na língua estrangeira para poder exercer sua profissão adequadamente", menciona também que "os alunos de tradução devem aprender não só a adquirir destrezas linguísticas, como também usar a língua profissionalmente, pois esta será uma ferramenta fundamental no desenvolvimento de seu trabalho.

OBJETIVOS

Vivenciando o Português como sistema de avaliação tem por objetivo ser um instrumento motivador para melhorar e desenvolver habilidades comunicativas na língua portuguesa para trabalhar como tradutor e interprete e também suprir as dificuldades de aprendizagem de todos os níveis. Criar condições que ajudam na aquisição de um desempenho real em uma nova língua a través de práticas com atividades que simulam uma interação verdadeira sobre tópicos reais.

Com o português vivencial, estes alunos consolidarão e ampliaram seus conhecimentos, enriquecendo as experiências culturais gramaticais para vencer os obstáculos presentes no processo de aquisição de L2.

CIBERTEC

É uma instituição educativa que conta com mais de 30 anos de experiência na formação e capacitação de profissionais em diversas áreas de Tecnologias da Informação, Gestão, Negócios, Desenho, Comunicações e Engenharia.

Tem como **Visão**: Ser uma instituição líder de educação superior técnico no Peru.

Missão: Formar profissionais íntegros e competentes brindando uma educação de alta qualidade que contribua para o desenvolvimento do país.

Valores: Integridade, respeito, compromisso, trabalho em equipe, paixão pela qualidade
• INTEGRIDADE: Comportar-se e expressar-se sempre com a verdade.
• RESPEITO: Consideração e reconhecimento da dignidade das pessoas e a integridade da empresa.
• COMPROMISSO: Promessa de cumprimento de uma responsabilidade ou rol assignado.
• TRABALHO EM EQUIPE: Trabalhar com união com a mesma finalidade.
• PAIXAO PELA QUALIDADE: Paixão pela excelência de nossos produtos, serviços e processos.

Laureate International Universities é a rede internacional de universidades privadas líder em educação superior no mundo. Seus membros compartilham os conhecimentos e as melhores práticas no campo da educação superior com o objetivo de formar profissionais preparados a nível internacional.
Cibertec é desde 2004 membro da rede internacional de universidades privadas Laureate International Universities.

O CURSO DE TRADUÇÃO E INTERPRETAÇÃO
O curso de Tradução e interpretação forma profissionais que atendam as necessidades de tradução de material escrito dos idiomas inglês e português e espanhol e interpretações destes. Identifica o tradutor e interprete como agente comunicador como peça chave para a interação comercial, científica e sociocultural.

A AVALIAÇÃO EM CIBERTEC
Avaliação, segundo Ausubel, tem a função de determinar o grau em que os objetivos educacionais relevantes estão sendo alcançados. Desta forma, uma vez determinados os pontos mais relevantes da disciplina, e que será trabalhada com os alunos, a avaliação assumiria o caráter de verificar se sua internalização se deu satisfatoriamente.
Abaixo podemos observar que até 2014, o sistema de avaliação era mais tradicional no qual se observa maior porcentagem de avaliações teóricas formais e poucas avaliações praticas e comunicativas. Há exames parciais. No segundo quadro podemos observar a partir de 2015 a retirada dos exames parciais substituindo pela semana internacional no qual utilizamos o vivenciando o português, também observamos um aumento de avaliações práticas comunicativas, mas as avaliações ditas teóricas formais, todavia tem sua representação. Também observamos a incorporação de avaliação virtual no qual o aluno recebe uma nota por todas as praticas exercidas de modo Blender o qual recebe a retroalimentação do professor por este meio.

2014	2015
MF = 30% PROM(EC,3,1) + 20% (EP1) + 30% (EF1) + 20% (DH1)	**MF = 8% (AT1) + 10% (AT2) + 12% (AT3) + 25% (DH1) + 10% (AV1) + 10% (NA1) + 25% (EF1)**
MF = Media Final **CA** = Avaliações continuas **DH1** = Desenvolvimento de Habilidades **EP1** = Exame Parcial **EF1** = Exame Final **80% de avaliações teóricas 20% de avaliações praticas**	**MF** =Media Final **AT**=Avaliação Teórica **DH**=Desenvolvimento de Habilidades **AV1**= Avaliação Virtual **NA**=Nota Atitudinal **EF**=Exame Final
	55% de avaliações teóricas 45% avaliações praticas

AVALIAR SEGUNDO AUTORES

"O saber que não vem da experiência não é realmente saber" Lev Vygotsky Segundo Vygotsky "O ser humano só adquire cultura, linguagem, desenvolve o raciocínio se estiver inserido no meio com os outros." Ele também afirma que:

- A interação social favorece a aprendizagem;
- As experiências de aprendizagem necessitam estruturar-se de modo a privilegiarem a colaboração, a cooperação e intercâmbio de pontos de vista na busca conjunta do conhecimento;
- É importante estar atento à zona de desenvolvimento proximal do indivíduo para propor atividades coerentes.

P. AHUMADA A. (2005) afirma que

A avaliação aplicada no português vivencial é autêntica, o qual se caracteriza por ser uma "avaliação centrada principalmente nos processos, mais que em resultados para que seja o aluno quem assuma a responsabilidade de sua própria aprendizagem constituindo-se uma instancia destinada a melhorar a qualidade e o nível das aprendizagens. (P. AHUMADA A. 2005 p.12)

Luckesi (1994) enfatiza, a avaliação é dimensionada pelo teórico. Assim, o professor, ao utilizar uma abordagem comunicativa no ensino de línguas, deverá lançar mão de recursos e estratégias que avaliem e verifiquem, durante o próprio processo de aprendizagem, como se dá e de que forma se constrói a competência oral adequada à proficiência de uma determinada língua.

Luckesi (2005) destaca que o papel da avaliação é diagnosticar a situação da aprendizagem, tendo em vista subsidiar a tomada de decisão para a melhoria da qualidade do desempenho do educando. Nesse contexto, a avaliação, segundo o autor, é processual e dinâmica. Na medida em que busca meios pelos quais todos possam aprender o que é necessário para o próprio desenvolvimento, é inclusiva. Sendo inclusiva é, antes de tudo, um ato democrático.

Para KOLB conforme referenciado por CRIDAL (2003) a aprendizagem vivencial valoriza a vivência do aluno e o meio ambiente. As informações passadas pelo meio são adaptadas conforme as necessidades e interesses de cada aluno, para facilmente ocorrer o momento de interação, quando é efetivada a aprendizagem, a partir daí cada pessoa, através da interpretação da sua experiência, estrutura seu processo de construção do conhecimento.

De acordo com Furlan (2007), a avaliação só faz sentido se for utilizada com a finalidade de saber mais sobre o aluno e de colher elementos para que a educação escolar aconteça de forma próxima da realidade e dentro de um contexto. Scaramucci (1999/ 2000), afirma que,

> Avaliar (…) tem a função mais ampla de coletar informações de forma sistemática, para tomar decisões; informações sobre a prática para a prática, (…) um processo dinâmico, contínuo (…) para mudar quando necessário, para reverter, para reconsiderar, para redimensionar a ação e sua direção. (op.cit., p.123)

Segundo Almeida Filho

> Quando não há o contato, a urgência da interação comunicativa, a LE pode permanecer estrangeirizada. Quando se busca a comunicação, o contato pode ser viabilizado em salas de quase-imersão onde se criam oásis de vivências da língua-alvo. Essa condição alça a aprendizagem de uma LE para o nível mais implícito da aquisição que precisamos compreender bem para escaparmos do determinismo de ter de ensinar linguagem apenas racional e explicitamente. (Almeida Filho p.8)

Trabalho desenvolvido a partir do Capítulo VII "A fusão da gramática com a coerência comunicativa", em "Dimensões Comunicativas no Ensino da Língua" de José Carlos Paes de Almeida Filho, Publicado em setembro 17, 2013 por seminarioportugues2013.

PLANO DIDATICO DO CURSO VIVENCIANDO O PORTUGUÊS COMO SISTEMA DE AVALIAÇÃO

RED DE CONTEUDOS		
OBJETIVOS		• Ser um instrumento motivador • Melhorar e desenvolver habilidades comunicativas em língua portuguesa • Desenvolver suas competências linguísticas e sociais a través de atividades vivenciais • Fortalecer as quatro habilidades comunicativas (compreensão auditiva, compreensão escrita, expressão oral e expressão escrita).

	Comunicação	Ser capaz de desenvolver suas habilidades de compreensão e produção oral e escrita.
COMPETENCIAS		
METODOLOGIA	Comprensão escrita Expressão escrita em le	A metodologia é predominantemente prática e vivencial. Os alunos recebem em um primeiro momento informações teóricas para o desenvolvimento de práticas comunicativas simuladas em situações reais e por ultimo produção escrita como resultado de esta prática. De teoria, na verdade, precisamos nós. De teoria que implica uma inserção na realidade, num contato analítico com o existente, para comprová-lo, para vivê-lo e vivê-lo plenamente, praticamente. Neste sentido é que teorizar é contemplar. Não no sentido distorcido que lhe damos, de oposição à realidade [...] (Freire, 1979, p.93).
AVALIACAO		Avaliação do desempenho oral nas situações reais, desempenho nas atividades lúdicas e produção escrita depois da atividade para escrever (no Blog, relato pessoal, facebook) sobre o que vivenciou.

COMPETÊNCIAS e FUNCÕES

Representação das competências desenvolvidas no português vivencial

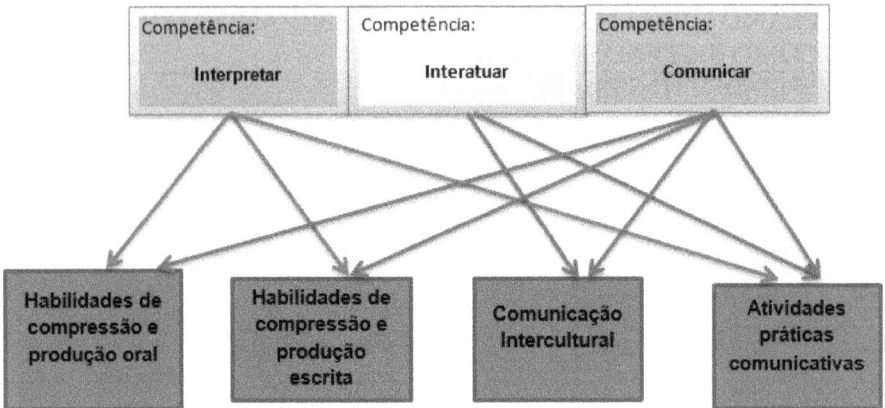

ACTIVIDAD I.

FUNÇÕES CHAVE	FUNÇÕES PRINCIPAIS	FUNÇÕES BÁSICAS
Interpretar	Desenvolver a capacidade de compreensão e interpretação oral e escrita de qualquer texto verbal e não verbal.	• Receber a mensagem e poder compreender seu significado e sua forma interpretá-la. • Desenvolver a capacidade de auditiva e visual como meio para comunicar-se efetivamente, assim como aprender e obter informação que ajude a manifestar seu pensamento crítico frente a qualquer situação.
Interagir	Conhecer o idioma e a cultura brasileira a fim de poder comparar e interagir em diversos contextos.	• Sejam capazes de interagir em situações nas que se apresentam diferenças com respeito a forma de interpretar o mundo. Saber interagir e relacionar-se dentro do contexto social e cultural do Brasil. • Estabelece como principio o respeito a diversidade e o enriquecimento mutuo entre culturas. • Adquirir uma ampla gama de conhecimentos relacionados à cultura brasileira relacionando-a e comparando-a com outras culturas. • Investigar assuntos relacionados com a atualidade ocorrida no Brasil e no Peru. • Fomentar seu pensamento crítico relacionados a qualquer contexto social e cultural. • Promover reflexões sobre a identidade cultural do povo brasileiro e as interfaces com outras nações
Comunicar	Desenvolver a capacidade de expressar-se corretamente a través de produções orais e escritas em contextos formal ou informal da língua portuguesa.	• Ter fluidez verbal, quer dizer, facilidade de expressão. • Redação lógica muito clara. • Comunicar eficazmente suas propostas de solução sobre a base de sua competência linguística, lógico-discursiva e sociocultural da língua portuguesa. • .Desenvolver-se no âmbito das relações sociais e a comunicação linguística. • Expressar-se oralmente em qualquer situação da vida.

ATIVIDADE PRATICA DESCRIÇÃO E FOTOS:

O encontro de estudantes na atividade de café da manhã o qual compartilhar alimentos e conversaram sobre variados temas da vida cotidiana em português. Foi uma experiência satisfatória e motivadora.

Objetivo: Verificar se realmente está identificando e utilizando adequadamente o vocabulário e a gramática aprendido oral e escrito. Ampliar vocabulário, reconhecer e usar adequadamente a linguagem em uma situação real. Promover a interação entre os companheiros ao compartilhar este momento

Avaliação: Avaliar a produção oral durante a atividade pratica do café da manha, a produção escrita, para contar as experiências vividas nesta atividade.

Resultados: Nesta sessão os resultados da aprendizagem foram satisfatórios, os alunos interagirem com outros companheiros, participaram ativamente das atividades expressando seu pensamento e análise crítica com o uso adequado do vocabulário aprendido. Porém houve algumas inadequações a nível gramatical nas produções orais e principalmente escritas. As produções escritas, todavia não apresentam excelentes resultados gramaticais.

Produção Escrita

TAREFA: Com base nas experiências vivenciadas no café da manhã cibertec. Escreva um e-mail para um amigo, contando sobre a experiência do café da manhã em Cibertec.

ATIVIDADE PRATICA DESCRIÇÃO E FOTOS 2:

No dia 12 de junho, durante o evento de Ciberweek foi realizada nossa Festa Junina. Num primeiro momento houve uma palestra sobre as origens e tradições da festa junina e sua importância para a cultura popular brasileira. Depois os alunos vivenciaram esta festa popular com comidas típicas e dançaram "Quadrilla".

Motivação: A motivação é o que induz a uma pessoa a levar a prática a uma ação. Quer dizer que estimula a vontade de aprender. Nesta atividade se presenta o tema FESTA JUNINA com a apresentação do tema explicando o que é e como se realiza esta festividade cultural do Brasil.

Objetivo: Verificar se realmente está identificando e utilizando adequadamente o vocabulário e a gramática aprendidos através de práticas orais e escritas da língua portuguesa da mesma forma desenvolver o pensamento crítico. Ampliar vocabulário, reconhecer e usar adequadamente a linguagem.

O RELATO PESSOAL

"A semana Internacional em Cibertec foi incrível, nós assistimos às palestras que faziam professores de outras instituições, jogos e muito mais. Tudo foi muito divertido porque nos compartilhamos e interatuamos não só com pessoas que estão no mesmo ciclo, mas também com os meninos de diferentes ciclos". **Mitsi Maribel Sharon**

"As contribuições dos professores foram de muita ajuda, porque dessa maneira nossa perspectiva da língua é melhor porque nós compreendemos que temos uma guia em nesta aventura da educação em todo o que é o português e Brasil". **Cyndel Tovar Pereda**

"Foi uma experiência muita boa, conheci muitas pessoas e passei um momento muito agradável com meus amigos". **Rodrigo Olaechea Leon**

"Duas vezes por ano, se realiza uma atividade muito importante, a ciberweek, uma semana inteira para compartilhar com nossos professores, amigos e colegas de classe as diversas experiências do cotidiano. Também aprendemos algo novo da cultura brasileira, degustamos de algumas comidas e algumas vezes desfrutamos das danças típicas da região". **Jairo Fabian La Puente**

"Neste ciclo nós tivemos uma semana internacional muito interessante, tudo começou com as atividades de português, onde fizemos jogos interativos de memoria, mimicas, dominó que nos ajudaram a incrementar nosso vocabulário, além disso, nós compartilhamos comida". **Selene Mariel Palomino**

"Por isso que cada dia, hora, momento que vou estudar apesar de ficar cansado, meus ânimos de seguir aprendendo a ser melhor e compartilhar nossa inteligência. Eu espero que estes tipos de eventos não sejam só uma vez, senão quantas vezes sejam possíveis. Quero seguir aprendendo e ser um grande profissional!" **Italo David Del Castillo**

"A semana internacional foi uma experiência muito boa para mim. Eu fui todos os dias para as atividades e conferências. Na atividade de português lembro que fizemos jogos muito engraçados, aprendíamos a língua duma maneira engraçada". **Manuel Alessandro La Rosa**

"A Semana Internacional foi muito produtiva, aprendemos um pouco mais sobre o Brasil, sua cultura. Compartilhamos um pouco (também) sobre sua comida. As exposições eram muito enriquecedoras. A pesar de não sermos nativos da língua portuguesa, nós podemos aprender mais". **Kuo Meng Tzu**

"A semana internacional foi muito interessante, uma experiência muito "agradável para mim porque aprendo muitas coisas novas, faço novos amigos e tenho momentos muito bons com meus amigos e meus professores, Também sempre tiro fotos para nunca esquecer os momentos que passo com meus amigos". **Alicia Lucia Espinoza**

"Eu acho que o Ciberweek é uma atividade muito importante para nossa carreira, porque não temos muitas oportunidades para confraternizar com os estudantes de outras classes. Com estes encontros nós podemos falar conhecer-nos, e também compartilhar alguma dúvida que temos". **Murillo del Valle Midori**

"Finalmente, eu acho muito bom ter este tipo de atividades porque nos ajudam a compartilhar nossas experiências e pensamentos com estudantes de outros ciclos. Eu gosto de participar destas atividades". **Lorena Pia Morales Gutierrez**

"A semana internacional é o evento muito importante porque ajuda aos estudantes a trocar ideias e conhecer mais sobre nossa carreira e sobre os costumes do Brasil". **Alisa Amanda Franco Rios**

"A semana Internacional esteve muita bonita e interessante em minha opinião. Compartilhamos com alunos de outros ciclos, jugamos, nos rimos muito, mas também aprendemos coisas novas. Toda a comida esteve deliciosa a verdade foi muito agradável porque por uma semana nos esquecemos das aulas e as tarefas. Pudemos ouvir e aprender de ex-alunos sue experiências. Para minha o ateliê muito importante foi tradução simultânea e tradução telefônica, pois meu trabalho é precisamente isto. Espero o próximo "Ciberweek" seja assim de interessante e educativo para aprender muito mais sobre nossa carreira". **Guiliana Chipoco**

"O objetivo dessa atividade era que os alunos possam estar preparados para uma situação da vida real do interprete. Quando essa semana terminou eu voltei para casa pensando nas habilidades que eu tenho que desenvolver para minha profissão". **Freddy Morote Gonzales**

CONCLUSÃO

A Educação é um exercício social. Por este motivo é primordial para a aprendizagem de português como L2 implementar uma didática que se construí a partir de atividades que promovam a interação social e a prática real.

Finalmente, consideramos que dentro do contexto metodológico do **Vivenciando o Português como sistema de avaliação**, foi possível verificar a eficácia da aprendizagem acompanhada pela motivação entusiasmo dos alunos ao realiza-lo desde o inicio do processo até o final com a publicação e comentário destes, que esperamos que seja uma prática constante na Educação Superior.

REFERÊNCIAS

ALMEIDA FILHO, JCP (1985) A fusão da gramática com a coerência comunicativa. **In: *Trabalhos em lingüística Aplicada. No. 5-6*** pp 7-15.

ALMEIDA FILHO, José Carlos Paes. O ensino de português como língua não-materna: concepções e contextos de ensino. Museu da Língua Portuguesa. Disponível em: .<http://www.museudalinguaportuguesa.org.br/files/mlp/texto_4 .pdf>.

ACEVEDO, Ahumada Pedro, La Evaluación Auténtica: Un Sistema Para La Obtención De Evidencias De Los Aprendizajes, Chile. www.euv.cl/archivos_pdf/rev_perspectiva_educ/persp_45_1sem. pdf

BAIN, Bain, Lo que hacen los mejores profesores universitarios, 2007 http://www.lcc.uma.es/~ppgg/libros/kbain.html

BRUNER, Jerome S. y David R. Olson, Madrid , Aprendizaje Por Experiencia Directa y Aprendizaje Por Experiencia Mediatizada, Madrid, 1973. Revista Perspectivas. UNESCO. http://www.riic.unam.mx/.../**AprendizajePorExperienciaDi**

CARBALLO NÁPOLES, Esteban Yoel, Modelo Didáctico De La Independencia Cognoscitiva En El Proceso De Enseñanza-Aprendizaje Del Inglés En El Preuniversitario, Cuba, 2008. www.eumed.net/tesis/2011/eycn/

CRIDAL, A. Metodologia de Aprendizagem Vivencial para o desenvolvimento de competências para o Gerenciamento de Projetos de Implementação de Sistemas de Informações. Florianópolis, 2003. Disponível no site: . Acesso em: 10/04/07

FREIRE, Paulo, El Orbita, notasrelacionadasAlfredo Moffat. Buenos Aires, 1998. Texto completo en www.elortiba.org/**freire**.html

FURLAN, Maria Inês Carlin. Avaliação da aprendizagem escolar: convergências e divergências. São Paulo: Annablume, 2007.

JOHNSON, David y Johnson, Roger. Aprenderjuntos y solos. Aprendizajecooperativo, competitivo e individualista. Grupo Editor Aique. Buenos Aires, 1999.

LÓPEZ ROPERO, L. y Tabuenca Cuevas, M. (2009). Lengua B1 (Traducción e Interpretación) y competencias. En S. Gómez Lucas y S. Grau Company (coords.), Propuestas de diseño, desarrollo e innovaciones curriculares y metodología en el EEES (121-134). Alcoy: Marfil.L

LUCKESI, Cipriano Carlos. Avaliação da aprendizagem na escola: reelaborando conceitos e criando a prática. 2 ed. Salvador: Malabares Comunicações e eventos, 2005.

OLIVEIRA, Alvarenga Murilo e Aidar Sauaia, Antonio Carlos, Área Temática: Jogos De Empresas Prontidão Docente Para Aprendizagem Vivencial: Uma Mudança De Filosofia Educacional Por Meio Do Jogo De Empresas, São Paulo, Agosto, 2008.

SERTEK, Paulo eAsinelli-Luz, Araci, Aprendizagem Vivencial Na Formação De Pesquisadores Em Educação, Paraná, 2006.

VYGOTSKI, L. S. A formação social da mente: o desenvolvimento dos processos psicológicos superiores. 4.ed. São Paulo: Martins Fontes, 1991.

BOAVISTA PRESS

www.ingramcontent.com/pod-product-compliance
Lightning Source LLC
Chambersburg PA
CBHW071204090426
42736CB00014B/2709